COGNITIVE NEUROSCIENCE OF MEMORY

기억 인지신경과학

Scott D. Slotnick 지음　|　**남기춘** 옮김

Cognitive Neuroscience of Memory
기억 인지신경과학

지난 20여 년 사이에 fMRI처럼 뇌 활동을 비침습적으로 측정할 수 있는 기술의 발달에 힘입어 인지신경과학은 눈부시게 발전해 왔다. 이 책은 기억 인지신경과학의 최초 연구부터 현재까지 연구된 최신의 내용까지를 폭넓게 담고 있는 첫 작품이다. 이 책에서 다루고 있는 내용은 인지신경과학에서 사용하고 있는 뇌 활동 측정방법, 장기기억Long-Term Memory, 작업기억Working Memory, 암묵기억Implicit Memory, 기억 관련 질병 등의 원인과 설명에 관한 것이다. 본 저서, 기억 인지신경과학은 기억이 일어나는 동안 활동하는 뇌를 시간적으로 그리고 공간적으로 추적하여, 어느 때에 어느 곳에서 어떤 방법으로 뇌가 기능하여 기억이 나타나는지를 설명하는 데 초점을 두고 있다. 각 장은 여러 종류의 그림과 연구의 배경 등을 친절하게 설명하고 있어서 이해하는 데 큰 어려움이 없도록 저술되었다. 이런 방법으로 Scott Slotnick는 보통 사람들이 궁금해하는 기억에 대한 특성을 설명하고 있다. Scott Slotnick는 이런 식의 글쓰기로 기억 인지신경과학은 궁금증의 대상이며, 진화하고 흥미로운 연구 분야라고 소개하고 있다.

Cambridge Fundamentals of Neuroscience in Psychology

신경과학을 알고 싶어하는 독자들의 요청에 부응하여, Cambridge Fundamentals of Neuroscience in Psychology 기획에서는 주된 심리 현상을 신경과학으로 설명하는 개론서 정도의 책 시리즈를 출판하기로 하였다. 인지, 사회, 감정, 발달, 임상, 그리고 응용 신경과학 분야의 전문가들이 집필한 이번 시리즈는 신경과학을 시작하려는 학생 혹은 일반인에게 훌륭한 신경과학 입문서로 사용될 수 있을 것이라고 생각한다.

Forthcoming Titles in the Series

The Neuroscience of Intelligence, by Richard J. Haier

The Neuroscience of Expertise, by Merim Bilalic

The Neuroscience of Adolescence, by Adriana Galvan

The Neuroscience of Aging, by Angela Gutchess

The Neuroscience of Addiction, by Francesca Filbey

Cognitive Neuroscience of Memory

기억 인지신경과학

Scott D. Slotnick(Boston College) 지음 | **남기춘**(고려대학교) 옮김

Contents
차 례

Preface
서 언

인간의 뇌와 인간의 기억은 현존하는 시스템 중에 가장 복잡한 것들이다. 지난 20여 년 동안 비침습적으로 뇌의 활동을 공간적으로 그리고 시간에 따른 변화를 측정할 수 있는 기술의 발달에 힘입어 기억이 뇌에서 어떤 방법으로 정보처리되는지에 대한 연구가 비약적으로 발전하였다.

이 책은 현재까지 기억과 뇌의 관련성에 대해 이루어진 연구를 총망라하는 첫 번째 작품이다. 이 책은 인지신경과학과 인지심리학의 한 분야를 설명하는 교과서로서도 사용될 수 있고, 기억이 뇌에서 형성되고 이용되는 방법을 좀 더 전문적으로 다루는 강의에서 사용되는 교과서일 수도 있다.

이 책에서는 어느 때에 어떤 종류의 기억과 관련된 뇌의 활동이 일어나는지에 큰 비중을 두었다. 대부분의 인지신경과학자들은 fMRI를 이용한 연구를 압도적으로 많이 수행하고 있다. fMRI가 놀라운 공간적 해상도를 제공하는 것은 틀림없지만 어느 때에 어떤 종류의 정보처리가 일어나는지 그리고 뇌의 여러 영역이 완성된 정보처리의 결과를 생성해 내기 위해 어떤 방법으로 서로 상호작용하는지에 대한 정보를 제공하지 못한다. 이번에 발간하는 책에서는 기억과 관련된 정보처리가 어느 곳에서 언제 어떻게 일어나는지에 대한 시공간적인 측면을 강조해서 기억이 폭넓게 뇌 전역에서 이루어지는 큰 그림을 제공하려 하고 또한 이 분야의 연구가 미래에는 어떤 방향으로 발전할 지에 대해 논하려 한다.

각 장은 다루는 연구 주제의 연구 배경과 관련된 연구의 사진들을 많이 인용하여 독자가 이해하기 쉽도록 쓰였다. 논쟁이 있는 주제를 각 장의 여러 곳에서 논의하였다. 당연시하는 이론적인 입장도 당연한 것으로 여기지 않고 깊게 논의하려 하였다. 이런 방법을 이용하여 기억을 연구하는 과학은 늘 질문의 대상이 되며, 진화하고 그리고 매우 흥미로운 것이라는 측면을 보이려 노력하였다.

이 책을 읽는 독자는 기억 인지신경과학에 관심을 가지고 있는 분이거나, 대학생 혹은 대학원생이거나, 기억과 관련된 이 분야의 연구가 현재 어디까지 왔는지를 이해하려고 하는 전문 과학자일 것이다. 각 장에는 학습목표, 서론, 이 장의 주요 논제, 요약, 리뷰 질문들, 그리고 추천하는 전문 책과 논문 등을 소개하였다. 따라서 이 책은 학부 개론 수준의 부교재, 혹은 학부 전공의 교재, 그리고 대학원 등에서 특정 주제에 대한 세미나를 위한 자료로도 사용될 수 있다.

책의 질을 높이는 데 여러분이 도움을 주었다. 먼저는 편집자인 Matthew Bennet가 가장 큰 도움을 주었다. Matthew Bennet의 시각, 안내, 지지 등이 없었으면 책 저술은 불가능했을 것이다. 또한 Jessica Karanian, Brittany Jeye, 그리고 2명의 익명의 조언자에게 깊은 감사를 전한다. Elizabeth Chua가 TMS 부분 작성에 필요한 사진을 제공해 준 것 뿐만 아니라 전문적인 조언에 감사하며 Lauren Moo가 외현기억과 기억 장애 부분에 대해 유익한 코멘트를 제공해 준 것에 감사한다. 마지막으로 Jacquelin French의 능숙한 편집, 그리고 책이 출간되기까지 능숙하고 매끄럽게 모든 절차를 도와준 Cambridge University Press의 Valerie Appleby, Brianda Reyes, Srilakshmi Gobidass, Maree Williams-Smith 등에게 감사를 표한다.

1 / 장

Types of Memory and Brain Regions of Interest

기억의 종류와 관련된 뇌 영역

1 Types of Memory and Brain Regions of Interest
기억의 종류와 관련된 영역

Learning Objectives
학습목표

- 각 기억을 이해하기
- 기억 관련 뇌 영역 암기하기
- 내측 측두엽 제거가 일으키는 기억 장애 이해하기
- 시각 영역이 어디인지 숙지하기
- 인지 통제 영역이 어디인지 숙지하기

기억은 여러 종류의 기술을 사용할 수 있도록 하며, 다른 사람들과 의사소통하고, 지적인 결정을 하며 사랑하는 이들을 기억하며 우리가 누구인지를 알게 하도록 필수적인 역할을 담당한다. 인간 기억에 대한 논의는 2000년 전보다도 더 일찍 시작되었지만(Aristotle, 350 BCE), 기억에 대한 인지신경과학연구는 겨우 20여 년 전에 시작되었다. 1절은 인지신경과학에 대한 간단한 개략을 소개한다. 2절은 14개의 다른 종류의 기억을 세부적으로 설명한다. 3절은 뇌 해부학을 소개한다. 4절에서는 1950년대에 간질로 인해 내측 측두엽을 제거해야만 했던 환자가 겪었던 기억 장애를 통해 기억에서 내측 측두엽이 얼마나 중요한 역할을 담당하는지를 소개한다. 5절은 시각과 청각을 담당하는 뇌 영역을 간단히 논한다. 지난 휴가 때에 머물렀던 방을 생각하면 관련된 감각 뇌 영역이 다시 활성화된다. 즉, 기억 항목을 감각 영역이 저장하고 있다. 6절에서는 기억 인출을 통제하는 영역, 즉 전두엽, 두정엽, 그리고 내측 측두엽을 간략하게 논의할 것이다. 마지막으로 7절에서는 이 책의 구성을 설명한다. 이 책에서는 특정 종류의 기억과 관련된 뇌 영역을 소개하고 그 영역에서의 활동이 시간에 따라 어떤 모습으로 변화해가는지를 자세히 설명한다. 기억의 인지신경과학 연구가 현재 어디까지 발전했는지를 실험 증거 위주로 다룬 후에 마지막 장에서는 기억 연구가 어떻게 발전해갈지를 논의할 것이다. 비록 눈부시게 기억 연구가 발전해

왔지만 모르는 것이 너무나도 많고 미래에 이런 새로운 연구문제를 연구할 것이라고
생각하면 가슴이 뛴다.

1.1 인지신경과학(Cognitive Neuroscience)

인지심리학Cognitive Psychology은 지각, 주의, 심상, 기억, 언어, 그리고 의사결정과 같
은 인간 마음의 정보처리과정을 연구하는 학문분야이다. 인지심리학자들은 반응시
간이나 반응의 정확성과 같은 측정치를 이용하여 이런 여러 종류의 마음의 정보처리
과정의 원리를 연구한다(2장 참조). 행동신경과학Behavioral Neuroscience은 동물의 행동에
내재되어 있는 뇌의 원리를 탐구하는 분야이다(10장 참조). 행동신경과학자들은 침습
적인 방법을 이용하여 동물을 대상으로 행동을 일으키고 조절하는 뇌의 원리를 연구
하는데, 이들이 행하는 연구의 궁극적인 목적도 결국은 인간의 뇌의 작동원리를 이
해하기 위해서이다. 그림 1.1에서 볼 수 있듯이, 인지신경과학은 인지심리학과 행동
신경과학이 함께 공유해서 만나는 부분의 연구를 수행하는 분야이다. 기억과 연관
된 뇌 영역을 논의하기 이전에 먼저 기억에는 어떤 종류가 있는지 알아보자.

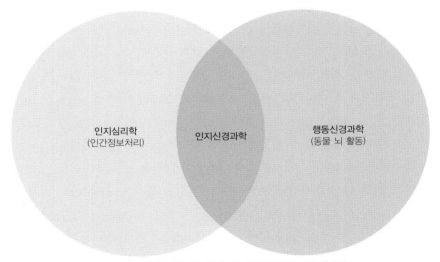

[그림 1.1] 인지심리학, 인지신경과학, 행동신경과학 간의 관련성.

1.2 기억의 종류(Memory Types)

보통 기억이라 함은 과거에 경험했던 사건을 의식적으로 떠올리는 것을 말한다. 예를 들어 해가 쨍쨍한 날에 집에서 나오기 전에 선글라스를 어디에 두고 나왔는지를 기억해내는 것과 같은 경우를 기억이라고 말한다. 인지신경과학에서 이런 측면의 기억 뿐만 아니라 다른 종류의 여러 기억의 특성을 연구한다. 여기에서 다루고 있는 연구들을 깊이 있게 제대로 이해하려면 어떤 종류의 기억이 있고 이들 여러 기억은 서로 어떤 종류의 연관성을 지니고 있는지를 공부하는 것이 필요하다.

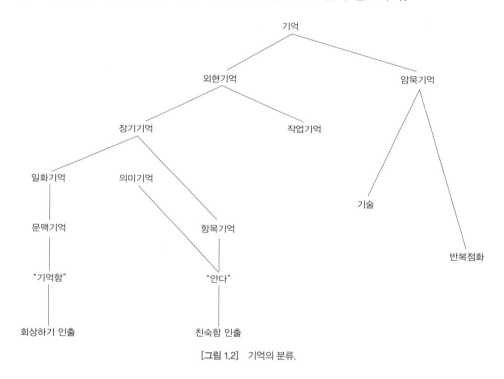

[그림 1.2] 기억의 분류.

그림 1.2는 여러 종류의 기억을 보여 주고 있으며 이들 기억이 상호 어떻게 연관되어 있는지를 보여 준다. 기억의 종류가 너무나 다양하다는 사실에 놀랐을 지도 모르겠지만, 이들 기억은 크게 6쌍의 기억으로 나뉜다(각 쌍의 기억은 수직선상에서 동일한 위치에 배치되어 있다). 거의 모든 기억이 쌍으로 묶여 있다는 사실은 이 분야에서 연구하는 과학자들이 기억을 양분하여 나누는 것을 선호하는 데에서 비롯된 것처럼 보인다. 이번 장에서 각 기억의 간단한 설명과 쌍으로 묶어서 대비하면서 두 기억이 서로 어떻게 다른지를 논의할 것이다. 각 기억은 그 기억을 논의하는 별도의 장에서 좀

더 심도 있게 설명할 것이다.

기억의 첫 번째 쌍은 외현기억Explicit Memory과 암묵기억Implicit Memory이다. 외현기억은 의식 선상에 있는 기억이고 암묵기억은 무의식 선상에 있는 기억이다. 외현기억에 속한 모든 기억은 과거에 경험했던 사실들을 의식 선상에서 조절할 수 있고 떠올릴 수 있는 것이며, 반면에 암묵기억에 속한 기억들은 언제 경험했는지는 정확히 모르지만 뇌 어딘가에 저장되어 있어서 적절한 상황이 되면 무의식적으로 그 기억을 사용할 수 있는 종류를 말한다. 아래 기술된 것처럼 외현기억은 여러 종류가 있다. 기술기억Skill은 암묵기억의 한 종류이며, 어떤 기술을 배운 이후에는 본인도 모르게 그 기술을 사용한다. 예를 들어 자전거타기 기술을 배운 이후에는 자전거 페달을 돌리거나 아니면 핸들을 조작하거나 몸의 균형을 잡는 것을 별 생각 없이도 능수능란하게 해낸다. 반복점화Repetition Priming는 암묵기억의 또 다른 종류로서 하나의 사건이 반복되면 그 사건에 대한 정보처리가 더 빠르고 정확한 식으로 정보처리를 더 효과적으로 처리하게 하는 기억이다. 예를 들어 텔레비전에서 어떤 상품 광고가 반복되는 경우에 그 광고에 대한 정보처리가 더 효율적으로 정보처리되도록 광고에 대한 암묵기억이 강화된다(쇼핑하는 동안 이전에 텔레비전에서 보았던 광고가 나오면 그 기억이 본인도 모르게 활성화되고 이런 기억의 활성화가 아마도 그 광고가 지칭하고 있는 상품을 구매할 가능성을 높인다). 기술 학습은 여러 번의 반복을 통해 나타나는 반복점화의 예로 생각해 볼 수도 있으며(즉, 여러 번의 반복 후에 정보처리의 효율성이 높아지는 경우), 이런 예는 기술기억과 반복점화가 독립적인 기억이 아니라는 것을 의미한다.

외현기억은 암묵기억과 대비되는 다른 기억이다. 외현기억의 첫 구분은 장기기억Long-term Memory과 작업기억Working Memory이다. 작업기억은 다른 말로 단기기억Short-term Memory이라고도 부른다. 외현기억의 연구패러다임을 사용하여 장기기억과 작업기억의 차이를 이야기 해보자. 장기기억과 작업기억의 연구패러다임에서 첫 단계는 학습시기이다. 단어 혹은 그림과 같은 여러 개의 자극이 일정 시간 간격으로 제시된다. 실험참가자는 이들 자극을 학습해서 기억해야 한다. 장기기기억의 학습시기에는 몇십 개의 여러 개의 자극이 제시되는 것이 보통이고, 반면에 작업기억에서는 많아야 10개 내외의 자극이 제시된다. 두 번째 시기는 지연시기이다. 장기기억 연구에서는 이 지연시기가 길어서 몇 분에서부터 며칠 혹은 몇 년이 될 수도 있다. 반면에 작업기억에서는 지연시간이 길어야 몇 초 정도이다. 또한 장기기억 연구에서는 지연시기 동안 적극적으로 학습한 내용을 마음속에 떠올리고 있으라고 지시하지 않는다. 반면에 작업기억 연구에서는 지연시기 동안 앞에서 학습했던 내용을 적극적으로 마음속에 유지하고 있으라고 지시하며 이 기간 동안 일어나는 뇌 활동을 측정한다. 검사시기에는 앞에서 학습했던 자극 혹은 학습하지 않았던 자극이 제시되고, 실험참가자로 하여금 제시된 각 자극을 학습했던 것인지 아닌지를 판단하도록 한다. 학습했던 것에 대해서는 "예"("old" 반응)라고 반응하고, 학습하지 않은 처음 보는 자극에 대해서는 "아니요"("new" 반응)로 반응해야 한다. 이런 기억 검사 과제를 "예-아니요 재인 과제old-new recognition task"라고 부른다. 장기기억과 작업기억이 모두 외현기억에 속하지만 외현기억이라고 말하면 통상적으로 장기기억을 의미하는 것으로 생각한다. 그렇지만 이 책에서는 작업기억도 외현기억의 한 종류로 다룰 것이다.

세 번째 대립쌍은 일화기억Episodic Memory과 의미기억Semantic Memory이다. 일화기억은 어떤 일이, 언제, 어디에서 일어났는지에 대한 것이다. 예를 들어 부모님을 지난 번 언제 뵈었는 지를 기억하는 것과 같은 것이 일화기억의 한 예이다. 의미기억은 오랜 시간, 몇 년에 걸쳐서 학습된 사실에 대한 기억이다. 예를 들면 단어 의미를 아는 것과 같은 것이 의미기억의 한 예이다. "거미"라는 단어를 들으면 언제 그 단어의 의미를 학습했는지는 기억나지 않지만 이 단어가 무엇을 의미하는지는 즉시적으로 생각난다. 의미기억은 최근에 배운 것이라기 보다는 예전에 오래전에 여러 차례의 반복을 통해 형성된 일종의 일반화된 지식이다. 이런 의미기억의 특성때문에 의미기억은 언어정보처리와 매우 밀접한 연관성을 가지고 있다. 그래서 이 책에서는 특별히 언급하지 않으면, 장기기억이라고 하면 의미기억을 제외한 다른 장기기억의 종류를 의미하는 것으로 사용할 것이다.

또 다른 대립쌍의 기억은 문맥기억Context Memory과 항목기억Item Memory이다. 실험의 예를 통해서 문맥기억과 항목기억을 설명해 보자. 학습시기에 기억해야 하는 항목들이 컴퓨터 스크린의 오른쪽 혹은 왼쪽에 제시된다. 실험참가자는 어떤 기억 항목이 어느 쪽에 제시되었는지 기억해야 한다. 검사시기에 학습했던 항목 혹은 처음 보는 항목이 제시되고 실험참가자는 이들에 대해 "예" 혹은 "아니요" 반응의 "예-아니요 재인 과제"를 실시한다. 그리고 "예"로 반응한 경우에 한해서 그 항목이 어느 쪽, 즉 왼쪽에 제시되었는지 아니면 오른쪽에 제시되었는지 문맥에 대한 기억을 인출한다. 예시 실험 설명에서 항목이 제시되었는지 판단하는 것은 항목기억을 조사하는 것이고 기억항목이 어느 위치에 제시되었는지 회상 혹은 인출하는 것은 문맥기억을 조사하는 것이다. 회상Recall은 주관식 시험 문제를 풀 때처럼 문제와 관련된 기억되어 있는 내용을 인출하는 것을 의미하고, 재인Recognition은 객관식 시험처럼 제시된 자극이 이전에 학습할 때 있었던 것인지를 결정하여 반응하게 하는 기억 검사 방법이다. 문맥기억은 원천기억Source Memory이라고도 부른다. 자극이 제시된 문맥은 그 자극의 원천이라고도 볼 수 있기 때문이다. 또한 연합기억Associative Memory도, 두 사건의 연합에 대한 기억, 문맥기억의 한 종류로 볼 수도 있다. 왜냐하면 짝으로 연합되어 있는 기억에서 한 항목은 다른 항목에 대한 문맥으로 생각할 수도 있기 때문이다.

다섯 번째의 대비 쌍은 "기억함Remembering"과 "안다Knowing"이다. "기억함"은 사건이 일어난 상황 혹은 문맥 등을 포함하여 자세한 내용을 인출하는 것에 대한 주관적 경험이고, "안다"는 기억 정보에 대한 상세한 모든 것을 인출해내지는 못하지만 그 정보를 예전에 어디에선가 보았다는 것을 인출해내는 것에 대한 주관적인 경험이다. 예를 들어 길에서 우연히 아는 사람을 만난 경우에, 그 사람을 언제 어디에서 어떤 일로 만났는지 모두를 기억해내는 것은 "기억함"에 해당되고, 그 사람을 어떻게 만나게 되었는지는 잘 기억나지 않지만 그 사람을 전에 만난 적이 있다는 것을 인출하는 것은 "안다"에 해당하는 것이다. "기억함"은 문맥기억과 밀접하게 관련되어 있고, "안다"는 항목기억과 그리고 또한 의미기억과도 깊이 관련되어 있다.

마지막 대립쌍은 "회상하기 인출Recollection"과 "친숙함 인출Familiarity"이다. 이들 용어는 Slotnick & Dodson(2005) 그리고 Wixtel(2007)이 제안한 이들 기억에 대한 수학적 모델을 지칭하는 것으로 이해할 수도 있지만, 보통은 "회고함"은 정보를 매우 상세하게 기억해내는 모든 종류의 기억, 즉 일화기억, 문맥기억 그리고 "기억함"을 의미하는 것이고, "친숙성"은, 즉 의미기억, 항목기억 그리고 "안다"의 기억을 의미하는 것으로 사용된다. 문맥기억과 항목기억은 객관적으로 기억 과제 수행을 통해 측정된 기억을 의미하는 것으로 이해하고, "기억함"과 "안다"는 기억 인출에 대한 주관적 경험을 의미하는 것으로 생각하며, "회고함"과 "친숙성"은 강한 기억과 약한 기억을 의미하는 것으로 생각하면 유용할 것 같다.

매우 잘 알려진 인지심리학자이면서도 인지신경과학자인 Endel Tulving은 1985년에 "기억함"과 "안다"가 서로 구분되는 기억임을 제시하였다(Tulving, 1985). Tulving은 "기억함"과 "안다"가 서로 구분되는 기억이라는 가설을 뇌손상으로 "기억함"은 보이지 않지만 "안다"에는 문제가 없는 환자 사례를 통해서 제안하였고, 또한편으로는 스스로의 내성법을 통해서 이끌어 낸 결과를 바탕으로 이런 가설을 제안하게 되었다. Box1.1에 과학적인 인지신경과학 연구에서 내성법이 보이는 위력을 설명하였다. Endel Tulving은 이런 가설의 타당성을 조사하기 위해 인지심리학 실험을 실시하였다. 학습시기에 기억해야 할 단어들이 제시되었고 검사시기에는 "예-아니요 재인 과제"가 시행되었다. 정확하게 "예"로 반응한 항목에 대해서 "기억함"과 "안다"의 주관적 경험의 판단을 하도록 하였고, 또한 이들 항목에 대해 얼마나 확실하게 기억한다고 생각하는지에 대한 확신 정도를 평가하게 하였다. 그림1.3에서 볼 수 있듯이 "기억함"은 확신 정도와 비례하여 증감의 변화을 보이지만, "안다"의 경우에는 확신 정도가 중간 정도일 때 가장 높았다. 그림1.3의 결과는 Tulving(1985)의 가설을 지지하는 결과로, "기억함"과 "안다"가 다른 종류의 기억이라는 것을 예시하고 있다. 이후에 이루어진 수많은 후속 연구에서 "기억함"과 "안다"를 반영하는 뇌 영역의 활동도 다르다는 것이 밝혀졌다(3장 참고).

Box 1.1 내성법의 유용성 The power of introspection

미국 심리학의 아버지라고 불리는 William James는 내성법을 "마음을 살펴고 그곳에서 일어나고 있는 일을 찾아내서 보고하는 것the looking into our own mind and reporting what we there discover"이라고 정의했다 내성법은 여러분의 마음의 작동을 스스로 관찰하고 보고하는 것을 말한다. 내성법은 인지심리학과 인지신경과학에서 말할 수 없이 유용하게 사용되어 왔다. 어떤 종류의 기억과 관련된 과제를 수행하는 동안 마음속에서 일어나는 과정에 대한 보고는 기억이 작동하는 원리를 밝히는 데에 매우 중요한 단서를 제공할 수 있다. 예를 들어 보자. 항목기억Item Memory은 "아는 것Knowing/친숙함 인출familiarity"(그림 1.2 참고)에 대한 기억이다. 그런데 항목기억 검사를 하고 나서 피험자들에게 물어 보면 출처에 대한 자세한 내용까지도 기억해내는 경우가 있으며, 이런 내성법의 결과는 항목기억도 때로는 "기억해내기Remembering/회상하기 인출Recollection"의 원천기억도 가질 수 있다는 것을 의미한다(그림 1.2에서 항목기억과 원천기억으로 나누는 것이 절대적인 것이 아니고 정도 차이의 구분이라는 것을 의미한다). 이처럼 내성법이 유용하지만 조심해야 할 부분도 있다. 내성법은 개인의 경험에 근거한 주관적인 것인데 이런 결과만 믿으면 실험으로 얻은 자료의 중요성을 무시할 수가 있다는 것이다. 그래서 좋은 방법은 두 방법을 적절하게 조합하여 사용하는 것이다.

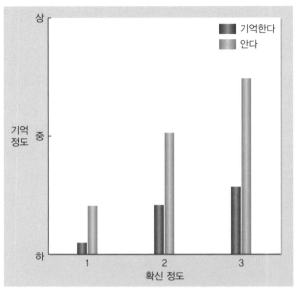

[그림 1.3]　확신하는 정도와 "기억한다(Remember)"와 "안다(Know)"의 반응 확률 간의 관련성(조건 표시는 오른쪽에 있음).

1.3 뇌 해부학(Brain Anatomy)

뇌는 후두엽, 두정엽, 측두엽, 전두엽으로 구성되어 있다. 뇌 영역은 피질 표면의 회백질Gray Matter과 피질 표면 밑의 백질White Matter로 이루어져 있다. 회백질은 주로 뇌 신경세포Neuron의 세포체Cell Body로 구성되어 있고, 백질은 피질 영역을 연결하는 신경세포의 축색Axon으로 구성되어 있다. 후두엽은 시각정보처리와 관련되어 있고, 측두엽은 시각과 언어 정보처리와 관련되어 있으며, 두정엽은 시각과 주의에 관여하며, 마지막으로 전두엽은 주의, 통제, 기억 등의 여러 기능과 관련되어 있다. 뇌의 절반이상이 시각정보처리와 관련되어있다. 이는 인간이 시각 위주의 동물이기 때문이다. 또한 이런 이유로 기억 연구 대부분이 시각과 관련된 자극을 이용한다(예를 들면, 글자 자극 혹은 사물의 사진 등).

　　그림 1.4는 기억 관련 뇌 영역들, 후두엽, 측두엽, 두정엽, 배외측 전전두엽, 그리고 내측 측두엽을 보여 주고 있다. 옅은 회색으로 보이는 부분은 이랑Gyrus으로 볼록 튀어 나온 융기로 보이고 있고 검게 보이는 안으로 말려 들어가 있는 부분이 고랑Sulcus이다. 그림 1.4A는 측면에서 본 뇌 모양Lateral View으로 왼쪽이 후두엽을 나타낸다(따라서

우반구의 측면 모습). 또한 위에서 내려다본 모양(마치 새가 위에서 내려다보는 것과 같은 모양, Superior View)과 아래에서 위로 보는 모양(마치 아래에 있는 벌레가 위를 바라보는 것과 같은 형태, Inferior View)이 있을 수 있다. 그림 1.4B는 관상면(Coronal View, 1.4A에서 수직으로 표시된 선을 따라 자른 모양), 얼굴과 평행한 면으로 자른 것과 같은 모양이며, 1.4C는 수평면(Axial View, 1.4A에서 수평축을 따라 자른 모양), 마치 양쪽 귀를 잇는 선을 따라 얇게 자른 것과 같은 모양이다.

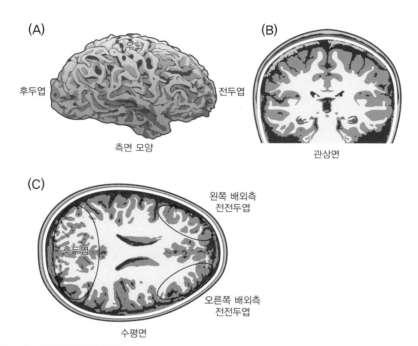

[그림 1.4] 기억과 관련된 뇌 영역.
  (A) 측면 모양(Lateral View). 우뇌(Right Hemisphere)의 측면모양으로 좌측이 후두엽으로 옅은 회색은 이랑 (Gyrus)이고 어두운 회색은 고랑(Sulcus)이다.
  (B) 관상면. 측면모양에서 수직선 방향으로 자른 모양
  (C) 수평면. 측면모양에서 수평방향으로 자른 모양

전문적인 논문은, 각 장의 마지막 부분에 더 읽을 거리로 적혀있는 문헌과 같은 것들, 실험 조건에 따라 다르게 활성화되는 뇌 영역을 특정한 이랑 혹은 고랑Gyrus or Sulcus으로 한정시켜서 설명한다. 그림 1.5는 기억연구에서 특히 관심이 많은 뇌 이랑과 고랑Gyrus and Sulcus을 보여 주고 있다. 제시되어 있는 사진은 좌뇌를 표시하고 있는데, 우뇌에도 좌뇌와 동일한 모양의 뇌 이랑과 고랑이 있어서 좌뇌의 영역을 이해하면 똑같이 우뇌에도 적용하여 이해할 수 있다. 그림 1.5에서 사용하고 있는 부위의 이름

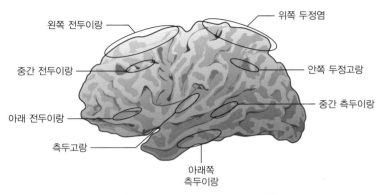

왼쪽 전두이랑

위쪽 두정엽

중간 전두이랑

안쪽 두정고랑

아래 전두이랑

중간 측두이랑

측두고랑

아래쪽
측두이랑

[그림 1.5] 기억 연구와 밀접한 관련이 있는 이랑과 고랑.

은 바로 그 이름이 지칭하는 영역을 추측할 수 있도록 도와주고 있다. 예를 들어 전두엽의 여러 영역의 이름을 살펴보면, 상측 전두 뇌회Superior Frontal Gyrus, 중측 전두 뇌회Middle Frontal Gyrus, 하측 전두 뇌회Inferior Frontal Gyrus 등인데, 전두 뇌회Frontal Gyrus 앞에 붙어 있는, 상측Superior, 중측Middle, 하측Inferior 용어만 이해해도 전두엽의 어느 부분인지를 추측할 수 있도록 도와준다. 당연히 전두Frontal도 마찬가지로 뇌의 앞쪽 부위라는 것을 짐작할 수 있도록 사용된 용어이다. 상측 전두 고랑Superior Frontal Sulcus은 상측 전두 뇌이랑과 중 전두 뇌이랑의 사이에 들어가 있는 골짜기 같은 영역을 의미하고, 하측 전두 뇌 고랑Inferior Frontal Sulcus은 중측 전두 뇌이랑와 하측 전두 뇌이랑의 사이에 들어가 있는 골짜기 같은 영역이다. 중심고랑Central Sulcus, Fissure of Rolando은 전두엽과 두정엽을 분할하는 뇌에서 가장 큰 뇌고랑이다. 후측 전두 피질posterior Frontal cortex에 위치한 운동관련 영역Motor Processing Region은 중심고랑, 중심고랑에서 전두엽 쪽으로 올라와 있는 융기 영역, 그리고 두정엽방향으로 올라와 있는 융기 부분Precentral Gyrus이다. 하측 두정 영역Inferior Parietal Lobule은, 두정엽 내의 고랑 영역의 바로 아래쪽인 부분인데, 연상회Supramarginal Gyrus와 각회Angular Gyrus로 구성되어 있다. 가쪽고랑Lateral Sulcus, Sylvian fissure은 내측전두피질과 측두엽을 분할하는 매우 큰 고랑이다. 첫 번째로 시각정보를 처리하는 영역 V1은 새발톱고랑Calcarine Sulcus 안에 위치한다.

활성화되는 뇌 영역을 브로드만 영역으로 표시하기도 하며, 그림 1.6은 흔히 사용되는 브로드만 영역을 설명하고 있다. 브로드만은 1909년에 뇌 세포의 모양, 층위 모양, 밀도 등에 근거하여 뇌 영역을 분할하였다(Broadman, 1909). 근래에 들어서 뇌 구조의 차이에 따른 이런 브로드만의 뇌 영역 분할은 기능적으로도 그 영역처럼 구분된다는 결과들이 보고되고 있어서 해부학적 구조와 기능적 차이 간의 관련성이

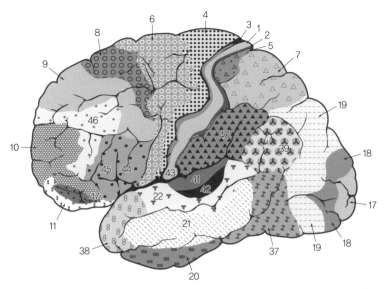

[그림 1.6] 브로드만 지도(1909). 좌뇌의 브로드만 영역 이름(측면 모양. 후두엽은 오른쪽).

매우 크다는 것이 밝혀 지고 있다. 실제로는 뇌 정보처리가 매우 복잡하여 각각의 뇌 영역은 여러 종류의 인지정보처리에 관여하며, 또한 반대로 여러 뇌 영역이 한 종류의 인지정보처리를 위해 동원되곤 한다(11장참조). 이런 사실에도 불구하고 어느 정도는 인지기능이 국소적으로 특정 뇌 영역에서 전문적으로 한정되어 처리하는 경향이 있곤 하다. 브로드만 지도와 고랑과 이랑을 나타내는 지도 간에 밀접한 관련이 있어서, 예를 들어 V1영역은 브로드만 영역 BA17에 해당되는 식으로 동일한 뇌 영역을 표시한다. BA39와 BA40은 각각 각회와 연상회에 해당된다. 유사하게 BA7은 상측 두정영역에 해당되고 BA7의 내측 부분은 설전부Precuneus에 해당된다. 상측 두정영역과 설전부는 기억과 연관되어 있다. 유사하게 BA4와 BA6은 운동정보처리영역이다.

　　대부분의 전문 연구 논문을 읽어 보면 흔히 고랑과 이랑을 지적하거나 브로드만 영역을 지적한다. 이 책에서는 뇌 해부학을 깊게 다루지는 않겠지만 참고문헌 등을 읽고 이해하려면 지금까지 설명한 정보의 뇌 해부학 지식은 필요하다. 이후의 내용을 읽다가 혹시라도 뇌 영역을 잘 이해하지 못하겠으면 이번 절을 수시로 참조하는 것이 좋겠다.

1.4 해마와 장기기억(The Hippocampus and Long-Term Memory)

최근까지도 교과서 등에서 H.M.이라고 불렸던 Henry Molaison은 1950년대에 간질 발작 치료를 위해 매우 급진적인 수술을 받았다(Scoville & Milner, 1957). 그림 1.7에서 볼 수 있듯이 H.M.은 좌우 뇌의 해마와 인근 영역을 제거하는 수술을 받았다. 그림 1.7은 한쪽 반구의 내측 측두엽은 손상되지 않은 정상적인 형태를 제시했고 다른 한쪽은 수술을 받은 그대로 제시하여 어느 부분이 제거된 것인지를 보여 주고 있다. 그러나 실제로는 양반구의 모든 내측 측두엽을 제거하였다. 이 수술은 그의 지능이나 성격에는 영향을 주지 않았지만 기억상실증이라고 불리는 장기기억의 심각한 장애를 가져왔다(의미기억에는 문제가 없고 일화기억에 장애를 보였다). H.M.은 수술 몇 년 전에 일어났던 사건에 대한 기억이 거의 없었고(역행성 기억상실증Retrograde Amnesia), 또한 수술 후 몇 년간에 대한 기억이 없었으나(선행성 기억상실증Anterograde Amnesia) 수술받기 아주 오래 전의 예를 들면 20대 초기의 기억은 정상이었다. 예를 들어 수술 받기 10개월 전에 이사 갔던 새로운 집에 대한 기억이 전혀 없어서 새로운 집의 주소도 모르고, 또한 집으로 가는 길도 몰랐으며, 심지어는 어제 사용했던 잔디 깎는 기계를 어디에 보관해둔 지도 기억하지 못했다. 그는 전에 읽었던 잡지에 대한 기억이 없어서 읽은 줄도 모르고 반복적으로 여러 번 읽곤 했다. 30분 전에 점심을 먹고서도 그 사실을 기억하지 못했다. 이처럼 장기기억에는 치명적인 장애를 지니고 있는 반면에 작업기억에는 어려움이 없는 것처럼 보였다. 방해를 받지 않으면 단어 쌍 혹은 몇 개의 숫자를 수분 동안 기억할 수 있었다. 장기기억 특히 일화기억에는 장애가 있고 작업기억에는 문제가없다는 사실은

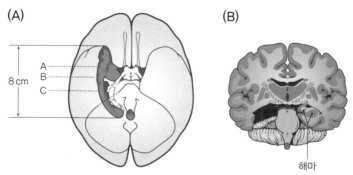

[그림 1.7] H.M.이 수술받은 내측 측두엽. 왼쪽, 제거된 내측 측두엽 영역을 밑에서 위로 찍은 모습. 제거된 부분의 크기는 8cm 정도이고, 옅은 회색으로 보인다(사진의 밑 부분이 후두엽이다). 오른쪽, 왼쪽 사진에서 B로 표시된 부분 정도에서 찍은 해마의 관상면. 좌측의 검게 표시된 부분이 제거된 부분이고, 오른쪽의 상대되는 영역은 수술 받기 전의 정상적인 모습의 해마와 그 인근 영역의 모습. 실제로 환자는 좌우 뇌의 해마와 인근 영역 모두를 제거하는 수술을 받았다.

해마와 인근 영역이 장기기억에 매우 중요한 역할을 담당한다는 것을 의미하고, 해마와 인근 영역이 이처럼 장기기억에 필수적인 역할을 한다는 사실은 이후의 여러 연구에서도 빈번하게 증명되었으며, 이 책의 여러 부분에서 이런 내용의 결과를 수시로 설명할 것이다.

장기기억이라고 말하면 일반적으로 과거에 경험했던 내용을 인출해내는 것을 의미하지만, 엄밀하게 말하면 기억은 약호화Encoding, 저장Storage, 인출Retrieval 모두를 의미하는 용어이다. 해마는 기억의 이 세 종류의 과정에 모두 관여를 하고 특히 약호화와 인출에 관여한다(3장 참고). 장기기억의 저장은 기억의 응고화Memory Consolidation에 의해 일어나는데, 기억의 응고화는 장기기억에 관여하는 해마를 포함하는 영역들에서의 변화를 구조적 변화를 의미한다. 이렇게 보면 해마는 약호화, 저장, 인출 등의 세 가지 과정 모두에 필수적인 역할을 담당한다.

1.5 감각 영역(Sensory Regions)

어떤 사람이 어제 저녁으로 무엇을 먹었는지 떠올린다면, 당연히 그 사람은 먹었던 음식의 모양이 어땠는지를 시각적으로 보는 것처럼 기억해 낼 것이다. 이런 주관적인 경험은 감각재활성화가설Sensory Reactivation Hypothesis을 지지한다. 감각재활성화가설은 특정 기억을 떠올리는 것은 그 정보를 지각할 때 활동했던 감각 영역에 저장되어 있던 감각기억항목을 재활성화하는 것이라고 설명한다. 이런 감각기억효과를 통해 기억 내용이 무엇인지를 짐작할 수 있다(즉, 시각으로 경험한 내용에 대한 기억은 시각 감각과 관련된 정보를 지니고 있다는 것이다). 감각재활성화가설Sensory Reactivation Hypothesis을 지지하는 실험결과를 설명하기 전에, 여러 감각과 관련된 뇌 영역, 예를 들면, 시각, 언어와 청각, 운동, 냄새 등을 정보처리하는 뇌 영역을 살펴 보자. 거의 모든 연구가 시각 자극을 가장 많이 사용하기 때문에 우선적으로 시각 감각 영역을 살펴보도록 하자.

그림 1.8에 시각 지각을 담당하는 뇌 영역을 제시하였다. 물체를 지각할 때, 처음으로 뇌의 가장 뒤 부분에 있는 일차시각피질(V1) 혹은 선조피질Striate Cortex이 모양, 컬러, 위치, 그리고 움직임 등에 대한 일차적인 정보를 추출하고, 이들 정보를 선조피질과 앞쪽으로 맞닿아 있는 외선조피질Extrastriate Cortex로 보내서 더 높은 수준의 시각정보처리를 진행한다. 선조피질Striate Cortex이라는 이름은 이 부분의 신경세

포를 염색하면 마치 여러 개의 가로무늬처럼 보여서 이런 이름이 붙은 것이고, 외선조피질Extrastriate Cortex이라는 이름은 선조피질에 덧붙어 있는 부분이라서 이런 이름을 사용하는 것이다. V2, V3, V4, V5로 알려진 영역을 통틀어 일컬을 때에도 외선조피질이라는 용어를 사용한다. 일차시각피질에서 처리된 일차적인 시각적인 특질들은 '무엇'통로What Pathway(뇌의 아래 부분에 위치)로 전해져서 그 물체가 컵인지 아니면 대접인지를 알아내는 과정에 사용되고, 또한 '어디' 통로Where Pathway로 전해져 그 물체가 멀리 떨어져 있는지 아니면 가까이에 있는지 오른쪽에 있는지 등의 위치 정보를 조사하는 데 사용된다. 이들 통로는 위계적으로 구성되어 있어서, V1처럼 일차시각피질은 초보적인 시각 특질을 추출하는 데 작용하고 전내측 측두엽Anterior Ventral Temporal Cortex처럼 나중에 작용하는 영역은 물체의 모양 인식과 같은 높은 수준의 정보처리를 담당한다. 왼쪽 시야의 자극은 오른쪽 뇌의 시각 지각 영역이 담당하고, 오른쪽 시야에 나타난 자극은 왼쪽 뇌의 시각 지각 영역이 담당한다. 즉, 양눈이 초점을 맞추고 있는 지점을 기준으로 나누어지는 왼쪽 혹은 오른쪽 시야와 그 시야를 담당하는 시각 뇌 영역은 서로 좌우가 반대로 연결되어 있다. 이런 식의 시야와 뇌 시각 영역과의 매핑을 교차시각정보처리Contralateral Visual Processing라고 부른다. 외선조피질Extrastriate Cortex은 앞에서 말한 것처럼 여러 영역들, 즉 외측 후두 복잡계Lateral Occipital Complex는 물체의 모양 정보처리를 하고, 컬러정보처리와 관련된 V8영역, 운동정보처리 영역인 MT(원숭이에게서는 이 영역이 Middle Temporal Lobe 그래서 첫 자를 따서 MT라고 이름을 붙였는데, 인간의 운동관련 영역은 측두엽이 아닌 다른 곳이지만 원숭이에게서 사용했던 전통을 따라서 인간의 운동정보처리 영역을 말할 때에도 MT라는 용어를 사용한다.)을 포함한다.

조금 더 복잡한 물체 인식의 정보처리는 전복내측 시각 영역Anterior Ventral Visual Area(후두엽을 기준으로 생각할 때, 눈이 있는 방향으로의 앞쪽, 그리고 뇌의 안쪽으로 말려들어가 있는 부분의 시각 영역)에서 이루어진다. 예를 들면, 방추이랑Fusiform Gyrus(방추 모양의 이랑)의 일부분인 방추모양 얼굴영역Fusiform Face Area은 인간의 얼굴을 판별하는데 관여하며, 해마곁 장소인식 영역Parahippocampal Place Area은 해마곁이랑Parahippocampal Gyrus(para-는 주변부위라는 의미로, "해마곁"은 해마 주변 부위 의미)의 일부분으로 위치나 장면과 같은 시각 자극의 주변환경을 인지하는 데 관여한다. 이런 이름을 보고 가끔 혼동하기도 하는데, 예를 들면 "방추모양 얼굴영역"이라는 이름은 마치 얼굴 인식은 모두 이 영역에서만 일어나고 다른 뇌 영역은 얼굴 인식에 전혀 관여하지 않는 것으로 생각할 수 있다. 사실 얼굴 인식은 "방추모양 얼굴영역"말고도 최소한 11개의 또 다른 뇌 영역들도 관여하여 일어난다(Slotnick & White, 2013; 11장 참조). 시각 자극은 시각과 관련된 여러 영역들의 활동패턴으로 표상Representation되고 정보처리된다. 즉, 국한된 특정한 하나의 영역이 맡아서 홀로 모든 과정을 처리하지는 않는다(Haxby et al. 2001). 인지신경과학을 다루는 많은 사람들의 오해는 바로 전에 시각 영역에서 설명한 것처럼 뇌의 특정한 영역은 특정 인지 능력과 일대일로 연결되어 있다고 생각하는 것인데, 이런 생각은 옳지 않으며 너무나도 단순화하여 생각하는 인지신경과학에 대한 오해이다(11장 참조). 그림 1.8에는 시각 영역 외에도 언어, 운동, 후각 정보처리와 관련된 영역들이 표시되어 있다. 언어정보처리는 청각/음향 정보처리(측두엽의 위 부분), 단어이해과정Word Comprehension, 그리고 단어산출Word Production 등의 여러 과정을 포함한다(8장 참조).

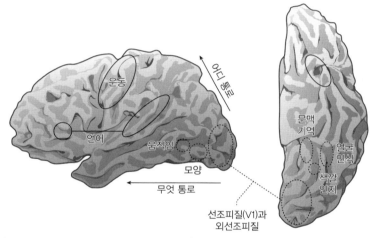

[그림 1.8] 주요 감각 영역. 왼쪽, 왼쪽 반구의 측면 사진(오른쪽이 후두엽 방향이고 왼쪽이 전두엽 방향이다). 오른쪽, 좌 반구를 밑에서 본 모양(아래 방향이 후두엽 쪽이다). 시각 감각 영역(점선 동그라미로 표시된 영역)을 모양, 운동, 색깔 등의 정보처리로 나누어 표시하고 있음. 화살표는 '어디' 통로(Where Pathway)와 '무엇' 통로(What Pathway)를 표시하고 있다. 시각 외의 다른 영역들을 실선 동그라미로 표시하였다.

많은 연구결과들은 감각재활성화가설Sensory Reactivation Hypothesis이 타당하다는 것을 보여 준다(Slotnick, 2004b). 시각 기억, 음향과 단어와 같은 언어 기억, 운동에 대한 기억, 냄새에 대한 기억을 등을 떠올리려고 노력하면 관련된 감각 영역이 재활성화된다. 예를 들어 얼굴이나 어떤 장소를 떠올리고 노력하면 방추모양 얼굴 영역Fusiform Face Area과 해마곁 장소 영역Parahippocampal Place Area의 재활성화가 나타난다. 얼굴이나 집처럼 하나의 전체를 기억 속에서 떠올릴 때에 관련된 뇌 영역이 활성화되는 것처럼, 얼굴의 모양Shape 혹은 색깔Color처럼 얼굴의 부분으로 볼 수 있는 특징 feature에 대한 기억을 생각할 때에도 그 특징과 관련된 뇌 영역이 재활성화된다. 사물의 모양에 대한 기억은 LOC를 재활성화시키고(Karanian & Slotnick, 2015), 색깔 기억은 V8을 재활성화시키며(Slotnick, 2009a), 왼쪽 시야 혹은 오른쪽 시야에 제시되었던 사물에 대한 기억은 반대 방향의 뇌의 시각 영역을 재활성화시고(Slotnick & Schacter, 2006; Slotnick 2009b), 또한 운동에 대한 기억은 MT영역을 재활성화시킨다 (Slotnick & Thakral, 2011). Wheeler & Buckner(2000)은 시각 자극인 사물Object과 소리 (Sound)에 대한 기억이 관련된 감각 영역의 재활성화를 야기하는지를 fMRI를 이용하여 조사하였다. 2장에서 좀 더 자세하게 논의하겠지만, fMRI는 어떤 종류의 정보처리를 담당하고 있는 뇌 영역의 활동을 알려 준다. fMRI는 그 정보처리를 담당하는 뇌 영역이 활동할 때 그 활동에 필요한 에너지를 공급하는 혈액의 변화Blood Flow를 추적한 자료를 바탕으로 계산된 뇌 영역의 활동 정도를 알려주는 MRI사진을 제공한다. 따라서 fMRI는 1990년대 초에 개발된 이래로 특정 인지 과정과 연결된 뇌 영역의 활동을 확인하는데 주로 사용되어왔다. Wheeler & Buckner(2000)은 fMRI로 기억의 뇌활동을 조사하려고, 학습시기Study Phase와 검사시기Test Phase로 나누어서 검사시기에 학습했던 것과 학습하지 않은 것에 대한 뇌의 반응을 기록하였다. 학습시기에 사물의 사진(예를 들면, "개, dog" 사진)을 보거나 혹은 사물의 소리(예를 들면, "개, dog"의 짖는 소리)를 들었다. 사물의 사진이나 소리와 함께 그 사물의 이름도 동시에 제시되었다. 검사시기에는 사물의 이름을 제시해 주고 그 이름에 해당되는 사물의 사진 혹은 소리를 들었는지 기억해내라고 실험참가자에게 지시하였다. 그리고는 학습시기에 보거나 들었던 사물을 떠올릴 때에 관여하는 뇌 영역을 fMRI로 촬영하였다. 그림 1.9A와 1.9B는 각각 사물의 사진을 지각할 때와 학습시기에 보았던 사진을 기억 속에서 떠올릴 때의 외선조피질Extrastriate Cortex의 fMRI사진이다. 그림 1.9C와 1.9D는 각각 사물의 개가 짖는 소리 등을 듣고 지각할 때와 학습시기에 들었던 사물의 소리를 기억 속에서 떠올릴 때의 측두엽의 위 부분에 위치한 청각 영역Auditory Processing Cortex의 fMRI사진이다. 그림 1.9의 MRI사진을 비교해 보면, 사진과 소리를 보거나 들을 때, 즉 지각 과정에 관여하는 뇌 영역과 사진과 소리를 기억 속에서 떠올릴 때 활동하는 뇌 영역이 거의 동일하다는 것이다. 지각 과정과 기억 과정이 동일한 뇌 영역을 사용하지만, 한 가지 차이점은 기억해낼 때의 관련된 영역이 지각할 때의 뇌 영역보다 더 작다는 것이다. 아마도 이런 활성화 크기의 차이는 자세한 내용까지를 모두 정보처리해야 하는 지각 과정과 보거나 들은 내용을 약호화해서 저장하고 떠올리는 기억 과정과의 차이에서 유래한 것으로 해석된다.

(A) 시각 지각 영역

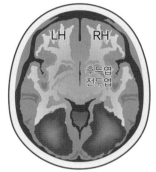

(B) 시각 기억 영역

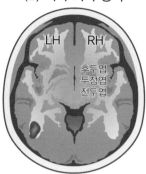

동일 시각영역의 활성화

(C) 청각 지각 영역

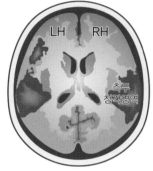

(D) 청각 기억 영역

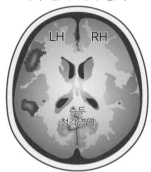

동일 청각영역의 활성화

[그림1.9] 지각과 기억과 관련된 감각 영역을 제시하고 있는 fMRI 영상.
(A) 시각 지각과 관련된 뇌 영상(수평면, Axial View이고 아래 방향이 후두엽 방향이다).
(B) 시각 자극의 기억과 관련된 뇌 영상을 가리키고 있다.
(C) 청각 지각과 관련된 뇌 영상.
(D) 청각 기억과 관련된 뇌 영상.

1.6 기억 통제 영역(Control Regions)

기억 통제 영역은 외현기억Explicit Memory의 생성을 유도한다. 기억 통제 영역은 대표적으로 배외측 전전두엽Dorsolateral Prefrontal Cortex, 두정엽Parietal Cortex, 그리고 마지막으로 해마Hippocampus를 포함한 내측 측두엽Medial Temporal Lobe이다. 이들 기억 통제 영역은 각각 다른 역할을 담당한다. 배외측 전전두엽은 기억을 선별하는 과정Memory Selection에 관여하고, 두정엽은 기억 내용Contents of memory에 주의Attention를 기울여서 어떤 일을 처리하는 데 관여하며, 마지막으로 내측 측두엽은 기억의 응고화Consolidation 와 인출Retrieval을 관리하는 것으로 추정된다. 앞 절에서 설명한 기억의 내용 저장 contents of memory과 관련된 감각 영역을 이들 통제 영역들이 관리하고 조정하는데, 이들 통제 영역이 감각 기억 영역을 통제하는 과정은 일종의 상향처리과정과의 상호작용Top-Down Interaction이라고 이해할 수 있다.

Wheeler & Buckner(2003)는 위에서 설명한 기억 통제 영역이 실재하는 것을 fMRI 실험으로 예시하였다. 실험의 순서는, 학습시기에 먼저 "dog"처럼 사물의 이름을 제시하고 곧 이어서 그 이름의 사진이나 소리가 제시되었다. 통제-많이 조건에서는 사진이나 소리를 1회 제시하였다. 자극을 여러 번 반복하지 못하도록 통제하였다. 이런 과정은 학습시기 후에 시행되는 검사시기에 이 자극들을 기억에서 어렵게 끄집어 내도록 그래서 기억의 통제가 많이 필요하도록 유도하기 위한 조작이었다. 통제-조금 조건에서는 사진이나 소리를 20회 제시하여 강하게 암기하도록 유도하였다. 여러 번의 자극 제시는 강한 기억을 형성하여 나중에 시행될 검사시기에 쉽게 기억된 정보를 끄집어 낼 수 있도록 그래서 기억의 통제가 많이 필요하지 않도록 조절하기 위해서였다. 검사시기에는 검사 자극, 즉 사진이나 소리에 대해 실험 참가자가 학습시기에 보았거나 들었던 것이지 아닌지를 판단하는 동안 활동하는 뇌의 활동을 fMRI로 기록하였다. 검사시기에 실험참가자는 학습시기에 제시되었던 사진에 대해서는 "보았다, seen" 반응을 그리고 들었던 소리에 대해서는 "들었다, heard" 반응을 하도록 지시받았으며, 학습시기에 제시되지 않았던 사진과 소리에 대해서는 "없었다, new" 반응을 하도록 지시받았다. 관심의 초점은 학습시기에 1회 제시되었던 자극과 20회 제시되었던 자극을 검사시기에 떠올릴 때, 즉 통제-많이 조건(1회 제시 조건)과 통제-조금(20회 제시 조건)의 뇌 활동 영상 차이이다. 결과는 1회 제시된 자극을 떠올릴 때에는 배외측 전전두엽과 두정엽의 활동이 매우 강한데 비해서 20회 제시된 자극에 대해서는 이들 영역의 활성화가 거의 없다는 것이다. 이런 결과는 이들 영역이 기억 통제와 연관되어 있다는 사실을 알려준다.

(A) 항목기억과제

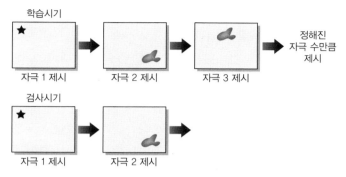

학습시기

자극 1 제시 → 자극 2 제시 → 자극 3 제시 → 정해진 자극 수만큼 제시

검사시기

자극 1 제시 → 자극 2 제시 →

학습시기에 보았던 것인지 아닌지를 판단

(B) 원천기억과제

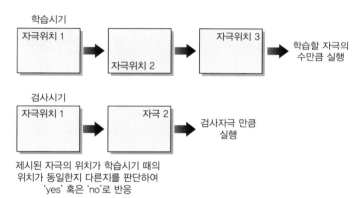

학습시기

자극위치 1 → 자극위치 2 → 자극위치 3 → 학습할 자극의 수만큼 실행

검사시기

자극위치 1 → 자극 2 → 검사자극 만큼 실행

제시된 자극의 위치가 학습시기 때의
위치가 동일한지 다른지를 판단하여
'yes' 혹은 'no'로 반응

fMRI 측정결과: 원천기억과 항목기억 영역이 좌우대칭적

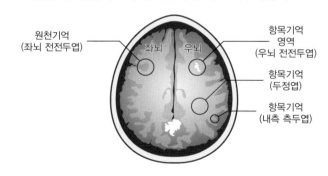

원천기억
(좌뇌 전전두엽)

좌뇌   우뇌

항목기억
영역
(우뇌 전전두엽)

항목기억
(두정엽)

항목기억
(내측 측두엽)

[그림 1.10] "항목기억(Item Memory)"과 원천기억(Source Memory)" 실험설계와 fMRI 결과.
　(A) 항목기억과제.
　(B) 원천기억과제. 원천기억은 좌측 배외측 전전두엽의 활성화와 관련되고, 항목기억은 우뇌의 배외측 전전두
엽, 두정엽, 내측 측두엽의 활성화와 관련이 있다.

Slotnick, Moo, Segal, & Hart(2003)은 위의 연구 보다 조금 더 깊숙한 문제를 해결하려고 fMRI연구를 수행하였다. 이들의 연구 목표는 어떤 사건에 대해서 그 사건의 내용을 기억하는 것(이후로는 "항목 기억, Item memory"라고 부를 것임)과 그 사건이 언제 어디에서 어떤 환경에서 일어났는지에 대한 출원지에 대한 기억(이후로는 "원천기억, Source memory"라고 부를 것임)을 구분하는 것과 이들 기억 내용Contents of memory과 기억 통제Memory control를 구분하는 것이었다. 그림 1.10에 항목기억과 원천기억의 학습 절차를 보여 주고 있다. 기억해야 할 항목으로는 의미가 없는 모양인 추상적인 도형을 사용하였고(언어를 사용하여 도형을 언어자극으로 기억하는 것을 예방하려고 추상적인 도형을 사용하였다), 이 추상적인 도형은 원천기억의 기억 검사를 위해 왼쪽 시야 혹은 오른쪽 시야에 제시되었다. 실험참가자는 화면의 중앙에 제시된 추상적인 도형이 학습시기에 본 것인지 아닌지를 판단하여 본 것에 대해서는 "예, old" 반응을 그리고 본적이 없는 것에 대해서는 "아니요, new" 반응을 하도록 지시 받았다. 유사하게 원천기억검사에서는 예전에 학습했던 항목이 왼쪽에 혹은 오른쪽에 제시되었는지를 판단하는 것으로, 학습했던 추상적인 도형이 화면 중앙에 제시되면 그 자극이 어느 방향에 학습시기에 나타났는지를 판단하는 것이었다. 항목기억 관련 뇌 영역을 찾아내기 위해 학습시기에 제시되었던 자극에 대해 옳게 "예"로 반응한 것(신호탐지이론Signal Detection Theory에서 말하는 "Hit", 실제로 자극이 존재하는 상황에서 그 자극이 존재한다라고 옳게 판단한 경우)에 대한 fMRI영상과 학습시기에 제시되지 않았던 자극에 대해 옳게 "아니요"로 반응한 것(신호탐지이론Signal Detection Theory에서 말하는 "correct rejection", 실제로 자극이 존재하지 않은 상황에서 그 자극이 존재하지 않는다고 옳게 판단한 경우)에 대한 fMRI영상을 비교하였다. 두 조건 간의 영상 차이를 분석하기 위해 감산법Subtraction Method을 이용하였다. 즉, "Hit" 조건의 영상에서 "correct rejection"조건의 영상을 감산하여 남아 있는 부분을 조사하였다. 두 조건 간의 비교에서 남아 있는 부분의 영상이 항목기억을 반영하는 뇌 영역이다. 감산법에 대한 자세한 사항은 Box1.2를 참조하면 도움이 될 것 같다. 원천기억 영역을 찾아 내기 위해, 학습시기에 제시되었던 방향을 정확하게 맞혔을 때의 fMRI 영상에서 방향 판단은 필요치 않았지만 학습했던 것에 대해 정확하게 반응했던 "Hit" 조건의 fMRI영상을 감산법으로 제거하였다. 이런 감산법 후에 남아 있는 fMRI영상 부분이 원천기억을 담당하는 뇌 영역이다. 그림 1.10 아래 부분의 결과에서 볼 수 있듯이, 원천기억은 왼쪽 배외측 전전두엽의 활성화가 나타나고 반면에 항목기억은 오른쪽 배외측 전전두엽과 두정엽 더불어 내측 측두엽(1.10B에는 표시되지 않았다)의 활성화로 나타났다. 배외측 전전두엽의 활성화 결과는 명확하게 항목기억(오른쪽 전전두엽)과 원천기억(왼쪽 전전두엽)이 분리되어 통제되고 있음을 나타내고 있다.

1.4와 1.5절은 기억 내용을 저장하고 있는 감각 영역과 기억을 관리하고 조정하는 통제 영역을 간략하게 설명하였다. 2장에서 논의하겠지만, fMRI를 이용하여 기억과 뇌 영역 간의 관련성을 연구하는 것은 한 종류의 방법일 뿐이다. 기억과 뇌의 관련성을 연구하기 위해 fMRI 외에도 다른 여러 방법이 사용된다.

Box 1.2 감산법으로 정보처리과정을 구분하기
Isolating a process with subtractive logic

감산법subtractive logic은 신경 전달 속도(Helmholtz, 1850)와 정보처리과정의 속도(Donders, 1868)를 측정하기 위해 오래 전부터 사용되어 왔다. 감산법은 두 종류의 정보처리가 모두 동일하고 어느 하나 과정에서만 다르다는 가정에서 출발한다. 따라서 인지신경과학에서 감산법으로 연구를 진행할 때에도 이런 가정을 따라야 한다. 인지정보처리가 어떤 어떤 과정으로 이루어져 있는지는 때로는 내성법을 통해서 이루어지기도 한다(Box 1.1을 참고). 비교하려고 하는 두 조건이 여러 종류의 인지과정에서 차이가 난다면, 두 조건에 발견된 차이는 무엇 때문에 나타난 것인지를 결정할 수가 없다. 예를 들어 보자. 학습시기에 제시되었던 자극에 대해 옳게 "예"로 반응한 것(Old-Hit)과 학습시기에 제시되지 않았던 자극에 대해 옳게 "아니요"로 반응한 것(Correct-Rejection)의 차이는 항목기억의 차이일 뿐만 아니라 반복점화 때문일 수도 있다. Old-Hit 조건에서는 학습시기와 검사시기에 동일한 자극이 2번 반복되어 제시되었기 때문에 의식하지는 못하지만 암묵기억에 남아있던 기억의 효과일 수도 있다. 반면에 Old-Hit 조건을 학습시기에 제시되었던 자극에 대해 틀리게 "아니요"로 반응한 것Old-Miss의 비교를 생각해 보자. Old-Hit와 Old-Miss 조건 모두에서 학습시기와 검사시기에 동일한 자극이 2번 반복된 것이 동일하기 때문에 두 조건 간의 차이는 반복점화에 의한 것일 수가 없다. 따라서 Old-Hit와 Old-Miss 조건 간의 차이는 기억해냈는지에 대해서만 차이가 있고 나머지는 동일하기 때문에 두 조건 간의 차이는 순수하게 항목기억에서의 차이만을 반영하는 것이라고 추론할 수 있다.

1.7 이 책의 구성(The Organization of This Book)

2장은 "인지신경과학의 측정도구The Tools of Cognitive Neuroscience"에 대해 설명한다. 인지신경과학 연구가 이루어질 수 있는지 없는지는 사실 조사해 보고 싶은 연구 문제의 논리를 직접적으로 측정할 수 있는 방법이 있는지 혹은 없는지에 의해 결정된다고 해도 과언이 아니다. 인지신경과학 연구에서는 여러 연구 방법이 사용되며, 각 방법은 서로 다른 장점과 단점을 지니고 있다. 2장 이후의 3장부터 시작되는 8개 장은 여러 종류의 기억에 대해 논의할 것이다. 대부분의 장들은 장기기억에 대해서 많이 논의할 것인데 그 이유는 장기기억에 대한 연구가 가장 많이 폭 넓게 연구되었기 때문이다. 3장의 제목은 "장기기억 관련 뇌 영역Brain Regions associated with Long-Term Memory"으로 3장에서는 장기기억을 담당하고 있는 뇌 영역들을 자세하고 심도 있게 다룰 것이다. 4장의 제목은 "장기기억 관련 뇌의 시간적 변화Brain Timing of Long-Term Memory"로 장기기억과 관련된 뇌 영역들이 어느 시간 때에 어떤 방법으로 활동하는지를 논의할 것이다. 5장의 제목은 "장기기억 실패Long-Term Memory Failure"로 망각과 가짜기억False Memory 같은 장기기억의 오작동에 대한 원리에 대해 설명할 것이다. 6장과 7장은 작업기억Working Memory과 암묵기억Implicit Memory를 설명할 것이다. 주로 이들 기억과 관련된 뇌 영역과 이 영역들이 어느 때에 활동하는지를 논의할 것이다. 8장의 제목은 "기억과 다른 인지과정들과의 관련성Memory and Other Cognitive Processes"으로 주의Attention, 심상Imagery, 그리고 언어Language와 같은 인지과정들과 기억 간의 유사성과 차이점에 대해 논의할 것이다. 9장은 "외현기억과 기억과 질병Explicit Memory and Disease"을 다루는데 주로 알츠하이머성 질환Alzheimer's disease처럼 외현기억에 장애를 일으키는 것들에 관한 것이다. 10장의 제목은 "동물의 장기기억Long-Term Memory in Animals"으로 쥐 혹은 원숭이같은 동물을 대상으로 실시된 실험에 근거해서 밝혀진 장기기억의 비밀들을 설명할 것이다. 마지막 장의 제목은 "향후의 기억 연구The Future of Memory Research"로 현재까지의 기억 연구를 간략하게 요약하고 다가 오는 미래에는 어떤 종류의 기억-인지신경과학 연구가 이루어져야 하는지를 논의할 것 이다. 미래의 연구는 변화가 필요한데, 예를 들면 기억과 관련된 특정 뇌 영역에만 연구의 초점을 두지 말고, 오히려 기억 관련 여러 뇌 영역이 어느 때에 어떤 방법으로 서로 상호작용하여 우리가 알고 있는 기억 현상을 일으키는 것인지에 많은 관심을 가져야 할 것이다. 아마도 이런 종류의 연구를 성공적으로 수행하려면 뇌의 활동을 측정할 수 있는 더 복잡한 더 첨단의 기자재가 필요할 것이고, 이런 기자재가 개발될 지에 대해서

는 걱정도 앞서지만, 이런 방법이 개발되고 이런 기자재를 이용해서 뇌의 여러 영역
이 서로 상호작용하는 방법을 연구할 것을 상상하면 매우 흥분된다.

요약

- 기억 유형의 상호 대립되는 6쌍은 외현기억Explicit Memory과 암묵기억Implicit Memory, 장기기억Long-Term Memory과 작업기억Working Memory, 일화기억Episodic Memory과 의미기억Semantic Memory, 원천기억Source/Context Memory과 항목기억Item Memory, 기억하고 있음Remembering과 아는 것Knowing, 마지막으로 회상하기 인출Recollection과 친숙함 인출Familiarity 등이다.
- 기억과 깊은 관련이 있는 5영역은 후두엽Occipital Lobe, 측두엽Temporal Lobe, 두정엽Parietal Lobe, 배외측 전전두엽Dorsolateral Prefrontal Lobe 그리고 내측 측두엽Medial Temporal Lobe이다.
- H.M. 환자의 경우처럼 내측 측두엽을 제거하면 수술 받기 전의 몇년간의 기억이 사라지며 또한 수술 후에 경험한 사실들에 대한 새로운 기억 생성이 일어나지 않는다.
- 시각, 언어, 운동, 후각 등을 정보처리하는 서로 구분되는 감각 영역이 존재한다.
- 시각 감각 내에서도 모양 정보처리 영역(LOC), 색깔 정보처리 영역(V8), 위치 정보처리 영역(V1과 외선조피질), 운동 정보처리 영역(MT), 얼굴 정보처리 영역(FFA), 건물 등 주위 환경 정보처리 영역(PPA) 등으로 구분되어 있으며, 이런 원리는 다른 종류의 감각 기관에도 동일하게 적용된다.
- 기억 관리 및 통제 영역은 배외측 전전두엽, 두정엽, 그리고 내측 측두엽이다.

점검 퀴즈

- 외현기억과 암묵기억의 차이점은 무엇인가?
- 회상하기 인출Recollection과 친숙함 인출Familiarity의 차이점은 무엇인가?
- 기억과 관련된 3개 주요 영역은 어디인가?
- V8 영역은 색깔을 담당하는 곳인가 아니면 운동을 담당하는 곳인가?
- 배외측 전전두엽은 기억의 관리와 통제를 담당하는가? 아니면 감각 정보를 지각하고 기억하는 정보처리를 담당하는가?

- Tulving, E. (1985). Memory and consciousness. *Canadian Psychology*, 26, 1−12.

  이 논문은 "기억하고 있는 것remembering"과 "아는 것knowing"을 거의 처음으로 소개하였으며, 내성법을 사용한 연구의 예를 구체적으로 제시하고 있다.

- Scoville, W. B. & Milner, B. (1957). Loss of recent memory after bilateral hippocampal lesions. *Journal of Neurology, Neurosurgery, & Psychiatry, 20*, 11−21.

  내측 측두엽 손상은 장기기억에 치명적인 손상을 일으킨다는 사실을 최초로 발견한 기념비적인 논문.

- Wheeler, W. B., Petersen, S. E. & Buckner, R. L. (2000). Memory's echo: Vivid remembering reactivates sensory−specific cortex. *Proceedings of the National Academy of Sciences of the United States of America, 97*, 11125−11129.

  이 논문은 시각 혹은 청각에 대한 기억은 시각과 청각을 지각할 때 활동하는 동일한 감각 영역을 활성화시킨다는 사실을 fMRI로 예시하였다.

- Slotnick, S. D., Moo, L. R., Segal, J. B. & Hart, J., Jr. (2003). Distinct prefrontal cortex activity associated with item memory and source memory for visual shapes. *Cognitive Brain Research, 17*, 75−82.

  이 논문은 항목기억과 원천기억이 배외측 전전두엽, 두정엽, 그리고 내측 측두엽의 활성화차이로 구분된다는 사실을 fMRI로 예시하였다.

2 / 장

The Tools of Cognitive Neuroscience

인지신경과학의 측정도구

2 The Tools of Cognitive Neuroscience
인지신경과학의 측정도구

학습 목표

- fMRI로 뇌의 활동 영역을 어떤 방법으로 측정하는지를 이해하고, fMRI로는 얼마나 작은 영역까지 그리고 얼마나 빨리 일어나는 현상까지를 측정할 수 있는지를 이해하기
- ERP로 뇌의 활동을 측정하는 방법을 이해하고, ERP로는 얼마나 작은 영역까지 그리고 얼마나 빨리 일어나는 현상까지를 측정할 수 있는지를 이해하기
- 뇌손상 환자를 통한 연구 자료를 해석할 때의 주의할 점
- TMS가 작동하는 원리와, TMS로는 얼마나 작은 영역까지 그리고 얼마나 빨리 일어나는 현상까지를 측정할 수 있는지를 이해하기
- 공간 해상도(Spatial Resolution)와 시간 해상도(Temporal Resolution)를 동시에 갖추어서 뇌 활동을 측정하려면 2 종류의 방법을 결합해야 한다. 어떤 방법이 가능한지를 생각해 보기

인지신경과학자들은 여러 가지 도구를 동원하여 우리가 무엇인가 생각하는 동안 뇌 안쪽에서 무슨 일이 일어나고 있는지를 관찰하고 분석한다. 인지신경과학은 기능하고 있는 뇌 활동을 측정할 수 있는 여러 종류의 기술 발전으로 눈부신 진보를 이룰 수 있었다. 인지신경과학에서 사용되는 여러 방법들은 선호되는 정도, 비용, 측정의 복잡성, 공간 해상도 그리고 시간 해상도 등에서 서로 다르다. 각 방법들은 서로 다른 장단점을 가지고 있으며, 이 도구들을 자유롭게 사용할 수 있으려면 상당한 시간의 노력이 필요하다. 이번 장에서는 여기저기에서 빈번하게 언급되고 인지신경과학에서 가장 널리 사용되는 방법들의 특성을 간략하게 기술할 것이다. 2.1절에서는 자기공명영상fMRI 혹은 사건 관련 전위ERP 등으로 측정한 뇌 활동에 대한 이론적 해석을 제공하는 행동 측정에 대해 간략하게 설명할 것이다. 2.2절에서는 뇌 활동을 고해상도로 작은 영역까지를 보여 줄 수 있는 fMRI와 같은 방법에 대해 간단하게 설명할 것이다. 일반적으로 뇌 활동의 공간적 특성을 조사하기 위해 가장 흔히 사용하

는 이미징 방법이 fMRI이다. fMRI는 특정 영역에서의 혈류의 변화를 추적하여 뇌영상을 제공한다. fMRI로 뇌 활동을 이미징하면 매우 작은 부위의 활동까지 관찰할 수 있는 장점이 있지만, fMRI는 혈류의 흐름을 반영하여 뇌 활동을 기록하는 것이라서 매우 짧은 시간에 빠르게 일어나는 인간의 정보처리를 시간적으로 추적하는 데에는 한계가 있다. 2.3절에서는 빠르게 변화하는 뇌 활동을 기록할 수 있는 사건 관련 전위Event-Related Potential, ERP에 대해 설명할 것이다. ERP는 두피에 부착된 전극을 통해 뇌 내부에서 일어나고 있는 활동을 전기신호의 크기, 즉 전압의 크기로 측정한다. ERP는 뇌 안에서 발생되는 전기 활동을 추적하는 것이라서 매우 빠른 시간에 일어나는 뇌 활동까지를 기록할 수 있는 장점이 있으나 이런 전기 활동이 뇌 어느 영역에서 일어난 것인지에 대해서는 대략적인 정보만을 제공할 수 있고 자세한 공간적인 특성은 제공해주지 못하는 단점이 있다. 2.4절에서는 시공간적으로 높은 해상도를 제공할 수 있는 방법들에 대해서, 예를 들면 fMRI와 ERP를 합치거나 아니면 뇌 수술 때문에 두개골을 뚫어서 뇌 안쪽까지 전극을 심은 후에 그 영역의 전기 활동을 기록하는 방법 등을 소개할 것이다. 2.5절에서는 뇌손상 환자를 대상으로 이루어지는 손상 뇌 연구Lesion Study와 일시적으로 특정 뇌 영역을 자기장 파장으로 교란시켜서 마치도 그 영역의 기능을 손상시킨 것과 유사한 효과를 보이는 경두개 자기 자극Transcranial Magnetic Stimulation, TMS을 소개할 것이다. 손상 뇌 연구Lesion Study와 두개 자기 자극Transcranial Magnetic Stimulation, TMS은 시공간 해상도에서 좋지가 않지만 장점은 손상되거나 교란시킨 영역이 현재 관심이 있는 인지과정에 필수적인 것인지를 평가할 수 있는 정보를 제공한다는 것이다. 2.6절에서는 시공간 해상도의 차원에서 어느 방법이 서로 우수하거나 열등한지에 대해서 소개할 것이다. 2장을 마치면서 내리는 결론은 시공간적으로 높은 해상도를 가지고 뇌 활동을 측정하려면 fMRI와 ERP를 접목시켜야 한다는 것이고 이들이 합쳐지는 것이 미래의 인지신경과학연구를 위해 반드시 필요하다는 것이다.

2.1 행동 측정방법(Behavioral Measures)

1장에서 언급했듯이 인지심리학자들은 인지 과정을 연구하기 위해서 실험 참여자 반응의 정확성, 반응속도, 그리고 그들의 주관적으로 느끼는 경험 등을 측정한다. 인지심리학 실험에서는 흔히 다루고 있는 인지 과정과 관련된 뇌 활동이 어떠한지에 대해서는 큰 비중을 두지 않는다. 대신 인지심리학자는 그 인지 과정을 설명할 수 있는 가능한 여러 논리 구조를 생각해내고, 각 논리를 검증할 수 있는 여러 종류의 변수들과 실험 절차를 사용해서 행동 반응의 변화를 측정하고 분석한다. 그리고는 실험의 결과를 살펴보고 그 결과를 설명할 수 있는 가장 타당한 논리 구조를 선택한다. 이렇게 선택된 논리 구조가 곧 지금 연구하고 있는 인지 과정을 인과적으로 설명하는 정보처리의 원리 혹은 이론이다. 인지신경과학자도 행동 실험 결과를 이용하지만 그들이 인지심리학자와 다른 점은 행동 실험 결과를 측정된 뇌 활동과 연계하여 인지 현상을 설명한다는 것이다. 예를 들어 기억 실험에서 학습시기에 보았던 자극을 검사시기에 보았던 것이라고 반응하는 경우(old-hits, 정확 반응)와 학습시기에 보았던 자극을 검사시기에 처음 보는 것이라고 반응한(old-miss, 틀린 반응) 것을 구분하면 학습한 자극에 대한 정확한 기억을 분리해낼 수 있고, 이런 두 조건에서의 뇌 활동 차이는 정확한 기억에 대한 뇌 정보처리의 원리를 알려 준다(1장 참조). 또한 "기억한다Remember"의 주관적 판단과 "안다Know"의 주관적 판단은 뇌 활동 영역과 뇌 활동의 시간 구간이 다르다. 그래서 "기억한다"와 "안다"로 특징지어지는 기억은 서로 다른 종류이다(4장 참조). 학습시기에 제시되었던 자극은 학습시기에 제시되지 않았던 자극보다 인식 속도에서 더 빠르다. 이런 현상은 여러 번 제시되었던 자극이 암묵기억Implicit Memory에 남아 있어서 반복점화Repetition Priming가 일어나기 때문이다. 반복점화 조건과 그렇지 않은 조건에 따른 뇌 활동을 측정하고 분석하면 반복점화와 상응해서 반응하는 뇌 영역과 뇌 활동의 시간 구간을 밝힐 수 있다(7장 참조). 2장의 나머지 부분에서는 주로 뇌 활동을 측정할 수 있는 방법에 대해 설명할 것이지만 명심해야 할 것은 인지심리학자의 연구 방법에서 제공되는 논리 구조와 같은 것이 제공되지 않으면 뇌 활동을 해석할 길이 없기 때문에 행동 반응을 측정해서 분석하는 작업은 매우 중요하다는 것이다.

2.2 고해상도 공간 측정방법(High Spatial Resolution Techniques)

2.2.1 fMRI

fMRI는 인지신경과학에서 가장 많이 사용되는 방법이다(11장 참고). fMRI를 사용하면, 지금 연구하고 있는 인지 과정을 담당하고 있는 뇌 영역을 매우 세밀하게 찾을 수 있다. fMRI로 수 밀리미터의 크기까지 측정할 수 있는데, 이 정도로 뇌 영역을 세세하게 촬영하면 인지신경과학에서 제기되는 질문에 답하기에 충분하다. fMRI가 작동하는 원리를 모두 설명하려면 책 한 권의 분량으로도 부족할 것이다(예를 들면, Huettel, Song & McCarthy, 2014 참고). 이번 절에서 이런 매우 방대한 fMRI원리는 설명하지 않고, 다만 fMRI신호가 무엇을 의미하는 것인지 이해할 수 있는 정도까지만 간략하게 설명하려 한다.

　　fMRI촬영은 그림 2.1A에서 보는 것과 같은 스캐너의 침대에 눕고 그리고는 침대가 기계 안으로 밀려들어가고 그러면 머리 부위에서 작동하는 기자재와 큰 기계와의 상호작용으로 뇌의 활동을 측정하는 식으로 이루어 진다. fMRI는 통상적으로 병원 영상의학과에서 사용하는 MRI 스캐너에 몇 가지의 기구를 더 붙여서 인지 활동과 관련된 뇌 활동을 촬영할 수 있도록 개발된 것이다. 그림 2.1A에 사진으로 보이는 것과 같은 fMRI는 보통 4 mm 정도의 매우 작은 뇌 영역까지를 촬영할 수 있다. 머리가 기계 통 속으로 들어가고 발은 밖으로 나와 있는데, 큰 통은 자기장 발생 코일로 덮여 있고 이 코일에 전기를 흘려주면 자기장 파장이 발생된다.

　　MRI로 뇌의 해부학적 구조를 3차원의 영상으로 만들어 내는 과정을 간단하게 개략적으로 설명해 보자. MRI에서 발사한 자기장 파장은 뇌 조직에 존재하며 자성Magnetic Forces과 전기 성질을 가지고 있는 수소이온의 원자핵, 즉 양성자Proton의 활동에 변화를 준다. 잠시 후에 MRI의 자기장 파장을 끄면 변화되었던 양성자가 원래 상태로 되돌아 오면서 어떤 신호를 내놓는다. 이 신호를 측정하여 3차원 영상으로 만든 것이 MRI 사진이다. 양성자가 되돌아 오면서 내놓는 신호는 외부 자기장 파장 에너지를 흡수했다가 내놓는 에너지의 크기와 원래의 상태로 돌아오는 데 걸리는 시간차이 등이다. 양성자는 원자핵의 기본적 성분을 구성하는 소립자이고 전기 성질로는 양전기를 띤다. 인체 조직은 물H_2O을 포함하고 있으며, 물의 수소원자핵이 자성과 전기를 가지고 있는 부분이다. 여러 종류의 인체 조직은 물과 지방의 분포 비율이 다르다. MRI는 몸 속의 수소원자의 분포를 측정하여 물과 지방의 분포 비율이 다른 신체의 영상을 찍을 수 있다. 이런 양성자 반응의 조직 별 차이를 이용하면 인체의 각 부분과 뇌의 각 부분에 해당되는 영상을 얻을 수 있다. 조금 더 MRI의 원리를 설명해보자. MRI 코일에서 발생된 자기장 파장의 방향을 90도나 180도로 뇌에 가하게 되면 뇌 안의 전기 성질을 띠고 있는 모든 양성자는 외부 자기장 파장의 방향에 따라 특정 방향으로 정렬된다. 그리고 잠시 후에 MRI의 자기장 파장을 제거하면 특정 방향으로 정렬되었던 양성자들이 원래의 위치로 되돌아오면서 흡수했던 에너

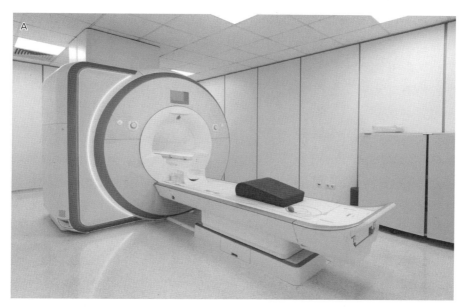

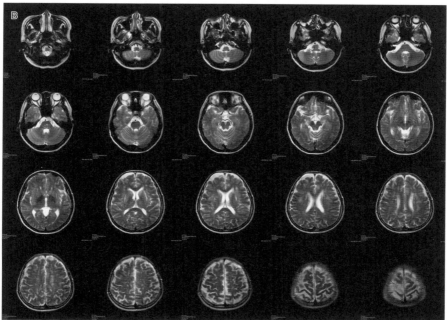

[그림 2.1] (A) MRI 스캐너와 (B) MRI 영상.

지를 내뱉는다. 이때 지방 조직에 있는 양성자인지 아니면 뇌 척수액^{Cerebrospinal Fluid,}CSF과 같은 물에 존재하던 양성자인지에 따라 원래의 상태로 돌아오는 데 걸리는 시간도 다르고 내뱉는 에너지의 크기도 다르다. 외부 자기장 파장에 의해 영향을 받았다가 외부 자기장 파장을 제거해서 원래 상태로 되돌아 오면서 내놓는 신호 차이를 이용하면, 뇌의 어느 부분이 지방이 많은 신경세포 덩어리인지 아니면 뇌 척수액인지를 알 수 있다. 물론 이런 정보를 이용해서 뇌 영상을 구성하는 작업은 매우 복잡해서 수작업으로는 불가능하고 매우 빠르게 작동하는 컴퓨터 프로그램을 통해 이루어진다. 이런 프로그램을 이용하여 3차원의 뇌 영상을 만들어 낸다(그래서 뇌 영상을 만들어 내는 컴퓨터의 성능도 매우 중요한 역할을 담당한다). 한 번의 외부 자기장 파장을 주는 것만으로는 충분한 양성자 복귀 시간 차이 등에 대한 정보를 얻을 수가 없어서 보통은 위의 과정을 수백 번 반복한다. 외부 자기장 파장을 반복하는 시간을 짧게 혹은 길게 할 수도 있고(Repetition Time, TR, 펄스 반복 시간이라 부른다), 첫 번째 외부 자기장 파장에 의한 양성자 복귀에 대한 영향이 모두 종료되기 전에 두 번째 자기장 파장을 가하여 두 자기장 파장이 서로 상호작용하여 양성자 복귀 시간이나 복귀 각도 등에 영향을 주도록 할 수도 있다. 첫 번째 자기장 파장 후에 두 번째 자기장 파장을 가하는 시점(Time Echo, Echo Time, TE라고 부른다)을 달리 하면 다른 종류의 뇌 영상을 얻을 수도 있다. 이처럼 외부 자기장 파장을 가하는 방법에 따라 통상 두 종류의 뇌 해부학 영상, 즉 T1과 T2 영상을 얻을 수 있는데, T1은 뇌 해부학적 구조를 알려 주는데 유용하고, T2는 뇌 병변을 살피는데 유용한 정보를 제공하는 것으로 알려져 있다. T1과 T2 를 다른 여러 변수들의 활동에 따른 변화 정도를 보정해서 새로 만든 이미지를 각각 T1*강조 영상^{T1 weighted Image,} T1WI과 T2*강조 영상^{T2 weighted Image,} T2WI이라고 부른다. MRI기계는 방출할 수 있는 자기장 파장의 세기에서 차이가 나며, 자기장 파장의 단위로 테슬라(Tesla, T, 테슬라는 자속밀도의 단위이다)라는 단위를 사용한다. 테슬라 단위가 큰 MRI일수록 뇌 영상을 더 세세하게 촬영할 수 있으며, 1.5 테슬라MRI가 과거 초창기에 가장 널리 사용되었고 근래에는 3.0 테슬라MRI가 가장 널리 사용되고 있다. 최근에는 7.0 테슬라MRI를 사용하는 경우도 간혹 보고되고 있다.

위의 내용은 MRI를 이용해서 뇌 구조를 촬영하는 원리에 대한 설명이고, fMRI를 이용해서 인지 과정을 수행하는 동안 활동하는 뇌 영역을 촬영하는 방법은 추가적으로 몇 종류의 원리를 더 이해해야 한다. fMRI는 MRI로 자성의 차이를 측정할 수 있는 특성을 이용하여(마치 수소를 많이 가져서 자성이 큰 물과 자성이 적은 지방의 차이를 찾는 것처럼) 산소를 많이 소비하는 지점과 소비의 양을 측정하여 3차원의 영상으로 뇌 활동을 관찰 가능하게 만든 기계이다. 뇌 신경세포가 발화하여 활동하면 그 기능을 원활하게 수행할 수 있도록 혈류를 통해 산소와 포도당이 공급되어야 한다. 뇌에는 이런 에너지를 저장하고 있는 곳이 없어서 외부로부터 에너지를 공급받아야 한다. 포도당과 산소는 3종류의 커다란 뇌 동맥을 통해 직접 공급된다. 혈류는 헤모글로빈에 붙어 있는 산소를 활동중인 신경세포에게 전해 준다. 그런데 헤모글로빈은 산소가 있을 때Oxygenated Hemoglobin와 산소가 떨어져 나갔을 때Deoxygenated Hemoglobin의 자성Magnetic Forces이 다르다. 산소의 유무에 따라 변하는 헤모글로빈의 자성의 차이를 MRI로 측정할 수 있다. 이렇게 MRI로 측정된 헤모글로빈의 자성을 산소 준위 의존성Blood-Oxygen-Level Dependent, BOLD 신호라고 부른다. 특정 시점에 뇌의 어느 부위가 활동하려면, 더 많은 혈중 산소가 필요하다. 산소 준위 의존성BOLD 신호가 어느 뇌 영역에서 크게 나타난다는 것은 산소를 가지고 있는 헤모글로빈Oxygenated Hemoglobin의 양이 산소를 가지고 있지 않은 헤모글로빈Deoxygenated Hemoglobin의 양보다 갑자기 증가하였다는 것을 의미한다. 이런 두 종류의 헤모글로빈의 분포 비율 변화는 산소 준위 의존성BOLD 신호의 증가로 표현된다. 따라서 산소 준위 의존성BOLD 신호의 증가는 곧 그 영역의 신진대사 활동이 강하게 일어나고 있다는 것을 의미한다. 특정 뇌 영역을 대상으로 평상시의 산소 준위 의존성BOLD 신호 크기와 인지 과제를 수행할 때의 산소 준위 의존성BOLD 신호 크기를 측정하고 비교하면 그 영역이 지금 수행 중인 인지 처리와 관련이 있는지 여부를 알 수 있다. 평상시보다 산소 준위 의존성BOLD 신호가 크게 잡히면 그 영역이 관여하고 있다는 것이다. 산소 준위 의존성BOLD 신호의 변화를 T2*강조 영상 신호의 변화로 나타내고 이를 3차원 영상으로 구성하면 우리가 흔히 연구 논문 등에서 볼 수 있는 fMRI 영상이 된다. fMRI를 위해 사용되는 자기장 파장의 에너지수준은 매우 낮게 설정되어 있어서 안전에는 문제가 없는 것으로 알려져 있다.

연구자가 관심있는 인지 과정을 담당하는 뇌 영역을 찾아내기 위해서 연구자는 해당 인지 과정을 반영하는 과제를 수행하는 동안 여러 뇌 영역의 산소 준위 의존성BOLD 신호를 측정하고 또한 인지 과제를 수행하지 않을 때의 산소 준위 의존성BOLD 신호를 측정한다. 인지 과제를 하는 경우와 하지 않는 경우에 따라서 산소 준위 의존성BOLD 신호가 변하는 뇌 영역이 지금 연구하고 있는 인지 과제와 관련 있는 뇌 영역이다. 그런데 여기에 문제가 있다. 인지 과제와 관련된 뇌 혈류 변화를 반영하고 있는 산소 준위 의존성BOLD 신호가 매우 작고 불규칙하다는 것이다. 인지 과제를 할 때마다 안정적이고 큰 신호가 발생되면 좋겠지만 실상은 그렇지가 않다는 것이다. 그래서 여러 번의 동일한 인지 과제를 반복적으로 시키면서 불안정한 속에서도 그래도 비교적 일관성 있게 그때마다 산소 준위 의존성BOLD 신호가 변화하는 뇌 영역을 통계학의 상관 기법Correlation and Regression Approach을 적용하여 찾아내는 것이다. 반복적으로 인지 과제를 수행하는 방법으로 과거에는 구획 설계Block Design를 사용하였다. 첫 번째 30초 정도 동안의 구획에서는 인지 과제를 5번에서 10번 정도를 수행하게 하면서 뇌 신호를 측정하고 또 다른 30초 동안의 구획에서는 통제 조건에 해당되는 과제를 수행하면서 뇌 신호를 측정한다. 이후에 이루어지는 통계분석을 이용하여 두 구획에 따라 다른 뇌 신호를 보이는 영역을 찾는 방법이다. 초창기의 fMRI 연구, 그러니까 대략 1995년정도부터 2000년대 초까지 이루어진 연구들은 거의 예외 없이 구획 설계로 연구를 진행해 왔다. 구획 설계로 이루어진 연구는 여러 종류의 단점을 지니고 있다. 한 예를 들어 보겠다. 인간 뇌 안에서 이루어지는 인지 정보처리는 1/1000초인 Millisecond 단위로 변한다. 그렇지만 혈류의 흐름은 초Second 단위 정도의 속도로 움직인다. 초 단위의 느린 속도로 흐르는 혈류의 변화로 뇌 활동을 측정하는 fMRI는 1/1000초인 Millisecond 단위로 변하는 정보처리를 측정하는 데에 대한 근본적인 시간 속도의 한계점을 지니고 있다. 이런 상황에서 구획 설계로 이루어진 연구 결과가 지니는 한계점이 더해지는데, 예를 들어 30초 동안 5번 제시된 자극에 대한 fMRI 결과는 인지 과제 시작을 반영하는 것인지 아니면 그 인지 과제의 결과를 반영하는 것인지, 또 아니면 인지 과제 수행 간의 간격에 나타난 어떤 일을 반영하는 것인지 또 언제 일어난 뇌 변화를 촬영한 것인지 등에 대한 여러 종류의 문제점을 지니고 있다. 그럼에도 불구하고 초창기에 이런 구획 설계를 사용했던 이유는 아직 뇌 측정 기술이 더 정교하게 발전하지 못해서 다른 대안이 없었기 때문이다.

위에서 설명된 것처럼 fMRI는 뇌 신경세포의 활동을 직접 측정하는 것이 아니고, 신경 활동에 필요한 혈류의 산소 포화도 변화를 측정하여 뇌 활동을 추정한 것이다. 관심있는 인지 과제와 더 직접적으로 연결되어 있는 뇌 영역을 찾기 위해서 최근에는 사건 관련 실험 설계Event-related Design를 사용한다. 근래에는 거의 모든 fMRI 연구에서 사건 관련 실험 설계를 사용하여 매분의 시행과 연관된 뇌 영역의 활동을 측정한다. 연구의 예를 살펴보자(Buckner et al., 1996). "COU"와 "GRE"같은 단어의 어간Stem이 1.5초 동안 제시되었다가 사라지게 하였으며, 피험자에게는 이들 어간이 제시 되자마자부터 다음 시행이 시작되기 전까지 이 어근들로 시작하는 단어, 즉 "COUPLE" 혹은 "GREEN"과 같은 단어를 생성해 내라고 지시하였다. 그리고 이 단어들을 생성해내는 동안 fMRI 스캔을 1초 혹은 2초 간격으로 진행하였다. 단서가 되는 어간들은 14초에서 16초 간격으로 제시되었다. 사건 관련 실험 설계Event-related Design는 매 번의 시행과 직접 관련된 뇌 영상을 얻을 수 있다는 것이 최대의 장점이다. 또한 앞에서 설명한 것처럼 뇌 혈류는 상대적으로 천천히 흐르기 때문에 짧은 시간 안에 일어나는 인지 처리 과정을 잘 반영하지 못하는 것이 단점이었는데, 사건 관련 실험 설계를 사용하면 이런 시간적인 문제를 어느 정도 해결 가능하다는 것이다. 14초 혹은 16초 동안 1초 간격으로 나누어서 산소 준위 의존성BOLD 신호를 측정하기 때문에 시간에 흘러감에 따른 뇌 활동의 변화를 관찰할 수 있다. 시각 정보와 연관된 외선조피질Extrastriate Cortex과 의미기억을 반영하는 것으로 보이는 배외측 전전두엽Dorsolateral Prefrontal Cortex이 활성화되었다. 단어 완성 과제와 연관된 뇌 영역이 시간이 지나감에 따라 변한다. 시간이 지나감에 따라 변하고 있는 뇌 활동이 어떤 의미가 있는지를 지적해보자. 첫째는 단서가 되는 어근은 1.5초 이내에 제시되었음에도 불구하고 측정된 뇌 활동의 변화는 4초 이후부터 나타나기 시작했다는 것이다. 두 번째는 fMRI로 보이는 뇌 활동은 자극이 제시되고 10초 가까이가 지났는 데도 자극받기 이전의 단계로 돌아 오지 않는다는 것이다.

앞 절에서 사건 관련 실험 설계Event-related Design로 뇌 활동을 측정해 보면 측정된 뇌 활동이 자극이 제시된 때보다 4초정도 지연되는 현상이 나타나고 또한 자극 제시가 끝났는데도 여전히 10초 정도 지속되는 현상을 보았다. 이런 이유는 뇌 신경계는 매우 빠르게 반응하지만 뇌 혈류의 변화로 뇌 활동을 간접적으로 측정하는 fMRI 측정은 느리기 때문이다. 이런 fMRI의 단점은 인지 정보처리를 빠른 시간 속에서의 변화로 탐구하고자 하는 경우에는 부적절하다는 것을 의미한다. 예를 들어 2초 정도의 기간 안에 일어나는 장기기억의 인출 과정을 2초라는 시간 안에서 0.5초, 1초, 1.5초 등의 시간이 지남에 따라 뇌 활동이 어떤 양상으로 변하는지를 fMRI로는 측정할 수 없다는 것이다. fMRI로는 자극 제시 후 4초보다 긴 시간대에서 인지 과정과 관련된 뇌 영역들의 활동을 볼 수 있을 뿐이다. 그래서 fMRI는 뇌 영역을 매우 작은 부위까지 세세하게 제시할 수 있다는 장점을 가지고 있을 뿐만 아니라 4초보다 짧은 시간 안에 일어나는 과정을 알아낼 수 없다는 단점을 지니고 있기도 하다. 또 다른

fMRI의 단점은 촬영을 위해 많은 비용이 든다는 것이다. fMRI를 구입하려면 수십억 원이 필요하고 fMRI를 유지하는데 1년에 수억 원이 소요된다. Box 2.1에서 논의 하였듯이, fMRI를 주로 사용하는 연구자들은 fMRI가 짧은 시간 안에 일어 나는 뇌 활동을 측정할 수 없다는 단점을 극복할 수 있는 방법이 있고 이 극복 방법으로 뇌 활동의 시간에 따른 역동성을 연구할 수 있다고 생각한다.

Box 2.1   fMRI는 인지과정의 시간적 역동성을 연구하는 데 부적절하다.

fMRI를 주로 사용하는 연구자들은 fMRI가 짧은 시간 안에 일어나는 뇌 활동을 측정할 수 없다는 단점을 극복할 수 있는 방법이 있고 fMRI로 뇌 활동의 시간에 따른 역동성을 연구할 수 있다고 생각한다. 예를 들어, 그림 2.1C를 바탕으로 외선조피질의 활동이 배외측 전전두엽의 활동보다 먼저 시작된다고 이야기할 수 있다. 그렇지만 이 결과는 단지 배외측 전전두엽으로 흘러들어 오는 혈류의 속도가 느려서 이런 결과가 나타난 것이라고 주장할 수도 있다. 근본적으로 fMRI로 인지 정보처리 과정의 시간적 역동과 시간에 따른 여러 영역 간의 상호작용을 구체적으로 논의하기에는 어려움이 있다. 나중에 볼 것이지만 다행스러운 것은 이런 fMRI의 단점을 극복할 수 있는 대안적인 방법이 있다는 것이다. 2장의 다른 툴 박스에서 이런 극복 방법에 대해 설명할 것이다.

2.2.2 양전자방출단층촬영법(Position Emission Tomography)

양전자방출단층촬영법Position Emission Tomography, PET는 오래전부터 인지신경과학 분야에서 사용되어온 뇌 영상 기법이다. PET는 상대적으로 높은 공간 해상도를 지니고 있으며, fMRI처럼, 인지 정보처리를 담당하느라고 활동하는 뇌 신경세포에 영양을 공급해주기 위해 모이는 혈류의 변화를 통해 인지 과정과 관련된 뇌 영상을 찍는다. 실험참가자가 인지 과제를 시작하기 전에 혈관에 PET 조영제인 방사선 물질Radioactive Material인 18-FDG 포도당 방사성화합물을 주사한다. 그러면 활동중인 뇌 신경세포는 에너지를 위해 18-FDG 포도당을 흡수하고 이에 따라 그 신경조직에 18-FDG 농도가 높아지게 된다. 얼마의 시간이 지난 후에 18-FDG는 분해되면서 양성자Positron를 방출하고 이 양성자는 전자를 만나서 감마선을 방출한다. 18-FDG 농도가 높은 곳은 신진대사가 활발하게 이루어지는 영역을 의미하고, 이 영역에서는 더 많은 감마선이 방출되어 PET으로 찍으면 매우 밝게 보인다. PET은 18−FDG이 분해되면서 방출하는 빛을 탐지해서 해당되는 뇌 영역의 영상을 구성한다. PET의 시간 해상도는 30초 정도이다. 이런 시간적인 제약은 PET을 이용해서는 짧은 시간 안에 일어나는 정보처리의 역동성을 측정할 수 없고 또한 사건 관련 실험 설계Event-related Design는 이용할 수 없고 30초 정도 내에 유사한 조건의 자극이 여러 번 제시되는 구획 설계Block Design만을 사용할 수 있다는 것이다. 구획 설계를 이용한 연구 결과를 해석하는데 필연적으로 발생하는 문제는 여러 번의 블록으로 자극들을 제시하는데, 각 블록들 간에 발견된 어떤 차이가 인지 과정의 차이 때문인지 아니면 블록마다의 난이도가 달라서 나타난 차이인지를 구분하기가 매우 어렵다는 것이다. fMRI와 비교해서 PET은 시공간적 해상도가 모두 낮고 그리고 18−FDG 포도당 방사성화합물을 사용하기 때문에 안전 부분에서도 덜 좋다고 말할 수 있다. 그래서 근래에는 필요한 경우가 아니면 PET 대신에 대부분 fMRI를 사용한다. 원론적인 입장에서 PET을 설명했고 참고 문헌도 소개하였지만 연구 현장에서는 널리 사용되지 않기 때문에 이후에 소개되는 뇌 영상 연구는 모두 fMRI에 제한하여 진보된 연구 결과를 설명할 것이다.

2.3 고해상도 시간 측정방법(High Temporal Resolution Techniques)

사건 관련 전위Event-related Potential는 인지 과제와 관련된 뇌의 변화를 거의 실시간으로 추적할 수 있다. 전위Potential라는 용어는 전압Voltage을 대신해서 사용되는 용어이다. 사건 관련 전위라는 이름이 의미하는 것처럼 ERP는 실험 조건의 각 시행과 관련된 뇌파를 측정한다. 사건 관련 전위는 실험참가자가 편안하게 앉아서 인지 과제를 수행하는 동안 두피에 부착된 전극을 통해서 측정된다. 그림 2.2A는 나일론 모자를 쓰고 있는 실험참가자를 보여주고 있다. 나일론 모자에는 128개의 전극이 심겨져 있어서 모자를 뒤집어 쓰게 되면 전극이 자동적으로 두피에 밀착되게 되어 있어서 뇌에서 일어나는 전기신호 변화를 측정할 수 있다. 또한 그림에서 볼 수 있듯이 모자와 연결된 전극이 눈꺼풀로 나와 있는 것을 볼 수 있다. 이 눈꺼풀 전극은 운동자 움직임을 측정하고 이 자료는 실험 후에 자료를 분석할 때 눈 운동 때문에 나타난 뇌파를 가짜 뇌 전기 신호를 제거하는 데 사용된다. 이런 종류의 장비는 10만 불 정도하고 장비를 계속 사용할 수 있도록 유지하는 데에도 큰 비용이 들어가지 않는다. 인지 과제를 담당하는 뇌 영역은 미세한 전기를 내보내게 되는데 이 전기 신호를 두피에 부착된 전극을 통해 측정한다. 뉴런과 뉴런이 맞닿는 부분이 시냅스이다. 시냅스는 앞의 뉴런의 끝 부분과 다음 뉴런의 수상돌기Dendrite가 뻗어 나와서 만들어진 미세한 틈이다. 뇌파는 두 번째 뉴런의 수상돌기에서 생겨난 전기 신호(연접후 전위Postsynaptic Potential)이다. 하나의 수상돌기에서 생겨난 전기 신호는 너무 작아서 두피에서 측정이 되지 않는다. 두피에서 측정된 뇌파 신호는 수많은 시냅스의 수상돌기에 동시에 발생된 연접후 전위Postsynaptic Potential의 합이다(Nunez & Srinivasan, 2005). 두피에 부착된 전극에서 측정된 전기 신호는 매우 미약하다. 그래서 보통은 10만 배 정도로 증폭을 시킨다. 이렇게 증폭된 전기 신호를 컴퓨터를 통해 수집하게 된다. 그림 2.2A에서 실험참가자의 오른쪽에 있는 네모난 박스 모양의 기계가 증폭기이다. 자료를 모으고 나면, 특정 전극에서 관심있는 시간대에 측정된 모든 전기신호를 평균화Averaging한다. 보통은 뇌파를 자극 제시 전 100 msec 때부터 1초, 즉 1000 msec 정도를 측정한다. 자극 제시 전 100mse 동안 측정된 뇌파는 나머지 1000 msec 동안, 즉 인지 과제 수행 동안 측정된 뇌파에서 아무 일도 하지 않았을 때 발생되는 뇌파 성분을 제거하는데 사용된다. 어떤 연구에서 실험 조건이 세 종류가 있었다고 가정했을 때, 자료 평균화는 각 실험 조건에 해당되는 여러 번의 시행 때에 측정된 자료들을 대상으로 시행된다. 이렇게 평균화된 전기 신호를 사건 관련, 즉 실험조건관련 전위라고 부르는 것이다. 실험 종류에 따라 뇌파 신호를 측정하는 시점이 자극이 제시되는 시점부터 일 수도 있고 어떤 반응의 시작점부터일 수도 있다. 언제부터 측정한 것인지가 매우 중요하다. 언제부터 인지를 알아야지 어떤 종류의 인지 정보처리와 관련된 뇌 활동이 언제 일어나는 것인지를 결정할 수 있기 때문이다. 사건 관련 전위는 뇌 신경활동을 1/1000초 단위인 Millisecond 단위로 직접 측정한다. 따라서 사건 관련 전위는 인지 활동과 연관된 뇌의 시간에 따른 변화를 매우 엄밀하게 추적할 수 있다(Temporal Resolution이 좋다고 말한다). 이처럼 사건 관련 전위는 시간적인 측면에서는 매우 우수한 장점을 가지고 있다. 그러나 공간적인 측면, 즉 뇌 어느 부분 인지와 그 영역을 얼마나 세세하게 들여다 볼 수 있는지에 대한 공간 해상도Spatial Resolution는 우수하지가 못하다. 앞에서 언급한 것처럼 두피에서 측정되는 전기 신호는 수많은 시냅스의 수상돌기에서 동시에 발생된 연접후 전위Postsynaptic Potential의 합이고 그래서 어느 뇌 영역에서 그 전류가 발생한 것인지를 자세히 알기가 어렵고 또한 뇌 척수액, 두개골 등을 통과하면서 왜곡되기 때문에 어느 뇌 영역인지를 자세하게 알기가 어렵다. 즉, 사건 관련 전위는 공간 해상도가 낮다. 몇 Centimeter 크기 정도의 뇌 영역을 구분할 수 있을 뿐이다. fMRI는 몇 밀리미터 크기의 영역까지를 구분할 수 있다. 종합해 보면 사건 관련 전위는 시간 해상도는 높고 공간 해상도는 좋지 않으며, fMRI는 공간 해상도는 높은데 시간 해상도는 초 단위로 밖에 측정되지 않아서 매우 낮다. 이런 이유 때문에 사건 관련 전위와 fMRI를 합쳐서 시간 해상도와 공간 해상도 모두를 높이는 방법을 생각하게 되었다. 많은 기술적인 발전의 도움으로 사건 관련 전위와 출원한 뇌 영역을 동시에 관찰한 연구도 보고되었다 (Slotnick, 2004a 참고). 인지신경과학자들은 뇌 어디에서 언제 무슨 일이 일어나는지를 알고 싶기 때문에 이런 방법들을 동원하는 것이다. 사건 관련 전위가 나타난 뇌 영역을 알아내는 방법은 이런 식이다. 먼저 뇌 A 영역에서 그 전기 신호가 출원한 것이라면 두피에서 측정되는 전기 신호는 MA모습을 갖는 것을 수학과 물리학 등의 수식을 통해서 수리 모형을 구성한다. 이처럼 먼저 예언 수식 모델을 구성한다. 그런 후에 실제로 측정된 전기 신호와 예언 수식 모델에서 예언한 값을 비교한다. 124개의 전극을 사용해서 두피에서 신호를 측정하고 있다면 이들 124개 전극에서의 실제 측정 값과 예언 값을 비교할 수 있을 것이다. A가 아니고 B에서 출원할 때의 예언 값도 있을 것이다. 이처럼 여러 영역에서 나올 것으로 추정되는 예언 값과 실제 측정된 전기 신호 간의 차이를 모두 비교해서 두 값 간의 차이가 가장 작은 뇌 영역에 대한 예언 수식 모델을 골라내고 그 수식을 있을 수 있게 한 영역을 결정하는 것이다. 물론 이런 방법을 사용하다 보니까 여러 종류의 한계가 있기도 하다. 예를 들어 혈류와 뇌 척수액과 같은 액체의 변화, 두피에서의 저항 등의 차이 등 수 많은 변수를 모두 고려할 수는 없다. 그래서 공간 해상도를 해결하기 위해서 사건 관련 전위로는 대략적인 영역만을 알아내고 그 영역에 대한 자세한 분석은 fMRI의 도움을 받는 방법을 취하기도 한다.

　　ERP를 이용해서 실제로 수행된 기억관련 연구의 예를 살펴보자. 기억 연구는 늘 학습하는 시기(Study Phase, 학습시기)와 학습한 내용을 검사하는 시기(Test Phase, 검사시기)로 구분된다. Johnson, Minton & Rugg(2008)는 2종류의 조건에서 사물의 이름을 나타내는 단어를 학습하도록 실험참가자들에게 요구하였다. 첫 번째 조건에서는 학습 목표 단어를 어떤 장면을 나타내는 장면 배경 위에 제시하였고, 그 장면 속에 목표 단어가 나타내는 사물이 어울려 있는 것을 상상하라고 지시하였다. 두 번째 조건에서는 회색 바탕 위에 목표 단어를 제시하고 그 단어를 사용하여 문장을 만들어 보라고 지시하였다. 검사시기에는 3종류의 반응 조건이 있었다. 1번 조건은 "회상하기 인출(Recollection 혹은 old-remember)"이고 2번 조건은 "친숙함 인출(Familiarity 혹은 old-know)"이고 3번 조건은 "제시되지 않았다(New)"였다. "회상하기 인출(Recollection 혹은 old-remember)"은 학습시기에 제시되었던 것을 검사시기에 정확하게 기억해내는 것을 의미한다. 반면에 "친숙함 인출(Familiarity 혹은 old-know)"은 학습시기에 나왔던 것은 알겠는데 정확하게 어느 장면 혹은 어느 문장과 함께 제시 되었는지를 정확하게 기억해 내지 못하는 경우이다. 학습 내용의 출처를 분명하게 알아보지 못하는 경우이다. 우리들이 알고 있는 대부분의 지식이 이런 경우에 속한다. 예를 들어 여러분은 한국의 수도가 서울인 것을 언제 어디서 누구에게서 배웠는지를 기억할 수 있는가? "제시되지 않았다(New)"는 학습시기에 없었던 것에 대해 검사시기에 정확하게 본 적이 없다고 반응하는 옳은 반응이다(Correct Rejection). 학습시기에 제시된 적이 없는데 보았던 기억이 있다라고 반응하는 것은 틀린 반응이고 보통은 거짓 기억False Memory이라고 하는 기억의 왜곡에 해당되는 것이다. 그림2.2B는 사건 관련 전위와 뇌 활동 지형도Topographic Map를 제시하고 있다. 뇌 활동 지형도는 시간에 따라서 뇌 활동이 어디에서 어디로 변해가는지를 보여 준다. "회상하기 인출"과 "제시되지 않았다"의 차이를, 즉 정말로 기억하고 있는 것과 관련된 사건 관련 전위는 자극 제시 후 500에서 800 Millisecond 사이에 두정엽에서 활동을 보이다가 1400에서 1900 Millisecond 사이에는 전두엽 영역으로 이동한다. 이런 연구 결과는 공간 해상도는 다소 부족하지만 시간 해상도는 1/1000 단위로 매우 정밀하게 뇌 활동 변화를 보여 주고 있다. ERP는 위의 연구에서처럼 두정엽 혹은 전두엽처럼 매우 넓은 영역에서의 뇌 활동 변화를 제공할 수 있다.

　　뇌파Electroencephalogram, EEG 분석을 통해서도 ERP 사건 관련 전위처럼 시간 고해상도로 뇌 활동을 측정할 수 있다. 뇌파 EEG와 사건 관련 전위 ERP는 동일한 방법으로 뇌 활동 자료를 얻는다. 뇌파는 수많은 주파수를 가진 복합파이며, 이 복합파는 일정한 수식을 이용해서 쎄타파 대역Theta frequency band, 알파파 대역Alpha frequency band, 베타파 대역Beta frequency band처럼 여러 종류의 주파수 대역의 파형들로 나뉠 수 있고 또한 구분해 낼 수 있다. 뇌파 EEG분석에서는 이런 특정 종류의 파형이 시간에 따라 어떻게 변화하는지를 통해 뇌 활동을 추적한다. 한 주파수 대역의 뇌파 만을 보지 않고 여러 종류를 동시에 볼 수도 있고 또한 이들 주파수 대역 파형들 간의 상호작용을 관찰할 수도 있다. ERP 사건 관련 전위는 사실 특정 시간 때에 측정된 EEG 뇌파의 여러 구성요소

(A) EEG / ERP 장비

EEG / ERP 장비

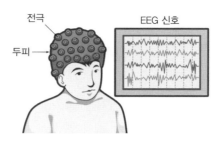

전극

두피

EEG 신호

전극과 EEG 신호

(B) ERP와 뇌활동 지형도

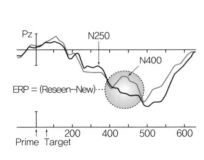

Pz

N250

N400

ERP = (Reseen−New)

200   400   500   600

Prime Target

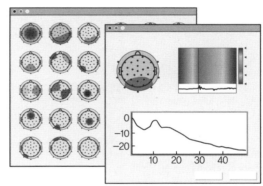

뇌활동 지형도와 EEG분석

[그림 2.2]   EEG/ERP 장비와 실험 결과 예시.

주파수들의 합이라고 생각할 수 있다. 4장에 가면 ERP 사건 관련 전위와 EEG 뇌파를 이용해서 기억 과정과 관련된 뇌 영역의 활동을 연구한 실제 예를 볼 수 있다. 시간 해상도가 높은 또 다른 방법은 MEG 뇌자도Magnetoencephalogram, MEG이다. 그림 2.3에서 볼 수 있는 것처럼 실험참가자의 머리 위에 초전도체 코일Superconducting Coil이 씌워져 있고, 머리 위의 작은 사이즈의 초전도체 코일 위로 커다란 통이 보인다. 이 커다란 통은 초전도체의 온도를 절대 0도Absolute Zero(섭씨로는 −273.15℃에 해당하며, 화씨로는 −459.67℉에 해당한다)로 유지해서 초전도체의 기능을 유지하기 위한 장비이다. 초전도체 위의 이 장비가 매우 비싸고, 또한 유지 비용도 비싸서 MEG 뇌자도 장비를 사용해서 인지신경과학 연구를 수행하는데 많은 비용이 필요하다. 뇌의 활동으로 전류가 생기게 되면 당연히 자기장이 발생한다. 머리 위의 초전도체는 이런 자기장의 변화를 탐지하여 뇌 어느 곳에서 그 신호가 나타나는지를 추적하는 시스템이다.

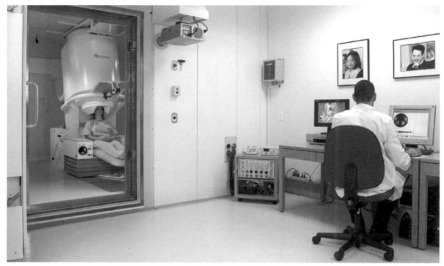

[그림 2.3]　MEG 장비. MEG 장비는 전기자기장(Electromagnetic Field)을 차단 하는 시설을 갖춘 실험실에 설치한다. MEG 신호는 매우 작기 때문에 외부에서 가해지는 조그만 크기의 전기자기장에 의해서도 방해를 받을 수 있기 때문이다.

　어느 인지 과정과 연계하여 특정 시간 구역에서 측정된 뇌파 EEG를 평균화Averaging하여 사건 관련 전위 ERP를 계산해내는 것처럼 뇌자도 MEG신호도 같은 방법으로 평균화하여 사건 유발 자기장 ERFEvent-related Field, ERF를 계산해낼 수 있다. 인지신경과학 연구에서 사용되는 시간 해상도가 높은 연구 기법은 EEG/ERP 그리고 MEG/ERF로 구분할 수 있고, 이들 방법은 모두 1/1000초 단위로 뇌 활동 변화를 추적할 수 있다.

　EEG/ERP 그리고 MEG/ERF 중에 MEG/ERF가 더 좋은 공간 해상도를 가지고 있는 것으로 많은 사람들이 믿고 있지만 실상은 EEG/ERP 그리고 MEG/ERF은 공간 해상도에서 거의 유사하다(Cohen & Cuffin, 1991; Malmivuo, 2012). EEG/ERP 전기 신호를 추적하는 것이고 MEG/ERF는 자기장을 탐지하는 것이지만, 전기 신호와 자기장은 사실 근원이 같은 것이라서 큰 차이가 없고 이런 이유로 시간 해상도와 공간 해상도 측면에서 두 방법이 유사한 것이다(Maxwell, 1865; Einstein, 1965). MEG/ERF를 사용한 연구가 늘어나고는 있지만 이 방법은 공간 해상도도 뛰어나지도 않으면서 비용은 비싸서 여전히 사용이 빈번하지 않다. 오히려 EEG/ERP가 인지신경과학 연구에서 주를 이룬다.

Box 2.2 뇌기능의 시간적 역동성 추척

fMRI는 현재까지 인지신경과학연구에서 가장 널리 사용되는 연구 방법이지만 시간적 해상도는 다소 부족해서 몇 단위로 변화하는 뇌 활동을 탐지할 수 있다(11장 참고). 그러나 뇌 활동은 몇 초 단위로 느리지 않고 매우 빠르게 수시로 변한다. 따라서 뇌 기능의 시간적 변화를 추적하기 위해서는 EEG/ERP 그리고 MEG/ERF 같은 방법이 필요하다. 이 책에서는 우수한 공간적 해상도를 제공하는 fMRI연구와 우수한 시간 해상도를 제공하는 EEG/ERP 그리고 MEG/ERF 연구를 수시로 소개한다. 뇌 활동의 시간정보는 어떤 종류의 인지 정보처리가 어느 때에 발생하는지를 알려주는 것뿐만 아니라 여러 뇌 영역이 동시에 활동하는지 아니면 시간적으로 선후가 있는 것인지를 알려 준다는 것이다(4장과 6장 참고). 즉, 여러 뇌 영역 간의 상호작용을 조사할 수 있다는 것이다. 이런 상호작용은 실제로 작동하는 뇌의 활동을 반영하기 때문에 매우 중요하다(11장 참고).

EEG/ERP 그리고 MEG/ERF는 두피에 부착된 전극 혹은 머리 근처에 설치된 초전도체를 이용하여 뇌 활동을 측정해서 측정된 신호가 뇌 어느 곳에서 발원한 것인지를 찾는 데에는 어느 정도 한계가 있다. 그렇지만 Box 2.2에서 논의하였듯이 뇌 기능을 1/1000초 단위로 추적할 수 있는 방법은 이것들 밖에 없다.

2.4 고해상도 시공간 동시 측정방법(High Spatial and Time Resolution Techniques)

이제까지 논의한 방법들은 공간 해상도와 시간 해상도에서 하나는 우수한데 다른 하나는 별로 우수하지 않은 fMRI, EEG/ERP 그리고 MEG/ERF에 대해 논의했다. 공간 해상도와 시간 해상도 모두를 높일 수 있는 한 방법은 fMRI와 EEG/ERP 혹은 MEG/ERF를 합쳐서 연구하는 것이다. 이론적으로 이들 방법을 합쳐서 연구하는 것이 매우 타당하지만 현실에서는 그렇지가 않다. 이처럼 널리 사용되지 않는 이유는 한 가지 방법을 익히는 데에도 수년이 걸리고 다른 몇 가지 방법에까지 능숙해지려면 더 오랜 시간이 걸리기 때문에 이런 여러 방법을 모두 능숙하게 사용할 수 있는 실험실이 드물기 때문이다. 또 다른 이유는 인지신경과학 연구가 주로 fMRI를 이용해서 이루어져 왔기 때문이다. 11장에서 논의하였듯이 fMRI를 주로 사용해서 인지신경과학연구를 진행해온 이유가 있지만, fMRI를 사용한 연구가 주를 이루게 되면서 결국에는 시간 해상도를 강조하는 연구가 주를 이루지 못하게 되고 이런 연구 풍토는 당연히 시공간 해상도가 매우 높은 두 종류의 방법을 사용한 연구를 많이 하지 않도록 하는 결과를 낳았다.

지금까지 논의한 방법들은 모두 두개골을 절개하거나 아니면 다른 방법을 통해 뇌 활동을 직접적으로 측정한 것, 즉 침습적인 것이 아니고, 혈류의 자기장 변화 혹은 두개골 밖으로 흘러나온 전류 등을 측정하는 간접적인, 즉 비침습적인 방법들이었다. 때로는 정확한 뇌 수술 등을 위해 침습적인 방법을 사용하기도 한다. 심부전극기록법Depth Electrode Recording은 침습적인, 즉 두개골을 절단하고 뇌 속으로 직접 전극을 넣어 전류의 흐름을 측정하는 두개강내 뇌파검사intracranial EEG이다. 심부전극기록법은 뛰어난 시공간 해상도에서 매우 탁월하다. 그러나 이 방법은 연구 목적으로 사람에게 사용하기에는 여러 문제점이 있어서 사용되지 않는다. 대신 환자의 뇌 질환을 치료할 목적으로 뇌 수술이 필요해서 전극을 뇌에 직접 부착한 것과 같은 특별한 상황에서만 이 방법이 아주 드물게 사용된다. 심부전극기록법은 단일세포기록법Single Cell Recording으로도 불린다. 엄밀하게 말해서 심부전극기록법에서는 여러 개의 전극을 인근 뇌 영역에 부착하여 전기 신호를 추출하기 때문에 뇌 세포 하나에만 전극을 부착하여 전류의 흐름을 탐지하는 단일세포기록법과는 차이가 있지만 편의상 동일한 것으로 간주한다(10장 참고). 심부전극기록법은 간질 환자의 뇌에서 간질 발작을 일으키는 정확한 영역을 찾으려고 사용되곤 한다. 간질 발작을 일으키는 영역을 찾아서 그 영역을 제거하면 간질을 치료할 수 있다(9장 참고). 간질 발작 영역을 찾으려고 신호를 측정하는 동안 환자의 동의를 얻어 잠시 동안 기억 실험을 진행하기도 한다. 이 방법으로 저주파 대역, 주로 사건 관련 전위 ERP를 생성하는 주파수 대역을 측정할 수도 있고 스파이크로 보이는 고주파 대역을 측정할 수도 있다(Logothetis, Pauls, Augath, Trinath & Oeltermann, 2001). Box 2.3에서 논의한 것처럼, 신경 세포의 전기생리학적 발화Electrophysiological Activity를 직접 측정한 사건 관련 전위 ERP/뇌파 EEG와 fMRI의 영상 간에 직접적인 관련이 있어서 사건 관련 전위 ERP/뇌파 EEG와 fMRI는 동일한 뇌 활동을 다른 방법으로 측정하고 있는 것으로 생각할 수 있다.

2장의 앞 부분에서 설명하였듯이 fMRI는 혈류 변화를 측정한다. 인지신경 과학이 시작되던 초기에는 fMRI가 혈류의 흐름을 측정해서 뇌 활동을 추론하는 것에 대해 상당히 회의적이었다. 이런 회의적인 생각을 불식시킨 연구가 있었다. Logothetis 등(2001)은 원숭이 뇌의 시각 영역인 V1에서의 신경 활동Neural Activity, 전기생리학적 발화Electrophysiological Activity, fMRI를 비교하여 fMRI가 정말로 뇌 활동을 반영하고 있는 것이라는 사실을 발표하였다. 원숭이에게 시각 자극을 짧게 혹은 길게 제시하여 심부전극기록법Depth Electrode Recording으로 측정된 전기생리학적 발화Electrophysiological Activity 정도 차이와 fMRI 활동의 변화를 상호 비교하기도 하고, 시각 자극의 대비Contrast를 변화시켜서 이들 두 종류의 측정치를 비교 분석하였다. 연구 결과, 전기생리학적 발화Electrophysiological Activity 정도와 fMRI 활동은 매우 높게 상관되어 있었다. 이들 간의 차이점은 fMRI는 상대적으로 느리게 움직이는 혈류의 변화를 추적하는 것이라서 fMRI 활동이 전기생리학적 발화보다 늦게 시작되어 나타났고 또한 더 늦게까지 지속된다는 것이었다. 장기기억이 잘 형성되고 안 되고는 해마의 활동이 큰 영향을 주는데, 전기생리학적 발화 측정치로는 해마 신경 활동의 속도와 크기가 증감하는 것으로 나타나고 fMRI로는 산소 준위 의존성BOLD 신호 크기로 나타난다.

Suthana 등(2015)은 심부전극기록법으로 기억과 깊이 관련되어 있는 해마Hippocampus와 내측 측두엽 영역Medial Temporal Lobe의 전기생리학적 발화를 측정하였다. 이들 영역은 어느 간질 환자의 간질 발작 영역으로 의심되는 곳이었다. 그림 2.4A는 뇌에 심겨진 전극들을 보여 주고 있다. 학습시기에는 그림 자극들을 제시하고 암기하라고 지시하였고 검사시기에는 지금 보고 있는 그림이 학습시기에 보았던 것인지 아닌지를 판단하라고 부탁하였다. 그리고 검사시기에 이런 판단을 하는 동안 심부전극기록법으로 신경 세포의 발화 속도와 발화 크기를 측정하였다. 검사시기에 제시되었던 판단 자극은 학습했던 것, 학습하지 않았지만 학습했던 것과 매우 유사하여 학습한 것으로 혼동할 가능성이 높은 것, 학습했던 것과 유사하지 않은 새로운 것 등 3종류였다. 그림 2.4B는 신경 세포 발화 패턴을 보여 주고 있다. 학습 시에 학습했던 그림 자극에 대해서는 해마에 있는 신경 세포의 스파이크 수와 발화 속도가 매우 빠르게 나타나고 다른 학습하지 않았던 나머지 두 조건에 대해서는 발화율이 높지 않은 것을 보여 주고 있다. 이런 결과는 해마의 활동이 장기기억 형성에 핵심적인 역할을 수행한다는 것을 의미한다.

(A) 시각자극과 심부전극

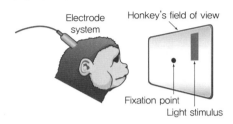

(B)

목표자극 때의 발화율

유사자극 때의 발화율

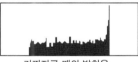
가짜자극 때의 발화율

[그림 2.4]　해마에 심부전극을 삽입하여 부착하는 것과 해마에서 측정된 뇌 전기활동.
(A) 왼쪽 뇌의 해마(관상면으로 제시하고 있음) 영역과 심부전극(검은 색으로 표시된 부분).
(B) 학습했던 것(Target으로 표시), 학습하지 않았지만 학습했던 것과 매우 유사하여 학습한 것으로 혼동할 가능성이 높은 것(Lure로 표시), 학습했던 것과 유사하지 않은 새로운 것(Foil로 표시) 등 3종류에 대한 신경세포의 발화 패턴(수직선 부분은 자극 제시 시점을 표시함). 학습 시에 학습했던 그림 자극에 대해서는 해마에 있는 신경 세포의 스파이크 수와 발화 속도가 매우 빠르게 나타나고 다른 학습하지 않았던 나머지 두 조건에 대해서는 발화 율이 높지 않은 것을 보여 주고 있다.

심부전극기록법은 시공간 해상도에서 매우 뛰어나다. 또한 뇌 질환 환자의 증상을 치료하기 위해 여러 종류의 발전된 정교한 방법들도 있다. 그러나 이런 방법들은 침투적이기 때문에 위험할 수도 있고 또한 윤리적으로도 문제가 있어서 연구 목적으로는 사용되지 않는다. 위의 예에서처럼 치료의 일환으로 심부전극기록법이 사용되는 경우에 부수적으로 일부 사용되는 수준이다. 그래서 비침투적이고 안전하면서도 시공간 해상도를 높일 수 있는 방법이 무엇인가에 대한 심각한 노력이 있는 이유이다. 현재로서는 fMRI와 EEG/ERP 혹은 MEG/ERF를 합쳐서 연구하는 것이 최선이다.

2.5 뇌손상과 일시적인 뇌 기능 교란 측정방법(Lesions and Temporary Cortical Disruption Techniques)

지금까지 논의한 연구 방법들은 어떤 인지 정보처리와 상관되어 있는 뇌 영역의 활동이 어디에서 언제 발생하는지를 측정하는 것이었다. 어떤 종류의 인지 과제를 수행하는 동안 앞에서 논의했던 측정방법을 이용해서 활동하는 뇌 영역을 찾아내는 접근법, 즉 인지 과제 수행과 활동하는 뇌 영역 간의 상관성을 찾아 내는 접근법을 사용하였다. 인지 과제를 수행 동안 활동하는 뇌 영역이 지금 수행하고 있는 인지 정보처리를 담당하는 뇌라고 추론하는 데 크게 문제가 있어 보이지 않고 자연스러워 보인다. 그런데 이런 연구 방법으로 발견된 인지 정보처리와 관련된 뇌 영역 간의 관련성을 통해 이루어진 연구에 문제점이 있을 수도 있다. 특정 인지 과정과 연관되어 활성화된 뇌 영역이 해당되는 인지 과정을 직접적으로 담당하는 곳이 아닐 수도 있다는 것이다. 활성화된 영역은 단지 핵심적인 역할 담당 다른 뇌 영역과 긴밀하게 연결되어 있어서 부수적으로 활성화된 것일 수도 있다는 것이다. 지금 이야기한 문제점이 두가지 사건 간의 상관성을 기반으로 이루어지는 연구들, 즉 fMRI, 사건 관련 전위 ERP, 사건 유발 자기장 ERF 등의 논리적 추론의 한계점이다. 마치 전구는 빛을 내는 기구인데 곁에서 측정된 뜨거운 열만 보고 전구가 열을 내는 도구로 오해하는 것과 유사한 논리적 추론의 결함이다. 이처럼 두 사건 간의 상관성 기반의 추론으로 인과성, 즉 원인과 결과로 설명하는 데에는 한계점이 있다.

또 다른 연구 방법은 뇌졸중 혹은 뇌 출혈 등과 같은 질환으로 인해 뇌를 다친 환자를 대상으로 인지 과정과 뇌 영역의 상관성을 조사하는 방법이다. 어떤 뇌 영역이 손상되었고 그리고 어떤 인지 과제를 수행하는 데 있어서 선택적으로 어려움이 있는 경우에, 즉 다른 인지 과제는 문제 없이 정상인처럼 수행하는데 특별한 어느 한 종류의 인지 과제만 정상인 비교 집단보다 열등하게 수행하는 경우에 우리가 추론할 수 있는 것은 손상된 그 뇌 영역이 선택적으로 어려움이 있는 인지 기능 혹은 처리 과정과 연관되어 있다고 추론할 수 있다. 이전까지 논의했던 방법에 비해 좋은 것은 fMRI, ERP, MEG 등에서 뇌 영역을 규정하는 것은 모두 혈류의 변화 혹은 전기 자기장의 변화를 측정해서 이다. 그래서 이런 방법들로 추론된 영역은 어쩌면 진짜 해당되는 뇌 영역이 아닐 수도 있다. 여러 측정치, 측정치를 통계적으로 처리하는 방법, 이미지 구성 프로그램 등의 여러 작업의 특성으로 나타난 가짜 영역일 가능성도 충분히 있다. 그러나 뇌손상 연구는 해당되는 뇌 영역이 직접적으로 손실된 것이기 때문에 바로 전에 논의했던 그런 논리적 가능성은 있을 수 없다. 선택적인 인지 기능

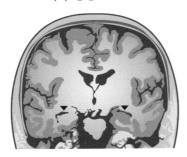

(A) 정상인 해마

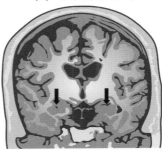

(B) 해마 손상 환자

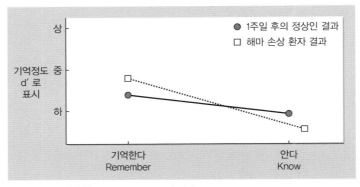

(C) 재인기억 검사 결과

[그림 2.5] 해마 손상과 재인기억(Recognition Memory) 결과.
(A) 정상인의 해마(CON1). 화살표가 가리키고 있는 옅은 회색으로 보이는 부분(밑으로 기울어진 검은 선 바로
밑에 보이는 회색 부분; 관상면(Coronal View)).
(B) 환자의 손상된 해마(JS). 화살표가 가리키고 있는 짙은 회색으로 보이는 부분(관상면(Coronal View); 수직
으로 자른 모양).
(C) 재인 기억 수행 결과. 학습하고 나서 1주일 후에 시행한 "기억한다(Remember)"와 "안다(Know)"에 대한 재
인 기억 검사 결과(변별성(Discriminability), d', 학습했던 것과 학습하지 않았던 것을 구분하는 정도를 나타냄)

장애는 분명히 손상을 입은 영역 때문이라는 것이 분명하다. 이처럼 손상 뇌 연구는
뇌 영역과 인지 기능 간의 직접적인 관련성을 찾을 수 있다는 것이 가장 큰 장점이
다. 그렇지만 이 방법도 연구를 수행하는데 여러 종류의 어려운 점들이 있다. 첫째,
조사하려고 하는 뇌 영역에 손상을 입은 다수의 환자가 필요하다. 그렇지만 현실적
으로 여러 명의 환자를 구한다는 것이 매우 어렵거나 거의 불가능하다. 그래서 손상
뇌 연구에서는 보통 집단 연구Group Study를 수행하지 않고 사례 연구Single Case Study를
주로 시행한다. 두 번째로 유사한 영역에 손상을 입은 여러 명의 환자 피험자를 모집
했더라도 정확하게 한 부분만 손상을 입은 경우는 매우 드물다. 그래서 현재 기능이

잘 안되는 이유가 특정 영역에서의 손상 때문인지 아니면 다른 인근 영역에서의 문제도 포함된 것인지를 확인할 길이 없다.

　　Manns, Hopkins, Reed, Kitchener & Squire(2003)은 해마에 손상을 입은 환자의 장기기억을 조사하였다. 그림 2.5A는 정상인의 해마(CON1)를 관상면Coronal View으로, 수직으로 자른 모양으로 나타내고 있다. MRI 사진에서 화살표가 가리키고 있는 옅은 회색으로 보이는 부분이고, 밑으로 기울어진 검은 선 바로 밑에 보이는 회색 부분이다. 그림 2.5B는 환자의 손상된 해마(JS)를 제시하고 있는 MRI 사진이다. 화살표가 가리키고 있는 짙은 회색으로 보이는 부분이 손상된 해마 부위이다. 연구에 참여한 7명의 환자 중에 6명은 일산화탄소 중독으로 혹은 심장발작으로 이 부위에 손상을 입었다. 환자들은 정상인과 비교해서 10%에서 45% 정도의 해마 손상을 입고 있었으며, 해마 인근 영역인 해마곁이랑Parahippocampal Gyrus은 정상인 수준이었고 정상인과 비교하여 15% 작은 사람부터 15% 더 큰 환자로 구성되었다. 학습 시기에 그림, 추상적인 도형 그림, 그리고 단어가 제시되었고 검사시기에는 학습했던 것과 학습 하지 않았던 것을 제시하여 "학습했다−old" 혹은 "처음 본다−new" 판단을 하도록 지시하였다. "학습했다−old" 판단에 해당되는 반응에 대해서는 "기억한다Remember"와 "안다Know"의 추가적인 판단을 요구하였다. 장기기억이 "기억한다Remember"와 "안다Know"에 해당되는 기억으로 구분되며 이들 기억은 유사한 정도로 해마에 의해 영향을 받는 다는 것을 보여 주는 것이 연구의 주된 목적이었다. 환자들은 정상인에 비해 기억이 떨어진다. 위의 연구는 "기억한다Remember"와 "안다Know"에 해당되는 기억으로 구분되는 것을 환자와 정상인 모두에서 보여 주기 위해서, 환자 집단은 학습 후에 바로 기억 검사Immediate Recognition Memory Test를 시행하였고, 정상인은 학습 후 일주일이 지나서 지연 재인 기억 검사Delayed Recognition Memory Test를 시행하여 두 집단 간의 기억 정도를 유사하게 맞추었다. 그림 2.5C는 두 집단의 재인 기억 수행 결과를 제시하고 있다. Y축, 즉 종속 변인은 변별성Discriminability, d로 표시하고 있으며, 이 값은 학습했던 것과 학습하지 않았던 것을 구분하는 정도를 나타낸다. 두 집단의 "기억한다Remember"와 "안다Know"에 대한 재인 기억 검사 결과가 유사한 패턴을 보인다. 이런 연구 결과는 해마가 "기억한다Remember"의 근원인 회상하기 인출Recollection과 "안다Know"의 근원인 친숙함 인출Familiarity 모두에 관여한다는 것을 제시한다(1장 참고). 사실 위의 결과는 상당히 논란이 되는 결론인데, 왜냐하면 대부분의 기억 연구자들의 생각으로는 해마가 "기억한다Remember"의 근원인 회상하기 인출Recollection에는 깊이 관여하지만 "안다Know"의 근원인 친숙함 인출Familiarity에는 관여하지 않는다고 생각하기 때문이다(3장 참고). 위의 연구가 문제가 되는 부분은 Grubb 등(2000)에서 보고 되었듯이 일산화탄소 중독은 해마 뿐만 아니라 다른 피질 영역 모두를 위축시키기 때문이다. 그림 2.5에서도 이런 현상을 관찰할 수 있다. (A) 정상인 MRI 사진과 (B) JS 환자 MRI사진을 보면, JS 환자의 사진에서는 뇌와 두개골 사이 부분이 더 검게 보인다. 따라서 환자들의 기억 기능 장애는 해마 뿐만 아니라 전전두엽 그리고 두정엽 등의 여러 영역의 위축 때문에 나타난 것일 수도 있어서 위의 결론을 저자들의 주장대로 수긍하기가 어렵다(3장 참고).

뇌 영역을 손상시키지 않고도 손상 뇌 연구와 유사한 효과를 나타내는 연구 방법이 있다. 자기장 자극으로 특정 뇌 영역의 활동을 일시적으로 교란시키는 방법이다. 경두개 자기 자극Transcranial Magnetic Stimulation, TMS으로 특정 뇌 영역의 기능을 일시적으로 교란시킨 후에 여러 인지 과제를 수행하게 한다. 그 다음에 어떤 종류의 인지 과제에서만 선택적으로 기능적 장애가 있는지를 조사하는 접근법이다.

그림 2.6은 경두개 자기 자극Transcranial Magnetic Stimulation, TMS 장비와 TMS로 자극한 뇌 영역의 활동을 fMRI로 나타낸 연구 결과를 제시하고 있다. 경두개 자기 자극 TMS 장비가(A)에 제시되어 있다. 왼쪽 위로 자극 코일이 보인다. 아래쪽 컴퓨터에는 뇌 모양이 화면에 보이는데 이 뇌 모양은 코일로 자극하는 뇌 영역을 표시하는 역할을 한다. 위쪽으로 보이는 화면에는 자기장의 강도라든지 얼마나 오래 동안 자극할 것인지 등에 대한 패러미터를 셋업하는 화면이다. (B)는 TMS 코일을 실험참가자의 운동 담당 영역, MT에 올려 놓고 자기장으로 해당되는 영역을 자극하는 장면을 제시하고 있다. (C)는 운동 지각관련 fMRI 활동(왼쪽이 후두엽 방향이고 오른 쪽 뇌의 후두엽, 측두엽, 두정엽을 부분적으로 제시하고 있다)을 표시하고 있다. TMS 코일로 목표지점, 운동 지각 영역, MT를 정확하게 자극하는 데에는, 즉 공간적 해상도에는 한계가 있다. 그래서 공간 해상도가 높은 fMRI를 함께 사용하여 목표로 하고 있는 뇌 영역을 자극하고 그 영역의 활동을 측정하고 있다. 경두개 자기 자극, TMS도 다른 방법처럼 몇 가지 제한점이 있다. 우선 TMS는 자기장으로 뇌 영역을 교란시키는 것이라서 목표로 하고 있는 영역 외에도 넓게 주변의 다른 영역도 교란시킨다. TMS는 공간 해상도가 대략 센티미터 단위로 밖에 되지 않는다. 다른 제한점은 TMS는 두피 인근의 얕은 부분만을 자극할 수 있고 더 깊은 곳까지는 자극을 가할 수가 없다는 것이다. 예를 들어 뇌의 바깥쪽 얕은 부분

(A) 여러 종류의 코일

(B) 운동영역 자극

(C) 자극영역

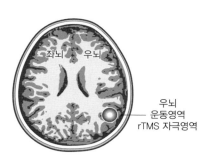

(D) 결과

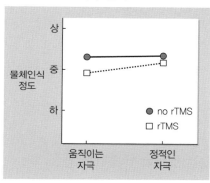

[그림 2.6] 경두개 자기 자극(Transcranial Magnetic Stimulation, TMS) 장비와 TMS로 자극한 뇌영역의 활동을 fMRI로 나타낸 연구결과.
(A) TMS 장비의 핵심 부품인 코일 종류.
(B) TMS 코일을 실험참가자의 운동지각 영역, MT를 TMS 코일로 자극하고 있다.
(C) MRI로 자극한 뇌 영역을 제시하고 있다. 우뇌의 운동지각 영역을 자극하였다.
(D) TMS로 운동 담당 영역, MT를 TMS로 자극한 조건(rTMS으로 표시)과 자극하지 않은 조건(no rTMS)에서의 움직이는 자극과 정적인 자극을 지각하는 정도의 차이를 나타내고 있다. TMS로 자극한 조건(rTMS으로 표시)에서 움직이는 자극에 대한 지각 수행 감소가 뚜렷하게 보인다.

인 배외측 전전두엽Dorsolateral Prefrontal Cortex은 TMS로 자극할 수 있지만 뇌 안쪽에 깊이 자리 잡고 있는 해마는 자극할 수가 없다. TMS로 자극할 때 가장 흔하게 사용하는 자극 횟수는 1초에 한 번씩 10회 정도 그래서 10초 정도 자극을 가하는 것이다. 1초에 1회 자극을 주는 횟수를 주파수로 표현하면 1Hz이다. TMS 후에 대략 8분 정도 동안 자극 받은 뇌 영역의 기능이 교란된다. 이 교란 기간 동안, 즉 8분동안 실험참가자는 어떤 종류의 인지 과제를 수행한다. 이 기간 동안 수행하는 인지 과제에서 어떤 결함이 보인다면 바로 자극을 가한 뇌 영역이 이 인지 과정을 처리하는 영역이라고 추론할 수 있다. 그림 2.6에 소개된 연구에서도 1Hz TMS 를 이용하였다(Slotnick & Thakral, 2011). (D)는 TMS을 운동 지각 영역에 가했을 때 (MT TMS로 표시)와 주지 않았을 때(No TMS로 표시)에 움직이는 물체(Moving Items 로 표시)와 정지해 있는 물체Stationary Items를 정확하게 기억하는 정도를 나타내고 있 다. 실험 절차는 학습시기, 1Hz TMS를 10회, 즉 10초간 가하기, 그리고 마지막 에 학습한 내용에 대한 기억 검사의 순서로 이루어졌다. 행동 반응의 정오 율과 fMRI는 검사시기 동안 이루어졌다. 학습시기 동안 추상적인 그림이 왼쪽 시야 혹 은 오른쪽 시야에 움직이는 것으로 제시되거나 아니면 정지되어 있는 것으로 제 시 되었다. 검사시기 동안 실험참가자는 제시된 그림이 움직이는 것으로 학습시 기에 제시되었는지 아니면 정지해 있는 것으로 제시되었는지를 판단해야 했다. 그래프에서 볼 수 있듯이 운동 지각 영역에 TMS를 가했을 때와 주지 않았을 때 에 움직이는 물체를 기억하는 능력에서는 차이가 있고, 정지해 있는 물체Stationary Items를 정확하게 기억하는 정도에서는 차이가 없다. 이 결과를 통해 운동 지각 영 역 MT는 확실하게 움직이는 물체를 지각하는 것 뿐만 아니라 움직이는 물체에 대한 기억에도 핵심적인 역할을 담당한다고 추론할 수 있다.

    TMS를 가해서 인지 기능을 억제시키는 방법 말고도 오히려 그 기능을 항진시 키는 방법도 있다(11장 참고). 대개 인지 기능을 항진시키는 방법은 덜 자주 사용된 다. 또 다른 방법은 인지 과제를 수행하는 동안 어느 때에 TMS를 가해서 그 시간 때 부터 인지 과제 수행에 방해를 일으키는 방법이다. 이 방법은 TMS 연구의 시간 해 상도를 높일 수 있다. 그렇지만 이런 방법도 자주 사용되지는 않는다. 정리해보면, TMS의 공간 해상도는 센티미터 크기로 비교적 좋은 편에 속한다. 그러나 TMS의 시간 해상도는 매우 부족하다고 볼 수 있다.

    마지막으로 경두개 직류 자극Transcranial Direct Current Stimulation, tDCS을 논의해 보자. 경두개 직류 자극, tDCS는 경두개 자기 자극, TMS와 유사하기도 하고 다르기 도 하다. 유사한 점은 목표로 하고 있는 뇌 영역을 직접 자극한다는 것이다. 다른 점은 경두개 직류 자극, tDCS는 직류 전류로 해당되는 뇌 영역을 자극한다는 것 이고 경두개 자기 자극, TMS는 자기장으로 자극한다는 것이다. 경두개 직류 자 극, tDCS의 전류 세기는 매우 약해서 신경의 활동 전위Action Potential를 촉발시키지 는 못하고, 다만 신경 막 전위Membrane Potential의 휴지 전위Resting Potential에 영향을 준 다(Purpura & McMurty, 1965). tDCS는 두피에 부착된 전극을 통해서 전류로 목표

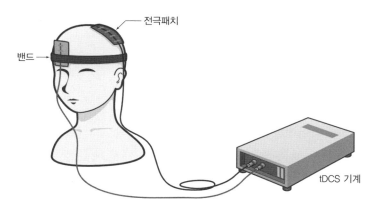

전극패치

밴드

tDCS 기계

[그림 2.7] tDCS 장치. 그림에서는 왼쪽 배외측 전전두엽을 자극하려고 왼쪽 앞 이마에 전극을 부착한 모습을 볼
수 있다.

로 하는 뇌 영역을 자극한다. tDCS의 전류가 원활하게 흐르도록 되돌아오기 전
극Return Electrode을 눈썹 위 부분 같은 임의의 영역에 붙인다. 그림 2.7은 tDCS 장
비를 보여 주고 있는데, 왼쪽 배외측 전전두엽을 자극하려고 왼쪽 앞 이마에 전극
이 부착되었고 되돌아오기 전극은 오른 쪽 눈썹 위에 부착되었다. tDCS의 전극
은 더 작은 여러 개의 전극으로 이루어져 있다. 이들 더 작은 전극들은 염분이 녹
아 있는 수분을 품고 있는 스폰지에 박혀 있다. 그림 2.7에서 볼 수 있듯이 여러
개의 작은 전극으로 구성된 눈으로 보이는 전극은 매우 크다(보통 5×7cm). 그래서
tDCS로는 뇌의 아주 작은 세부 영역을 자극할 수 없다. TMS보다도 공간 해상도
가 떨어진다. tDCS의 출발점이 전극의 음전기(Cathode, 음극 자극), 즉 전기가 나가
는 곳이 될 수도 있고 전극의 양전기(Anode, 양극 자극), 즉 전기가 들어오는 전극
일 수 있다. 통상적으로 음극 자극Cathode은 뇌 활동을 억제하고 양극 자극Anode은
뇌 활동을 활성화시킨다(Shin, Forester,& Nitsche, 2015). tDCS 시간은 통상적으로
15분에서 40분 정도 가하며, 자극 후에도 흥분성 혹은 억제성 효과는 지속된다.
tDCS 효과는 매우 작아서 안정적인 자극의 효과를 얻기 위해서는 다른 연구 방법
에 비해 더 많은 수의 실험참가자가 필요하다. 비록 tDCS의 시공간 해상도가 떨
어지는 것이 사실이지만 실제 연구 현장에서는 매우 유용한 것으로 알려져 있다.
tDCS는 수천달러정도면 살 수 있고 TMS보다도 가격이 저렴하다는 장점이 있
다. 근래에 경두개 교류 자극Transcranial Alternating Current Stimulation, tACS이라는 방법이 개
발되었다. 경두개 교류 자극, tACS은 tDCS와 동일한 장비를 사용한다. tACS은
직류 전류 대신에 특정 주파수 대역의 교류로 자극한다(Herrmann, Rach, Neuling &

Struber, 2013).

2.6 측정 방법의 비교(Method Comparisons)

그림 2.8은 2장에서 논의한 여러 방법들의 시공간 해상도의 차이를 보이고 있다. 심부전극기록법Depth Electrode Recording은 시공간 해상도에서 매우 뛰어나지만 두개골을 열고 수술해야 하는 것이라서 위험하기도 하고 많은 노력이 들어가는 것이라서 환자를 치료할 목적으로만 이루어진다. 따라서 통상적인 연구 목적으로는 사용하기 어려운 방법이다. fMRI는 공간 해상도에서는 뛰어나지만 시간 해상도에서는 우수하지가 않다. 반면에 ERP와 MEG는 시간 해상도에서는 좋지만 공간 해상도에는 fMRI에 비해 좋지 않다. TMS, tDCS, 손상 뇌 연구는 시공간 해상도에서 모두 좋지 않지만 자극받거나 손상된 뇌 영역이 특정 인지 정보처리에 필수적인지를 평가하는 데에는 가장 우수한 방법이다. 전에 논의하였듯이 ERP, MEG, fMRI 연구는 모두 인지 과제 수행과 상관 있는 뇌 영역의 측정치일 뿐이고 손상 뇌 연구에서처럼 그 영역이 절대적으로 필요한 것인지에 대해서는 정보를 주지 못한다. 손상 뇌 연구에서는 다친 뇌 영역이 어느 특정한 곳 하나만이 아니고 여러 영역이 손상되었을 가능성이 높아서 현재의 인지 기능 결손이 어느 영역의 손상 때문인지를 정확하게 이야기하는데 어려움이 있을 수 있다.

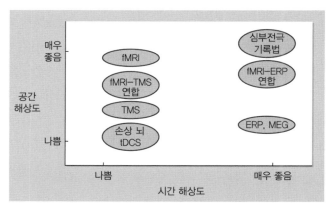

[그림 2.8] 여러 방법들의 시공간 해상도 차이.

지금까지 논의한 방법들 한 가지만으로는 원하는 만큼의 시공간 해상도를 갖는 연구를 수행하기가 어렵고 여러 방법을 동시에 함께 사용해야 시공간 해상도가 높은 뇌 활동 측정치를 얻을 수 있다. fMRI와 TMS를 합치면 어느 영역이 인지과정에 반드시 필요한지를 공간적으로 매우 정밀하게 찾을 수 있다. fMRI와 ERP를 합치면 특정 인지 과정과 연관된 영역의 활동을 시공간적으로 매우 우수하게 측정할 수 있다. 이처럼 여러 측정 방법을 함께 사용하여 시공간적으로 매우 우수하게 활동하는 뇌 영역을 찾는 것이 미래의 인지신경과학의 연구 방향이다(11장 참고).

- fMRI는 활동하고 있는 뇌 영역에서의 혈류 증가를 측정한다. fMRI는 공간 해상도가 매우 좋으나 시간 해상도에서는 좋지 않은 편이다.
- ERP는 연접후 전위Postsynaptic Potential에서 발생된 전류의 변화를 두피에 부착된 전극을 통해서 측정된다. 시간 해상도는 매우 우수하나 공간 해상도에서는 우수하지 않다.
- MEG는 ERP와 유사하다. 차이점은 전류 흐름의 변화가 아니라 자기장의 변화를 측정한다는 것이다. 시간 해상도는 매우 우수하나 공간 해상도에서는 우수하지 않다. 또한 가격도 매우 비싸다.
- 심부전극기록법Depth Electrode Recording은 시공간 해상도에서 매우 뛰어나지만 환자를 치료할 목적으로만 이루어져서 자주 사용되지 않는다.
- 손상 뇌Lesion 연구는 어떤 인지 정보처리에 손상된 영역이 절대적으로 필요한 곳인지 아닌지에 대한 정보를 준다. 그렇지만 시공간 해상도가 떨어지며, 또한 뇌손상은 특정 영역에만 국소적으로 일어나지 않고 여러 영역에 걸쳐서 일어나기 때문에 현재 관찰된 인지 기능 결손이 반드시 그곳에서만의 손상 때문이라고 결론 짓기가 어려운 경우도 있다.
- TMS로도 자극하는 뇌 영역이 어떤 인지 과정 처리에 필수적인지에 대한 정보를 준다. 다만 시공간 해상도가 다소 떨어진다.
- tDCS 혹은 tACS도 TMS와 유사하게 자극하는 뇌 영역이 어떤 인지 과정 처리에 필수적인지에 대한 정보를 준다. 그렇지만 시공간 해상도가 다소 떨어진다.
- 한 가지 측정 방법만으로는 원하는 만큼의 시공간 해상도를 갖는 연구를 수행하기가 어렵고 여러 방법을 동시에 함께 사용해야 시공간 해상도가 높은 뇌 활동 측정치를 얻을 수 있다. fMRI와 TMS를 합치면 어느 영역이 인지과정에 반드시 필요한지를 공간적으로 매우 정밀하게 찾을 수 있다. fMRI와 ERP를 합치면 특정 인지 과정과 연관된 영역의 활동을 시공간적으로 매우 우수하게 측정할 수 있다.

- fMRI는 혈류의 흐름을 측정하는가? 아니면 신경 활동을 측정하는가?
- ERP는 높은 공간 해상도를 가지는가? 아니면 높은 시간 해상도를 갖는가? 또 아니면 시공간 해상도 모두에서 높은 해상도를 갖는가?
- 손상 뇌 연구의 결정적인 단점은 무엇인가?
- TMS의 작동 원리는?
- 높은 공간 해상도와 시간 해상도 모두를 해결하는 연구를 수행하려면 어떤 방법들을 함께 사용해야 할까?

Further Reading
더 읽을거리

- Buckner, R. L., Bandettini, P. A., O'Craven, K. M., Savoy, R. L., Petersen, S. E., Raichle, M. E. & Rosen, B. R. (1996). Detection of cortical activation during averaged single trials of a cognitive task using functional magnetic resonance imaging. *Proceedings of the National Academy of Sciences of the United States of America, 93*, 14878 – 14883.
  이 논문은 사건 관련 fMRI를 소개하고 이 방법이 높은 공간 해상도와 블록디자인에서의 낮은 시간 해상도를 일부 해결하고 인지 과정의 시간적 변화를 추적할 수 있는 방법을 제시한다.

- Johnson, J. D., Minton, B. R. & Rugg, M. D. (2008). Content dependence of the electrophysiological correlates of recollection. *NeuroImage, 39*, 406 – 416.
  이 논문은 ERP의 높은 시간 해상도와 낮은 공간 해상도를 연구 예시를 통해 보여 준다.

- Suthana, N. A., Parikshak, N. N., Ekstrom, A. D., Ison, M. J., Knowlton, B. J., Bookheimer, S. Y. & Fried, I. (2015). Specific responses of human hippocampal neurons are associated with better memory. *Proceedings of the National Academy of Sciences of the United States of America, 112*, 10503 – 10508.
  이 논문은 심부전극기록법(Depth Electrode Recording)을 예시하고 있다. 이 방법은 시공간 해상도가 매우 뛰어나지만 연구 방법의 어려움으로 매우 드물게 사용된다.

- Slotnick, S. D. & Thakral, P. P. (2011). Memory for motion and spatial locationis mediated by contralateral and ipsilateral motion processing cortex. *NeuroImage, 55*, 794–800.

이 논문은 fMRI와 TMS를 사용하여 운동지각영역 MT가 운동기억에도 관여하는지를 예시한다.

3 / 장

장기기억 관련 뇌 영역

3 Brain Regions Associated with Long-Term Memory
장기기억 관련 뇌 영역

Learning Objectives
학습목표

- 일화기억(Episodic Memory)과 관련된 3종류의 뇌 영역 이해하기
- 의미기억(Semantic Memory)의 뇌 영역을 이해하고 일화기억의 뇌 영역과 비교하여 이해하기
- 장기기억 응고화(Consolidation)와 관련된 2종류의 이론을 이해하기
- 느린 주파수대역 뇌파가 방출되는 수면(Slow Wave Sleep) 동안 이루어지는 장기기억 응고화를 이해하기
- 인출(Retrieval)과 약호화(Encoding)와 관련된 뇌 영역의 차이를 비교하고 이해하기
- 장기기억의 성차를 행동 지표의 차이와 해마 활동의 차이로 이해하기
- 기억이 매우 뛰어난 사람들의 뇌는 보통 사람의 뇌와는 무엇이 다른지를 설명해보기

3장에서는 외현기억Explicit Memory의 한 종류인 장기기억Long-term Memory과 관련된 뇌 영역을 설명한다. 1장에서 보았듯이 외현 기억은 장기기억과 작업기억Working Memory으로 구성되어 있고, 장기기억은 다시 일화기억Episodic Memory과 의미기억Semantic Memory으로 분화된다. 일화기억은 행복했던 어떤 때를 자세하게 기억하는 것과 같은 에피소드에 대한 기억이다. 반면에 의미기억은 단어의 정의 혹은 대통령의 이름을 아는 것과 같이 사실에 대한 기억으로 흔히 세상 지식World Knowledge이라고 말하는 기억이다. 의미기억은 처음에는 일화기억으로 학습되었던 정보가 여러 상황에서 반복해서 나타나서 어떤 정보에 대한 특정 에피소드는 사라지고 일반화된 내용 정보로 형성된 기억이다. 그래서 의미기억에 있는 정보는 알고 있지만 어느 때에 그런 사실을 학습하게 되었는지는 정확하게 잘 모른다. 일화기억이나 의미기억이 모두 의식 선상에 있어서 내 마음대로 떠올릴 수 있다는 측면에서는 공통점이 있지만 언제 어디에서 어떤 내용을 학습했는지에 대한 자세하고 주관적인 정보에서는 매우 다르다. 또한 두 기억과 관련된 뇌 영역에서도 매우 다르다. 3.1절과 3.2절에서는 일화기억과 의미기억의 뇌 영역을 설명할

것이다. 3.3절에서는 해마에서 장기기억이 생성되는 응고화Consolidation를 다룰 것이다. 3.4절에서는 수면과 장기기억 형성의 관련성에 대해서 설명할 것이다. 장기기억의 응고화는 여러 뇌 영역의 협응이 필요한데 수면하는 동안 이런 일이 왕성하게 일어난다. 3.5절에서는 약화화와 관련된 뇌 영역을 살펴보고, 3.6절에서는 기억의 성차에 대해서 논의할 것이다. 마지막으로 3.7절에서는 보통 사람들과는 다르게 매우 뛰어난 기억을 지니고 있는 사람들의 뇌는 무엇이 다른지에 대해서 논의할 것이다. 예를 들어 매우 복잡한 런던 시내에 수년간 운전을 해온 택시 기사는 이 지역에 대한 기억이 매우 우수하며, 세계 기억 대회에서 우승한 사람들의 기억은 일반인과 다르다. 기억이 특별한 사람들의 뇌는 무엇이 다른지를 논의할 것이다. 나중에 알게 되겠지만 이처럼 매우 뛰어난 사람들의 기억은 무수히 많은 기억 훈련을 통해서 이루어진 것이고 유전적인 차이와 같은 선천적인 차이 때문은 아니라는 측면을 강조할 것이다.

3.1 일화기억(Episodic Memory)

일화기억이라는 용어는 문맥기억Context Memory, 원천기억Source Memory, 기억하고 있음Remembering, 회상하기 인출Recollection, 자서전 기억Autobiographical Memory 등의 다양한 기억을 포함하는 더 큰 범주이다(1장 참고). 자서전 기억은 개인 삶에 대한 기억으로 일화기억의 한 종류이다. 문맥기억과 원천기억은 자동차를 길 어디에 주차했는지 등과 같이 사건이 일어난 현장 혹은 근원에 대한 기억을 의미하고, 기억하고 있음Remembering은 문맥기억과 원천기억 정보 등을 인출할 때 주관적으로 경험하는 기억 현상으로 예를 들면 주차했던 곳에 대한 이미지가 머릿속에 떠오르는 것과 같은 주관적 경험이다. 일화기억에 속하는 이런 여러 종류의 기억은 동일한 뇌 영역의 활동으로 일어난다.

일화기억은 기억을 조절하는 영역의 활동과 감각 정보를 저장하고 있는 영역의 활동으로 나타난다(1장 참고). 감각 정보를 저장하고 있는 영역의 활동은 일화기억의 내용 정보를 나타낸다. 예를 들어, 시각 영역은 사물의 모양을 기억하고 있고, 청각 영역은 소리를 기억하고 있다. "감각을 담당하는 영역이 활성화된다"는 것은 곧 그 감각 정보를 사용하고 있는 것을 의미하는 것이 너무나도 당연하고 다른 해석의 여지가 없기 때문에 3장에서는 감각 영역의 활성화와 관련된 내용을 많이는 다루지 않을 것이다. 일화기억을 조절하는 뇌 영역은 내측 측두엽Medial Temporal Lobe, 배외측 전전두 피질Dorsolateral Prefrontal Cortex, 하측 두정 피질Inferior Parietal Cortex 등이다(1장 참고; Wagner, Shannon, Kahn & Buckner, 2005; Rugg & Vilberg, 2013). 그림 3.1에서 내측 측두엽Medial Temporal Lobe, 배외측 전전두 피질(이름이 붙어 있지 않은 가장 왼쪽의 활성화된 부분), 하측 두정 영역의 각회Angular Gyrus를 볼 수 있다. 내측 측두엽은 해마Hippocampus, 해마곁이랑Parahippocampal Gyrus, 주변후피질Perirhinal Cortex로 구성되어 있다. 일화기억을 조절하는 뇌 영역은 내측 측두엽, 배외측 전전두엽, 하측 두정엽이라는 것을 명심해야 한다.

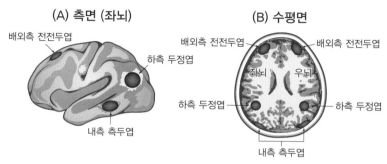

[그림 3.1] 일화기억을 담당하는 뇌 영역.

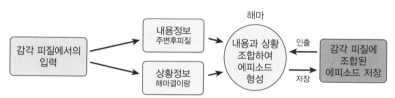

[그림 3.2] 내측 측두엽에 속한 영역들의 역할에 대한 이론적 모형. 주변후피질(PRC)은 기억해야 할 항목을 다루고, 해마곁이랑(PHC)은 "언제", "어디서"와 같은 환경 정보를 다루며, 해마(HC)는 항목 정보와 환경 정보를 묶어서 에피소드를 형성하는 역할을 담당한다.

내측 측두엽에 속해 있는 해마와 해마곁이랑은 상대적으로 연구가 많이 되었다(Diana, Yonelinas & Ranganath, 2007). 해마곁이랑은 물체가 나타난 장소(사물이 나타난 위치가 왼쪽인가 아니면 오른쪽인가 등에 대한 것) 혹은 물체의 색(물체가 붉은색 아니면 녹색? 등) 등처럼 물체의 환경 정보를 처리한다. 또한 해마곁이랑은 사건들이 일어난 순서 정보도 처리한다고 보고되었다. Ekstrom, Copara, Isham, Wang & Yonelinas(2011)은 학습시기에 가상공간으로 8개의 가게들을 제시하고 그 가게들과 방문했던 가게의 순서를 기억하도록 실험참가자에게 요구하였다. 검사시기에 3개의 가게를 제시하였다. 그 가게들 중에 하나는 판단의 기준이 되는 중심 가게였다. 한 조건에서는 중심 가게와 거리로 더 가까운 가게를 나머지 2개의 가게 중에서 지적하도록 하였다. 이 기억 검사는 공간 기억을 검사하는 것이다. 다른 조건에서는 중심 가게를 방문한 후에 더 먼저 방문했던 가게가 어느 것인지를 기억해 내라고 하였다. 이 검사는 시간 순서를 조사하는 것이었다. 공간 기억 검사와 시간 순서 기억 검사를 진행하는 동안 fMRI를 기록하였다. fMRI 결과를 보면 공간 기억과 시간 순서 기억 과제 수행은 모두 해마곁이랑을 활성화시켰다. 즉, 해마곁이랑은 공간과 시간에 관련된 근원 혹은 문맥 정보를 처리한다. 내측 측두엽에 속하는 주변후피질 Perirhinal Cortex은 해마곁이랑 앞에 위치하며, 주변후피질은 기억해야 할 내용 기억, 즉 항목 기억을 담당한다. 에피소드는 어떤 내용이 어디에서 그리고 언제 나타났는가에 대한 기억이다. 내용은 주변후피질이 담당하고 "언제"와 "어디"에서의 정보는 해마곁이랑이 담당한다. 주변후피질은 항목기억을 담당하고 있기 때문에 아주 상세한 주변 상황을 기억해야 하는 일화기억과 관련이 없을 수도 있다. 어떤 사람을 어떻게 만나게 되었는지는 기억나지 않는데 아는 사람인 경우가 흔히 있다. 이런 경우에 그 사람을 아는 것은 주변후피질의 역할이다. 해마는 기억 내용과 환경 정보를 함께 묶어서 하나의 에피소드를 생성하는 작업을 수행한다. 즉, 항목기억을 담당하는 주변후피질의 결과와 환경 정보를 다루는 해마곁이랑의 결과를 엮어서 하나의 온전한 에피소드로 구성하는 정보처리를 해마가 담당한다(Slotnick, 2013b). 예를 들어 휴가 중에 낙산 해변에서 만났던 친구를 떠올리는 경우에 친구를 기억하는 것은 주변후피질이 담당하고 낙산 해변은 해마곁이랑이 담당하며, 해마는 이 둘을 구성해서 낙산 해변에서 휴가 중에 친구를 만났던 에피소드를 구성해낸다. 그림 3.2는 지금 설명한 내측 측두엽의 역할에 대한 이론을 보여 주고 있다. Box 3.1은 이 이론과 대비되는 다른 이론을 제시하고 있다(Squire, Wixted & Clark, 2007).

배외측 전전두엽과 하측 두정엽이 일화기억에 미치는 역할에 대해서는 많은 것이 알려지지 않았다. fMRI 연구결과와 손상뇌 연구Lesional Studies 결과는 배외측 전전두엽이 일화기억에 중요한 역할을 담당한다고 제시하고 있다(Mitchel & Johnson, 2009). 배외측 전전두엽이 일화기억에 미치는 영향에 대해 잘 이해하고 있지는 못하지만, 이 영역은 정보를 인출한 후에 인출된 정보가 옳은 것인지를 검사하는 과정이나(왜냐하면 배외측 전전두엽의 활동은 다른 영역 보다 늦게 나타난다)(2장과 4장 참고)아니면 다른 여러 영역에 흩어져 저장되어 있는 정보를 선택하는 과정과 관련된 것으로 생각해왔다(8장 참고). 두정엽이 일화기억에 미치는 영향에 대해서도 많은 것을 알지 못한다. 이 영역은 정보처리하고 있는 정보를 유지하고 있는 기능 그리고 활성화된 정보에 지속적으로 주의를 기울여서 사라지지 않게 하는 과정 등과 관련된 것으로 추측하고 있다(Wagner 등, 2005; 8장 참고). fMRI 결과와 손상뇌 결과에 따르면, 하측 두정엽은 자서전 기억과 관련이 있으며 또한 활성화된 정보에 대해 주관적이고 의식적으로 경험하는 것, 예를 들어 낙산 해변에서 만난 친구를 생각할 때 낙산 해변을 눈 앞에서 보고 있는 것과 같은 주관적인 경험과 관련된 것으로 보고되었다(Cabeza, Ciaramelli, Olson & Moscovitch, 2008). 아직까지도 배외측 전전두엽과 두정엽이 일화기억에 관여하는 방법에 대해 충분히 알지 못하고 있으며 따라서 앞으로 더 많은 연구가 필요한 부분이다.

Box 3.1 해마는 문맥기억Context Memory과 우선적으로 관련되어 있는가?

해마는 항목기억보다는 문맥기억에 더 많이 관여하고, 주변후피질의 항목기억과 해마곁이랑의 문맥정보를 엮어서 일화기억을 생성하는 것으로 대부분의 연구자들은 생각한다(Diana 등 2007). 그렇지만 Squire 등(2007)은 해마가 문맥기억과 항목기억에 유사한 정도로 관여한다고 주장하였다. fMRI 결과를 보면 항목기억보다는 문맥기억을 다룰 때에 해마의 활동이 더 왕성하다. 이런 결과에 대해 Squire 등(2007)은 해마가 문맥기억을 관장하기 때문이 아니고 문맥기억의 기억 강도가 항목기억의 저장된 강도보다 강하기 때문이라고 반박한다. 그렇지만 분명한 것은 해마가 문맥기억과 관련이 있다는 것이다(Slotnick, 2013b). 두 입장이 서로 다른데, 두 입장 차이를 고려한 해마의 역할을 다음과 같이 생각해 볼 수도 있겠다. 해마는 항목정보와 문맥정보를 엮어서 문맥기억을 구성하며, 또한 해마는 항목을 구성하고 있는 속성들을 묶어서 완전한 항목을 만들어 내는 정보처리에 관여하기 때문에 항목기억에서도 활성화된다는 설명이다(Slotnick, 2010a).

한 가지 지적해야 할 사항은 일화기억과 관련된 영역으로 설명해온 배외측 전전두엽, 두정엽, 내측 측두엽은 항목기억 때에도 활성화된다는 것이다(Eldridge, Knowlton, Furmanski, Bookheimer & Engel, 2000; Wheeler & Buckner, 2004; Slotnick & Schacter, 2007). 따라서 이 영역들은 좀 더 일반적으로 말하면 장기기억과 관련이 있

다고 말할 수 있다(그렇지만 의미기억과는 관련이 없다; 1장과 3.2 부분을 참고하라).

3.2 의미기억(Semantic Memory)

의미기억은 오랜 기간에 거쳐서 수없이 반복 학습되어 형성된 일반화된 사실과 지식에 대한 기억이다. 의미기억은 의식적으로 아는 정보를 기억 속에서 떠올리려고 마음 먹으면 떠오르는, 즉 의식적으로 인출이 가능한 기억이지만 그 내용을 언제 어디에서 어떻게 알게 되었는지는 기억해내지 못하는 장기기억의 한 종류이다. 그래서 의미기억의 주관적 경험은 "안다, know"이고 "기억하고 있다, remembering"가 아니다. 의미기억과 항목기억은 다르다. 두 기억 모두 사실에 대한 기억이라는 측면에서는 동일하지만 학습된 기간과 반복 횟수에서는 매우 다르다. 의미기억은 오랜 기간, 즉 몇 년과 같은 장기간에 걸쳐서 수없이 여러 번 마주쳐서 형성된 지식인 반면에 항목기억은 근래 경험한 것들 중에 언제, 어디서 등의 상황정보를 제외한 내용 정보에 대한 기억으로 반복되었다고 치더라도 2번 혹은 3번 정도 반복되어서 형성된 기억으로 일반화된 지식으로 말하기에는 부족한 일시적인 기억이다(1장 참고). 의미기억에 대해 또 하나 언급해야 하는 중요한 특징은 의미기억은 단어의 정의와 개념지식Conceptual Knowledge이라서 8장에서 논의하듯이 언어정보처리와 매우 밀접하게 연결되어 있다는 것이다.

의미기억은 왼쪽 배외측 전전두엽(일화기억관련 배외측 전전두엽과는 다른 전전두엽 영역), 전측 측두엽Anterior Temporal Lobe, 감각 피질 영역Sensory Cortical Areas 등이 관련되어 있다(Gabrieli, Poldrack & Desmond, 1998; Martin & Chao, 2001). 의미기억과 관련된 왼쪽 배외측 전전두엽은 언어 정보처리와도 어느 정도 관련된 영역인 것 같다(8장 참고). 또한 의미기억관련 왼쪽 배외측 전전두엽의 활동은 다른 뇌 영역에 저장되어 있는 정보를 선택하는 작업에도 관련된 것 같다. 의미기억은 기억 내용과 관련된 감각 정보를 저장하고 있는 감각영역의 활동과도 연관되어 있다. 예를 들어, 생물의 이름을 말하거나 도구의 이름을 말할 때, 측두엽과 후두엽이 만나는 지점들 중 아래쪽의 영역, 아래쪽에 위치한 측두엽과 후두엽의 접점 영역Inferior Temporal-Occipital Cortex이 활성화된다. 생물의 이름을 말할 때와 도구의 이름을 말할 때의 차이점은 생물의 이름을 말할 때가 더 바깥쪽의 아래쪽에 위치한 측두엽과 후두엽의 접점 영역Inferior Temporal-Occipital Cortex이 활성화되고 도구 이름을 말할 때는 더 안쪽의 이 부분이 활성화 된다는 것이다(Martin & Chao, 2001). 의미기억과 관련되어 항상 활성화되는 부분이 앞쪽 측두엽, 즉 전측 측두엽Anterior Temporal Cortex이다. 그림 3.3에서처럼, 사물의 이름을 떠올리고 그 이름을 말하는 데에 장애가 있는 알츠하이머환자들은 왼쪽 뇌의 측두엽의 앞 부분에 손상이 있거나 그 부분이 매우 얇아져 있는 경우이다(Domoto-Reilly, Sapolsky, Brickhouse & Dickerson, 2012).

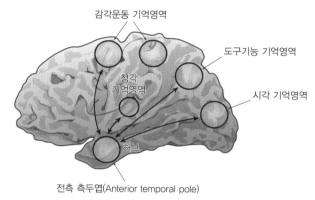

[그림 3.3] 의미기억과 관련된 뇌 영역. 사물 이름 말하기에 장애가 있는 알츠하이머 환자의 뇌. 뇌의 측두엽 앞 부분이 얇아져 있다.

　왜 의미기억과제를 수행할 때마다 왼쪽 뇌의 측두엽 앞 부분이 활동을 하는지에 대해서 많은 관심이 모아지고 있다. 왼쪽 뇌의 전측 측두엽이 의미기억에 관여하는 방법에 대한 가장 간단한 설명은 이 부분이 의미기억 정보를 저장하고 있다는 것이다. 그렇지만 수많은 연구결과를 살펴보면 왼쪽 뇌의 전측 측두엽 외에도 감각 피질 영역 등 다른 많은 영역들이 활성화된다. 따라서 이 설명의 설득력은 다소 부족하다. 다른 설득력 있는 설명은 이 부분이 여러 영역에 저장되어 있는 의미기억의 요소들을 연결하고 묶는데 중심 역할을 수행한다는 것이다(일화기억 생성할 때의 해마가 해마곁이랑의 상황 정보와 주변후피질의 항목 정보를 묶는 작업을 하듯이). 왼쪽 뇌의 전측 측두엽은 여러 종류의 다른 의미기억을 담당한다. 예를 들면 시각 의미기억(양은 어떤 동물과 비슷하게 보이는가?), 청각 의미기억(양의 울음 소리는 어떤 소리와 유사한가?), 그리고 사회성 의미기억(양은 친근한 동물인가?) 등을 관리한다(Skipper, Ross & Olson, 2011). Simmons, Reddish, Bellgowan & Martin(2010)은 실험참가자들에게 사람, 빌딩, 혹은 망치에 대한 어떤 정보를 학습하도록 시켰다. 예를 들어, 피험자들은 "Brooks 해머는 8년 된 것이다", "패트릭은 리틀 록에서 태어났다" 등 같은 내용을 여러 번 반복시켜서 학습시켰다. 검사시기에 사람, 빌딩, 망치 등과 관련된 사실을 인출하도록 요구하고 이 인출 기간 동안의 뇌 활동을 fMRI로 측정하였다. 사람들과 관련된 사실을 떠올릴 때에는 빌딩이나 망치에 대한 사실을 떠올릴 때보다 왼쪽과 오른쪽 뇌 모두의 전측 측두엽에서의 활성화가 매우 컸다. 그러나 빌딩이나 망치에 대해 배운 사실을 떠올릴 때가 다른 사건들에 관련된 배운 사실을 떠올릴 때보다 특별하게 이 영역들이 더 활성화되지는 않았다. 즉, 왼쪽과 오른쪽 뇌 모두의 전측 측두엽은 특별히 사회성 의미기억을 담당하는 데에 있어서 특별한 역할을 수행한다는 것을 의미한다. 이처럼 전측 측두엽은 알츠하이머 환자에게서도 살펴본 것처럼 의미기억을 담당하는 특별한 곳이며, 아마도 의미기억과 관련된 여러 영역의 정보를 묶고 조정하는 정보처리에 관여하는 것 같다.

3.3 기억 응고화(Memory Consolidation)

위에서 상술하였듯이 해마는 여러 영역에 저장되어 있는 정보를 묶어서 장기기억을 생성한다. 해마가 장기기억에 중요한 역할을 담당하는 것은 사실이지만 이런 중요한 역할은 어느 때까지 만이고 이후부터는 다른 기억 영역들 간의 연결이 더 중요해진다. 현재까지 가장 옹호되는 기억응고화의 이론은 해마와 피질 영역 간의 상호작용단계와 피질과 피질 간의 상호작용단계로 구성되어 있으며, 해마와 피질 영역 간의 상호작용단계에서 피질과 피질 간의 상호작용단계로 발전하는 데에는 1년에서 10년 사이 어느 지점 정도의 시간을 필요로 한다고 제안하고 있다(Alvarez & Squire, 1994). 1년에서 10년 사이 어느 지점 정도의 시간이라는 시간 추정은 해마 손상 환자의 결과에 근거한 추론이다. 산소 공급이 적절치 못해서 해마에 손상을 입은 환자가 사고 이전 1년 전 무렵에 일어났던 사건들에 대해서는 기억 장애를 보이는데 1년보다 훨씬 더 오래 전에 일어났던 일들에 대한 기억에는 문제가 없고 정상이었다. 이런 기억 상실증 증상은 역행성 기억상실증Retrograde Amnesia의 한 종류라고 볼 수 있다. 역행성 기억상실증은 사고 이전의 기억을 잃어버리는 것을 의미한다. 이 환자가 사고 이후 1년 전 무렵에 대한 기억은 없고 그 이전에 일어난 것에 대해서는 문제가 없다는 의미는 해마가 약 1년 전 무렵까지 경험한 사건의 기억 형성에는 관여하지만 2년 혹은 10년 전에 일어난 사건에 대한 기억에는 관여하지 않는다는 것을 의미한다.

　　해마와 피질 영역 간의 상호작용단계와 피질과 피질 간의 상호작용단계로 구분되어 기억응고화가 일어난다는 이론이 매우 설득력이 있지만 이 이론에 반대되는 증거가 보고 되기도 했다. 해마 손상을 입은 역행성 기억 상실증 환자가 해마를 다치기 전의 30년도 넘는 과거에 대한 기억이 없다는 증거, 특히 자서전 기억Autobiographical Memory에 대해 기억 상실 증상을 보인다는 증거가 제시되었다(Nadel & Moscovitch, 1997). 이런 결과는 해마는 우리 인생의 모든 기간에 해당되는 기억에 관여한다는 것을 의미한다. 과거에 행해진 검사는 의미기억과 관련된 것들이 많아서 해마 손상으로 인한 기억상실을 측정하기에 부적절한 기억 검사일 수도 있다. 예를 들어, "대량 살상 무기가 있다는 추측에 근거해서 그 무기를 파괴하겠다고 George W. Bush가 어느 나라를 대상으로 전쟁을 선포했는가?"와 같은 질문은 의미기억을 검사하는 질문과 유사한데, 이 질문에 대한 답변은 기억 내용에 근거하지 않고 다른 내용의 정보를 이용해서도 추측해서 옳게 답할 수 있다. 반면에 "15년 전에 LA에 있는 디즈니랜드에 자녀들과 방문한 적이 있는가?"와 같은 자서전 성격의 질문은 추측을 통해서는 옳게 답할 수가 없고 오로지 본인이 경험한, 즉 자서전 기억에 의존해서만 답해야 한다. 해마 손상은 의미기억에는 큰 장애를 일으키지 않는다(Nadel & Moscovitch, 1997; Winocur & Moskovitch, 2011). 그러니까 해마가 경험한 사건이 1년이 넘지 않은 것들에 대해서만 관여를 하고 그 이전의 기억에 대해서는 관여를 하지 않는다는 결과는 결국 1년 이전의 사건은 자서전적 성격이 강한 기억 검사를 했던 것이고 그래서 기억상실이 나타났고 반면에 10년 전의 사건에 대한 기억 검사는 의미기억성분이 많아서 다른 정보를 이용해 추론해서 답할 수 있고 또한 의미기억은 해마에 의해 덜 영향을 받기 때문에 해마 손상 사고 10년 전에 발생한 사건에 대한 기억은 마치 정상인 것처럼 보고 되었다는 것이다. 이런 결과는 해마가 장기기억 응고화에 관여하는 기간이 어느 시점까지로 한정되어 있는 것이 아니라 인생 전체에 걸쳐 일어났던 사건 기억 모두에 관여한다는 입장을 지지한다.

　　Nadel & Moscovitch(1997)는 해마 손상 30년 전에 일어났던 사건에 대해서도 자서전 기억에 장애가 있는 것을 보고하여, 1년 이전의 기억에는 해마가 깊이 관여하지만 10여 년 전의 사건에는 거의 관여하지 않는다는 이론에 반하는 증거를 제시하였다. Smith & Squire(2009)는 Nadel & Moscovitch(1997) 결과를 반박하기 위한 연구를 진행하였다. Smith & Squire(2009)는 fMRI를 이용하여 30년전 이내에 일어났던 뉴스 사건에 대한 기억 인출을 조사하였다. 해마의 활동은 3년 전의 사건을 기억해낼 때가 컸고, 6년 전의 사건에 대해서는 감소하였으며, 9년의 사건에 대해서는 더 크게 감소하였다. 그러다가 궁극적으로 어느 시점 이전의 뉴스 사건을 인출할 때에는 해마의 활동이 매우 작아서 없는 것처럼 보이는 정도까지 감소하였다. 이런 결과는 해마는 근래에 일어난 사건을 응고화하는 데에 주된 역할을 하고 어느 시점 이전의 사건에 대해서는 많이 관여하지 않는다는 것을 의미한다. 그러나 이런 해석에도 결점은 있다. 첫 번째 문제점은 Smith & Squire(2009)는 의미기억만을 검사했을 가능성이 있다는 것이다. 뉴스 사건은 일화기억 성격이 강하지만 5년 전의 뉴스 사건을 기억해내는 것은 실험참가지의 일화기억에서도 나올 수 있지만 다른 내용들에 기반한 추론에 근거하여 인출해낸 정보일 수도 있다는 것이다. 즉, 의미기억 성분이 많다는 것이다. 해마는 일차적으로 상세한 내용까지를 기억해야 하는 일화기억에 관여하는 것 같은데 위의 연구에서는 일화기억에 대해서는 많은 검사를 하지 않고 의미기억을 주로 검사하였기에 9년 전 이전의 기억에는 해마가 관여하지 않는 것으로 나타날 수 있다는 것이다. 두 번째는 30년 전의 기억을 떠올릴 때에도 해마의 활동은 여전히 있었다는 것이다. 물론 더 오래전의 사실을 기억해낼 때일수록 해마 활동 정도는 감소하였지만 30년 전의 내용을 기억해낼 때에도 여전히 해마 활동이 있었다는 것이다.

　　수십 년 전에 일어난 사건의 기억에도 해마가 여전히 관여한다는 주장을 지지하는 증거가 다수 발표되었지만 이들 결과를 있는 그대로 모두 인정하기에는 여러 어려움이 있다. 첫 번째 의심스런 것은 손상을 입은 영역이 해마 한 곳만이어야 하는데 실제로는 여러 영역의 손상을 동반하기 때문이며, 또 다른 하나는 사용된 기억검사과제 자체가 해마를 동원할 수 밖에 없는 것이었을 가능성이 있기 때문이다 (Knowlton & Fanselow, 1998). 첫 번째 문제와 관련된 것으로 2장에서 논의하였듯이 뇌 어딘가를 어떤 이유로 손상을 입으면 한 영역만 정확하게 손상되는 일은 거의 없고 인근 다른 여러 영역까지 손상을 동반한다. 이처럼 여러 영역에 손상을 입은 경우에 기억상실증환자가 보이는 기억 장애는 해마 때문인지 아니면 다른 영역 때문인지를 인과적으로 결정할 수가 없다. 이런 상황은 해마와 피질 영역 간의 상호작용단계와 피질과 피질 간의 상호작용단계로 구분하는 표준 이론이 주장하는 결과에도 그대로 적용된다. 해마 손상 1년 전 근처에 일어난 사건에 대한 기억이 잘 나지 않고 10년 전이나 더 이전의 기억에는 문제가 없다고 보고하는 경우에, 1년 이내의 기억 상실이 꼭 해마 때문이 아니라 배외측 전전두엽의 장애일 수도 있고 두정엽의 문제일 수도 있다는 것이다. 그래서 뇌손상 연구는 조심해서 해석해야 하고, 한 영역에만 손상을 입은 환자를 통해 얻은 결과를 높고 신뢰롭게 평가하는 이유이다. 해마가 1년 이내에 벌어진 사건에 대한 기억에 필수적인 역할을 담당하는지 여부에 대한 명확한 답을 제공하는 한 연구가 있다. 해마에만 손상을 입은 일과성 전 기억상실증Transient Global Amnesia; TGA 환자 사례이다. 일과성 전 기억상실증은 일정 기간 동안 기억상실증을 보이다가 얼마의 시간이 지난 후에는 정상적인 기억으로 돌아오는 기억 장애이다. 일과성 전 기억상실증은 주로 일화기억과 항목기억에 장애를 보이고 의미기억에는 장애를 보이지 않는다(기억 구분을 보려면 1장 참고). 일과성 전 기억상실증의 원인을 분명하게 알지는 못하지만 알려지기로는 감정적으로 매우 흥분되거나 육체적으로 매우 각성되는 경우에 발병한다(Bartsch, Dohring, Rohr, Jansen & Deuschl, 2011; 9장 참고).

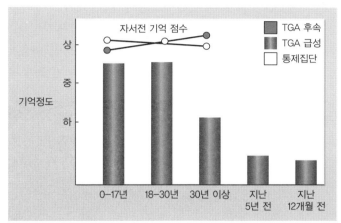

[그림 3.4]   근래에 일어난 사건과 오래 전에 일어났던 사건에 대해 해마 손상 환자가 보이는 기억 장애. 일과성 전 기억상실증(Transient Global Amnesia; TGA) 발병 전의 기간에 따라 변화하는 자서전 기억 점수. 일과성 전기억상실증 환자의 자서전 기억 점수(막대 그래프)와 통제집단의 점수. 일과성 전 기억상실증 환자의 자서전 기억 점수는 기억상실증을 앓고 있는 기간 동안의 점수(TGA acute로 표시)와 기억상실증을 회복한 이후의 점수 (TGA follow—up으로 표시)로 나누어서 표시되어 있다.

그림 3.4는 일과성 전 기억상실증Transient Global Amnesia; TGA 환자가 발병 직후 급진성Acute Phase일 때의 자서전 기억 장애를 제시하고 있다. 발병 직후 12개월 전, 5년 전의 자서전 기억 점수는 매우 낮고 30년 전보다 더 이전의 기억에서는 어느 정도의 약한 장애가 있으며, 생의 0세에서 17세 사이와 18세에서 30세까지의 오래전 기억은 매우 우수한 것을 볼 수 있다. 반면에 통제집단의 점수나 일과성 전 기억상실증에서 회복한 후의 자서전 기억 점수는 매우 우수하다. 이런 결과는 확실히 해마가 최근에 발생한 사건에 대한 기억을 형성하는 데 더 큰 역할을 담당하고 오래전의 기억에는 어느 정도의 약한 정도의 역할만을 담당하는 것으로 결론지을 수 있다.

다음으로 기억상실증환자에게 사용된 기억검사과제 자체가 해마를 동원할 수밖에 없는 것 때문에 발생되는 문제에 대해서 논의해 보자. 해마를 동원할 수밖에 없는 기억 과제를 사용하면 당연히 뇌손상이 발생하기 얼마전의 최근의 기억과 오래전의 기억에서의 해마 역할의 차이를 볼 수가 없다. 한 연구의 예를 살펴보자. Bonnici 등(2012)은 fMRI를 이용해서 최근과 오래전의 일화기억을 조사하였다. 피험자들은 최근과 오래 전의 일화기억을 인출할 때에 12초 동안 매우 구체적으로 그 기억들을 구성해내도록Memory Construction 지시받았다. 기억 구성은 몇 조각의 기억 단서를 이용해서 적극적으로 다른 있을 법한 일들을 추론하고 사건들 간의 연결 논리를 적극적으로 생각해서 일관성 있는 기억 에피소드를 생성해내는 것을 의미한다. 최근과 오래 전의 일화기억 인출 모두에서 해마의 활성화가 나타났다. 그러나 이 결과를 이용해서 오래전 기억에도 해마가 어떤 역할을 담당한다고 결론지을 수가 없다. 왜냐하면 인출하는 동안 기억 구성을 시도하는 것은 해마의 활동을 일으키기 때문이다(Addis, Wong & Schacter, 2007). 최근과 오래 전의 일화기억 인출 때문에 해마가 활성화된 것인지 아니면 기억 구성 때문에 해마 활성화가 있었던 것인지를 구분할 수가 없다.

Box 3.2 기억응고화와 관련된 두 입장은 각자가 옳다고 생각하는가?

해마는 비교적 단기간의 장기기억 응고화에만 관여한다고 주장하는 입장과 아주 오래 전의 기억에도 관여한다고 주장하는 두 입장의 학자들은 자신들의 주장이 옳고 상대방의 주장이 틀렸다고 생각한다. 심지어는 매우 지적이고 유명한 학자들도 이런 식으로 행동한다(Platt, 1964). 여러 종류의 가설이 제안되고 각 가설이 옳은지를 실험을 통해 조사해서 그 가설들의 옳고 그름을 평가하는 것이 과학 발전을 위해 매우 중요하다. 실험 결과에 의해 무너지지 않는 가설은 일시적으로 그 분야의 표준적인 설명으로 남아 있다가 더 높은 수준의 설명력을 가진 가설이 나타나면 표준적 설명의 자리를 양보하게 된다. 이렇게 진행되는 것이 과학에서 사용되는 방법이다. 때로는 연구의 방향을 오도시키는 가설도 있지만 이런 가설은 궁극적으로는 실험 결과에 의해 기각되고 결국은 사실을 알려주는 방향의 가설 혹은 이론이 남아서 참 진실을 이야기 해준다.

해마가 인생 전체에 걸쳐서 일어난 사건들의 기억에 관여한다는 증거가 너무나도 많다. 그래서 결론적으로 말하면 장기기억 응고화는 1단계에는 해마-피질 상호작용과 기억 표상이 나타나고 2단계에서는 피질-피질 간의 상호작용만으로 귀결되는 것 같지는 않다. 해마가 아주 오래 전의 장기기억에도 관여하는지 여부는 여전히 뜨거운 논쟁 거리 중의 하나이고 더 많은 연구를 통해 진실이 무엇인지를 밝혀야 할 연구 주제이다.

3.4 기억응고화와 수면의 관련성(Consolidation and Sleep)

기억응고화로 장기기억이 생성되었다는 것은 장기기억을 저장하고 있는 뇌 영역과 영역 간의 연결성이 변화하였다는 것을 의미한다. 기억응고화는 몇 년 단위의 장기간에 걸쳐서 일어나는 것이 일반적이지만 몇 시간 단위로도 일어난다. 즉, 잠자기 몇 시간 전에 경험한 사실을 가지고 수면 동안 기억응고화가 일어나기도 한다. 수면 동안 일어나는 기억응고화의 일차적인 중요한 역할은 이미 형성되어 있는 방대한 기억에 새로운 기억 내용을 붙이는 작업이다. 물론 붙이는 작업은 기존의 기억의 일부를 변질시키지만 이런 변화는 필요한 곳에서만 일어나야 한다. 그림 3.5A에서 볼 수 있듯이 수면은 렘수면 혹은 급속 안구 운동 수면Rapid Eye Movement Sleep; REM Sleep과 비렘수면 혹은 비급속 안구 운동 수면Non-REM Sleep으로 구성되어 있으며, 렘수면과 비렘수면은 90분을 주기로 교대로 일어난다. 비렘수면은 4단계로 구성되며 1단계 초기에는 얕은 잠으로 시작해서 점차 깊어지다가 마지막 4단계에는 매우 깊은 잠으로 빠져드는 형태로 일어난다. 수면의 초기 절반 시간에는 주로 비렘수면이다가 후반부 절반의 수면은 주로 렘수면 위주로 이루어진다. 비렘수면의 3단계와 4단계를 느린 주파수 대역Frequency Band 뇌파가 방출되는 수면Slow Wave Sleep이라고 부르며 이 기간이 특별히 장기기억 응고화와 깊은 관련이 있다(Stickgold & Walker, 2007; Ellenbogen, Payne & Stickgold, 2006; Marshall & Born, 2007). 반면에 렘수면은 암묵기억의 응고화와 관련이 있다. 뇌파는 뇌의 활동을 의미하는 것으로, 즉 뉴론의 활동 전위Action Potential에 따른 전기신호의 흐름을 EEG로 두피에서 측정된 것으로 특정 종류의 뇌 활동을 반영한다. 느린 주파수 대역 뇌파가 방출되는 수면Slow Wave Sleep이라는 이름이 암시하는 것처럼 이 비렘수면동안에는 1 Hz(1초에 1회의 주기를 갖는 뇌파) 근처의 느린 주파수 대역의 뇌파가 뇌 전역에서 나타난다. 단일 주파수 예를 들어 1 Hz를 갖는 주

(A) 수면단계

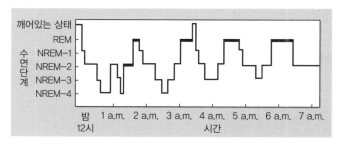

(B) EEG파형

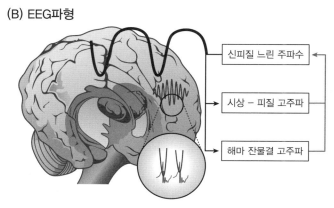

[그림 3.5] 느린 뇌파 수면과 장기기억 응고화에 관련된 수면 단계, 그리고 뇌파의 진동.
  (A) 잠자는 동안 일정 시간 간격으로 바뀌는 렘수면과 비렘수면의 주기성(짙은 회색으로 표시된 부분이 렘수면 시기이다)
  (B) 피질의 느린 뇌파(Neocortical Slow Oscillations), 시상-피질 수면 방추(Thalamic-Cortical Sleep Spindle; 11~16 Hz의 주파수 대역을 갖는다), 해마의 날카로운 파동 잔물결(Hippocampal Sharp-Wave Ripple; 200 Hz대의 고주파)을 발생시키는 피질 영역(밝은 부분), 시상(짙은 회색 부분), 해마(조금 짙은 회색 부분).

파수가 있을 수 있고(1Hz Wave) 주파수의 구간 예를 들어 0.5 Hz에서 2 Hz의 범위를 갖는 주파수 대역(0.5Hz – 2Hz Wave Band)이 있을 수 있다. 이런 뇌파를 EEG 기계로 측정할 수 있다. 느린 주파수 대역 뇌파는 장기기억 응고화에 관여하는 여러 주파수 대역을 조정하는 작업을 담당한다(Born & Wilhelm, 2012; Payne, 2010). 느린 주파수 대역 뇌파는 최저점과 최고점의 진폭을 가지며 뇌파가 가장 작을 때는 뇌 활동의 감소를 의미하는 것이고 가장 클 때에는 활발하게 활동하는 것을 의미한다. 그림 3.5B에서 볼 수 있듯이 뇌 전역에서 나타나는 느린 주파수 뇌파는 시상-피질 수면 방추Thalamic-Cortical Sleep Spindle(11~16 Hz의 주파수 대역을 갖는다)와 해마의 날카로운 파동 잔물결Hippocampal Sharp-Wave Ripple(200 Hz대의 고주파)을 동시화Synchronize 시킨다. 해마의 날카로운 파동 잔물결Hippocampal Sharp-Wave Ripple은 특별히 중요하다. 해마의 날카로운 파동 잔물결이 나올 때에, 해마는 깨어있을 때 경험한 기억을 재생하여 다듬고 강한 연결을 만들어서 관련된 뇌 영역에 재배치하는 응고화 작업을, 즉 해마-피질 간의 상호작용을 통한 장기기억 응고화를 수행한다. 장기기억 응고화는 관련된 기억을 반복적으로 활성화시키고 다듬고 저장하는 과정을 통해 일어나는데, 이 과정에서 중요하지 않은 기억을 약화시켜서 제거하는 작업도 수행한다(Axmacher, Draguhn, Elger & Fell, 2009).

느린 주파수 대역 뇌파가 방출되는 수면Slow Wave Sleep이 장기기억 응고화에 중요한 영향을 미치는 것을 확인한 연구를 살펴보자. Marshall, Helgadottir, Molle & Born(2006)은 경두개 교류 자극Transcranial Alternating Current Stimulation, tACS 기법을 사용하여 느린 주파수 대역 뇌파가 장기기억 응고화에 미치는 영향을 조사하였다. 실험참가자는 단어 쌍들을 학습한 이후에 잠을 잤다. 이들이 느린 주파수 뇌파 수면에 이르렀을 때에 앞 이마 부분을 통해 0.75 Hz의 약한 전류로 뇌를 자극하였다. 깨어 났을 때, 잠자기 전에 학습했던 단어 쌍을 기억해내는 정도를 평가하였다. 단어 쌍의 한 단어(단서 단어)를 제시하고 그 단어와 짝지어져서 제시되었던 단어(목표 단어)를 기억해내도록 하였다. 다른 조건에서는 학습하고 잠자는 동안 경두개 교류 자극을 가하지 않았다. 0.75 Hz로 자극했던 조건의 기억 점수는 자극을 주지 않았을 때보다 무려 2배 이상의 좋은 기억을 보였으며, 또한 중요한 결과는 5 Hz로 잠자는 동안 자극을 준 경우에는 아무런 효과가 없었다는 것이다. 잠자는 동안 0.75 Hz로 자극을 주면 장기기억만을 향상시키고(즉, 일화기억과 의미 기억의 향상을 가져 왔다) 암묵기억에는 아무런 영향을 주지 않는다. 이런 연구 결과는 수면 동안의 느린 뇌파는 장기기억 응고화에 매우 중요한 역할을 담당한다는 것을 의미한다. 또 다른 연구의 예를 들어 보자. Rudoy, Voss, Westerberg & Paller(2009)는 실험참가자에게 컴퓨터 화면에 사물을 각각 다른 위치에 제시하여 학습하도록 하였으며, 사물은 소리와 짝지어져서 제시되었다(예를 들면 고양이 그림을 화면의 왼쪽 위에 제시함과 동시에 "야옹" 소리를 함께 제시). 학습 후에 낮잠을 자도록 유도하였다. 낮잠 동안에는 주로 느린 뇌파가 발생한다. 소리 단서 제시 조건에서는 잠자는 동안 학습시기에 제시되었던 소리를 다시 제시하였고, 다른 조건에서는 낮잠 동안 소리 단서가 제시되지 않았다. 연구자들은 소리 단서의 제시가 잠자기 전에 그 소리와 짝지어서 학습했던 내용들을 잠자는 동안 떠올리게 해서 한 번 더 학습한 것과 같은 효과를 보일 것이라고 추측하였다. 낮잠 후에 실시된 공간 기억 검사에서 어떤 사물을 제시하고 그 사물이 제시되었던 위치를 회상해내도록 하였다. 검사 결과 낮잠 동안 소리 단서를 제시한 조건에서의 공간 기억 점수가 그렇지 않은 조건에서의 공간 기억 점수보다 월등히 높았다. 이 같은 결과가 나타난 이유는 낮잠 동안 제시되었던 소리 단서가 사물의 모양과 제시되었던 위치의 연결 정보를 잠자는 동안 해마−피질 간의 상호작용을 통해 활성화시켰고 이런 활성화가 기억의 강도를 높였기 때문이다. 느린 주파수 대역 뇌파가 방출되는 수면Slow Wave Sleep이 장기기억 응고화에 중요한 영향을 미치는 것을 확인한 연구였다. 그렇지만 이런 연구 결과는 신생 분야의 연구이고 아직 많이 다루어지지 않은 주제로써 확정적으로 결론 짓기에는 다소 무리가 있다고 보인다. 더 많은 연구가 필요하다.

3.5 기억 약호화(Memory Encoding)

장기기억은 정보획득 혹은 약호화Encoding, 저장Storage, 기억된 정보를 끄집어 내는 것 혹은 인출Retrieval의 정보처리과정으로 특징지을 수 있다. 보통 주의를 기울이지 않으면 장기기억 약호화는 거의 일어나지 않는다. 주의를 기울이거나 정보가 매우 나에게 의미가 있는 경우에 약호화가 일어나기 쉽고 그래서 후에 기억해낼 가능성이 높다.

장기기억 약호화와 관련된 뇌 영역을 찾는 실험실 연구는 학습한 항목을 검사시기에 학습한 것으로 옳게 반응한 것과 학습하지 않은 것으로 잘못 반응한 것을 비교 분석하는 방법Subsequent Memory Analysis을 통해 이루어진다. 예를 들어 학습시기에 "Wolf"와 "Ocean"이 제시되었고, 검사시기에 다시 이들 단어를 제시한 후에 이 단어들을 학습시기에 보았던 것인지 아닌지를 판단하게 하는 재인 기억 과제Recognition를 수행하는 경우를 생각해 보자. 실험참가자가 "Wolf"는 보았던 것이라고 판단하여 옳게 반응하고(Old라고 반응한 것), "Ocean"에 대해서는 처음 보는 것이라고 잘못 반응한 경우(New라고 반응한 것), 즉 망각한 경우를 생각해보자. 이런 경우에 "Wolf"는 옳게 기억해 낸 것Subsequently Remembered Item이라고 하고 "Ocean"은 망각된 것Subsequently Forgotten Item이라고 부른다. "Wolf"처럼 옳게 기억해 낼 때의 활동하는 뇌 영역과 "Ocean"처럼 망각된 것에 대해 활성화된 뇌 영역을 비교하면 성공적인 약호화와 관련된 뇌 영역을 찾아 낼 수가 있다.

장기기억 약호화와 인출은 행동 혹은 기억 과정의 구분에서는 매우 상이한 과정이지만 다른 시각으로 해석해보면 매우 유사한 과정으로 볼 수도 있다. 약호화는 처음 경험한 사건을 뇌에 등록하는 것으로 볼 수 있고, 인출은 기억되어 있던 것을 끄집어내서 다시 한 번 뇌에 등록하는 것으로 생각해볼 수도 있다. 사실 약호화와 인출은 유사한 뇌 영역을 활성화시킨다(Spaniol 등, 2009; Kim, 2011). 그림 3.6에서 볼 수 있듯이 약호화는 정보를 저장하고 있는 감각 영역과 기억 통제 영역들, 즉 배외측 전전두엽, 두정엽, 내측 측두엽 등의 활성화를 동반한다. 인출에서도 이런 영역들이 활성화된다.

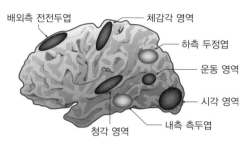

[그림 3.6] 약호화 영역은 배외측 전전두엽, 하측 두정엽, 내측 측두엽, 마지막으로 감각 영역 등이다. 이들 영역은 인출할 때에도 활동하는 영역이다. 그렇지만 약호화와 인출은 이들 영역의 활성화 방법에서 차이를 나타내기도 한다.

약호화와 인출이 거의 유사한 영역의 활성화로 나타나지만, 약호화와 인출은 약간의 차이도 있다. 예를 들어 내측 측두엽의 한 부분인 주변후피질Perirhinal Cortex은 약호화와 인출 모두에 관여하지만 활성화되는 방향이 다르다. 약호화 때는 주변후피질의 활성화가 왕성하다. 아마도 처음 경험한 사건에 주의를 많이 기울이기 때문인 것으로 추측된다(Davachi, Mitchell & Wagner, 2003). 반면에 인출할 때엔 주변후피질의 활성화가 평상시보다도 감소하는데 이는 기억에 있는 것을 재경험하는 것이기 때문에 정보처리가 용이하기 때문으로 추측된다(Ross & Slotnick, 2008; 7장 참고). 여러 영역에 걸쳐 저장되어 있는 정보를 조직화하는 해마도 약호화와 인출 모두에 관여하지만, 약호화와 인출을 반영하는 해마의 세부 영역의 활동에서 차이가 있다(Duncan, Tompary & Davachi, 2014). 이런 뇌 영역의 활성화 차이는 약호화와 인출이 상당히 유사하지만 세부적인 부분에서 다른 과정을 거친다는 것을 의미한다.

3.6 기억의 성차(Sex Differences)

여성과 남성은 장기기억 과제에서 차이가 난다(Andreano & Cahill, 2009). 흔히 남성은 공간기억과제에서 우수하고, 여성은 언어기억과제, 연합기억과제, 자서전기억과제 등에서 우수하다. 이런 이유로 언어 자극을 사용한 대부분의 장기기억과제에서 거의 늘 여성이 남성보다 우월하다. 뇌 구조와 기능의 성차로 이런 장기기억과제에서의 차이를 설명할 수 있다. 여성은 해마와 배외측 전전두엽에 분포되어 있는 에스트로겐 호르몬 수용기를 남성보다 더 많이 가지고 있다. 에스트로겐의 해마와 배외측 전전두엽의 활동을 증가시키는 것으로 알려져 있다(Cahill, 2006). 또한 여성은 남성보다 뇌의 전체 크기 대비 더 큰 비중의 해마와 배외측 전전두엽을 가지고 있다(Goldstein 등, 2001). 여성은 남성에 비해 뇌의 전체 크기 대비 더 큰 비중의 언어정보처리 영역을 지니고 있으며, 이런 이유로 언어와 관련된 장기기억에서 여성이 남성보다 우수하다.

남성과 여성은 장기기억과제를 수행하는 데 있어서 서로 다른 방법을 사용하고 이에 수반된 뇌 활동도 다르다. Frings 등(2006)은 사물-위치의 쌍 연합 학습Paired Associate Learning 방법을 사용하여 해마 활동의 성차를 조사하였다. 10명의 남성과 10명의 여성이 실험참가자였다. 학습시기 동안 실험참가자들은 가상공간을 걸어 다니면서 5개의 색이 다른 사물이 어디에 있는지를 학습했다. 즉, 사물과 사물이 놓여 있는 위치 간의 쌍 연합 학습을 진행하였다. 그림 3.7A에 가상공간을 위에서 내려다본 모양을 제시하였다. 검사시기 동안 그림 3.7A와 같은 가상공간을 제시하고 특정 사물이 학습시기에 보았던 위치에 있는지를 판단하였다. 그리고 검사시기 동안 사물 위치에 대한 공간 재인과 관련된 fMRI를 기록하였다. 물체를 지각하는 동안 활성화되는 뇌 영역을 실험 조건의 fMRI 영상에서 제거하기 위해 통제 조건의 실험을 실시하였다. 연구자의 관심은 지각 및 운동 영역 등의 성 차이를 찾아 내는 것이 아니고 기억된 정보를 인출하는 과정에서의 성 차이를 찾아내는 것이다. 따라서 이런 통제 조건을 사용하여 인출과정외에 다른 과정을 반영하는 영역의 활성화를 제거하면 인출과 관련된 성차이 영역을 찾을 수 있다. 통제 조건에서는 실험 조건에서 사용되었던 사물을 작게 만든 것과 크게 만든 것을 왼쪽과 오른쪽에 무선적으로 제시한 후에 큰 것이 작은 것보다 어느 쪽에 있는지를 판단하도록 하였다. 또한 실험 조건을 수행하고 나서 학습시기에 사용했던 기억 방법을 표시하도록 하였다;(1) 언어화하여 기억하였음, (2) 시각화와 언어화 방법 모두를 사용했으나 언어화 방법을 더 많이 사용하였음, (3) 시각화와 언어화 방법 모두를 사용했으나 시각화 방법을 더 많이 사용하였음, (4) 시각화하여 기억하였음. 기억 점수에서는 남녀 간에 차이가 없었다. 그러나 사용한 방법에서는 차이가 있었는데 여성은 2와 3번을 주로 사용하였고 남성은 4번을 주로 사용하였다. 이런 결과는 여성은 언어화방법을 많이 사용하였고 남성은 공간적이고 시각적인 방법을 사용했다는 것을 의미한다. 20명 중 19명이 실험 조건의 재인 과제를 수행하는 동안 통제 조건에 비해 유의미한 해마의 활성화를 보였다. 그림 3.7B에서 볼 수 있듯이 여성은 왼쪽 해마의 활동이 오른쪽의 활동보다 크고, 남성의 경우에는 그 반대인 오른쪽 해마의 활동이 왼쪽의 활성화보다 크다. 이처럼 남성과 여성의 해마 활성화차이는 다른 연구에서도 보고되었다(Banks, Jones-Gotman, Ladowski & Sziklas, 2012). 손상 뇌 연구에서도 왼쪽 내측 측두엽의 손

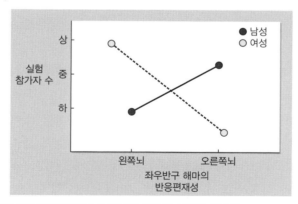

[그림 3.7] 가상공간을 위에서 내려다 자극 모양과 좌우 반구 해마의 반응 편재성.
(A) 가상공간에서 이루어진 사물-위치의 쌍 연합 학습(Paired Associate Learning) 자극의 예(짙은 회색으로 표시된 것이 암기해야 할 사물).
(B) Y축은 실험참가자 수를 표시하고 있고, X축은 여성과 남성의 좌우 반구 해마의 반응 편재성을 나타낸다. 여성은 왼쪽 해마의 활동이 오른쪽의 활동보다 크고, 남성의 경우에는 그 반대인 오른쪽 해마의 활동이 왼쪽의 활성화보다 크다.

상은 언어 기억에 장애를 일으키고 오른쪽 내측 측두엽의 손상은 시각 기억에 장애를 일으키는 것으로 보고되었다(9장 참고). 해마 영역 외에도 배외측 전전두엽과 두정엽에서의 성차를 보고한 연구도 있다. 실험참가자들은 12초 동안 자서전 기억 과제를 수행하고 또한 도구 범주에 해당되는 망치와 같은 도구를 7개 생각해 내는 과제도 수행하였다. 이 두 과제를 수행하는 동안 사건 관련 fMRI를 기록하였다. 여성 참가자는 도구 이름을 생각해낼 때보다 자서전 기억 과제를 수행할 때에 더 큰 활성화를 위의 두 영역 즉 배외측 전전두엽과 두정엽에서 보였다(Young, Bellgowan, Bodurka & Drevets, 2013).

지금까지 살펴본 연구들에 의하면, 장기기억과제를 수행할 때, 여성은 남성에 비해 해마, 배외측 전전두엽, 두정엽 등에서 더 큰 활성화를 보였다. 여성이 이들 영역에서 더 큰 활성화를 보인다는 사실은 전반적으로 여성이 남성보다 장기기억에서 우수한 이유를 설명한다. 장기기억과제를 수행하는 동안 해마, 배외측 전전두엽, 두정엽 등의 영역에서 여성이 더 큰 활성화를 보이는 이유가 남성보다 이들 장기기억 과제를 더 어렵게 수행하기 때문이라고 설명할 수도 있을지 모르겠다. 왜냐하면 2장에서 논의하였듯이 과제의 난이도가 높아지면 동일한 영역의 활성화가 더 크게 나타나기 때문이다. 그러나 난이도의 차이로 이런 성 차이를 설명하는 것은 부적절하다. 왜냐하면 장기기억과제 수행과 관련된 뇌 영역의 성차이는 질적인 차이이지 양적인 차이가 아니기 때문이다. 즉, 남성과 여성의 활성화되는 뇌 영역이 다른 차이이지 동일한 뇌 영역에서의 활성화 크기 차이가 아니기 때문이다. 이후의 연구에서 조금 더 보완될 필요가 있는 부분은 위의 약호화 연구에서 설명한 것처럼, 옳게 기억해 낼 때 활동하는 뇌 영역과 망각된 것에 대해 활성화된 뇌 영역을 비교하여 장기기억의 성 차이가 약호화의 차이인지 아니면 인출의 차이인지를 가려내는 것이다.

남녀의 성차는 여러 부분, 예를 들어 정보처리의 차이, 뇌 화학의 차이, 뇌 구조 차이, 뇌 기능 차이 등에서 수차례 보고되었다(Cahill, 2006; Andreano & Cahill, 2009). 성차와 기억 간의 상호작용에 대한 연구가 연구 비용 등의 이유로 드물게 시행되었다. 동일 성의 실험참가자만을 사용하는 것보다 양성의 참가자가 필요한 경우에는 두배의 피험자가 필요하고 이에 따른 연구 비용이 증가한다. 다행스러운 것은 근래에 성차와 관련된 인지신경과학 연구가 성황을 이루고 있어서 조만간 충분한 연구 결과가 축적될 것이라는 것이다. 이후의 연구가 기대된다.

3.7 최상위 기억(Superior Memory)

　　정상인들이 장기기억 능력에서 얼마간의 차이가 있는 것은 당연한 일이다. 그렇지만 가끔은 일반 정상인과는 다르게 엄청난 장기기억 능력을 지닌 사람들이 있다. 5장에서 논의하고 있듯이 기억 장애와 뇌의 연관성에 대해서는 많은 연구가 이루어졌지만 놀랍게도 최상위 기억Superior Memory에 대해서는 알려진 것이 별로 없다. 최상위 기억은 일종의 극단치로 예외적인 상황으로 인식되어 왔고, 최상위 기억을 지니고 있는 실험참가자를 구하기도 어렵고, 기억 연구 분야에도 유행이 있는데 이런 유행에 맞지 않았고 등의 이유로 아마도 이 분야의 연구가 많지 않았을 것으로 추측된다. 이런 상황에도 불구하고 다행스런 것은 많지는 않지만 최상위 기억과 뇌 활동의 연계성에 대한 연구가 수행되었다는 것이다.

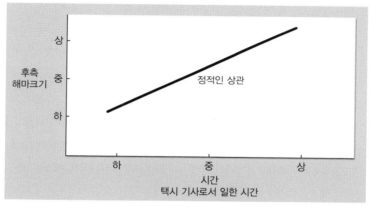

[그림 3.8]　런던 시내에서 택시 기사로 일한 시간(X축)과 이에 따른 후측 해마 영역 크기의 차이(Y축)를 보이는 그래프. 후측 해마의 크기는 (1mm)x(1mm)x(1mm)의 부피 단위인 Voxel 수로 측정되었다(voxel-based morphology; VBM)

　　최상위 기억과 관련된 연구로 영국 런던 시내에서 수년간 운전해 온 택시 기사를 대상으로 실시된 것을 예로 들 수 있다. 런던 시내는 약 25,000여 개의 도로와 수천 개의 볼 거리가 있는 매우 복잡한 도시로 택시 기사는 이들 모두를 기억하고 있어야 한다. Maguire 등(2000)은 런던 택시 기사와 통제 집단 간의 해마의 크기를 비교하였다. 택시 기사의 런던 시내 지도에 대한 최상위 기억을 담당하는 뇌 영역이 통제 집단의 그 부분보다 더 큰지를 조사하였다. 택시 기사의 후측 해마가 지도 기억과 관련되어 있는데 이 영역은 상대적으로 다른 해마 부분보다 더 컸고, 후측 부위가 아닌 다른 부분은 상대적으로 작았다. 그리고 해마의 후측 부위 증가와 다른 해마 영역의 감소 간의 상대적인 크기 변화는 런던에서 택시 운전을 얼마 오래 해왔는가에 비례했다. 즉, 런던에서 운전을 오래 할수록 후측 해마 부위는 더 증가하고 다른 영역은 더 감소했다는 것이다. 그림 3.8은 택시 기사로서의 근무 시간과 후측 해마 부위의 크기와의 관련성을 제시하고 있다.

위와 같은 결과는 3.3에서 논의했던 장기기억 응고화에 관련된 두 번째 가설, 즉 해마는 오래된 기억의 응고화에도 관여한다는 입장을 지지한다. 후속 연구에서 Maguire, Woollett & Spiers(2006)는 런던의 택시 기사와 버스 운전 기사를 비교하여 해마의 후측 부위 증가와 다른 해마 영역의 감소 간의 상대적인 크기 변화는 런던에서 택시 운전 시간과 비례하는지를 조사했다. 여러 요인을 고려할 때 버스 운전 기사 집단을 통제 집단으로 사용하는 것이 처음 연구보다 더 나은 비교라고 볼 수 있다. 연구 결과 처음 연구와 동일한 결과를 얻었다. 런던 택시 기사가 해마의 후측 부위 증가와 다른 해마 영역의 감소를 보이면 런던 시내의 지도의 기억에서는 우수하지만 다른 기억에서는 통제 집단보다 오히려 못할 수 있다. 왜냐하면 다른 종류의 기억은 후측 해마가 아닌 해마의 다른 영역에서 담당할 수 있기 때문이다. 연구 결과, 런던 택시 기사는 사물−위치 간의 쌍 연합 학습과 단어−단어 간의 쌍 연합 학습에서 통제 집단보다 낮은 기억을 보였다. 이런 결과는 택시 기사가 런던 시내의 지도의 기억에서는 우수하지만 다른 기억에서는 통제 집단 보다 낮을 것이라는 가설을 지지한다(Woollett, Spiers & Maguire, 2009). 한 종류의 기억에서 최상위 기억을 보이면, 이에 대한 대가로 다른 부분의 기억에서는 열등하다. 이런 이유는 한정된 해마를 한 곳에 많이 사용하면, 가용 가능한 해마의 영역이 감소한데서 비롯되는 현상이다.

또 다른 최상위 기억에 대한 연구는 World Memory Championship에서 우승한 사람들을 대상으로 진행된 연구이다. Maguire, Valentine, Wilding & Kapur(2003)은 세계기억대회에 참석할 정도로 남다른 기억 능력을 가진 사람들과 보통 사람들로 구성된 통제 집단을 인지능력, 특정 뇌 영역의 크기, 특정 영역의 활성화 정도 등에서 어떤 차이가 있는지를 비교 분석하였다. 최상위 기억을 지닌 사람들과 통제 집단은 일반 인지 능력에서 차이가 없었고(최상위 기억자들의 IQ는 95−119 범위를 가지고 있었고, 통제 집단 참가자들은 98−119의 범위를 가지고 있어서 차이가 없다), 또한 관련된 뇌 영역에서도 차이가 없었다. 숫자 열을 기억하는 과제(최상위 기억자가 일반인 보다 더 잘함), 여러 얼굴을 기억하는 과제, 무선적인 모양의 눈 송이를 기억하는 과제 등을 수행하는 동안 fMRI로 활성화되는 뇌 영역을 조사하였다. 모든 과제를 수행하는 동안 최상위 기억자의 뇌 여러 영역에서, 즉 장기기억과 관련된 것으로 알려진 영역들인 해마의 뒷부분Posterior Hippocampus, 후뇌량팽대 피질Retrosplenial Cortex, 상부 두정엽의 안쪽 부분Medial Superior Parietal Cortex에서의 활성화가 통제 집단보다 더 컸다. 대부분의 최상위 기억을 지닌 실험참가자들은 여러 내용을 기억하기 위해서 기억술의 한 종류인 장소법Method of Loci을 사용한다고 보고하였다. 장소법을 예를 들어 설명해보자. 여러분이 암기해야 할 항목이 3개가 있다고 하면(e.g. 개구리, 심포니, 베를린 등), 이들 5개의 기억 항목을 여러분에게 매우 친숙하면서도 일정한 순서 혹은 사물이 배치되어 있는 여러분의 아파트와 같은 어떤 장소의 사물들과 연계시키는 것이다. 첫 번째 단어인 "개구리"는 여러분의 아파트의 현관문과 연결시키고, "심포니"는 신발장과 연결하고, "베를린"은 식탁과 연결시켜서 기억한다. 이제 3개의 단어를 인출하려고 할 때 여러분의 아파트의 문을 열고 걸어 들어가는 장면을 상상하면서 아파트의 사물과 연결시켰던 단어를 차례대로 인출해 내는 것이다. 아파트 현관문을 여는 것을 상상하고 현관문과 연결되었던 것은 개구리이고, 신발장과는 심포니가 연결되었고, 베를린은 식탁과 연계되어 있으니 이들을 차례대로 인출해 내면 되는 것이다. 최상위 기억 능력자들이 해마의 뒤 부분Posterior Hippocampus을 이용한다는 사실과 런던 택시 기사들이 런던 지도를 떠올릴 때 이 영역을 사용한다는 사실은 해마의 뒤 부분Posterior Hippocampus이 공간 기억과 관련되어 있다는 것을 암시한다. Raz 등(2009)는 PI로 알려진 최상위 기억 능력을 지닌 사례를 연구하였다. PI는 파이(of π to)를 65,000자리까지 보고할 수 있는 특별한 사람이었다. 위의 연구에서처럼 다른 종류의 여러 인지과제에서는 통제 집단의 일반인들과 큰 차이가 없었다(일반 인지검사에서는 PI가 인구의 50%에 위치했다). PI가 특별하게 뛰어난 부분은 작업기억의 능력으로 상위 99.9% 위치에 있었다. 또한 PI의 시각 기억 능력은 하위 3%에 위치해서 매우 낮았다. 런던 택시 기사의 경우처럼 한 부분에서 매우 뛰어나면 나머지 다른 기억에서는 오히려 열세에 있는 현상을 똑같이 보였다.

마지막으로 소개할 연구는 최상위 자서전 기억을 지닌 사람들에 관한 것이다. 이들은 아동기와 성인기에 겪었던 매일 매일의 사건에 대한 기억이 매우 뛰어났다. 이 사람들에게 몇 년 며칠에 있었던 사건을 물으면 그 내용들을 매우 상세하게 이야기한다. LePort 등(2012)은 여러 종류의 인지 검사와 자서전기억검사를 이들에게 실시하였는데 위의 결과처럼 일반 인지 검사에서는 보통 사람 정도의 능력을 보였지만 특별히 자서전기억검사에서만 놀랍게 높은 결과를 보였다. 최상위 자서전 기억을 지닌 사람들의 뇌 구조를 조사했더니 해마곁이랑Parahippocampal Gyrus에 연결된 백질White Matter의 응집도가 일반인보다 높았으나, 해마의 앞쪽 부분은 보통 사람들보다 오히려 작았다. 해마곁이랑Parahippocampal Gyrus은 일화기억에서 환경 혹은 상황 문맥 정보를 처리하는 곳으로 알려져 있다. 아마도 최상위 자서전 기억을 지닌 사람들은 해마곁이랑Parahippocampal Gyrus이 잘 발달되어 일화기억의 상황 문맥 정보를 기억하는데 뛰어난 것으로 보인다. 해마의 앞 부분은 의미기억과 관련성이 높은데 최상위 자서전 기억을 지닌 사람들은 이 부위가 작다. 즉, 이들은 의미기억보다는 자서전기억을 더 많이 사용한다는 암시한다.

3종류의 최상위 기억 능력을 지닌 사람들을 조사한 연구를 통해 몇 가지 시사점을 얻을 수 있다. 첫째로 최상위 기억 능력을 지닌 사람들의 지능은 평균 정도이다. 두 번째 최상위 기억 능력을 지닌 사람들은 본인의 영역에서는 뛰어난 기억 능력을 보이지만 다른 기억 능력에서는 오히려 열등하다는 것이다. 이런 결과는 인지기능의 Zero-Sum 모델과 일치한다. 즉, 한 곳에서 좋으면 다른 곳에서 열등한 결과를 보여서 모두 합치면 결국 0이 된다는 것이다. 한 가지 연구해 보아야 할 궁금증은 최상위 기억 능력을 지닌 사람들의 이런 뇌 구조의 특성이 태어나면서부터 미리 정해져서 그런 것인지 아니면 기억 훈련을 통해 뇌가 이렇게 변한 것인지에 관한 질문이다. 런던 택시 기사의 예를 살펴 보면 훈련 때문에 뇌가 변화했다는 설명이 더 타당해 보인다. 왜냐하면 런던 택시 기사들이 택시 운전을 그만 두고 은퇴하면 그들의 뇌가 보통 사람들의 뇌처럼 다시 되돌아 온다는 연구 결과가 보고되었기 때문이다 (Woollett 등 2009). 추측건데, 유전과 훈련에 의한 효과가 서로 일정 부분 기여하지 않나 싶다. 최상위 기억 능력에 대한 연구는 이제 시작된지 얼마 되지 않아서 더 많은 연구가 필요한 영역이다.

- 일화기억과 항목기억을 담당하는 뇌 영역은 기억 내용을 저장하고 있는 감각 피질 영역과 배외측 전전두엽, 두정엽, 내측 측두엽 등의 3종류의 기억 통제 영역이다.
- 내측 측두엽에 속해 있는 주변후피질Perirhinal Cortex은 일화기억의 내용 정보를 처리하고, 해마곁이랑Parahippocampal Gyrus은 문맥 혹은 상황 정보를 처리하고 해마는 기억 내용 정보와 상황 정보를 묶어서 일화기억을 생성하는 정보처리를 담당한다.
- 의미기억은 감각 피질 영역, 배외측 전전두엽, 그리고 전측 측두엽Anterior Temporal Lobe 등이 관련되어 있다.
- 의미기억과 관련된 전측 측두엽Anterior Temporal Lobe의 역할에 대해서 두 종류의 입장이 있다. 첫 번째 입장은 전측 측두엽이 의미기억을 저장하고 있다는 주장이고, 두 번째 주장은 전측 측두엽이 여러 영역에 흩어져서 저장되어 있는 정보들을 연결하고 묶어서 하나의 의미 기억 내용을 구성하는 역할을 담당한다는 것이다.
- 장기기억 응고화과정을 설명하는 표준 모델은 장기기억 초기 생성에 관련된 해마와 피질 간의 상호작용과 여러 해에 걸쳐서 일어나는 피질과 피질 간의 연결로 응고화되는 과정으로 구성된다고 주장한다.
- 장기기억 응고화과정을 설명하는 표준 모델은 해마는 초기 장기기억 응고화에만 관여하고 후기 응고화에는 관여하지 않는다고 주장한다. 반대되는 입장은 장기기억 응고화는 항상 해마가 관여하여 발생한다고 주장한다.
- 느린 주파수대역 뇌파가 방출되는 수면Slow Wave Sleep 동안 장기기억 응고화가 일어난다.
- 장기기억 응고화를 조절하는 1 Hz 이하 주파수대역의 뇌파는 비렘수면Non-REM Sleep 의 3단계와 4단계 그리고 낮잠 시기에 발생된다.
- 뇌 전역에서 나타나는 느린 주파수 뇌파는 시상-피질 수면 방추Thalamic-Cortical Sleep Spindle(11-16 Hz의 주파수 대역을 갖는다)와 해마의 날카로운 파동 잔물결Hippocampal Sharp-Wave Ripple(200 Hz대의 고주파)을 동시화Synchronize 시킨다.
- 해마의 날카로운 파동 잔물결Hippocampal Sharp-Wave Ripple이 나올 때에, 해마는 깨어있을 때 경험한 기억을 재생하여 다듬고 강한 연결을 만들어서 관련된 뇌 영역에 재배치하는 응고화 작업을, 즉 해마-피질 간의 상호작용을 통한 장기기억 응고화를 수행한다.
- 장기기억 인출Retrieval과 약호화Encoding를 담당하는 뇌 영역은 거의 유사하다. 아마도 인출과 약호화 모두 일차적으로 정보를 관련된 영역에서 활성화시키고 유지하는 과

정이 포함되어 있기 때문에 유사한 뇌 영역이 동원되지 않나 추측된다.

- 여성은 남성에 비해 언어화전략을 더 많이 사용하고, 그래서 보통 여성의 장기기억 능력이 남성보다 우월하다. 남성은 여성에 비해 시공간 기억에서 앞선다.
- 여성은 남성에 비해 배외측 전전두엽, 두정엽, 그리고 왼쪽 뇌의 해마를 더 많이 사용한다.
- 최상위 기억 능력자는 특별한 영역에 대한 기억에서 매우 우수한 수행을 보이며 또한 이런 기억 기능을 담당하는 뇌 영역이 보통 사람들보다 더 크고 더 잘 발달되어 있다.
- 최상위 기억 능력자는 일반인과 비교하여 다른 인지 능력에서는 차이가 없다. 특별한 부분의 기억에서만 뛰어나고, 다른 기억에서는 오히려 일반인보다도 열등하다. 한 종류의 기억에서 최상위 기억을 보이면, 이에 대한 대가로 다른 부분의 기억에서는 열등하다.

Review Questions
점검 퀴즈

- 일화기억과 관련된 뇌 영역은 어디 어디인가?
- 장기기억 응고화에 대한 표준 이론과 반대되는 이론은 어떤 종류의 실험 증거를 기반으로 하고 있는가?
- 장기기억 응고화와 깊이 관련 있는 수면은 무엇인가?
- 장기기억의 약화화와 인출은 유사한 과정인가 아니면 다른 과정인가?
- 장기기억 수행에서 여성이 남성보다 주로 많이 사용하는 전략은 무엇인가?
- 최상위 기억 능력자는 일반인들보다 거의 모든 인지과제에서 매우 뛰어난가?

Further Reading
더 읽을거리

- Rugg, M. D. & Vilberg, K. L. (2013). Brain networks underlying episodic memory retrieval. *Current Opinion in Neurobiology, 23*, 255 – 260.
  이 논문은 일화기억을 담당하는 뇌 영역이 배외측 전전두엽, 두정엽, 그리고 내측 측두엽이라는 증거들을 리뷰하고 있다.

- Simmons, W. K., Reddish, M., Bellgowan, P. S. & Martin, A. (2010). The selectivity and functional connectivity of the anterior temporal lobes. *Cerebral Cortex, 20*, 813 – 825.
fMRI를 이용해서 의미기억의 중심 영역이 전측 측두엽이고 특별히 전측 측두엽은 사회성을 담은 정보처리에 능하다는 것을 증거한 논문.

- Bartsch, T., Döhring, J., Rohr, A., Jansen, O. & Deuschl, G. (2011). CA1 neurons in the human hippocampus are critical for autobiographical memory, mental time travel, and autonoetic consciousness. *Proceedings of the National Academy of Sciences of the United States of America, 108*, 17562 – 17567.
해마에 손상을 입은 환자가 비교적 근래에 일어났던 사건에 대한 기억에서 뿐만이 아니라 아주 오래전의 사건에 대한 일화기억에도 장애가 있는 것을 보고한 연구로 장기기억 응고화의 표준 모델에 반대해서 해마는 모든 일화기억에 관여한다는 것을 보고한 연구.

- Born, J. & Wilhelm, I. (2012). System consolidation of memory during sleep. *Psychological Research, 76*, 192 – 203.
수면과 장기기억 응고화의 관련성을 리뷰한 논문.

- Maguire, E. A., Gadian, D. G., Johnsrude, I. S., Good, C. D., Ashburner, J., Frackowiak, R. S. & Frith, C. D. (2000). Navigation-related structural change in the hippocampi of taxi drivers. *Proceedings of the National Academy of Sciences of the United States of America, 97*, 4398 – 4403.
매우 복잡한 런던 시내를 수년간 운전해 온 택시 기사는 런던 시내 지도에 대한 최상위 기억을 보이며, 이 사람들은 후측 해마곁이랑은 보통 정도의 기억을 보이는 사람들보다 크지만 앞쪽 해마는 상대적으로 작다는 사실을 보고한 연구.

4/장

장기기억 관련 뇌의 시간적 변화

4 Brain Timing Associated with Long-Term Memory
장기기억관련 뇌의 시간적 변화

4장

학습목표

- "회상하기 인출"과 "친숙함 인출"을 반영하는 뇌 활동의 영역과 시간적 변화 이해하기
- "친숙함 인출"을 나타내는 뇌 활동에 대해 서로 대립되는 입장을 취하고 있는 두 집단의 실험 증거 비교해서 이해하기
- 여러 주파수의 뇌파가 "동시에 발생하는" 혹은 "동기화한다(Synchronous)"는 것이 무엇을 의미하는지를 이해하는 것과 이런 "동기화"는 관련된 뇌 영역들이 서로 어떤 방법으로 상호작용한다는 것을 의미하는 것인지를 이해하기
- 장기기억과 관련되어 있는 세 종류의 뇌파 이해하기

인간의 장기기억에 대한 인지신경과학 연구는 대부분이 뇌 영역과 관련된 것이었다(3장 참조). 장기기억 관련 뇌의 시간적 변화에 관한 연구가 많지 않다는 것이 이런 종류의 연구는 가치가 없다는 것을 의미하는 것도 아니고 기억 관련 뇌 영역이 시간에 따라 변화가 없다는 것을 의미하는 것도 아니다. 실제로 뇌 영역들은 시시각각 변화하고 있으며, 이런 시시각각 변화하는 뇌 활동의 역동성은 기억이 작동하는 원리를 반영하고 있다. 4장은 장기기억 관련 뇌의 시간적 변화에 관한 내용을 다룬다. 1장과 3장에서 이미 논의하였듯이 "회상하기 인출Recollection"은 기억하고 있는 내용을 매우 자세하게까지 기억해 내는 것을 의미하며, "친숙함 인출Familiarity"은 알고는 있지만 언제 학습했는지와 같은 자세한 내용에 대해서는 알지 못하는 인출을 의미한다. 4.1절에서는 "회상하기 인출"과 "친숙함 인출"을 반영하는 뇌파 혹은 사건 관련 전위Event-related Potential, ERP(2장 참조)에 대해 설명할 것이다. "친숙함 인출"을 반영하는 뇌파는 자극이 제시되고 나서 300에서 500 Millisecond 사이에 전두엽에서 발견되며, 반면에 "회상하기 인출"을 반영하는 뇌파는 자극 제시 후 대략 500에서 800 Millisecond 사이에 두정엽에서 발견된다. 4.2절에서는 "친숙함 인출"을 반영하는 뇌파에 대한 논쟁을 다룰 것이다. 4.3

절에서는 두 영역에서 동시에 뇌파의 크기가 증가하거나 감소하는 형태로 동기화되는 현상이 두 영역 간에 상호작용이 있음을 나타내는 것을 설명할 것이다. 이런 종류의 동기화는 특정한 영역에서 발생하는 뇌파 밴드에서 나타난다. 예를 들어, Theta 파형(1초에 4번에서 8번의 주기를 갖는 파형, 즉 4–8 Hz의 뇌파 밴드), Alpha 파형(1초에 8번에서 12번의 주기를 갖는 파형, 즉 8–12 Hz의 뇌파 밴드), Gamma 파형(1초에 30번이상의 주기를 갖는 파형, 즉 30 Hz 이상의 뇌파 밴드)이 뇌 영역 간에 동기화현상을 보인다. Theta 파형은 장기기억 동안 해마와 피질영역 간의 상호작용을 반영하며, Alpha 파형은 피질 영역의 통제 혹은 억제 과정을 반영하고, Gamma 파형은 통합되고 일관성이 있는 기억을 형성하기 위해 필요한 여러 피질 영역에서의 정보처리를 반영한다.

4.1 뇌 활동의 시간적 변화(Timing of Activity)

대부분의 뇌 활동의 시간적 변화에 대한 연구는 ERP를 통해 이루어져 왔다. ERP는 전극을 두피에 부착해서 뇌 활동을 하는 동안 발생된 전압의 변화를 측정하는 것이다(2장 참조). 전극은 부착된 위치에 따라서 이름이 다르게 붙여지는데, 두정엽은 Parietal의 P를, 측두엽은 Temporal의 T를, 전두엽은 Frontal의 F를, 후두엽은 Occipital의 O를 사용한다. 또한 홀수는 왼쪽 반구를 의미하고 짝수는 오른쪽 반구를 의미한다. 예를 들어, F3는 왼쪽 전두엽 전극을 의미하고, O4는 오른쪽 후두엽 전극을 의미한다. 각각의 전극에서 측정된 뇌활동의 변화 뇌파는 자극 제시 후 나타나는 시점과 통제 조건의 뇌파에 비해 실험 조건의 뇌파 크기가 양수의 값을 가지면 플러스로 표시하여 P(positive의 첫 알파벳 P)를 앞에 붙이고 기준 자극의 뇌파 크기에 비해 음수를 가지면 마이너스로 표시하여 N(Negative에서 N)을 붙인다. 예를 들어, F3에서 측정된 N400이 의미하는 내용은 왼쪽 전두엽에서 자극 제시 후 400 Millisecond 때에 측정된 사건 관련 전위Event-related Potential, ERP로 통제 조건에 비해 실험 조건에서 측정된 뇌파의 크기가 작은 마이너스 파형의 ERP라는 것이다. 주어진 시간 구간에서 측정된 뇌파의 크기가 크다는 것은 그 전극에 해당되는 뇌 영역의 활동이 많다는 것을 의미한다. 그렇지만 그런 큰 뇌파를 발생시키는 뇌의 영역이 어디인지는 fMRI에서처럼 자세하게는 알 수는 없고 대략적으로 추정할 수 있을 뿐이다(2장 참조).

기억에 대한 ERP 연구는 "회상하기 인출Recollection"과 "친숙함 인출Familiarity"

을 반영하는 것으로 생각되는 2종류의 파형에 관심이 있다(Curran, Schacter, Johnson & Spinks, 2001; Rugg & Curran, 2007). 첫 번째 ERP 파형은 Mid-frontal old-new effect로 불리는 것이다. Mid-frontal old-new effect는 자극 제시 후 300에서 500 Millisecond 이내에 발생하며, 전두엽 전극에서 가장 크게 나타난다("mid"는 좌우 반구의 가운데 선을 의미하지만 사실은 왼쪽 반구로 약간 편재되어 있다). Mid-frontal old-new effect는 학습시기에 제시되었던 자극에 대해 "친숙함 인출"을 나타내는 반응 "안다, old"를 할 때(신호탐지이론에 근거해서 반응을 나누는 경우, "hit"에 해당한다.)의 파형이 학습시기에 제시되지 않았던 자극에 대해 "제시되지 않았다"를 나타내는 반응 "new"를 할 때(신호탐지이론에 근거해서 반응을 나누는 경우, "correct rejection"에 해당한다)의 파형보다 파형의 크기가 큰 경우이다. 두 번째 파형은 Left-parietal old-new effect라고 불리는 것이다. Left-parietal old-new effect는 자극 제시 후 500에서 800 Millisecond 이내에 발생하며, 왼쪽 두정엽 전극에서 가장 크게 나타난다(때로는 양 반구 모두에서 나타나기도 한다). 이 파형은 학습시기에 제시되었던 자극을 자세하게 "회상하기 인출"에 근거해서 "제시되었다"를 나타내는 반응 "old"를 할 때("hit" 반응)의 파형이 학습시기에 제시되지 않았던 자극에 대해 "제시되지 않았다"를 나타내는 반응 "new"를 할 때("correct rejection" 반응)의 파형보다 파형의 크기가 큰 경우이다.

이들 2개의 파형을 발표한 연구를 설명해 보자. 실험참가자들은 학습시기에 사물 그림 2개를 함께 본 후에, 검사시기에는 학습시기에 제시되었던 그림 중에 하나를 제시받거나 아니면 처음 보는 그림을 제시받았다. 실험참가자는 이들 그림들에 대해서 "기억한다, remember", "아는 것이다, know", 혹은 "본 적이 없다, new" 판단을 하였다(Vilberg, Moosavi & Rugg, 2006). 그림 4.1A, 왼쪽 그림, 자극 제시 후 300에서 500 Millisecond 이내에 전두엽 F5에서 발생하는 "친숙함 인출"에 근거해서 그림 정보를 인출해내는 "안다, know" 반응("hit" 반응)의 Mid-frontal old-new effect를 예시하고 있다. 학습시기에 제시되지 않았던 그림에 대해 "본 적이 없다, new" 반응("correct rejection" 반응)을 할 때의 파형보다 "안다, know" 반응 파형의 크기가 큰 경우이다(1장 참조). 또한 F5 전극에서 "기억한다, remember"의 파형이 "안다, know" 반응의 파형보다 크기가 큰데 그 이유는 "기억한다, remember"는 당연히 "안다, know"의 "친숙함 인출"에 근거한 인출 과정을 포함해서 더 자세하고 부가적인 인출 과정을 내포하고 있기 때문이다. Mid-frontal old-new effect는 실험 조건인 "안다, know" 조건의 파형으로 그 크기가 음수로 변하고 이 ERP 파형은 전두엽 F5에서 400 Millisecond에 출현하기 때문에 FN400 파형(F는 Frontal의 첫 자로 전두엽을 의미하고, N은 Negativity의 첫 자 N으로 부적 파형임을 의미)이라고 부르기도 한다. 그림 4.1A의 오른쪽 그림은 자극 제시 후 500에서 800 Millisecond 이내에 "기억한다, remember"의 반응을 할 때 P5(두정엽)에서 발생하는 Left-parietal old-new effect를 보여주고 있는데, 이 파형은 "안다, know" 반응과 "본 적이 없다, new"의 파형보다 더 큰 양수의 전위를 보이고 있다. 그림 4.1B의 왼쪽 것은 Mid-frontal old-new effect의 뇌 지형도(즉, 뇌 영역 전체에 걸쳐서 나타나는 뇌 활동의 차이를 나타내고 있다)를 나타내고 있으며, 이 파형은 왼쪽 반구로 편중되어 있다. 반면에 그림 4.1B 의 오른쪽 것은 Left-parietal old-new effect의 뇌 지형도를 보여 주고 있다.

(A) ERP 파형

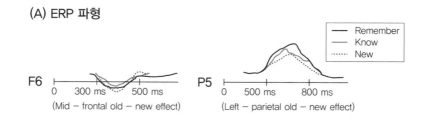

(B) 뇌활동 지형도

[그림 4.1] "회상하기 인출"과 "친숙함 인출"을 반영하는 뇌파.
(A) 전두엽과 두정엽에서의 시간에 따른 뇌활동의 변화(1/1000초 간격으로 전압이 변하는 것을 microvolt 단위로 표시하고 있다). "회상하기 인출", "친숙함 인출", "학습하지 않았음"에 따른 차이를 나타내고 있다.
(B) 자극 제시 후 300에서 500 Millisecond 이내에 전두엽에서 발생하는 Mid-frontal old-new effect(왼쪽 그림, 위에서 내려다 본 모양이고, 뇌활동이 많은 부위를 검은색으로 표시하였다. 아래 방향이 후두엽 방향)와 자극 제시 후 500에서 800 Millisecond 이내에 두정엽에서 발생하는 Left-parietal old-new effect(오른쪽 그림)의 뇌 활동 지형도(Topographic Map).

이전 연구들은 대부분이 Mid-frontal old-new effect는 "친숙함 인출"에 근거해서 기억을 떠올리는 과정을 반영하는 것으로 생각하고 Left-parietal old-new effect는 "회상하기 인출"를 통해 기억된 정보를 인출하는 과정을 반영하는 것으로 믿어 왔다. Vilberg, Moosavi & Rugg(2006)는 Left-parietal old-new effect 는 회상해내기과정의 난이도와 직접적으로 관련되어 있다는 실험 증거를 제시하였다. Vilberg, Moosavi & Rugg(2006)에서, R2는 검사시기에 제시된 그림을 학습시기에 보았던 것 인지와 만일에 보았던 것이면 지금 제시된 것과 쌍으로 제시된 것을 기억할 수 있는지를 판단하라고 해서 매우 자세한 것까지 기억해내야하는 조건이었고, R1은 단지 학습시기에 제시되었던 것인지 제시되지 않았던 것인지 만을 판단하는 비교적 간단한 회상을 요구하는 조건이었다. 자극 제시 후 500에서 800 Millisecond 이내에 "기억한다, remember"의 반응을 할 때 P5(두정엽)에서 발생하는 Left-parietal old-new effect는 자세한 회상을 요구하는 R2조건에서 파형의 크기가 가장 컸고, 그 다음으로 R1조건에서 컸으며, "본 적이 없다, new"의 파형에서 가장 작았다. Vilberg & Rugg(2009)는 이러한 패턴의 결과를 다시 한 번 제시하여 위 결론의 타당성을 높였다. 이런 결과들은 Left-parietal old-new effect의 크기는 "회상하기 인출"를 통해 인출해야 하는 정보가 얼마나 많고 자세한 가에 의해 결정된다는 것을 보여주는 강력한 증거이다.

　　"친숙함 인출"과 "회상해내기 인출"의 인출 과정이 동일한 과정인데 난이도만 다른 것인지 아니면 별개의 구분된 2종류의 인출 과정이 존재하는 것인지에 대해 논의가 있어 왔다(Slotnick & Dodson, 2005; Wixted, 2007). Mid-frontal old-new effect와 Left-parietal old-new effect는 발생되는 영역이 다르고, 또한 다른 시간대에 나타나고 기능적으로도 구분이 된다. 이 같은 ERP결과는 "친숙함 인출"과 "회상해내기 인출"의 인출 과정이 구분된 별개의 과정이라는 것을 암시한다. 뇌파나 fMRI를 이용한 인지신경과학연구는 이처럼 인지심리학에서 오랜 시간 동안 이어져온 논쟁을 해결하는데 도움을 주곤 한다(다른 의견도 있으니 Slotnick(2013)을 참고).

　　Mid-frontal old-new effect(300에서 500 Millisecond 이내에 발생)와 Left-parietal old-new effect(500에서 800 Millisecond 이내에 발생)외에도 1000에서 1600 Millisecond 이내에 오른쪽 전두엽에서 발생되는 관련된 뇌파가 보고되었다(Curran, Schacter, Johnson & Spinks, 2001; Vilberg, Moosavi & Rugg, 2006; Vilberg & Rugg, 2009; Woroch & Gonsalves, 2010). 이 ERP 요소는 "제시되지 않았다"에 대한 뇌파와 "친숙함 인출"과 "회상해내기 인출"에 대한 뇌파의 차이로 표시되며, 그림 4.1A의 왼쪽 위에 있는 F6로 표시된 그림에 나타나 있다. 이 파형은 기억에만 관련되어 있지는 않지만, 기억 관련 파형을 논의할 때에 Right-frontal old-new effect로 흔히 거론되기도 한다. Right-frontal old-new effect가 출현하는 이유에 대해 2종류의 가설이 논의되어 왔는데, 하나는 이 파형이 기억해낸 내용이 옳은 것인지를 모니터링하는 과정을 반영한다는 입장과 두 번째 입장은 기억을 인출해내고 그 기억에서 빠져 있던 부분을 더 충실하게 채워가는 정교화과정을 반영한다는 가설이다. Right-frontal old-new effect가 무엇을 반영하는지는 아직 이 분야에 대한 연구가 매우 부족하기 때문에 결정하기가 어렵다. 이후의 인지신경과학과 인지심리학연구는 Right-frontal old-new effect에 대한 이유를 밝히는 노력이 더 많이 활발하게 이루어져야 할 것으로 생각된다.

3장에서 자세하게 논의하였던 장기기억과 관련된 뇌 영역들 중에 배외측 전전두엽과 하부 두정엽이 있었다. 이들 영역은 장기기억의 ERP 요소 중에 전전두엽 전극 부위 F5 그리고 두정엽부위 전극영역인 P5에 해당하는 부분들이다. Vilberg & Rugg(2009)는 위에서 설명한 "회상해내기 인출"-"친숙함 인출"-"본 적이 없다, new"의 과제를 수행하는 동안 활성화되는 뇌 영역의 시간적 변화를 ERP와 fMRI를 이용하여 조사하였다. Left-parietal old-new effect를 반영하는 P5의 ERP 크기와 fMRI로 측정된 왼쪽 하부 두정엽의 활성화크기의 변화는 "회상해내기 인출"의 인출해낸 정보의 양과 상관이 있었다. 이런 결과는 Left-parietal old-new effect ERP가 이 영역에서 출원한 것임을 의미한다. Mid-frontal old-new effect와 Right-frontal old-new effect에 대해서는 아직까지 구체적인 뇌 영역에 대한 fMRI연구가 수행되지 않았다. "회상해내기 인출"과 관련된 Left-parietal old-new effect ERP가 왼쪽 하부 두정엽에서 출원한다는 것을 fMRI를 통해 밝힌 것처럼 Mid-frontal old-new effect와 Right-frontal old-new effect에 대해서도 동일한 연구를 통해 이들 영역의 시간적 변화를 추적하는 연구가 이루어져야 한다.

4.2 FN400성분에 대한 논쟁(The FN400 Debate)

앞절에서 설명했듯이 Mid-frontal old-new effects는 ERP FN400에 해당하는 것이다. 그래서 Mid-frontal old-new effect를 FN400이라고도 말한다. 그런데 한 가지 문제점은 FN400이 1장에서 살펴본 것처럼 "명료기억Explicit Memory"을 측정하고 있는 지표인지 아니면 "암묵기억Implicit Memory"을 측정하고 있는 것인지에 대해 분명한 답이 없다는 것이다. FN400이 친숙함과 의식적인 정보처리과정(즉, 기억해내고 있는 내용을 스스로 알고 있는 상태)을 반영하는 것이 아니라 "반복 점화Repetition Priming"와 무의식적인 처리과정을 반영한다는 주장이 제기되었기 때문이다(Paller, Voss &

Boehm, 2007). "반복 점화Repetition Priming"는 정보가 반복되면서 그 정보에 대한 처리 과정이 좀 더 효율적이고 능숙하게 변하게 되는 현상을 의미하며, 이런 변화는 담당하는 뇌 영역에서의 활동 저하로 나타난다(1장과 7장 참조). 내측 측두엽Medial Temporal Lobe 손상을 입은 기억 상실증 환자는 명료 기억, 즉 의식 장기기억Conscious Long-Term Memory에는 장애가 있지만 무의식 기억Nonconscious Long-Term Memory에는 정상적이어서 반복 점화를 일반인과 유사한 정도로 보인다(7장 참조). 그림 4.1A, 오른쪽 그림은 자극 제시 후 300에서 500 Millisecond 사이에 "친숙함 인출"을 보이는 뇌파인데(즉, 의식적 기억 인출을 반영), 사실 이 뇌파는 또한 반복 점화를 나타내는 뇌파와 유사하기도 해서 정확하게 어떤 것을 나타내는 것인지에 대한 논쟁이 있다. "회상해내기 인출"과 "친숙함 인출"의 뇌파는 학습시기에 한 번 경험하고 또한 검사시기에 한 번 더 경험해서 두 번 반복해서 제시된 것에 대한 뇌의 활동일 수 있고, 즉 항목의 반복을 대표하는 뇌파일 수 있다. 반면에 "본 적이 없다, new"에 대한 뇌파는 검사시기에만 한 번 본 것에 대한 뇌 활동이다. 따라서 "회상해내기 인출"과 "친숙함 인출"의 뇌파와 "본 적이 없다, new"에 대한 뇌파의 차이는 2번 반복된 것과 1번 제시된 것의 차이일 뿐이고 의식 장기기억Conscious Long-Term Memory에 대한 측정치가 아닐 수도 있다는 것이다.

Paller, Voss & Boehm(2007)은 FN400이 반복 점화의 한 종류인 개념 점화Conceptual Priming를 반영하는 것이라고 주장하였다. 개념 혹은 의미 정보처리가 주로 전두엽에서 이루어지는 것을 고려해보면 개념 점화가 전두엽 영역의 활동 변화로 나타날 가능성이 충분히 있다. Voss, Schendan & Paller(2010)은 개념 점화가 FN400을 변화시키는지를 조사하려고, 학습시기에 추상적인 모양을 제시하여 학습시키고 검사시기에는 경험했던 것과 처음 보는 추상적 모양을 제시하는 기억 실험을 진행하였다. 학습시기와 검사시기에 실험참가자들은 추상 모양에 대해 얼마나 의미가 있어 보이는지를 4점척도에서 평가하게 하였다. 4점은 그 모양이 실재하는 사물과 매우 닮은 경우이고, 1점은 아무런 의미를 가지지 않는 경우였다. 따라서 높은 점수를 받은 추상 모양은 의미 정보를 많이 지니고 있는 것으로 생각할 수 있다. 그림 4.2에 결과가 제시되어 있다. 특별히 관심이 있는 그림은 300에서 500 Millisecond 사이에 중앙 전두엽(Fza)과 오른쪽 전두엽(F4i)에서의 의미와 반복에 따른 뇌파의 차이를 비교하는 것이다. 이 그림에서 학습시기와 검사시기에 제시되었던 추상 모양을(그래서 자극 반복 횟수는 2번으로 동일) 의미 평정도에서 높은 것과 낮은 것으로 조작한 두 조건을 비교한 결과를 볼 수 있다. 결과 그림에서 볼 수 있듯이 추상 모양에 대한 의미 평정치가 높은 조건에서의 뇌파가 의미평정치가 낮은 조건이나 "제시되지 않았다, new"에 대한 것보다 큰 것을 볼 수 있다.

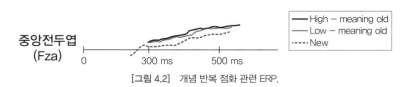

[그림 4.2] 개념 반복 점화 관련 ERP.

추상 모양 대신에 고대 중국 문자를 이용한 연구에서도 Paller, Voss & Boehm(2007) 결과와 거의 똑같은 결과가 보고되어, 300에서 500 Millisecond 사이에 중앙 전두엽(Fza)과 오른쪽 전두엽(F4i)에서 관찰되는 ERP요소가 개념 점화와 관련되어 있다는 사실에는 의심의 여지가 없다(Hou, Safron, Paller & Guo, 2013). 그렇지만 이런 개념 점화 관련 뇌 활동이 FN400과는 2가지 측면에서 다를 수도 있다고 생각된다. 첫째는 개념 점화 관련 ERP는 플러스의 크기를 지니고 있지만 기억 실험의 "친숙함 인출" 관련 FN400은 마이너스 전압을 보이고 있어서 두 종류의 ERP 출원지가 다를 가능성을 강력하게 시사한다. 두 번째는 개념 점화 관련 ERP는 중앙 부위와 두정엽 부위(Cz와 Pzi 전극)에서의 활성화가 가장 크지만 "친숙함 인출" 관련 FN400은 내측 전두엽에서 가장 크게 나타나기 때문에 다른 종류의 뇌 활동을 반영할 가능성이 매우 크다.

Bridger, Bader, Kruikova, Unger & Mecklinger(2012)는 동일한 실험참가자가 참여하는 개념 점화 ERP와 Mid-frontal old-new effect의 FN400 실험을 진행하여 위의 가능성의 타당성을 조사하였다. 그림 4.3의 뇌 활동 지형도Topographic Map에서 볼 수 있듯이 개념 점화 ERP는 주로 중앙 부위와 두정엽에서 최대의 활동을 보이지만 Mid-frontal old-new effect는 전두엽에서 주된 활동을 보인다. 개념 점화 ERP가 플러스의 크기를 보이고 중앙 부위와 두정엽에서 최대의 활동을 보이는 결과는 개념 점화 ERP와 FN400 ERP가 다른 종류임을 강력하게 시사한다.

Woollams 등(2008)이 실행한 후속 연구에서도 개념 점화 ERP와 Mid-frontal old-new effect가 다른 종류임을 보이는 증거를 제시하였다(Woollams, Taylor, Karayanidids & Henson, 2008). Woollams 등(2008)은 단어 자극을 사용해서, 학습하고, "기억한다"-"안다"-"처음 본다"를 검사하는 전형적인 기억 실험 절차를 사용하여 연구에서도 개념 점화 ERP와 Mid-frontal old-new effect가 다른 종류인지를

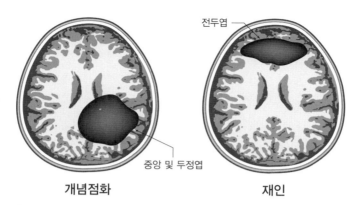

[그림 4.3] 뇌 활동 지형도(Topographic Map)는 개념 점화 ERP(왼쪽)와 Mid-frontal old-new effect(오른쪽)의 뇌 활동 분포를 보여 주고 있다(500에서 800 Millisecod 구간의 뇌파. 위에서 본 사진이고 아래 부분이 후두엽 방향이다. 전압의 측정 단위는 그림 위에 표시되어 있다).

실험하였다. 전형적인 FN400 효과, 즉 학습시기에 보았던 것에 대해 "친숙함 인출"에 근거한 "안다"에 상응하는 중앙 전두엽전극의 ERP가 학습시기에 제시되지 않았던 것에 대해 "처음 본다"로 옳게 반응할 때의 ERP에 비해 진폭의 크기가 더 컸다. 더욱 중요한 것은 학습시기에 보았던 것에 항목에 대해 옳게 "안다"라고 반응할 때의 FN400 ERP의 진폭의 크기가 "처음 본다"라고 잘못 반응한(즉, 학습한 내용을 망각한 경우) 경우에 상응하는 FN400 ERP의 진폭의 크기 보다 더 컸다는 것이다. 이런 FN400의 차이가 만일에 개념 반복 점화에 의한 것이었다면, 두 조건("안다"로 기억해낸 조건과 "처음 본다"로 망각한 조건) 모두에서 학습시기와 검사시기에 동일하게 2번의 자극 경험 반복이 있었기 때문에 두 조건 간에 차이가 없어야 한다. 그러나 실제 실험 결과는 옳게 기억해낸 조건에서 FN400의 진폭이 더 커서 이 성분은 개념 반복 점화에 의한 것이 아니고 기억 인출에 의한 것이라는 것을 증거한다. 이와 유사한 결과를 보여 주는 Woroch & Gonslaves(2010) 연구도 있었다. 이제까지 논의한 연구결과들을 고려해볼 때, 현재까지 진행된 연구 결과는 FN400이 개념 반복 점화와는 구분되는 "친숙함 인출" 과정에 상응하는 ERP성분이라는 것이다.

Box 4.1 논쟁이 과학의 발전을 이끌어 낸다

수 많은 연구가 다른 자극을 사용해서 그리고 다른 과제를 사용하여 수행될 수 있다. 연구자들이 연구를 열심히 하고 관련된 분야의 끊임없는 발전이 이루어지도록 노력하는 것은 연구에 대한 열정 때문이다. Paller와 그의 동료들은 처음으로 FN400이 "친숙함 인출" ERP가 아니고 개념 반복 점화 ERP일 가능성을 제시하여 FN400 논쟁을 불러 일으켰다. 논쟁 초기에, FN400이 "친숙함 인출" ERP라는 입장과 개념 반복 점화 ERP라는 입장은 서로의 가능성을 열어 두고 후속 연구를 진행하여 어느 입장이 옳은지를 가리려고 노력하였다(Paller et al., 2007; Rugg & Curran, 2007). 그러나 연구가 진행될수록 FN400이 개념 반복 점화 ERP 입장을 지지하는 연구결과보다는 대립되는 가설을 지지하는 연구 결과가 발표되었고, 근래 최근에는 이 입장이 거의 철회되어 FN400이 "친숙함 인출" ERP라는 입장이 거의 진실로 굳어진 상태이다. 이런 논쟁의 결과를 배울 수 있는 교훈은 과학의 발전은 서로 대립되는 연구 가설을 제안하고 각각의 입장을 지지하는 연구를 발표하는 가운데서 해당되는 분야의 이해가 깊어진다는 것이다.

4.3 뇌 활동의 위상과 주파수(Phase and Frequency of Activity)

4.2절에서는 개개의 ERP와 기억의 특정 과정과의 상호 연결에 대해 설명하였다. 이번 절에서는 인접한 영역들이 함께 활동하는 뇌파의 패턴을 분석하여 특정 기억 과정을 수행하는 데 관여하는 뇌 영역 간의 상호작용에 대해 설명하려 한다. 만일에 인접한 두 영역의 뇌 활동 지표가 일정시간동안 유사한 형태의 변화를 보인다면 이 두 영역은 서로 연결되어 활동한다고 가정할 수 있을 것이다. 이런 현상은 마치 두 사람이 붙어서 서로 동일한 형태의 춤을 추고 있는 것을 보는 것과 유사하다고 생각할 수도 있겠다. 이런 경우에 춤추고 있는 두 사람은 원래는 알지 못하는 사람들인데 우연히 만나게 되어 춤추기 보다는 원래 어떤 약속이 있었고 무엇인가 함께 도모하느라고 동일한 춤을 춘다고 생각하는 것이 더 합리적일 것이다.

    Slotnick(2010b)는 왼쪽 혹은 오른쪽 시야에 추상적인 모양을 학습시기와 검사시기에 제시하여 공간 기억Spatial Memory을 인출할 때 관련 뇌 영역들이 동기화되는 것을 보고하였다. 실험참가자는 학습시기에 왼쪽 시야 혹은 오른쪽 시야에 제시되었던 것에 대해서는 "'제시되었다'와 '방향이 맞다', old" 반응을 하였고, 학습시기에 제시되지 않고 검사시기에 처음 보는 추상적인 모양에 대해서 "제시되지 않았다, new" 반응을 하였다. 왼쪽 혹은 오른쪽 시야에 제시된 자극에 대한 공간 기억을 연구하는 하는 것이 목적이라서, 특정 시야에 제시되었던 항목에 대해 옳게 반응(항목과 시야를 모두 맞추어서 항목-시야-hit 반응하는 경우)하는 동안 측정한 뇌파에서 반대 방향 시야에 제시되었던 항목에 대해 옳게 반응하는 동안 측정한 뇌파를 제거하여 관심 시야와 연관된 공간 기억 ERP 성분을 추출하였다(1장에서 설명했던 감산법을 이용하였다). 그림 4.4A는 왼쪽 시야에 제시되었던 기억과 관련된 오른쪽 반구의 뇌 활동 지형도로 후두엽, 측두엽, 전두엽의 활동을 제시하고 있고, 4.4B는 오른쪽 시야에 제시되었던 기억과 관련된 왼쪽 반구의 후두엽, 측두엽, 전두엽의 뇌 활동 지형도를 제시하고 있다. 이들 뇌 활동 지형도는 이전부터 있었던 것처럼 시야와 뇌 반구가 서로 반대 방향으로 연결되어 있어서, 왼쪽 시야의 기억은 오른쪽 반구에서 더 우세하고, 오른쪽 시야의 기억은 왼쪽 반구에서 더 우세하게 활동하는 것을 보여 주고 있다(1장 참조). 그림 4.4C는 왼쪽 후두엽, 측두엽, 그리고 전두엽의 활성화를 일정 시간 동안 관찰해보면 동일한 시간대에 각 영역의 뇌파 크기가 함께 감소하거나 증가하는 활동 패턴을 제시하고 있다. 이처럼 동일한 시간대에 여러 영역의 뇌파 높낮이가 같은 방향으로 변화하는 동기화를 "위상이 맞는다in phase or phase-locked"라고 말한다. 그림 4.4C를 유심히 살펴보면, 왼쪽 전두엽과 측두엽의 뇌파 높낮이 변화는 위상이 1 Millisecond 이내인 것을 알 수 있고, 전두엽과 후두엽의 뇌파 위상 차이는 9 Millisecond 이내인 것을 알 수 있다. 이들 3 영역 간의 뇌 활동 위상Phase이 거의 같다는 것은 이들이 서로 밀접하게 연결되어 상호작용하고 있는 것을 의미한다.

두 영역이 동기화되어 활동하는 것을 보고 두 영역 간의 상호작용을 추론해낼 수 있듯이, 복잡한 뇌파를 몇개의 주파수 대역Frequency Band으로 분리하여 각 주파수 대역의 변화를 통해 뇌의 활동을 관찰할 수 있다. 주파수는 일정한 진폭으로 마치 사인 곡선Sine Wave과 같은 모양의 주기성을 갖는 에너지변화를 나타내는 곡선이다. 주파수는 낮은 것도 있고 높은 것도 있다. 낮은 주파수는 1초 동안에 1번의 주기성을 갖는 것처럼 에너지의 변화가 천천히 일어나는 것이고, 높은 주파수는 에너지 변화가 빨라서 1초에 여러 번의 주기를 갖는 경우이다. 주파수의 단위는 Hertz로 표시하는데 1 Hertz의 주파수를 갖는 파형은 1초에 1번의 주기성을 갖는 것이다. 그림 4.4C에서 제시한 시간에 따른 뇌활동을 주파수의 변화로 이해할 수도 있다. 낮은 주파수를 지닌 영역 활동은 그 파형의 증가와 감소가 천천히 긴 시간에 걸쳐서 일어나는 경우이고 높은 주파수로 설명되는 시간대의 변화는 짧은 시간 안에 뇌파의 에너지 변화가 여러 번 발생하는 경우이다. 특정 주파수로 나타나는 뇌 활동은 어떤 경우

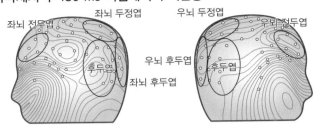

(A) 자극제시 후 180 ms 지점에서의 뇌활동

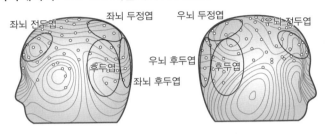

(B) 자극제시 후 1417 ms 지점에서의 뇌활동

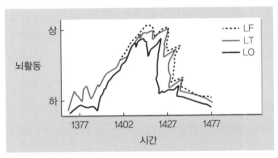

(C) LF(좌전두엽), LT(좌측두엽), LO(좌후두엽)에서의 시간에 따른 뇌활동:
위상이 일치한다.

[그림 4.4] 공간 기억 영역의 뇌 활동 지형도와 뇌활동의 시간에 따른 변화.
    (A) 검사시기에 추상 모양 자극 제시 후 180 Millisecond 시점에서 왼쪽과 오른쪽 시야의 공간 기억 인출을 반영하는 왼쪽과 오른쪽 반구의 뇌 활동 지형도.
    (B) 검사시기에 추상 모양 자극 제시 후 1417 Millisecond 시점에서 왼쪽과 오른쪽 시야의 공간 기억 인출을 반영하는 왼쪽과 오른쪽 반구의 뇌 활동 지형도.
    (C) 왼쪽 전두엽, 측두엽, 후두엽이 검사시기에 추상 모양 자극 제시 후 1377에서 1477 Millisecond 동안에 활동하는 뇌파의 시간적 변화. 이 기간 동안 3개의 영역에서 보이는 뇌파 크기의 변화가 거의 일정하다. 즉, 동기화되어 있다.(측정 단위는 오른쪽 상단에 위치)

에는 특정 기억의 과정과 관련되어 있는 경우도 있고 또한 어떤 경우에는 특정 뇌 영역과 관련되어 있을 수도 있다. 예를 들어 4 Hertz에서 8 Hertz의 주파수 대역을 갖는 Theta파, 8 Hertz에서 12 Hertz의 주파수 구간을 갖는 Alpha파, 마지막으로 30 Hertz 이상의 주파수 구간을 갖는 Gamma파가 기억과 관련이 있는 것으로 여러 연구에서 보고되었다(위의 설명에서 볼 수 있듯이 흔히 Alpha파 혹은 Beta파라고 칭하는 것은 어느 한 주파수를 의미하는 것이 아니고 여러 주파수를 한 집단으로 묶은 것을 의미하는 것이다. 그래서 더 정확히 Alpha파 혹은 Beta파를 명명하면 Alpha대역Alpha Band 혹은 Beta대역Beta Band이라고 불러야 한다). 시각 지각과 시각 주의 연구분야에서 알려진 바에 의하면, Gamma파는 다른 영역에서 처리되고 있는 여러 특성들을 묶는 과정Feature Binding, 예를 들면 물체의 모양Shape 특성과 물체의 색깔Color 특성을 묶는 과정에 관여한다고 보고되었다(1장 참조). 여러 특성들을 묶는 과정은 물체의 여러 특성을 다루는 뇌 영역에서 정보처리된 결과를 통합하여 의미 있는 하나의 전체로 지각하는데 필수적인 것이다(Engel, Fries & Singer, 2001). Theta파는 장기기억의 응고화Consolidation인 해마와 피질 간의 상호작용을 반영하며, Alpha파는 피질 간의 견제 혹은 조정Inhibition에 관여한다.

　　Alpha파, Theta파, Gamma파를 분석하여 뇌활동과 기억의 관련성을 연구할 수 있다. 또 다른 방법은 전에 설명했던 동기화방법과 유사한 방법을 적용하여 여러 파형이 함께 움직이는 것을 통해 여러 영역이 상호작용하는 것을 밝힐 수 있다는 것이다. 다른 영역은 다른 주파수의 뇌파를 발생시키는데 이들 뇌파가 서로 동기화될 수 있다. 이런 주파수 간의 동기화를 주파수 간 동기화Cross-Frequency Coupling라고 부른다. Fries 등(2013)은 학습시기에 도형을 제시하여 실험참가자가 학습하도록 하고, 검사시기에는 학습시기에 제시되었던 것과 제시되지 않았던 것을 제시하여 실험참가자가 "기억한다, remember", "안다, know", 혹은 "처음 본다, new" 반응을 하는 동안 주파수 대역을 측정 분석하였다. EEG는 ERP와 동일한 방법으로 뇌파의 변화를 측정한다. 다른 점은 EEG분석에서는 앞에서 설명했던 것처럼 특정 주파수 대역으로 뇌파를 나누어서 Alpha파, Theta파, Gamma파와 같은 것들이 어느 영역에서 어느 때에 출현하는지를 조사한다(2장 참조). 그림 4.5A에 Fries 등(2013)의 결과가 소개되어 있다. 그림에서 볼 수 있듯이 검사시기에 도형 제시 후 300 Millisecond에서 1300 Millisecond 사이의 Alpha파, Theta파, Gamma파의 움직임이 다르다. 이들은 학습시기에 제시되었던 것에 대해 옳게 "기억한다, remember" 반응할 때(옳은 기억 혹은 Subsequent memory 혹은 Subsequently remembered라고 부른다. 줄여서 SR로 표시한다)와 학습시기에 제시되었던 것에 대해 망각해서 틀리게 "처음 본다, new" 반응할 때(망각 혹은 subsequent forgetting이라고 부른다. 줄여서 SF로 표시한다)의 EEG 주파수 대

(A) 뇌활동 지형도

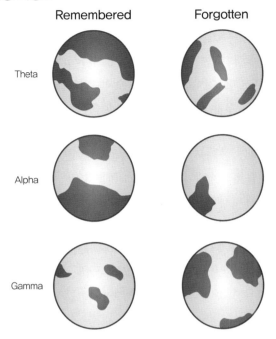

(B) 변조지수(Modulation Index)

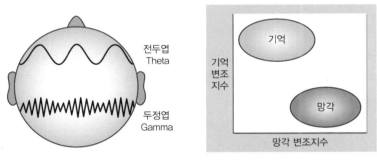

[그림 4.5] 옳게 기억해 낼 때(SR)와 망각한 때(SF)에 대한 EEG 주파수 대역(Frequency Band)의 활동.
(A) 옳게 기억해 낼 때(SR)와 망각한 때(SF)의 주파수 대역별, 즉 Alpha파, Theta파, Gamma파의 변화를 보여
주는 뇌 활동 지형도(아래에 그림에 단위를 표시함)
(B) 왼쪽 그림, 전두엽의 Theta파와 두정엽에서 발생된 Gamma파의 주파수 간 동기화(Cross-Frequency
Coupling)를 예시하고 있다. 오른쪽 그림, 전두엽의 Theta파가 두정엽의 Gamma파를 변조하는 정도[변조 지
수(Modulation Index, MI)로 측정]에서, 옳게 기억해낼 때(SR)에 대한 변조 지수가 망각한 때(SF)의 변조지수보
다 더 크다.(그래프는 옳게 기억해 낼 때(SR)에 대한 변조 지수 축(Y축)과 망각한 때(SF)의 변조 지수 축(X축)으
로 표시되어 있고, 각 점은 2종류의 변조 지수의 값으로 표현된 실험참가자 개인의 변조 지수를 나타내고 있으
며, 그래프에 그어져 있는 직선보다 위쪽은 기억해낸 것에 대한 변조 지수가 망각변조지수보다 큰 것을 의미하
고 아래쪽은 망각변조지수가 기억변조지수보다 더 큰 것을 의미한다.

역(즉, Alpha파, Theta파, Gamma파)을 비교 분석하였다. 그림 4.5A에서 볼 수 있듯이 Theta파는 오른쪽 전두엽 영역에서의 증가를 보이고, Alpha파는 뇌의 앞쪽과 뒤쪽에서의 에너지 감소를 보이며, 마지막으로 Gamma파는 두정엽과 후두엽에서 에너지의 증가를 보인다.

또한, 그림 4.5B에서 볼 수 있듯이, 옳게 기억해낼 때(SR)의 전두엽 Theta파와 두정엽과 후두엽에서 발생된 Gamma파의 주파수 간 동기화Cross-Frequency Coupling가 망각한 때(SF)의 두 주파수 대역 별 동기화보다 큰 것을 볼 수 있다. Koster, Fries, Schone, Trujillo-Barreto & Gruber(2014)는 이런 결과와 똑 같은 실험 결과를 재현하여 기억과 두 주파수 대역별 동기화의 관련성을 더욱더 공고히 하였다. Gamma파는 시각 지각과 주의에 관여한다. 이런 배경 지식을 바탕으로 두정엽과 후두엽에서 Gamma파가 증가한 이유를 생각해 보면, 옳게 기억해 낸 자극에 대한 시각정보처리때문에 후두엽 Gamma파의 증가가 있었던 것으로 추론 되고 아마도 전두엽의 Theta파는 이런 Gamma파를 조정하고 관리하는 과정에서 나타난 것이 아닌가 추론된다. 결론적으로 전두엽 Theta파와 두정엽과 후두엽에서 발생된 Gamma파의 주파수 대역 간 동기화는 이들 영역이 기억정보처리과정에서 함께 묶여서 상호작용한다는 사실을 의미하는 것이다.

Sweeney-Reed 등(2014)은 시상Thalamus이 뇌 활동 주파수를 조정하는데 중요한 역할을 담당한다는 사실을 보고하였다. 그들은 간질 환자를 치료하는 과정으로 전극을 깊게 시상에 바로 부착하여 시상의 활동을 측정하는 두개골 안쪽 EEG측정법(Intracranial EEG, iEEG; 2장 참조)과 두개골 표면에서 측정하는 통상적인 EEG측정법을 사용하여 장기기억의 정보처리과정을 조사하였다. 그들은 환자에게 학습시기와 검사시기에 장면그림들을 보여준 후에 학습시기에 보았던 것에는 "보았다, old" 반응을 하고 학습시기에 없었던 것에 대해서는 "처음이다, new" 반응을 하는 재인검사과제Recognition Test를 실시하고 재인검사동안 iEEG와 EEG를 측정하였다. 장면 그림을 정확하게 기억해낼 때, 시상과 전두엽에서는 동기화된 Theta파의 증가가 있었다. 또 다른 iEEG와 EEG를 이용한 연구가 있었는데, 이 연구에서는 시각 자극을 기억해낼 때 시상과 후두엽에서 동기화된 Gamma파의 증가와 동기화된 시상과 뇌 전영역에서의 Alpha파 감소를 보고 하였다(Slotnick, Moo, Kraut, Lesser & Hart, 2002). 이런 연구 결과를 바탕으로 Alpha파의 증가와 감소가 의미하는 것을 생각해보면, Alpha파는 뇌 영역 활동을 억제할 때 증가하며, 따라서 Alpha파 감소는 이런 억제로부터 풀려나는 과정(탈억제, Disinhibition)을 의미하는 것이다. 시각 영역 등의 감각 영역에서 기억된 정보는 억제를 받고 있다가(그래서 Alpha파는 증가) 그 정보를 이끌어 내려고 할 때에는 이런 억제로부터의 탈억제가 먼저 필요하고(그래서 Alpha파는 감소) 탈억제가 되면 감각 영역의 정보가 활성화 되어 인출되는 것이 아닌가라고 추론된다. 이런 연구들은 Theta파, Alpha파, Gamma파 등을 조정하는데 있어서 시상이 매우 중요한 역할을 담당한다는 사실을 제시하고 있다.

이제까지 논의 한 연구들은 Theta파, Alpha파, Gamma파 등이 장기기억의 약호화Encoding와 인출Retrieval과정과 매우 밀접하게 연결되어 있음을 보고하였다. 전두엽 Theta파와 두정엽과 후두엽의 Gamma파는 상호 연결되어 감각정보를 저장하거나 인출하는데 관여하는 것 같고, Alpha파는 억제 기능과 관련된 것으로 생각된다. 그렇지만 이런 주파수 대역의 변화를 통해 기억 과정을 밝힌 연구는 많지가 않아서 이 분야의 좀 더 활발한 연구가 필요하다. 지각과 주의 연구 분야에서는 주파수 대역의 변화를 이용한 연구가 활발하게 이루어지고 있다. 예를 들어 이들 분야에서는 위상 지연Phase Lag을 통해 영역 간의 상호작용을 연구한다. 위상 지연은 두 영역이 동시에 활동하거나 아니면 어느 한 영역이 먼저 활동하고 다른 것이 나중에 활동하는지를 알려준다. 예를 들어, Baldauf & Desimone(2014)는 Magnetoencephalography(MEG; 2장 참고)를 이용한 주의 연구에서 전두엽의 Gamma파와 후두엽의 시각 감각 영역에서의 Gamma파의 활동 사이에 20 Millisecond의 위상 지연이 있는 것을 보고하였다. 20 Millisecond의 위상지연은 시각 영역의 정보처리를 조정하는 전두엽에서 Top-down 시그널을 이 시간만큼 먼저 생성한다는 것을 의미한다. 기억 연구에서는 위상지연 방법이 사용되지 않았는데 이 방법은 기억 연구를 위한 매우 강력한 연구 무기가 될 수 있다. Box 4.2에서 논의하였듯이, EEG 주파수 분석법은 기억 연구에 매우 중요한 역할을 담당할 수 있다(11장 참고).

Box 4.2 주파수 분석 연구가 기억의 인지신경과학연구에서 활발하게 이루어져야 한다

기억을 연구하는 분야에서 주로 Left-parietal old-new effect처럼 주로 ERP[Event-related Potential] 요인을 찾는 연구였고, Theta파, Gamma파처럼 EEG 주파수의 변화를 이용하는 연구는 드물다. ERP[Event-related Potential] 요인을 찾는 연구가 주로 사용된 이유는 이 방법이 상대적으로 사용하기가 간단하고 대부분의 ERP 실험실에서 사용하는 주된 방법이었기 때문이다. 그렇지만 분석방법이 간단하다는 것과 대부분의 실험실에서 사용한다는 것이 과학적인 연구 방법을 제한하는 주된 원인이면 안된다. 연구자는 연구 문제를 해결하는데 더 어려운 방법이 요구된다면 그 방법을 학습하여야 한다(11장을 보라). 인지신경과학의 가장 기본적인 연구문제는 뇌의 여러 영역들이 어떤 방법으로 상호작용하여 해당되는 정보처리를 완성하는지를 밝히는 것이다. EEG 주파수를 분석하는 방법은 동일한 주파수의 뇌파를 동시에 뇌 어느 영역에서 발생시키고 있는지 혹은 여러 영역에서 동기화하는지를 분석하여 그 영역들이 상호작용하는 방법을 밝히는데 중요한 단서를 제공할 수 있다. 위상 지연[Phase Lag]은 해당되는 영역 중에 어느 것이 먼저 활동을 시작하고, 먼저 활동을 시작한 영역이 다른 영역의 활동을 어느 때에 유도하는지에 대한 정보를 제공한다. EEG 주파수를 분석하는 방법은 ERP 요인을 찾기 위해 획득한 자료를 이용해서도 가능하다. ERP[Event-related Potential] 요인을 찾는 것으로 연구를 마치고 EEG 주파수 분석을 하지 않는다면 귀중한 자료를 낭비하는 결과를 가져오는 것이다. EEG 주파수 분석을 새로 배운다는 것이 두렵기는 하지만 노력하면 그 분석 방법을 어렵지 않게 숙지할 수 있다. 기억이 뇌에서 정보처리되는 원리를 더 깊이 이해하려면 반드시 EEG 주파수 분석을 널리 이용해야 한다.

- "친숙함 인출Familiarity"과 연관된 ERP요소는 Mid-frontal old-new effect(300에서 500 Millisecond 이내에 발생)이고, "회상하기 인출Recollection"과 관련 ERP요소는 Left-parietal old-new effect(500에서 800 Millisecond 이내에 발생)이다.

- "친숙함 인출Familiarity"과 연관된 ERP요소인 Mid-frontal old-new effect는 자극 제시 후 300 Millisecond에서 500 Millisecond 이내에 발생하며, 전두엽 전극에서의 파형 에너지 크기가 가장 크다. 또한 "친숙함 인출Familiarity"로 옳은 반응Hit을 할 때의 파형 크기가 "처음 본다, new"의 옳은 반응Correct Rejection할 때 보다 더 크다.

- "회상하기 인출Recollection"과 관련 ERP요소인 Left-parietal old-new effect는 자극 제시 후 500 Millisecond에서 800 Millisecond 이내에 두정엽 전극에서 가장 크게 나타나며, "회상하기 인출Recollection"로 옳은 반응Hit을 할 때의 파형 크기가 "친숙함 인출Familiarity"로 옳은 반응Hit을 할 때와 "처음 본다, new"의 옳은 반응Correct Rejection할 때 보다 더 크다.

- Right-frontal old-new effect ERP요소는 자극 제시 후 1000 Millisecond에서 1600 Millisecond 이내에 오른쪽 전두엽에서 가장 크게 발생되는 것이며, "회상하기 인출Recollection"로 옳은 반응Hit을 할 때와 "친숙함 인출Familiarity"로 옳은 반응Hit을 할 때의 ERP 에너지 크기가 "처음 본다, new"의 옳은 반응Correct Rejection할 때 보다 더 크다.

- "친숙함 인출Familiarity"과 연관된 Mid-frontal old-new effect는 FN400 ERP 요소로도 명명되기도 한다. FN400 ERP 요소의 정체에 대한 논쟁이 있어 왔다. "친숙함 인출"을 반영한다는 입장과 "개념 반복 점화 ERPConceptual Repetition Priming"을 반영한다는 주장이 있었으나 후속 연구의 결과는 "친숙함 인출"을 반영한다는 입장을 지지한다.

- 장기기억은 Theta파(4 Hertz에서 8 Hertz) Alpha파(8 Hertz에서 12 Hertz), Gamma파(30 Hertz 이상)의 주파수 대역Frequency Band과 관련이 있다.

- Theta파(4 Hertz에서 8 Hertz)는 해마와 피질영역과의 상호작용과 관련되고, Alpha파(8 Hertz에서 12 Hertz)는 대뇌 영역들 간의 조정 작업에 관여하며, Gamma파(30 Hertz 이상)는 여러 영역에서 처리된 어떤 특성을 들을 묶고 결합하여 의미 있는 단일체를 형성하는 데 관여한다.

점검 퀴즈

- "친숙함 인출Familiarity"과 "회상하기 인출Recollection"과 관련된 ERP요소는 무엇입니까?
- FN400 ERP 요소가 "개념 반복 점화 ERPConceptual Repetition Priming"를 반영하는 것이 아니라는 실험 증거를 설명하시오.
- 장기기억과 연관된 주파수 대역Frequency Band을 논하시오.
- 어떤 주파수 대역Frequency Band이 해마와 피질영역과의 상호작용을 반영하는 것인지를 설명하시오.

더 읽을거리

- Vilbderg, K. L., Moosavi, R. F. & Rugg, M. D. (2006). The relationship between electrophysiological correlates and amount of information retrieved. *Brain Research, 1122*, 161–170.
  "친숙함 인출Familiarity"은 Mid-frontal old-new effect를, "회상하기 인출Recollection"은 Left-parietal old-new effect를 그리고 Right-frontal old-new effect은 "친숙함 인출"과 "회상해 내기 인출" 모두와 관련된 것을 설명한다

- Bridger, E. K., Bader, R., Kriukova, O., Unger, K. & Mecklinger, A. (2012). The FN400 is functionally different from N400. *Neuroimage, 63*, 1334–1342.
  "친숙함 인출Familiarity"과 "개념 반복 점화 ERPConceptual Repetition Priming"을 직접 비교한 연구로 N400은 FN400보다 더 뒤쪽 뇌 영역에서 나타난다는 것을 뇌 활동 지형도Topographical Map로 제시하여 FN400은 "친숙함 인출" 을 반영하는 것이라는 것을 제시하였다.

- Slotnick, S. (2010b). Synchronous retinotopic frontal-temporal activity during long-term memory for spatial location. *Brain Research, 1330*, 89–100.
  공간 기억의 정보처리를 위해 전두엽과 측두엽이 동기화되어 활동하는 것을 통해 두 영역 간의 상호작용을 보여 주고 있다.

- Fries, U., Koster, M., Hassler, U., Martens, U., Trujillo-Berreto, N. & Gruber, T. (2013). Successful memory encoding is associated with the increased cross-frequency coupling between frontal Theta and posterior Gamma oscillations in human scalp-recorded EEG. *Neuroimage, 66*, 642-647.

학습 후에 정확하게 기억해 내는 것은 Theta, Alpha, Gamma파와 관련이 있고, 전두엽의 Theta파와 두정엽의 Alpha파의 주파수 간 동기화Cross-Frequency Coupling와 관련이 있다는 것을 보고하였다.

5/장

장기기억 실패

5 Long-Term Memory Failure
장기기억 실패

Learning Objectives
학습목표

- 망각(Forgetting)과 관련된 뇌 영역 이해하기
- 인출−유도 망각(Retrieval−induced Forgetting)과 의도적 망각(Motivated Forgetting)을 조사할 수 있는 실험 연구법 이해하기
- 인출−유도 망각(Retrieval−induced Forgetting)과 의도적 망각(Motivated Forgetting) 동안 활성화되는 배외측 전전두엽과 해마의 상호작용 이해하기
- 진짜기억(True Memory), 관련된 정보에 대한 틀린 기억(False memory for related information), 가짜기억(False memory for unrelated information)을 비교해서 이해하기
- 섬광기억(Flashbulb Memory)

앞 장에서는 성공적인 장기기억이 작동하는 방법에 대해 논의했다. 성공적인 기억의 반대 측면은 망각인데 이들은 밀접하게 연결되어 있다. 앞으로 논의될 것이지만 망각의 원리를 이해하는 것은 또한 기억의 작동 원리에 대한 좀더 심층적인 정보를 제공한다. 기억 실패Memory Failure는 크게 망각Forgetting과 기억 왜곡Memory Distortion으로 분류할 수 있다. 우리 모두는 망각을 경험하며, 잘 깨닫지는 못하지만 기억 왜곡을 수시로 경험한다. 5.1절에서는 망각과 관련된 뇌 영역을 소개하고, 망각의 주된 원인은 약호화할 때에 주의를 기울이지 않아서 정보가 장기기억으로 적절하게 등록되지 않기 때문임을 설명할 것이다. 5.2절에서는 인출−유도 망각의 원리를 설명할 것이다. 인출− 유도 망각은, 예를 들어 "바나나"를 인출하는 것이 "바나나"와 동일한 과일 범주에 속해서 의미적으로 관련된 "오렌지"를 인출하는 것을 방해하고 그래서 망각이 가속화되는 현상을 말한다. 그 다음에는 의도적으로 망각하려고 노력할 때 활동하는 뇌 영역을 소개할 것이다. 일부러 노력하여 망각하는 현상을 의도된 망각Motivated Forgetting이라고 부른다. 이어지는 5.3과 5.4절에서는 기억 왜곡의 두 종류인 가짜기억False Memory(실제로 일어나지 않은 사건을 일어났다라고 잘못 기억하는 현상)과 섬

광기억Flashbulb Memory(매우 놀랍고 놀라운 일이 벌어진 사건을 마치 사진을 보는 것처럼 생생하게 기억하는 현상)을 다룰 것이다. 망각은 반드시 나쁜 것만은 아니고 적응적인 가치를 가진다(Schacter, 1999; Schacter, Guerin & St. Jacues, 2011). 예를 들어 우리가 경험한 것 모두를 기억한다면 우리의 마음은 멍청이가 될 것이다(한 예로 어제와 그 이전 다른 날들 주차 했던 곳을 모두 기억하고 있다면 오늘 주차 했던 곳과 예전에 주차했던 곳을 구분하는데 매우 큰 어려움을 겪게 될 것이다. 다행히도 과거 것들은 잊혀져서 오늘 일어난 일만 기억하면 되니까 얼마나 다행인가?). 망각에 대한 연구는 성공적인 기억에 관한 연구보다 드물다. 이런 이유는 부분적으로 연구자들의 호기심을 많이 끌지 못해서 일 수도 있고 연구할 수 있는 적절한 방법이 개발되지 않아서 일 수도 있다. 망각에 대한 연구들이 많지는 않지만 망각을 연구한 결과들은 기억의 원리를 이해하는 데에 중요한 역할을 해왔다.

5.1 전형적인 망각(Typical Forgetting; Subsequent Forgetting)

보통 망각은 기억해야 하는 정보에 주의를 기울이지 않아서 발생한다고 생각한다. 관심이 없는 것이라서, 스마트폰 때문일 수도 있고, 졸려서 일 수도 있고, 다른 일을 생각하고 있어서 등 수많은 이유로 주의를 기울이지 않았을 수 있다. 주의는 약호화에 필수적인 역할을 담당한다(8장 참조). 지금 학습하고 있는 내용을 후에 사용할 것이라는 것을 알고 학습할 때는 물론이고 나중에 사용할 것이라는 것을 알지 못하고 학습할 때에도 성공적인 약호화를 위해서는 주의가 필수적이다. 예를 들어 여러분이 20개의 단어를 보고 각 단어가 유쾌한 것인지 아니면 불쾌한 것인지를 평가했다고 가정해보자. 단어를 유쾌 불쾌로 분류하도록 하는 것은 제법 생각을 많이 해서, 즉 주의를 기울여서 단어를 약호화하도록 유도하기 위해서이다. 여러분은 두 조건 중에 한 조건에서 학습한다. 한 조건에서는 학습 후에 평가한 단어들에 대한 기억 검사가 있을 것이라는 것을 아는 경우고 다른 경우에는 나중에 기억 검사를 있을지 알지 못하고 유쾌 불쾌 과제를 수행한 조건이다. 기억 검사 결과를 살펴보면, 여러분이 학습 후에 기억 검사가 있을 것이라는 것을 아는 경우나 알지 못했던 경우나 차이가 없다. 즉, 학습할 때 주의를 기울였는지가 중요하고 학습 후에 기억 검사가 있을 것인지에 대해 알고 의도적으로 학습하는 것은 기억 약호화에 별 영향을 주지 않는다.

3장에서 논의하였듯이, 성공적인 기억과 관련된 뇌 영역을 조사하기 위해 옳게 기억해냄 분석법Subsequently Memory Analysis을 사용한다. 학습한 항목을 검사시기에 학습한 것으로 옳게 반응한 것과 학습하지 않은 것으로 잘못 반응한 것을 비교 분석하는 방법Subsequent Memory Analysis이다. 옳게 기억해낸 것Subsequently Remembered Item의 fMRI 영상에서 망각된 것Subsequently Forgotten Item의 fMRI 영상을 제거하면 성공적인 기억과 연관된 뇌 영역을 찾아낼 수 있다. 이런 비교를 이용한 여러 연구 결과들은 성공적인 기억과 관련된 영역으로 배외측 전전두엽, 내측 측두엽, 두정엽 등을 지적하였다. Otten & Rugg(2001)은 위와 같은 표준적인 옳게 기억해냄 분석법Subsequently Memory Analysis을 거꾸로 적용하였다. 즉, 망각된 것Subsequently Forgotten Item의 fMRI 영상에서 옳게 기억해 낸 것Subsequently Remembered Item의 fMRI 영상을 제거하였다. 이런 방법을 사용하면 전형적인 망각Typical Forgetting or Subsequent Forgetting과 연관된 뇌 영역을 찾아 낼 수 있다. Otten & Rugg(2001)은 전형적인 망각을 조사하려고 표준적인 옳게 기억해 냄 분석법Subsequently Memory Analysis을 의도적으로 거꾸로 적용하였을 수도 있고, 우연히 실수로 이런 방법을 사용했을 수도 있지만, 결과적으로는 망각과 관련된 연구에 새로운 장을 여는 중요한 방법을 제안하게 되었다. Box 5.1에서는 중요한 과학 연구 발견이 때로는 의도된 것이 아니라 우연적인 것도 흔하다는 것을 지적한다.

　　Rugg과 그의 동료들은 2편의 연구를 통해 전형적인 망각과 관련된 뇌 영역을 보고하였다. 전형적인 망각과 관련된 영역은 배외측 전전두엽, 아래쪽 두정엽Inferior Parietal Lobe, 안쪽 두정엽Medial Parietal Lobe 등이었다. 이 연구 결과를 기반으로 Wagner & Davachi(2001)가 후속 연구를 진행하였다. 연구결과, Rugg과 그의 동료들이 보고한 영역 외에도 내측 전전두엽에서의 활동이 추가적으로 발견되었다. 이와 유사한 결과들이 여러 연구에서 반복적으로 보고되었다(예를 들면, Daselaar, Prince & Cabeza, 2004; Shrager, Kirwan & Squire, 2008). Kim(2011)이 17편의 연구 결과를 모아서 메타분석을 시도하였다. 메타분석 결과, 배외측 전전두엽, 내측 전전두엽, 아래쪽 두정엽 Inferior Parietal Lobe, 안쪽 두정엽이 전형적인 망각과 관련이 있었다.

　　배외측 전전두엽과 두정엽이 전형적인 망각과 관련이 된다는 것은 매우 놀라운 사실이다. 왜냐하면 이들 영역은 옳게 기억해냄과 매우 밀접하게 연관된 곳들이기 때문이다(3장 참고). 그렇지만 실제로는 전형적인 망각과 옳게 기억해냄과 연관된 이들 영역의 세부에서는 차이가 있다(Kim, 2011). 논리적으로 생각해봐도 같을 수가 없다. 전형적인 망각 영역은 망각 영역 fMRI 영상에서 기억 영역 fMRI 영상을 제거한 것이고, 옳게 기억해냄은 그 반대로 중복되는 영역을 제거한 것이기 때문에 전형적인 망각 영역과 옳게 기억해냄 영역이 같을 수가 없다. 다만 망각과 기억이 유사한 영역에서 일어난다는 것을 의미할 뿐이다.

Box 5.1 과학자들은 우연적인 연구결과에도 주의를 기울여야 한다

Otten & Rugg(2001)은 전형적인 망각Typical Forgetting or Subsequent Forgetting에서 옳게 기억해냄Subsequent Remembering에 해당되는 영역을 제거하는 방법으로 전형적인 망각과 관련된 뇌 영역을 조사하였다. 이런 비교 방법은 다른 연구자들이 늘 사용해오던 비교와는 반대가 되는 방법이다. Otten & Rugg(2001)이 처음에는 어리둥절하였을 수도 있었겠다. 그렇지만 결론적으로 전형적 망각에 대한 연구가 시작되는 전기를 마련하는 중요한 연구가 되었다. 연구자들은 늘 눈을 크게 뜨고 특이한 것이 없는지를 살펴야 한다. Otten & Rugg(2001)처럼 통상적으로 행하지 않는 방법으로 기대하지 않았던 결과를 얻는 경우가 종종 있는데, 이런 연구가 매우 중요한 연구가 되는 경우가 흔하기 때문이다.

그림 5.1에서 볼 수 있듯이, 전형적인 망각과 관련된 뇌 영역들은 디폴트 모드 네트워크Default Mode Network로 알려진 영역들과 유사하다(그림 5.1A와 그림 5.1B를 비교해 보면 전형적 망각 영역과 디폴트 모드 네트워크 영역이 거의 동일하다는 것을 알 수 있다). 디폴트 모드 네트워크는 어딘가에 주의를 기울이지 않고 넋 놓고 있을 때 작동하는 뇌 영역들로 구성되어 있다. 주의를 기울이지 않고 넋 놓고 있을 때의 예로는 눈을 감고 가만히 누워 있거나 컴퓨터 화면에 제시된 응시점을 아무런 생각없이 멍하니 쳐다 보고 있거나 혹은 실험 중간에 가만히 앉아서 다음 시행을 기다리고 있을 때와 같은 경우이다. 또한 디폴트 모드 네트워크는 백일몽을 꿀 때, 마음이 심란하고 갈피를 잡지 못하고 있을 때, 주의를 잠시 놓쳤을 때, 개인의 과거를 회상할 때, 미래에 대해 생각할 때 등과 같은 다른 여러 인지 상태와도 관련이 있다(Buckner, Andrews-Hanna & Schacter, 2008). 망각관련 영역과 디폴트 모드 네트워크 영역이 유사하다는 사실은 무언가 중요한 함의점을 가지고 있는데, 즉 이들 영역은 모두 주의를 기울이지 않고 있을 때 활동하는 영역이라는 것이다. 또 다른 함의점도 있는데, 망각이 미래 일을 생각하는 것이나 과거 일을 회상하는 일과 같은 디폴트 모드 네트워크가 작동할 때의 인지 상태 때문에 망각이 일어날 수도 있다는 것이다. 학습했던 내용을 기억해내지 못할 때 또한 디폴트 모드 네트워크가 활동한다. 이런 결과들은 결국은 망각의 주

원인이 주의 결핍 때문이라는 것이다. 따라서 망각을 최소화하려면 지금 학습하고 있는 작업에 최대한의 주의를 기울이고 다른 종류의 방해 자극은 무시해야 한다. 예를 들어 수업시간에 강의를 들으면서 카톡을 한다든지 아니면 존다든지 등은 학습 내용을 약호화하는 데 큰 장애물이 될 수 있다.

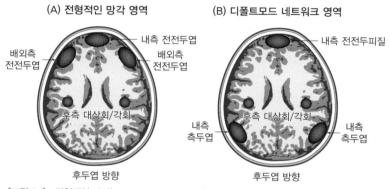

[그림 5.1] 전형적인 망각(Subsequent Forgetting)과 디폴트 모드 네트워크 영역의 활성화 비교.

5.2 인출–유도 망각(Retrieval-induced Forgetting)

5.1절에서 기술하였듯이 망각은 약호화하는 동안 몰두하지 않는 데서 비롯된다. 이런 경우 몰두하지 않는 이유는 어떤 방해 요인 때문이 아니고 스스로 집중하지 않아서이다. 반면에 인출–유도 망각은 적극적인 방해로 망각을 유도하는 것이다. 즉, 의미 차원에서 관련된 어떤 항목을 기억해 내게 해서 관련된 다른 내용을 기억해내지 못하도록 유도하여 발생된 망각이다. 예를 들어 "바나나"를 기억해 내게 하면 의미적으로 관련된 "오렌지"를 기억하는 데서 망각이 일어 나는 경우이다. 이런 방해가 일어나는 이유는 지금 인출해야 하는 항목이 "바나나"인데 기억 속에서 의미적으로 유사한 "오렌지"가 함께 떠오르는 것을 방지하려고 그래서 잘못 말하지 않으려고 "오렌지"의 활성화를 억제하기 때문이다. 잘못해서 "바나나" 대신에 "오렌지"를 말하는 실수를 예방하려는 노력의 일환으로 이런 방해 효과가 나타나는 것이다.

(A) 학습시기	인출연습시기	화상검사시기

"과일"같은 범주이름 "사과"같은 범주 구성원 이름

↓

과일 키위

↓

스포츠 하키

↓

과일 망고

↓

학습시행 수 만큼 계속

과일 키 –

↓

과일 망 –

↓

학습시행 수 만큼 계속

과일 키 –

↓

과일 망 –

↓

스포츠 하 –

↓

과일 사 –

↓

화상검사 수 만큼 계속

(B) 행동실험 결과

P– 인출억제조건
C– 통제 조건

	P–	C–
인출 %	50%	60%

P+ 인출훈련조건
C+ 통제 조건

	P+	C+
인출 %	70%	50%

(C) fMRI 결과

[그림 5.2] 인출–유도 망각 실험 패러다임, 행동 결과, 그리고 fMRI 결과.
(A) 학습시기, 중간 인출 연습 시기, 마지막 인출 검사시기를 보여 주고 있다. 인출 연습을 실행한 조건은 P+로 표시되어 있고 인출 억제 조건은 P–로 표시되어 있으며 기저선 조건은 C–와 C+로 표시되어 있다.
(B) 행동 실험 결과. 왼쪽 표는 인출–유도 망각을 보여 주고 있다. 인출 억제 조건, P–에서의 기억율이 기저선 조건, C–에서의 기억율보다 저조하다. 오른쪽 표는 인출 훈련 효과를 보여 주고 있다. 인출 훈련 조건, P+에서의 기억율이 기저선 조건, C+에서의 기억율보다 매우 높다.
(C) 왼쪽 그림은 인출–유도 망각 관련 fMRI 영상을 제시하고 있으며, 오른쪽 그림은 인출–유도 망각 정도와 배외측 전전두엽의 활성화가 정비례하고 있음을 나타내고 있다.

인출–유도 망각을 연구하는 실험 패러다임은 다소 복잡하다. 실험 패러다임은 초기 학습시기, 중간 인출 연습 시기, 그리고 마지막 기억 인출 검사시기로 구성된다. 그림 5.2A를 이용해서 예를 들어 설명해 보자(Wimber, et al., 2008). 학습시기에 "과일"과 같은 범주 이름과 "사과"같은 과일 범주의 예에 해당되는 단어와 함께 쌍으로 제시된다. 학습시기 예시에서는 7개의 범주 단어와 구성원 단어 쌍이 제시되어 있다. 두 번째 단계인 중간 인출 연습 시기에는 범주 이름 단어와 구성원 단어의 첫 두 글자를 제시하고 실험참가자로 하여금 첫 글자로 시작하는 단어를 속으로 완성하라고 지시한다. 예시된 중간 인출 연습 시기를 보면서 설명해 보면, 범주 단어 "과일"이 제시되었고 첫 글자 "망-"이 함께 제시되었다. 이때 실험참가자는 속으로 "망고"를 완성해야 한다. 두 번째 시행에서는 범주 단어 "과일"이 제시되었고 첫 글자 "키-"가 함께 제시되었고 그러면 실험참가자는 속으로 "키위"를 완성해야 한다. 범주 단어 "과일"과 "망고" 그리고 "키위"를 인출 연습하였기 때문에 이 경우에 범주 "과일"에 속하지만 인출 연습을 하지 않은 "사과"는 "망고" 그리고 "키위"에 의해 억제될 것이고 그래서 마지막 단계인 기억 인출 검사시기에 낮은 기억율을 보일 것이다. 마지막 단계인 기억 인출 검사시기에는 학습시기에 제시되었던 범주 단어와 구성원 단어 단서 첫 글자를 제시하고 그 글자로 시작하는 단어를 완성하도록 한다. 즉, 범주 단어 "과일"과 "키-"쌍이 제시되면 실험참가자는 "키위"를 완성해서 보고해야 한다. 이들 쌍 중에 범주 단어 "스포츠"와 "하-"쌍이 통제 조건 혹은 기저선 조건Baseline Condition으로 사용된다. 왜냐하면 "스포츠"와 "하키"쌍은 학습시기에는 제시되었지만 중간 인출 연습 시기에 "스포츠" 범주와 관련된 단어를 대상으로 인출 연습을 하지 않았기 때문에 "하키"를 기억해내는 것은 다른 관련 단어에 의해 억제 받았을 이유가 없기 때문이다. 따라서 이 연구에서 핵심이 되는 비교는 "과일" 범주의 "사과"(P-로 표시되어 있다) 조건과 기저선 조건에 해당되는 "하키"(C로 표시되어 있다)조건 간의 비교이다. 5.2 B의 왼쪽 그래프를 보면 인출-유도 망각 효과를 살펴볼 수 있다. P-로 표시된 조건은 "사과"에 해당되는 조건으로, 중간 인출 연습 시기에 인출 연습을 했던 단어와 동일한 과일 범주에 속하지만 인출 연습은 하지 않은 그래서 억제될 것으로 예측되는 조건이다. C-로 표시된 조건이 기저선 조건인 "하키"에 해당되는 조건이다. 그래프에서 확연하게 볼 수 있듯이 "사과"에 해당되는 조건에서의 기억율이 기저선 조건인 "하키"에 해당되는 조건보다 낮다. 5.2B의 오른쪽 표는 중간 인출 훈련 시기에 연습했던 조건(P+로 표시되어 있다)과 기저선 조건(C+로 표시되어 있다)과의 차이를 보여 주는 표로, 역시 인출 훈련을 했던 조건에서의 기억율이 월등히 높은 것을 볼 수 있다. 그림 5.2C의 왼쪽 그림은 인출-유도 망각 조건인 "사과"(P- 조건)과 인출 훈련을 했던 "키위"(P+ 조건)와의 차이 fMRI 영상이다.

두 조건 간의 차이는 배외측 전전두엽, 브로드만 영역 47(1장 참고)에서의 차이로 나타나고 있다. 그림 5.2C 오른쪽 그래프는 배외측 전전두엽, 브로드만 영역 47에서의 활성화가 클수록 인출-유도 망각이 심하다는 것을 보여 주고 있다. 이런 결과는 인출에 따른 억제 활동을 배외측 전전두엽이 담당한다는 것을 의미한다. Penolazzi, Stramaccia, Brago, Mondini & Galfano(2014)는 경두개 직류 자극Transcranial Direct Current Stimulation, tDCS을 이용하여 인출-유도 망각을 연구하였다. 만일 배외측 전전두엽이 인출 억제를 담당한다면, 중간 인출 연습 시기에 tDCS로 배외측 전전두엽의 활동을 교란시키면 정상적인 인출-유도 망각 현상이 사라져야 한다. Penolazzi, Stramaccia, Brago, Mondini & Galfano(2014)는 예측과 딱 들어 맞는 결과를 얻었다. 즉, 중간 인출 연습 시기에 tDCS로 배외측 전전두엽의 활동을 교란시켰더니 인출-유도 망각이 사라졌다.

또다른 fMRI연구는 실험 자극으로 사물을 사용하였다. Wimber와 그의 동료들의 연구(2015)에서는 인출-유도 망각과 관련된 뇌 영역을 찾기 위해 마릴린 먼로 혹은 모자와 같은 사진을 자극으로 사용하여 fMRI연구를 진행하였다. 연구결과, 위의 연구에서처럼 배외측 전전두엽이 인출-유도 망각과 관련이 있었다. 이전 연구에 비해서 더 발견한 것은 인출-유도 망각이 해마와 시각 감각 영역에서의 활동 감소가 있었다는 것이다. 성공적인 기억을 위해서는 보통 해마와 감각 영역의 활동이 증가한다(1장과 3장 참고). 인출-유도 망각과 관련하여 이들 관련된 영역 간의 상호작용을 추측해보면, 배외측 전전두엽이 해마와 감각 영역의 활동을 억제하고 이런 억제로 인해 망각이 가속화된 것으로 생각해 볼 수 있다. 성공적인 기억을 위해서는 배외측 전전두엽이 해마와 감각 영역의 활동을 증가시키고, 반면에 인출-유도 망각은 배외측 전전두엽이 해마와 감각 영역의 활동을 감소시키는 방법으로 기억을 조절하는 것이다. 인출-유도 망각이 감각 영역의 활동 감소 때문에 나타난다는 결과는 Waldhauser 등(2012)이 발표한 EEG 연구에서도 지지된다. Waldhauser 등(2012)의 연구에서 정보처리를 억제하는 것으로 알려진 알파파가 시각 감각 영역에서 강하게 나타난다는 것을 보고 하였다.

그림 5.3에 또 다른 인출-유도 망각 EEG 연구가 소개되어 있다. Staudigl 등(2010)은 그림 5.2A에서 사용했던 실험 방법을 그대로 적용하여 인출-유도 망각 EEG 패턴을 연구 하였다. 그림 5.2A에서와의 유일한 차이점은 중간 인출 연습 시기에 각각 다른 2가지 조건을 사용한 부분이다. 중간 시기에 한 조건에서는 학습시

기에 제시되었던 단어 중에 일부에 대해서 단어완성과제(인출 훈련 과제)를 통해 인출 훈련을 하는 것이었고 다른 조건에서는 재학습을 하는 조건이었다. 위에서 설명한 것처럼 단어완성과제는 인출—유도 망각을 불러 일으키는 조건이다. 단어 완성을 통해 인출을 반복적으로 훈련한 단어에 대해서는 기억이 좋겠지만 이 단어들과 의미적으로 관련되지만 인출 훈련을 받지 못한 단어들은 인출이 억제되어 기억율이 저조할 것이다. 연구 결과, 그림 5.3에서 볼 수 있듯이 인출 유도 조건Selective Retrieval(SR) Condition에서의 Theta파 활동의 차이가 재학습 조건Re-exposure(RE) Condition에서 월등히 크다. 이런 Theta파 활동의 차이는 외측 전두엽 영역 전체에 걸쳐서 나타난다. 외측 전두엽 영역 전체에 걸쳐서 Theta파 활동이 활발하게 나타나는 결과는 Waldhauser 등(2012)에서도 보고되었다. 이런 결과는 외측 전두엽 영역 전체에 걸쳐서 나타나는 Theta파 활동과 인출—유도 망각이 깊이 관련되어 있음을 시사한다. 4장에서 논의했던 것처럼 Theta파는 전두엽과 해마와의 상호작용 중에 나타난다. 위에서 논의했던 Wimber 등(2015)이 보고한 전전두엽과 해마와의 상호작용에 대한 fMRI연구를 지지하는 결과이다.

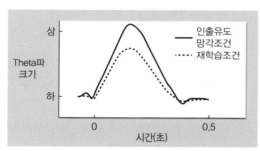

[그림 5.3] 인출—유도 망각과 EEG 활동 패턴.
왼쪽 그림은 인출 유도 조건(Selective Retrieval(SR) Condition)과 재학습 조건(Re-exposure(RE) Condition) 간의 Theta파 활동의 차이를 보이고 있다. 자극 제시 직후부터 0.5초내에서 측정된 Theta파이다. 인출 유도 조건에서의 Theta파의 크기가 재학습 조건에서 보다 더 크다. 오른쪽 사진은 인출 유도 조건과 재학습 조건 간의 Theta파 활동이 나타나는 뇌 영역의 차이를 나타내고 있다. 위에서 내려다 본 모양의 사진이다.

5.3 의도된 망각(Motivated Forgetting)

의도된 망각도 인출—유도 망각처럼 적극적으로 정보의 인출을 억제하려는 시도이다. 의도된 망각이 인출—유도 망각과 다른 점은 인출—유도 망각에서는 인출 훈련을 받지 못한 기억 항목들이 인출 훈련한 것들에 의해 자동적으로 억제되는 현상인데 반해서 의도된 망각은 의도적으로 그리고 의식적으로 망각을 유도하려는 시도라는 측면이다. 기억하기 싫은 어떤 사건들을 망각하는 것이 때로는 도움이 된다. 의도된 망각에서 사용하는 실험 패러다임도 인출—유도 망각에서처럼, 학습시기, 중간 생각/생각—안하기 시기, 그리고 마지막 검사시기로 구성된다. 중간 생각/생각—안하기 시기에서는 어떤 기억 항목을 반복하거나 생각하지 않도록 유도한다.

Anderson 등(2004)이 처음으로 의도된 망각과 관련된 뇌 영역 연구를 보고하였다. 학습시기에는 "ordeal-roach", "steam-train", "jaw-gum"같은 단어 쌍이 제시되었다. 중간 생각—하기/생각—안하기 시기에는 단어 쌍의 앞 단어를 붉은 색 혹은 녹색으로 제시하고, 붉은 색일 때에는 짝지어졌던 단어를 생각하지 않도록(생각—안하기 조건) 그리고 녹색일 때에는 짝지어졌던 단어를 리허설하도록(생각—하기 조건) 하였다. 학습시기에 제시되었던 단어 쌍 중에서 중간 생각/생각—안하기 시기에 제시되지 않은 것들을 기저선 조건으로 사용하였다. 마지막 검사시기에는 학습시기에 제시되었던 모든 단어 쌍들의 앞 단어를 제시하고 그 단어와 함께 제시된 단어를 인출하도록 하였다. 중간 생각/생각—안하기 시기에 붉은 색으로 앞 단어를 제시한 즉 생각—안하기 조건에서의 기억율은 기저선 조건에 비해 낮았다. 이런 결과는 의도적으로 망각하려고 노력하면 망각이 일어난다는 것을 의미한다. 또한 녹색으로 제시한 생각—하기 조건에서의 기억율은 기저선 조건에서보다 높았다. 이 결과는 너무나도 당연한데, 왜냐하면 추가적인 인출 훈련을 수행했기 때문이다. 의도된 망각과 관련된 뇌 영역을 구분해내려고, 중간 생각—하기/생각—안하기 시기에 붉은 색으로 앞 단어를 제시했던 "생각—안하기"조건의 fMRI 영상에서 녹색으로 앞 단어를 제시했던 "생각—하기" 조건의 fMRI 영상을 제거하였다. 즉, 생각—안하기 조건과 생각—하기 조건을 직접 비교하였다. 연구 결과, 배외측 전전두엽의 활성화가 발견되었고, 해마에서는 오히려 활동의 감소가 발견되었다. 더욱더 흥미로운 것은 실험참가자의 의도된 망각 정도와 배외측 전전두엽의 활성화 정도를 함수로 표현했을 때, 그림 5.2C의 오른쪽 사진과 유사하게 의도된 망각률이 클수록 배외측 전전두엽의 활동 또한 거의 직선적으로 증가하였다. Gagnepain 등(2014)은 위의 연구를 일부 수정하여 재연하였다. 단어 쌍 대신에 단어와 사물 사진의 쌍을 이용하였다. 실험 절차는 학습시기, 중간 생각-하기/생각-안하기 시기, 마지막 검사시기 등으로 구성되었다. 연구 결과, 앞의 연구에서처럼, "생각-하기" 조건과 비교했을 때, "생각-안하기" 조건과 관련된 뇌 활동은 배외측 전전두엽의 증가된 활성화 그리고 해마와 시각 감각 영역에서의 감소된 활성화로 나타났다. 앞의 연구와 차이가 있는 것은 추가적으로 감각 영역에서의 활동 감소가 발견되었다는 것이다.

의도된 망각이 일어나는 이유는 "생각-안하기" 항목을 떠오르지 않도록 억제하기 때문이다. 이런 의견에 대한 반론은 의도된 망각이 일어나는 이유는 "생각-안하기" 항목을 떠오르지 않도록 억제하기 때문이 아니고 관련 없는 다른 내용을 떠올리기 때문에 나타나는 방해 때문이라는 것이다. 그러나 이 설명은 타당성이 없다. 왜냐하면 다른 관련 없는 떠올리는 정보처리를 수행했다면 반드시 해마의 활동 증가가 있어야 하기 때문이다. 그러나 실제 연구 결과에서는 오히려 해마의 활동이 감소하였다(Benoit & Anderson, 2012; Depue, 2012).

Anderson & Hanslmayr(2014)는 의도된 망각 관련 연구들을 리뷰하였다. 여러 연구 결과를 살펴보면, 의도된 망각은 증가된 배외측 전전두엽의 활동이 나타나고 또한 감소된 해마 활동이 동반된다는 것이다. 사진같은 시각 자극을 사용하면 이들 영역 외에도 시각 감각 영역의 활동 감소가 나타난다(Anderson 등., 2004; Gagnepain 등., 2014). 배외측 전전두엽의 활동 증가, 해마와 관련된 감각 영역 활동 감소의 현상은 정확히 5.2절에서 논의했던 인출-유도 망각과 일치한다. 즉, 무언가를 적극적으로 망각하려고 노력하는 경우에 배외측 전전두엽의 활동 증가, 그리고 해마와 관련된 감각 영역 활동 감소가 나타난다는 것이다. 배외측 전전두엽은 하향식처리Top-down Processing을 처리하는 곳으로 억제시키는 일 혹은 기억을 조절하는 역할을 담당하며, 배외측 전전두엽의 억제 명령은 해마와 그리고 관련된 감각 영역으로 전해져서 억제 활동이 나타나게 되고 이 결과로 망각이 나타나는 것이다.

5.4 가짜기억(False Memory)

가짜기억False Memory은 실제로 일어나지 않은 일을 기억하는 현상이다. 가짜기억은 과거에 발생했던 사건의 요지에 근거해서 만들어지는 식으로 생겨난다. 가짜기억을 연구하는 방법으로 Deese-Roediger-McDermottDRM 패러다임을 흔히 사용한다(Deese, 1959; Roediger & McDermott, 1995). Deese-Roediger-McDermott^{DRM} 패러다임은 보통 기억 실험처럼 학습시기와 검사시기로 구성된다. 특이한 점은 학습시기에 의미적으로 혹은 함께 자주 나타나는 단어들이 제시된다. 검사시기에는 학습시기에 제시되었던 것, 학습시기에 제시되었던 것과 어떤 연관은 있지만 제시되지 않았던 것, 그리고 마지막으로 아무런 연관이 없고 처음 제시되는 것 등 3종류로 구성된다. 예를 들어 학습시기에 "web", "insect", "bug", "fly" 등을 제시한다. 검사시기에 "spider"가 제시되면, 실험참가자는 이 단어를 학습시기에 보았다고 잘못된 가짜기억의 반응을 보일 가능성이 높다. "spider"가 학습시기에 제시되었던 곤충 관련 단어들과 의미적으로 유사하기 때문에 이런 가짜기억의 실수가 나타난다. 이런 가짜기억은 재인^{Recognition}에서만 나타나는 것이 아니라 상당히 자세한 내용까지 기억해내야 하는 기억해냄^{Remembering}에서도 나타난다(Roediger & McDermott, 1995). 위의 예에서, 학습시기에 주로 곤충과 관련된 사항이 제시되면 실험참가자는 이런 곤충이라는 일반적인 요지(Gist)를 형성하게 되고 이에 근거해서 "spider"가 곤충 요지에 맞기 때문에 있었다라고 잘못 추론해서 가짜기억을 보고한다는 것이다. 여러 예를 보고 그런 예들의 일반적인 요지를 기억하는 것이 인간 기억의 특징이다(Schacter 등, 2011). 일반적인 요지를 기억하는 것이 중요한데, 왜냐하면 우리가 모든 상세한 내용을 기억한다면 우리의 정신은 쓸데 없는 쓰레기에 묻힐 것이기 때문이다. 예를 들어 친구를 만난다고 할 때, 그 친구와 만났던 내용들 모두를 상세하게 떠올리는 것보다는 그 친구에 대해 전반적으로 가지고 있는 느낌만을 떠올리는 것이 그 친구와 만나서 친교하는데 더 도움이 될 것이다. 아래에서 이야기할 것이지만, 진짜기억^{True} ^{Memory}과 가짜기억^{False Memory}에 관련된 뇌 영역이 거의 동일하다. 이런 이유로 우리는 지금 떠오르는 기억이 진짜기억인지 아니면 가짜기억인지를 구분하는데 큰 어려움을 겪는다.

　　Slotnick & Schacter(2004)는 의미가 없는 추상적인 도형을 이용해서 그리고 DRM 패러다임을 이용해서 fMRI실험을 진행하였다. 학습시기에 모양이 유사한 여러 개의 추상적인 도형을 학습하였다. 검사시기에는 학습시기에 제시 되었던 것, 학습시기에 제시 되었던 것과 관련된 처음 보는 것, 그리고 마지막으로 아무런 관련이 없는 처음 보는 것 등이 제시되었다. 진짜기억과 관련된 뇌 영역을 찾기 위해 학습시기에 있었던 자극에 대해 옳게 반응^{old-hit}할 때의 fMRI 영상과 아무런 관련이 없는 처음 보는 것에 대해 옳게 학습시기에 없었다고 반응할 때^{Correct Rejection}의 fMRI 영상을 비교하였다. 또한 가짜기억과 관련된 뇌 영역을 찾기 위해서, 학습시기에 없었던 관련된 새로운 자극에 대해 틀리게 "yes"반응related false alarm할 때의 fMRI 영상과 아무런 관련이 없는 처음 보는 것에 대해 옳게 학습시기에 없었다고 반응할 때Correct Rejection의 fMRI 영상을 비교하였다. 그림 5.4A는 진짜기억과 가짜기억 모두에서의 배외측 전전두엽과 두정엽의 활동을 보여 주고 있고(사진에는 안 보이지만 해마의 활성화도 있었다), 오른쪽 사진은 진짜기억과 가짜기억 모두에서 시각 영역이 활성화되는 것을 보여 주고 있다. 활성화된 시각 영역은 물체인식과정의 후반기 과정을 담당하는 뇌 영역이다. 잠시 후에 살펴보겠지만, 시각정보처리의 초기 단계를 담당하는 영역의 활성화는 진짜기억에서만 나타난다. 요약해 보면, 진짜기억과 가짜기억은 모두 장기기억과 관련된 배외측 전전두엽, 두정엽, 해마 그리고 감각 영역의 활성화를 동반한다(1장과 3장 참고). 이처럼 진짜기억과 가짜기억의 뇌 활동이 매우 유사하기 때문에 실험참가자는 학습시기에 있었던 자극에 대해 옳게 "yes" 반응old-hit할 때와 학습시기에 없었던 관련된 새로운 자극에 대해 틀리게 "yes"반응related false alarm할 때를 구분하지 못하는 것이다.

진짜기억과 가짜기억의 뇌 영역이 거의 유사하지만 차이가 나는 부분도 있다. 그림 5.4B에서 볼 수 있듯이 진짜기억과 가짜기억은 시각정보처리의 초기과정을 담당하는 영역(V1) 활동에서 차이가 있다. 진짜기억의 경우에 이 영역에서의 활성화가 있다. 단어 자극을 사용한 후속 연구에서도 동일한 결과를 보고하였다(Kim & Cabeza, 2007). 진짜기억과 가짜기억이 시각정보처리의 초기과정을 담당하는 영역(V1) 활동에서 차이가 있음에도 불구하고 왜 실험참가자는 진짜기억과 가짜기억을 구분하지 못하는 것일까? Slotnick & Schacter(2004)는 시각정보처리의 초기 과정이 거의 무의식 수준에서 일어나기 때문에 이 정보를 두 기억을 구분하는데 사용하지 못하는 것이 아닌가 추측하였다. 이러한 추측이 사실인지를 조사하기 위해 Slotnick & Schacter(2006)는 동일한 실험패러다임을 사용해서 반복점화효과Repetition Priming를 조사하였다. 반복점화는 무의식 수준의 암묵기억을 반영하는 것이다(1장과 7장 참고). 실험 결과, 진짜기억은 초기 시각 정보처리 영역인 V1에서 반복점화를 보였고, 가짜기억은 반복점화를 보이지 않았다. 즉, 진짜기억에 의한 초기 시각 정보처리 영역, V1의 활동은 무의식 수준의 활동이고, 그래서 진짜기억을 가짜기억에서 구분해 내는데 이 영역의 활동 정보를 사용하지 못하는 것이다. Karanian & Slotnick(2016)은 초기 시각정보처리가 의식 선상에 떠오를 수밖에 없는 실험 과제를 사용하였다. 실험결과, 진짜기억의 경우에 이 영역의 활동이 가짜기억의 경우에서 보다 더 컸다. 이 연구에서 주목할 점은 과제를 바꾸면 가짜기억도 초기 시각정보처리 영역의 활성화를 동반할 수 있다는 것이다. 한 가지 고려해볼 문제는 이런 방법으로 법정에서의 증언이 진짜기억에 의한 것인지 아니면 가짜기억에 의한 것인지를 구분할 수 있을까에 관한 것이다(Schacter & Loftus, 2013). 조금 더 연구가 필요한 부분인 것 같다.

(A) 진짜기억과 가짜기억의 공통된 영역

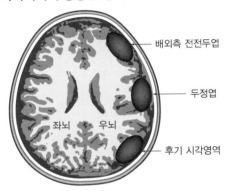

(B) 진짜기억과 가짜기억의 차이 영역

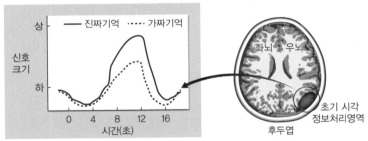

[그림 5.4] 진짜기억과 가짜기억 관련 뇌 영역.
(A) 진짜기억과 가짜기억의 공통된 뇌 영역.
(B) 진짜기억과 가짜기억의 차이 영역.

fMRI 연구 결과는 진짜기억과 가짜기억이 유사한 영역의 활성화를, 즉 배외측 전전두엽, 두정엽, 해마, 그리고 감각 영역 등의 활성화를 동반하는 것을 나타내고 있다. 그렇지만 뇌손상 환자 연구에 따르면 배외측 전전두엽과 해마는 진짜기억과 가짜기억에서 다른 방법으로 활동한다(Schacter & Slotnick, 2004). 해마를 포함한 인근 영역에 손상을 입은 기억 상실증 환자는 진짜기억과 가짜기억 모두에서 저조한 수행을 보였다. 3장에서 논의하였듯이 해마는 기억 내용 정보와 문맥 정보를 엮어서 하나의 온전한 기억을 생성하는데 관여한다. 진짜기억에서는 해마가 자극이 어떻게 보였는지, 자극의 의미는 무엇인지, 그리고 컴퓨터 스크린 어디에 제시되었는지 등의 상세한 정보들을 묶는데 관여한다. 반면에 가짜기억에서는 해마가 불특정적인 일반적인 요지와 관련된 정보들을 묶는다. 예를 들어 요지와 어울리는 정보가 어떻게 제시되었는지, 관련된 정보들의 요지는 무엇이었는지, 그리고 관련된 정보는 컴퓨터 스크린 어디에 제시되었는지 등에 대한 정보들을 묶는다. Box 5.2에서는 성공적인 기억과 기억 실패와 연관된 뇌 영역의 유사한 활동이 기억의 작동 원리에 대해 어떤 종류의 함의점을 시사할 수 있는지를 논의한다. 해마 손상과는 다르게 배외측 전전두엽 손상은 가짜기억에 더 큰 영향을 준다. 이런 결과는 배외측 전전두엽은 가짜기억에 더 중요한 역할을 담당하며, 이런 생각은 가짜기억의 경우에 더 큰 활성화를 보여 주는 fMRI 결과로도 지지를 받는다(Slotnick & Schacter, 2007).

> **Box 5.2 기억 실패 현상은 흥미롭고 성공적인 기억이 일어나는 원리에 대한 통찰을 제공한다**
>
> 기억 연구자들은 주로 성공적인 기억을 연구한다. 그런데 왜 기억 실패에도 관심이 있을까? 첫째 이유는 기억 실패 자체가 흥미로운 현상이라서 그렇다. 마치 시각 현상으로 착시가 신기하듯이 없던 내용을 기억한다는 사실이 매우 흥미롭기 때문이다. 또한 기억 실패를 알면 잘못된 기억을 방지하는 데에도 사용할 수 있어서 흥미롭다. 두번째 이유는 좀 더 학문적인 측면에서이다. 기억 실패와 관련된 뇌 영역을 찾으면 이 영역이 성공적인 기억 때에 어떤 방식으로 활동하는지를 추측하는 데에 단서를 제공하기 때문이다. 예를 들어 해마가 진짜기억과 가짜기억에서 여러 종류의 정보를 묶는데 관여한다는 사실을 아는 것과, 인출-유도 망각과 가짜기억 연구를 통해 배외측 전전두엽이 해마 등의 활동을 억제한다는 사실을 이해하는 것은 기억의 원리를 이해하는데 매우 중요한 통찰을 제공한다. 즉, 해마는 정보를 묶는 데에 관여하고 배외측 전전두엽은 기억을 조절하는데 관여한다는 사실을 이해할 수 있는 단서를 제공한다.

앞에서 논의하였던 가짜기억 실험은 학습시기에 제시되었던 기억 항목과 어떤 측면에서 관련되어 있는 새로운 자극을 이용하여 이루어졌다. 마찬가지로 학습한 항목과 관련이 없는 새로운 자극을 이용해서도 가짜기억을 조사할 수도 있다. Garoff−Eaton 등(2006)은 추상적인 도형에 대한 진짜기억, 학습시기에 제시되었던 기억 항목과 어떤 측면에서 관련되어 있는 새로운 자극에 대한 가짜기억, 그리고 마지막으로 학습시기에 제시되었던 기억 항목과 어떤 측면에서도 관련되어 있지않은 새로운 자극에 대한 가짜기억을 연구하였다. 다른 연구 결과들처럼 진짜기억과 관련된 새로운 자극에 대한 가짜기억은 배외측 전전두엽, 두정엽, 해마, 그리고 후기 시각정보처리 영역 등과 관련이 있었다. 그러나 관련 없는 새로운 자극에 대한 가짜기억은 그림 5.5에서 볼 수 있듯이 측두엽, 두정엽, 후두엽이 만나는 지점인 측두엽의 위 부분이면서도 뒷부분인 언어정보처리 영역으로 알려진 영역에서의 활성화를 보였다(1장과 8장 참고). 이런 결과는 관련 없는 새로운 자극에 대한 가짜기억은 언어를 기억의 매개체로 사용하고 있다는 것을 암시한다. 예를 들어 실험참가자는 어떤 추상적인 모양을 암기하기 위해 그 모양에 "butterfly"라는 이름을 붙일 수도 있다. 그런데 검사시기에 제시된 관련 없는 새로운 자극이 "butterfly"라는 이름을 붙인 자극과 유사하게 보여서 학습한 것으로 착각하고 그래서 가짜기억을 나타날 수 있다.

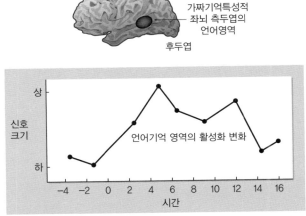

[그림 5.5] 학습시기에 제시되었던 기억 항목과 어떤 측면에서도 관련되어 있지않은 새로운 자극에 대한 가짜기억과 관련된 뇌 활동. 위의 그림은 관련되어 있지 않은 새로운 자극에 대한 가짜기억과 관련된 뇌를 측면에서 바라본 모양의 뇌 영상이다. 아래 그림은 자극 제시 후에 언어정보처리영역의 활동 변화를 보이고 있다. 관련되어 있지않은 새로운 자극에 대한 가짜기억 조건에서의 활성화가 두드러지게 보인다.

Karanian & Slotnick(2014a)는 유사한 연구 논리로 움직이거나 정지해 있는 추상적인 모양을 이용하여 관련 없는 새로운 자극에 대한 가짜기억을 연구하였다. 학습시기에 움직이는 추상적인 모양 혹은 정지해 있는 추상적인 모양을 제시하였다. 검사시기에는 제시된 추상적인 모양이 움직이는 것이었는지를 판단하도록 하였다. 학습시기에 움직이지 않았던 자극에 대해 움직였던 것으로 잘못 판단한 경우가 가짜기억에 해당하는 것이다. 추상적인 모양과 움직임 속성은 서로 무관한 것으로 이 실험에서 보인 가짜기억은 위에서 설명한 관련 없는 새로운 자극에 대한 가짜기억과 유사한 것이라고 생각할 수 있다. 연구 결과, 움직임에 대한 가짜기억은 언어영역의 활성화를 동반하였다. 이 결과는 관련 없는 새로운 자극에 대한 가짜기억에서는 언어를 매개체로 사용한다는 것을 의미한다. 이 연구에서 한 가지 흥미로운 사실은 움직임에 대한 진짜기억이 관련 없는 새로운 자극에 대한 가짜기억보다 해마에서 더 큰 활성화를 보였다는 점이다(Karanian & Slotnick, 2014b). 앞 절에서 설명하였듯이, 관련된 새로운 자극에 대한 가짜기억의 경우에는 진짜기억과 유사한 정도로 해마의 활성화를 동반했었다. 정리해보면, 관련 없는 새로운 자극에 대한 가짜기억은 언어 정보를 기억의 매개체로 사용하며, 해마는 이 기억에 미약하게 관여한다.

　　논의한 내용을 정리해 보면, 가짜기억도 두 종류가 있다. 하나는 학습시기에 제시되었던 기억 항목과 어떤 측면에서 관련되어 있는 새로운 자극에 대한 가짜기억이고 다른 하나는 학습시기에 제시되었던 기억 항목과 어떤 측면에서도 관련되어 있지 않은 새로운 자극에 대한 가짜기억이다. 관련된 새로운 자극에 대한 가짜기억은 학습시기에 제시된 기억 항목들이 공통적으로 가지고 있는 요지 정보에 근거해서 기억이 형성되고, 진짜기억과 유사한 영역들의 활동으로, 즉 배외측 전전두엽, 두정엽, 해마 그리고 감각 영역의 활동으로 출현한다. 반면에 관련 없는 새로운 자극에 대한 가짜기억은 언어를 매개체로 사용하며 그래서 언어정보처리 관련 뇌 영역의 활성화를 동반한다. 가짜기억에 대한 연구도 이제 태동하는 연구주제라서 아직 충분한 연구가 이루어지지 않았다. 이후에 더 많은 노력이 이 분야에 투자되어야 할 것으로 생각된다.

5.5 섬광기억(Flashbulb Memory)

섬광기억Flashbulb Memory은 예측하지 못한 상황에서 발생한 너무나도 놀라운 사건에 대한 생생한 기억이다(Brown & Kulik, 1977). 카메라에 쓰였던 플래쉬 전구는 사진 찍을 때 환하게 빛을 제공했던 일회용 전구로 1960년대와 1970년대에 사용되던 것이었다. 지금은 전자 플래쉬가 카메라와 스마트폰 등에서 대신 사용된다. 플래쉬 전구 메타포는 마치 빛이 번쩍 터지면 약간은 놀라기도 하고 순간적으로 장면들이 너무나도 뚜렷하게 보이는 것처럼, 놀랍고 그래서 기억이 남다르게 뚜렷한 성격을 지닌 섬광기억을 표현하기 위해서이다. 이런 놀라운 사건들의 예로 존 F 케네디 대통령의 암살, 첼린저호 폭발, 2001년 9월 11일의 뉴욕 테러(이후로는 911으로 부를 것이다) 그리고 사랑하는 사람의 갑작스런 죽음 등을 들 수 있다. 섬광기억은 사건이 일어난 상황에 대해 언제 어디에서 누가 그런 일을 행했는지, 그때 내 느낌은 어땠는지, 그 일이 있은 후에 무슨 일이 벌어졌었는지 등에 대한 상세한 상황에 대한 기억이다(Brown & Kulik, 1977). 따라서 섬광기억은 일화기억의 특별한 종류로 볼 수 있다.

섬광기억은 처음에 제안될 때에는 마치 사진을 보고 있는 것과 유사할 정도로 매우 생생하고 정확한 기억을 설명하기 위해 제안되었다. 그러나 이후에 이루어진 연구 결과를 살펴보면 섬광기억 이름이 암시하는 것만큼 그렇게 정확하지는 않았다. Hirst 등(2009)은 9 · 11 테러에 대한 섬광기억이 얼마나 자세한 지를 조사하였다. "어떻게 911을 처음에 알게 되었는가?", "그 때 당신은 어디에 있었는가?", "그 때 무슨 일을 하고 있었는가?" 이런 종류의 질문을 사건 발생 후, 1주 후에, 11개월 후에, 그리고 35개월 후에 참가자에게 물었다. 당연히 사건 발생 후 1주일 후에 던진 질문에서의 기억 정확성이 가장 좋을 것이다. 그래서 1주일 후와 11개월 후의 기억 차이와 1주일 후와 35개월 후의 기억 차이를 비교할 수 있을 것인데, 흥미롭게도 두 경우 모두에서 약 60% 정도의 정확도를 나타냈다. 그러니까 11개월 후의 기억이나 35개월 후의 기억율이 거의 유사하다는 의미이다. Hirst 등(2015)은 9 · 11 테러에 대한 후속 연구를 진행하였는데, 10년 후에도 여전히 60% 정도의 기억 정확성을 보여서 시간이 흐른 정도와 기억 정확성 간에 별 관계가 없는 것처럼 보이는 결과를 보고하였다. Cubelli 등(2008)도 1980년도에 이탈리아 Bologna에서 발생했던 기차 폭발에 대한 기억을 조사하였는데, 10년이 훨씬 넘어서도 여전히 이 사건에 대해 60% 정도의 기억 정확성을 보이는 것을 보고하였다. 이런 연구 결과들은 섬광기억의 정확성도 사실은 일반적인 일화기억의 정확도 정도라는 것을 의미하고 기억 정확성에서 특별하지 않다는 것을 의미한다. 섬광기억과 관련하여 특이한 점은 기억에 대한 확신도이다. 대략 5점 스케일에서 4점 이상으로 본인의 섬광기억의 정확성에 자신한다. 그러니까 실제 기억정확성은 일반 기억에 비해 높지 않은데 반해 기억 정확성에 대한 확신은 매우 높다는 것이다(Hirst 등., 2015). 이처럼 근거 없는 기억 정확성에 대한 믿음도 기억 실패의 한 종류로 볼 수 있고, 이런 근거 없는 확신 때문에 유독 섬광기억이 생생한 것처럼 느껴지는 것이 아닌가 싶다.

놀랍게도 섬광기억과 뇌와의 관련성에 대한 연구가 거의 없다. 아마도 섬광기억이 예상하지 못했던 상황에서 발생되는 것이라서 약호화 등을 통제할 수 없었기 때문일 것이다. Davidson 등(2005)은 전두엽 손상 환자와 해마를 포함한 내측 측두엽 손상 환자를 대상으로 9·11에 대한 기억이 어떤 양상으로 손상을 입었는지를 조사하였다. 연구자들은 섬광기억에 해당되는 상황 정보에 대한 질문, 예를 들어 9·11에 대해 어디에서 처음으로 듣게 되었는가?와 같은 질문과 사실에 기억, 즉 항목 기억을 조사하는 질문, 예를 들어, 9·11은 어디에서 발생했는가? 혹은 누가 9·11 테러를 했는가?와 같은 사실을 묻는 질문을 뇌손상 환자에게 하였다. 9·11 발생 후 1개월 이내에 질문한 것과 6개월 이후에 질문한 것과를 비교해서 기억 실패 정도를 측정하였다. 내측 측두엽 손상 환자는 섬광기억에 해당되는 상황 정보 기억은 물론이고 사실에 대한 기억에서도 손상이 있었다. 유사한 결과를 Metternich 등(2013)도 보고하여 해마를 포함한 내측 측두엽은 섬광기억과 항목기억 모두에 관여한다는 사실을 공고히 하였다. Davidson 등(2005)은 또한 전두엽 손상 환자는 섬광기억, 즉 상황정보 기억에 손상이 있는 것을 발견하였다. 이런 사실은 전두엽이 섬광기억 정보를 인출하는데 중요한 역할을 담당한다는 것을 시사하며, Mitchel & Johnson(2009)의 fMRI 연구에서 전전두엽이 상황정보 인출과 깊이 관련되어 있다는 연구 결과와도 일치한다.

현재까지 섬광기억과 관련된 fMRI 연구로는 Sharot 등(2007)이 유일하다. 911이 발생한지 3년이 지난 후에 실험참가자에게 "September" 혹은 "summer" 단어를 제시하고 이들 단서 단어에 따라 인출하는 동안 fMRI를 기록하였다. "September"는 9·11을 떠올리도록 단서를 준 것이고 "summer"는 일반 일화기억을 떠올리도록 유도하기 위한 것이었다. 실험참가자는 9·11이 일어났던 지역에서 3마일 이내에 거주하는 사람들로 9·11에 대해 더 충격을 받았을 것으로 예측되는 집단과 5마일보다 더 먼 곳에 거주하는 사람들로 9·11에 덜 민감할 것으로 예측되는 집단으로 구분하였다. 편도체Amygdala의 활동을 측정하는 것이 주된 목적이었다. 편도체 Amygdala는 내측 측두엽에 속한 한 부분으로 볼 수 있고 특별히 정서 기억에 민감한 부위로 알려져 있기 때문이다(8장 참고). 연구 결과, 9·11 발생 지점에서 가까운 곳에 거주하는 집단에서는 "summer"에 일반 일화기억 인출 때보다 "September"에 의한 섬광기억 인출 때에 편도체 활성화가 유의미한 정도로 더 컸다. 반면에 먼 곳에 거주하는 집단에서는 두 조건 간에 편도체 활성화에서 차이가 없었다. 이같은 결과에 근거하여 연구자들은 편도체가 섬광기억에 중요한 역할을 담당한다고 결론지었다. 논리적으로 볼 때에 이런 결론은 문제가 될 수도 있다. 사전에 가까이에 사는 집단과 멀리 사는 집단이 9 · 11이 아닌 다른 기억에서는 차이가 없는 것을 확인했어야 하고 또한 이들 기억에 따른 편도체의 역할에서도 차이가 없는 것을 사전에 검사했어야 한다. 그러나 연구를 진행하다 보면 현실적으로, 즉 사전에 모든 조건을 맞추는 것이 매우 어려운 경우도 있어서 어느 정도는 문제가 될 가능성을 용납해야 할 것 같다. 두 집단 모두에서 9 · 11에 대한 기억과 일반 기억 간에 배외측 전전두엽과 두정엽에서의 차이가 나타났다. 이같은 결과는 섬광기억의 경우에 전전두엽과 두정엽의 활동이 더 왕성하다는 것을 의미한다(3장 참고).

이제까지 설명한 것을 요약해보자. 섬광기억과 일반 일화기억은 약 60% 정도를 기억해서 기억율에서 유사하고 또한 활성화되는 뇌 영역에서도 유사하다. 이런 결과는 섬광기억이 일반 기억과 완전히 다른 종류의 기억이 아니라는 사실을 말해준다. 다만 섬광기억이 다른 기억과 차이가 나는 부분은 기억에 대한 확신도가 매우 높아서 마치 생생하게 기억하는 것처럼 착각하고 있다는 것이다.

요약

- 전형적인 망각은 약호화 동안 주의를 집중하지 않기 때문에 나타나는 것이며, 배외측 전전두엽, 두정엽 하부, 내측 두정엽 등의 활동과 관련되어 있다.
- 전형적인 망각 관련 영역과 디폴트 모드 네트워크 영역이 매우 유사하다.
- 인출-유도 망각은 배외측 전전두엽의 활동 증가, 해마와 해당 기억 담당 감각 영역의 활동 감소와 관련이 있다.
- 의도된 망각 관련 뇌 활동은 인출-유도 망각 때의 뇌 활동과 매우 유사하다.
- 진짜기억과 학습시기에 제시되었던 기억 항목과 관련되어 있는 새로운 자극에 대한 가짜기억은 모두 배외측 전전두엽, 두정엽, 해마의 활성화를 동반하며, 이들 영역의 활동에서도 매우 유사하다.
- 진짜기억과 관련되어 있는 새로운 자극에 대한 가짜기억은 활성화되는 뇌 영역에서 매우 유사하지만, 무의식 수준에서 처리되는 초기 감각정보처리 담당 영역에서는 차이가 있다.
- 학습시기에 제시되었던 기억 항목과 어떤 부분에서도 관련되어 있지 않은 새로운 자극에 대한 가짜기억은 언어를 매개체로 하며 그래서 언어정보처리 영역의 활성화를 동반한다.
- 섬광기억도 일반 일화기억과 관련된 뇌 영역들, 즉 보통 기억을 담당하는 뇌 영역의 활동 결과로 나타난다.
- 섬광기억도 일반 일화기억 정도로 망각되고 왜곡된다. 섬광기억이 다른 기억과 구분되는 점은 그 기억에 대한 확신도가 매우 높다는 것이다.

점검 퀴즈

- 전형적인 망각과 연관된 뇌 영역은 어디 어디인가?
- 인출-유도 망각을 연구하는 실험 패러다임의 3단계를 설명하라.
- 두 종류의 가짜기억의 차이점을 정보처리 측면과 뇌 활동 측면에서 설명하라.
- 섬광기억은 일반 기억과 다른가?

- Kim, H. (2011). Neural activity that predicts subsequent memory and forgetting: A meta-analysis of 74 fMRI studies. *NeuroImage, 54*, 2446 - 2461.
  17편의 fMRI 연구를 메타분석한 리뷰 논문으로 전형적인 망각은 배외측 전전두엽, 내측 전전두엽, 외측 두정엽, 그리고 내측 두정엽과 관련된다는 사실을 보고하고 있다.

- Anderson, M. C., Ochsner, K. N., Kuhl, B., Cooper, J., Robertson, E., Gabrieli, S. W., Glover, G. H. & Gabrieli, J. D. (2004). Neural systems underlying the suppression of unwanted memories. *Science, 303*, 232 - 235.
  의도된 망각은 배외측 전전두엽의 활동 증가 그리고 해마에서의 감소를 보고한 논문이다.

- Slotnick, S. D. & Schacter, D. L. (2004). A sensory signature that distinguishes true from false memories. *Nature Neuroscience, 7*, 664 - 672.
  진짜기억과 학습시기에 제시되었던 기억 항목과 어떤 측면에서 관련되어 있는 새로운 자극에 대한 가짜기억은 모두 배외측 전전두엽, 두정엽, 해마의 활성화를 동반하며, 이들 영역의 활동에서도 매우 유사하지만, 초기 시각정보처리 영역(V1)에서는 차이가 있다는 fMRI 결과를 발표한 논문이다.

- Sharot, T., Martorella, E. A., Delgado, M. R. & Phelps, E. A. (2007). How personal experience modulates the neural circuitry of memoriesof September 11. *Proceedings of the National Academy of Sciences of the United States of America, 104*, 389 - 394.
  섬광기억도 일반 일화기억과 관련된 뇌 영역들, 즉 보통 기억을 담당하는 뇌 영역의 활동 결과로 나타난다는 사실을 보고한 논문이다.

작업기억

6 Working Memory
작업기억

- 작업기억(Working Memory)의 내용을 저장하고 있는 것으로 생각되는 뇌 영역 이해하기
- 시각 작업기억 정보가 초기 시각 영역에 등록되는 방법 이해하기
- 작업기억과 해마의 관련성을 연구하기 위해 사용된 증거 혹은 분석 방법의 약점 3가지 이해하기
- 작업기억 관련 뇌파와 장기기억관련 뇌파의 차이 이해하기
- 작업기억과제를 훈련한 이후에 변화하는 뇌 활동 이해하기

작업기억Working Memory은 몇 초 정도의 상대적으로 짧은 기간 동안 정보를 능동적으로 마음속에 유지하고 있는 것을 말한다(1장 참고). 작업기억을 연구하는 실험 패러다임도 장기기억 연구 패러다임처럼 학습시기, 약간의 지연, 그리고 검사시기로 구성된다. 작업기억 실험 패러다임에서는 학습 후 지연시간 동안 학습한 정보를 마음속에 유지하고 있어야 한다. 작업기억은 외현기억의 일부로 현재 경험하고 있는 내용을 마음속에서 능동적으로 유지하고 있는 정보처리자이다. 작업기억을 관장하는 뇌 영역은 배외측 전전두엽, 두정엽, 그리고 감각 영역 등으로 장기기억관련 영역과 상당히 유사하다. 장기기억을 담당하는 뇌 영역과의 차이점은 작업기억에서는 해마를 포함한 내측 측두엽의 영역이 포함되지 않는다는 것이다(3장 참고). 6.1절에서는 뇌의 어느 영역에 작업기억 정보가 저장되어 있는지를 논의할 것이다. 전통적으로 작업기억의 정보는 배외측 전전두엽에 저장되어 있다고 믿어왔으나 최근의 연구 결과들을 살펴보면 시각 영역(시각의 경우 V1이 관련되어 있다)과 같은 감각 영역에도 저장되어 있다. 6.2절에서는 작업기억이 해마와도 연관되어 있다고 주장하는 증거들을 논의할 것이다. 6.3절에서는 작업기억관련 뇌파, 즉 알파파와 감마파에 대해 논의할 것이다. 작업기억이 알파 파와 감마 파에 깊이 관련되어 있다는 사실은 장기기억과 유사하나(4장 참고), 작업기억에서는 쎄타파가 나타나지 않는 부분에서 장기기억과

차이가 있다. 마지막으로 6.4절에서는 작업기억을 훈련하면 나타나는 행동 수행의 결과와 이와 관련된 뇌 활동의 변화를 논의할 것이다. 이런 결과들은 작업기억을 훈련하는 것(1주일 동안에도 여러 번 반복하고 이런 훈련을 몇 주 동안 지속하는 경우에)이 장기기억의 능력을 향상시키고, 이 효과는 훈련이 끝나고 나서도 지속되기 때문에 아마도 궁극적으로는 지능을 향상시키는 것이 아닌가 생각된다.

6.1 작업기억의 기억 내용(Contents of Working Memory)

현재 마음속에 능동적으로 유지하고 있는 어떤 종류의 정보이든 모두 작업기억의 기억 내용이라고 볼 수 있다. 어떤 노래의 일부 소절을 웅얼거리는 것이라든지, 오늘 저녁에 참석할 예정인 파티 장소의 주소를 스마트폰에 적기 전에 마음속에서 되뇌고 있는 것이라든지, 아니면 아래 층에 있는 복사실로 걸어가면서 방금 전에 연구실 칠판에 적었던 프로그램 코드를 되뇌는 것이라든지 이 모든 것들이 작업기억 속에서 유지되고 있는 정보의 예들이다. 장기기억 연구에서 주로 시각 자극을 이용하여 연구를 진행한 것처럼, 작업기억 연구도 주로 시각 자극을 이용하여 이루어졌다. 시각 자극을 이용한 실험이 다른 것보다 용이하기 때문이다.

작업기억에서 정보를 유지할 때 대부분 감각 정보처리의 후기 단계의 영역의 활성화가 나타난다(예를 들어, 사람 얼굴을 작업기억 속에 유지하고 있으면 방추 모양 얼굴 영역 Fusiform Face Area이 활성화되고 초기 시각 정보처리 영역인 V1의 활성화는 없다; Slotnick, 2004b). Sala 등(2003)은 얼굴, 집, 장소 등을 작업기억에 저장하고 있을 때 활성화되는 뇌 영역을 fMRI로 조사하였다. 그림 6.1A에 이들이 사용한 실험 패러다임이 소개되어 있다. 어떤 정보를 작업기억에 유지하고 있어야 할지를 알려 주는 지시사항이 처음으로 3초 동안 제시되고, 이어지는 학습시기에는 여러 개의 집 혹은 얼굴 자극이 컴퓨터 스크린의 특정 위치에 한 번에 하나씩 정해진 자극 수만큼 제시되고, 곧 이어서 9초 동안에는 지시사항 때에 요구된 내용을 마음속, 즉 작업기억 속에 유지하고 있어야 하고(지연 기간 동안 작업기억에 집 혹은 얼굴 또는 이들의 위치를 기억하고 있어야 한다. 이 기간 동안 fMRI를 기록한다), 마지막으로 검사시기에는 지시사항에 해당되는 사물이나 위치가 어디에 있었는지를 판단하여 반응해야 한다. 지시사항 때에는 학습시기에 제시되는 자극들 중에 집이 있는지, 혹은 얼굴이 있는지, 그리고 이들의 위치가 어디에 있는지를 학습하도록 요구한다. 그림 6.1B는 fMRI 결과를 제시하고

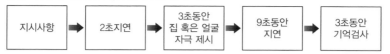

(A) 작업기억을 조사하는 실험패러다임

| 지시사항 | ➡ | 2초지연 | ➡ | 3초동안 집 혹은 얼굴 자극 제시 | ➡ | 9초동안 지연 | ➡ | 3초동안 기억검사 |

(B) fMRI로 측정된 얼굴 영역과 건물 영역의 활성화

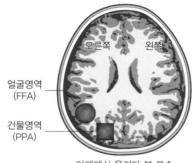

오른쪽　왼쪽

얼굴영역
(FFA)

건물영역
(PPA)

아래에서 올려다 본 모습

(C) 위치 자극과 사물 자극에 따른 배외측 전전두엽의 활성화되는 영역 차이

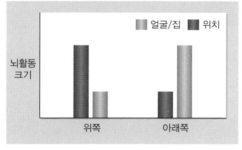

뇌활동
크기

얼굴/집　위치

위쪽　아래쪽

[그림 6.1] 사물 혹은 위치를 마음속에 유지하고 있는 작업기억을 조사하는 연구 패러다임과 fMRI 결과.
(A) 어떤 정보를 지연시기 동안 작업기억에 유지하고 있어야 할지를 알려 주는 지시사항이 3초 동안 제시된다. 이어서 학습시기에는 집 혹은 얼굴이 컴퓨터 스크린의 특정 위치에 제시된다. 세 번째는 9초 동안 지시사항에서 요구된 정보를 작업기억에 유지한다. 지연 기간 동안 작업기억에 집 혹은 얼굴 또는 이들의 위치를 기억하고 있어야 한다. 이 기간 동안 fMRI를 기록한다. 네 번째로 검사시기에는 지시사항에 해당되는 사물이나 위치가 있었는지를 판단하여 반응한다. 시행 간 간격(Inter-trial Interval; ITI)은 3초이다.
(B) 지연 기간 동안, 얼굴을 기억하고 있을 때는 외측 방추이랑 얼굴영역(Fusiform Face Area)이 활성화되었고, 집을 기억하고 있을 때는 내측 방추이랑과 해마곁이랑(Parahippocampal Gyrus)이 활성화되었다.
(C) 배외측 전전두엽의 위 부분은 위치에 대한 작업기억을 유지할 때 더 크게 활성화되었고, 배외측 전전두엽의 아래 부분은 얼굴)/건물에 대한 작업기억을 유지하고 있을 때 더 크게 활성화되었다.

있다. 지연 기간 동안, 얼굴을 기억하고 있을 때의 뇌 활동이 집을 기억하고 있을 때의 뇌 활동과 차이가 나는 영역은 외측 방추이랑 얼굴영역Fusiform Face Area이었고, 집을 기억하고 있을 때의 뇌 활동이 얼굴을 기억하고 있을 때의 뇌 활동과 차이가 나는 영역은 내측 방추이랑과 해마곁이랑Parahippocampal Gyrus이었다. 외측 방추이랑 얼굴영역Fusiform Face Area은 얼굴 인식과 관련되고, 내측 방추이랑과 해마곁이랑Parahippocampal Gyrus은 집/장면 지각과 관련된 것으로 알려져 있다(1장 참고). 또한 지연 기간 동안 유지하고 있는 작업기억의 정보 종류에 따라 배외측 전전두엽의 다른 영역들이 활성화되었다. 그림 6.1C는 배외측 전전두엽의 위 부분은 위치에 대한 작업기억을 유지할 때 더 크게 활성화되었고, 배외측 전전두엽의 아래 부분은 얼굴/건물에 대한 작업기억을 유지하고 있을 때 더 크게 활성화되었다. 위치와 사물의 작업기억에 따른 전전두엽 활동의 차이는 1장에 논의했던 시각 통로의 구분과 유사하게 구분된다. 즉, 전전두엽의 위 부분은 사물의 위치를 인식하는 where 통로(그래서 사물의 위치 작업기억과 관련된다)와 유사하고 아래 부분은 사물의 실체를 인식하는 what 통로(그래서 집 혹은 얼굴과 같은 사물의 작업기억과 관련된다)와 비교된다.

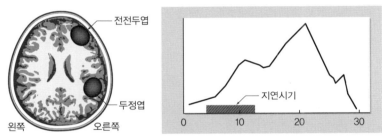

[그림 6.2]　지연시기 동안, 작업기억 동안, 활동하는 전전두엽의 fMRI 측정치. 왼쪽 뇌 사진은 지연시기 동안, 작업기억 동안, 활동하는 전전두엽(가장 오른쪽 부분)과 두정엽(가장 왼쪽 부분)을 표시하고 있다. 오른쪽 그래프는 전전두엽의 활동을, 학습시기 때부터 시간에 지남에 따라 변하는 것을 표시하고 있으며, X축의 회색으로 표시된 부분이 학습시기 후의 지연시간을 나타내고 있다. 회색으로 표시된 부분이 작업기억에 따른 뇌 활동이다.

　　배외측 전전두엽의 위 부분은 위치에 대한 작업기억을 유지할 때 더 크게 활성화되고, 배외측 전전두엽의 아래 부분은 얼굴/건물에 대한 작업기억을 유지하고 있을 때 더 크게 활성화된다는 사실이 쉽게 수긍되지 않는다. 왜냐하면 3장에서 설명한 것처럼 배외측 전전두엽은 기억을 조절하는 기능을 하는 곳으로 알려져 있다. 이 영역은 여러 종류의 다른 감각 정보를 등록하고 저장하는 기능을 담당하는 부분이 아니고 기억을 통제하고 관리하는 곳이라고 알려져 왔기 때문이다(1장 참고). 그러나 많은 연구들이 이런 생각과는 다르게 배외측 전전두엽이 물체를 유지하고 정보처리하는 작업기억 기능과 공간 및 위치 정보를 유지하고 정보처리하는 작업기억 기능으로 분리된다고 보고하였다(Slotnick, 2004b). 사실 fMRI를 이용한 기억 연구가 활발하기 전인 20년 전만해도 전전두엽이 작업기억의 내용을 저장하는 장소라는 생각이 지배적이었다. 이런 생각은 주로 뇌손상 환자들의 손상 영역과 기억 결함의 연관성을 조사한 연구 결과에 바탕을 두고 있다. 그림 6.2에서 보였듯이, 지연시기 동안 활동하는 뇌 영역은 초기 시각 정보처리 영역, V1이 아닌 전전두엽이었다. 사물과 위치 정보를 일차적으로 정보처리 하는 곳인 V1이 활성화되지 않았고, 오히려 배외측 전전두엽이 작업기억 동안 활성화 되었다. 그러나 Curtis & D'Esposito(2003)는 이런 생각과는 다르게 배외측 전전두엽 이 기억을 저장하는 곳이 아니고 기억을 통제하는 곳이라고 제안하였으며, 이 주장을 입증하기 위한 연구를 실행하였다. 기억 통제라는 의미는, 예를 들어, 정보를 저장하 고 있는 감각 영역으로 주의를 기울이게 하는 기능, 활성화된 정보를 선택적으로 받아 들이거나 혹은 억제하는 기능과 같은 것이다. 만일에 정보를 저장하고 있는 곳이라면, 어느 일정 시간 동안 작업기억 속에서 그 정보를 유지하고 정보처리하면 당연히 배외 측 전전두엽과 감각 영역의 활동이 있어야 한다(8장 참고). Curtis & D'Esposito(2003) 의 제안이 옳다면 작업기억의 내용을 저장하는 영역인 감각 영역, 즉 시각 자극의 경우 에 1차 시각 정보처리 영역의 활성화가 있어야 한다. 그래야지 작업기억 과제를 수행 하는 동안 배외측 전전두엽이 기억을 조절하는 역할을 하기 때문에 활성화된 것이라 고 설명할 수 있다. 1차 시각 피질 영역이 작업기억의 정보처리동안 활성화된다는 증 거를 얻기까지 수년에 걸친 오랜 시간이 소요되었다. 그리고 이 증거는 배외측 전전두 엽은 기억 통제에 관여하고 정보 저장 영역은 감각 피질이라는 입장을 지지한다. 아래 에서 그 증거 연구를 논의해 보자.

　　Harrison & Tong(2009)은 처음으로 새로운 분석 방법을 사용하여 1차 시각 피 질, V1이 작업기억의 활동과 관련된다는 증거를 제시하였다. 앞에서 설명하였듯 이 작업기억 실험은 지시시기, 학습시기, 지연시기(지시 시기에 요구한 정보를 작업기 억 속에 유지하고 있어야 하며, 이 기간 동안 뇌 활동을 fMRI로 측정한다), 그리고 마지막으로 검사시기로 구성된다. 지연시기 동안, 즉 작업기억 정보처리 동안 1차 시각 피질인 V1 영역이 활성화 여부를 조사하기 위해 Harrison & Tong(2009)은 자극으로 25도 와 115도의 방향 격자Orientation Grating을 사용하였다. 실험참가자들은 지연시기 동안 이들 25도 혹은 115도의 방향 격자를 11초 동안 유지하였고, 그리고 이 기간 동안 fMRI를 기록하였다. 특정 각도의 방향 격자를 사용한 이유는 1차 시각 피질, V1이 특정한 방향성을 가진 선(예를 들면, 수직선, 수평선, 45도 기울어진 사선 등) 정보에 민감 하게 선택적으로 반응하는 것으로 알려져 있기 때문이다. 그리고 이들은 25도 조건 과 115도 조건의 fMRI를 직접 비교하는 방법을 사용하지 않았다. 연구자들이 사용한 방법은 각 조건에 따라 반응하는 V1 활동을 여러 복셀Voxel들의 활성화 패턴Multi-Voxel Activation Pattern으로 분류하고, 여러 복셀들의 활성화 패턴이 25도와 115도의 방향 격자에 따라 다른지 여부를 비교하는 방법을 사용하였다. 2장에서 설명한 것처럼 복셀Voxel은 1 mm × 1 mm × 1 mm의 입방체로 fMRI의 활성화된 뇌 영역은 수천개의 복셀 집합체이다. 예를 들어, V1 영역이 1000개의 복셀로 나타낼 수 있다고 가정해보자. 첫 번째 자극인 25도 방향 격자에 대한 1000개 복셀의 활동 패턴Multi-Voxel Activation Pattern은 예를 들어, 1번은 활동이 증가하고, 2번은 활동에 변화가 없으며, 3번도 활동에 변화가 없으며, 4번은 활동이 오히려 감소하고 등 1000번째 복셀까지의 이런 활성화 패턴을 찾아낼 수 있다. 첫 번째 시행에 대한 뇌 영역 반응을 다중 복셀 활성화 패턴으로 분석한 것처럼, 두 번째 시행에서도 동일한 패턴을 찾아낼 수 있고, 만일에 100번의 시행이 있었다면, 100개의 다중 복셀 활성화 패턴을 찾을 수 있을 것이다. 다음에는 100개의 다중 복셀 활성화 패턴에서 공통점을 찾는 작업이다. 근래에는 인공지능의 기계학습 방법을 이용해서, 100개 패턴의 공통점으로 이루어진 패턴을 손쉽게 구할 수 있다. 100개 패턴의 공통점으로 이루어진 복셀의 활성화 패턴이 25도 방향 격자에 반응하는 V1의 활성화 패턴이다. 이런 방법으로 두 번째 자극인 115도 방향 격자에 대한 1000개의 복셀 활동에 대해서도 패턴을 분석해낼 수 있다. 이런 분석 방법을 다중 복셀 패턴 분석Multi-Voxel Pattern Analysis이라고 한다. 25도와 115도의 방향 격자에 대한 작업기억 정보처리 반영 V1의 다중 복셀 패턴이 통계적으로 다른지를 결정하기 위해, Harrison & Tong(2009)은 패턴 분류 알고리즘Pattern Classification Algorithm을 사용하였다. 예를 들어, 1000번의 시행이 있었다면, 처음 500번의 시행 결과를 기반으로 컴퓨터 기계학습 프로그램이 25도와 115도 방향 격자에 대한 다중 복셀 패턴으로 분류하는 학습을 진행하여(실험참가자가 작업기억 속에 유지하고 있는 방향 격자 정보와 실험참가자 fMRI의 다중 복셀 패턴과 연합하는 학습을 진행한다), 25도 방향 격자에 대한 500개 패턴이 공통적으로 지니는 다중 복셀 활성화 패턴을 결정하고 동일한 과정을 115도 방향 격자에도 적용하여 115도 방향 격자에 V1의 다중 복셀 활성화 패턴을 결정한다. 이번에는 나머지 500번 시행으로 만들어진 V1의 다중 복셀 활성화 패턴이 25도 방향 격자에 대한 것인지 아니면 115도 방향 격자에 대한 것인지를 패턴 분류 알고리즘이 추측한다. 아무런 근거없이 추측한다면, 경우의 수가 2가지이기 때문에, 즉 25도 아니면 115도 방향 격자 중의 하나이기 때문에 추측 정확율이 50%일 것이다. 다중 복셀 패턴 분석으로 얻은 V1의 다중 복셀 활성화 패턴으로 추측한 경우에 50%가 아니고 80% 혹은 90%의 정확율을 갖는다면 이런 결과는 다중 복셀 패턴 분석으로 얻은 V1의 다중 복셀 활성화 패턴이 제대로 25도와 115도 자극에 대한 다른 V1 반응을 반영하는 것이라고 결론지을 수 있을 것이다. 즉, V1의 다중 복셀 활성화 패턴이 25도와 115도 자극에 따라 다르다고 결론지을 수 있다. 연구 결과, 추측 정확율이 70%보다 높았다. 이런 결과는 시각 자극이 다르면 V1도 다르게 반응한다는 것을 의미한다. 또한 다른 시각 자극은 시각 영역, V1에서 다른 양상으로 작업기억 동안 유지 지속된다는 사실을 입증한다. 유사한 결과가 외선조피질Extrastriate Cortex의 소 영역들인 V2, V3, V4에서도 발견되었다. Serences et al.(2009)도 다중 복셀 패턴 분석과 패턴 분류 알고리즘을 이용해서 지연시기 동안 실험참가자들이 시각 자극을 작업기억 속에서 유지할 때의 시각 영역, V1 등에서의 활동을 fMRI로 측정하였다. 실험참가자들은 45도 혹은 135도 방향 격자를 10초의 지연시기 동안 유지하거나 빨강 혹은 초록색을 작업기억 속에 유지하였다. 앞의 연구 결과처럼, 패턴 분류 정확율은 매우 정확해서 시각 영역, V1이 특정 방향 격자 혹은 색깔에 따라 다르게 반응하고 그 정보를 다르게 작업기억 속에 유지한다는 사실을 입증하였다. 좀더 최근 연구인 Pratte & Tong(2014)도 다중 복셀 패턴 분석과 패턴 분류 알고리즘을 이용해서 지연시기 동안, 즉 작업기억 동안, 실험참가자들이 공간 위치 정보를 시각 영역, V1에 유지하고 있음을 보고하였다. 위와 같은 결과에 신빙성을 더해 주는 결과는, 시각 영역, V1에서의 지연시기 동안, 즉 작업기억 동안 지속되는 활동은 제시된 시각 자극의 시야Visual Field와 반대편의 반구에서만 나타나고 동일 방향 반구에서는 나타나지 않는다는 사실이다. 즉, 시각 자극이 오른쪽 시야에 제시되었다면, 지연시기 동안 지속되는 시각 영역, V1의 활동은 왼쪽 뇌에서만 관찰된다는 사실이다. 이미 잘 알려진 것처럼, 시야 방향과 좌우 뇌 방향은 서로 반대 방향으로 연결되어 있다(1장 참고; Sprague et al.(2012)도 유사한 결과를 보고하였다). 이러한 결과는 다중 복셀 패턴 분석과 패턴 분류 알고리즘을 이용한 연구 결과가 허상이 아니고 사실이라는 것을 의미한다. Van de Ven et al.(2012)는 TMS로 시각 영역, V1을 자극해서 일시적으로 이 부위의 기능을 교란시킨 다음에 V1이 담당해야 하는 작업기억 과제의 수행 결과를 조사하였다. 왼쪽 뇌의 V1을 교란 시키면 반대편 시야, 즉 오른쪽 시야에 제시된 자극을 인지하고 또한 작업기억 속에 유지하는데 어려움이 크고 왼쪽 시야에 제시된 자극을 정보처리하는 데에는 큰 어려움이 없을 것으로 예상된다. 실험 결과는 정확하게 예언 결과처럼 나타났다. 이런 결과들은 작업기억에서 시각 자극을 저장하고 유지하기 위해서는 초기 시각 정보처리 영역, V1의 활동이 필수적이라는 사실을 입증하였다. 이번 절의 내용을 요약해 보면, 결국은 시각 자극의 방향, 색, 위치 등의 정보를 작업기억 속에 유지하는 것은 시각 영역, V1의 지속되는 활동의 결과로 나타난다는 사실이다.

　　지금까지 논의한 연구 결과들은 감각 자극의 내용 정보는 감각 영역에서 유지 저장되고 배외측 전전두엽은 이런 기억 내용 정보를 관리하고 조절하는 기능을 담당한다는 입장을 지지한다. Sreenivasan et al. (2014) 다중 복셀 패턴 분석과 패턴 분류 알고리즘을 이용해서 이런 가능성을 기발한 방법을 고안해서 조사하였다. 일상적인 작업기억 실험처럼, 지시사항 시기, 학습시기, 9초간의 지연시기, 그리고 마지막으로 검사시기로 연구가 구성되었다. 학습시기에 2개의 얼굴만을 제시하는 조건, 2개의 집만을 제시하는 조건, 그리고 2개의 얼굴과 2개의 집 모두를 제시하는 조건 등 3종류의 학습 조건이 있었다. 당연히 실험참가자는 지시사항처럼 학습시기에 제시되었던 특정 조건의 자극을 지연시기에도 계속 작업기억 속에 유지하고 있어야 한다. 양반구의 배외측 전전두엽을 포함한 여러 전전두엽도 측정하고, 양반구의 외선조피질, 해마곁이랑, 방추이랑 등을 fMRI로 측정하였다. 통상적인 분석 방법, 즉 여러 개의 복셀들의 활성화 크기의 평균이 0보다 더 큰 영역을 찾는 방법으로 분석했을 때에는 다른 연구에서도 보고된 것처럼 배외측 전전두엽의 활성화만 보이고 시각 감각 영역, V1 등에서의 활성화는 나타나지 않았다. 그러나 다중 복셀 패턴 분석과 패턴 분류 알고리즘을 사용한 통계 분석에서는 다른 결과가 나타났다. 2개의 얼굴만을 작업기억 속에 유지하고 있을 때 나타나는 시각 영역, V1의 다중 복셀 활동 패턴, 2개의 얼굴에 상응하는 시각 영역, V1의 다중 복셀 활동 패턴, 그리고 2개의 얼굴과 2개의 집 모두를 유지하고 있을 때에 대한 다중 복셀 활동 패턴을 분석하는 과정을 사용하였다. 그리고는 패턴 분류 알고리즘을 이용해서 예측 정확율을 비교하였다. 얼굴 조건과 얼굴/집 조건은 패턴에서 상당히 겹쳐서 서로를 잘못 분류하는 오류가 빈번할 것이고(왜냐하면 두 조건 모두 얼굴 자극을 가지고 있어서 얼굴 특성적으로 반응하는 V1의 활동이 두 조건 간에 상당히 겹쳐져서 혼동을 초래할 것으로 예상된다) 반면에 얼굴 조건과 집 조건은 분류에서 겹치는 부분이 적어서 얼굴에 대한 패턴으로 집에 해당하는 작업기억으로 분류하는 실수는 매우 작을 것이라고 예측할 수 있다(왜냐하면 얼굴 자극은 얼굴 특성적 V1의 활동이 측정될 것이고, 집 자극은 집 모양 특성적 V1의 활동 패턴이 분석될 것이기 때문에 겹쳐지는 부분이 거의 없고 그래서 두 조건을 혼동하는 일은 거의 없을 것으로 예상된다). 시각 영역, V1에서는 시각 자극 특성적인 활동 패턴을 보일 것으로 예상되지만 모든 종류의 기억을 관리하고 조절하는 배외측 전전두엽에서는 시각 자극 특성적인 활동 패턴을 보이지 않을 것으로 보인다. 따라서 배외측 전전두엽의 다중 복셀 패턴으로 실험참가자의 작업기억 내용을 예측하는 통계 분석에서는 3조건을 구분해 내지 못하고 거의 우연 수준의 정확율이 나타날 것으로 예측된다. 연구 결과 시각 영역, V1의 다중 복셀 패턴으로 작업기억의 내용을 예측하였을 때, 얼굴 조건을 얼굴/집 모두 조건으로 잘못 분류하는 실수는 많았고, 얼굴 조건을 집 조건으로 혼동하는 경우는 거의 없었다. 마찬가지로 집 조건을 얼굴 조건으로 잘못 분류하는 일은 거의 일어나지 않았지만 얼굴/집 모두 조건으로 잘못 분류하는 실수는 매우 빈번하였다. 시각 영역에서의 결과와는 다르게, 배외측 전전두엽에서의 패턴 분류 알고리즘의 예측 정확율은 거의 우연 수준으로 세 종류의 조건을 거의 구분하지 못하였다. 즉, 배외측 전전두엽은 자극 특성적인 반응을 보이지 않고 자극 일반적인 조절 기능의 반응을 보인다는 것이다. 이런 복잡한 논리와 분석 방법을 이용한 결과는 작업기억의 내용 정보는 감각 기관에서 보관되고 유지되며, 배외측 전전두엽은 모든 작업기억의 내용을 관리하고 조절한다는 가설을 지지하는 것이다. 즉, 배외측 전전두엽의 내측 부분은 사물 정보를 저장하고 배측 부분은 공간 및 위치 정보를 저장한다는 가설을 부정하는 결과이다. 그렇지만 하나의 연구 결과만을 가지고 모든 것을 결정하는 데에는 어려움이 있어서 이 부분의 후속 연구가 더 진행되어야 정확한 사실을 알 수 있을 것 같다. Box 6.1에서 논의하듯이 아직은 어느 한 쪽으로 결정하기에는 연구 결과가 너무 적다. 더 많은 연구가 지속되어야 할 것 같다.

Box 6.1 작업기억의 정보가 배외측 전전두엽에 저장되는가?

수십 년 동안 작업기억 과제를 수행할 때, 즉 지연시기 동안 정보를 유지하고 있을 때, 배외측 전전두엽의 지속되는 활동은 작업기억의 내용 정보를 이 영역이 저장하고 있기 때문이라고 해석해 왔다. 그러나 앞 절에서 본 것처럼 근래의 결과들은 시각 자극에 대한 작업기억 내용은 V1같은 시각 감각 영역에 저장되어 있다고 지적한다. 그렇다면 이런 결과들은 작업기억의 정보가 배외측 전전두엽에 저장되어 있다는 가설을 포기하게 하는 결정적인 증거로 볼 수 있는가? 전혀 그렇지 않다. 작업기억의 내용이 감각 영역에 저장되어 있다는 가설과 작업기억의 정보가 배외측 전전두엽에 저장되어 있다는 가설이 상호배타적인 관계에 있지 않기 때문이다. 즉, 한 입장이 옳으면 자동적으로 다른 입장은 틀릴 수밖에 없는 논리적인 관계를 가지고 있지 않다. 감각 영역과 배외측 전전두엽 모두에 작업기억 정보가 저장되어 있을 수도 있다. 그러니까 3종류의 가설이 가능하다. 첫 번째 가설은 "작업기억 정보가 감각 영역에 저장되어 있다"이고, 두 번째는 "작업기억 정보가 배외측 전전두엽에 저장되어 있다"이고, 마지막 세 번째는 "작업기억 정보가 감각 영역과 배외측 전전두엽 모두에 저장되어 있다"이다. 어느 입장이 옳은지를 결정하려면 더 많은 후속 연구가 필요하다.

6.2 작업기억과 해마(Working Memory and Hippocampus)

3장에서 논의한 것처럼 해마는 일화기억Episodic Memory과 항목기억Item Memory을 생성하고 인출하는 정보처리에 핵심적인 역할을 담당한다. 그래서 장기기억 관련 fMRI 연구를 수행하면 틀림없이 해마의 활성화가 나타날 것이며, 해마에 손상을 입은 환자가 있다면 장기기억 장애가 있을 것이 거의 확실하다. 반면에 최근까지 작업기억 관련 fMRI연구에서 해마가 관련되어 있다는 연구 보고는 없었으며, 또한 순수하게 해마에만 손상을 입은 환자가 작업기억 장애를 보인다는 연구 보고도 없었다. 해마 손상 환자의 전형적인 예가 H.M. 사례이다. 간질 치료를 위해 해마를 포함한 내측 측두엽 제거 수술을 받았다. 수술 후에 그는 심각한 장기기억 장애를 보였지만 작업기기억에는 별 문제를 보이지 않았다.

그렇지만 작업기억이 해마와 관련되어 있을 가능성에 대해 지속적인 연구가 수행되어 왔다. Hannula & Ranganath(2008)는 조금은 색다른 디자인을 이용해서 fMRI로 작업기기억과 해마의 관련성을 조사하였다. 학습시기에 3×3 사각형 주위로 4개의 사물을 무선적으로 선택된 위치에 제시하였다. 11초 동안의 지연시기에는 학습시기에 제시되었던 4개의 사물을 90도 심적 회전하라고 지시하였다. 검사시기에는 3×3의 사각형 주위에 4개의 사물 배치된 자극이 지연시기 동안 심적 회전했던 것과 사물과 위치에서 일치하는지를 판단하여 반응하도록 하였다. 검사시기에 옳게 "예"로 반응한 자극과 관련된 fMRI와 옳게 "아니오"로 반응한 자극과 관련된 fMRI를 비교하였다. 그런데 특이한 점은 위 조건에 해당되는 fMRI를 학습시기 동안, 검사시기 동안, 지연 기간 동안 측정하였다. 연구 결과, 학습시기 동안과 검사시기 동안 측정된 fMRI에서는 해마의 활성화가 있었으나, 지연시기 동안 측정된 fMRI에서는 해마의 활성화가 없었다. 또한 옳게 반응했는지 여부와 관계없이 모두 합친 결과 분석에서도 지연시기 동안 측정된 fMRI에서는 해마의 활성화가 없었다. 연구자들은 학습시기 동안과 검사시기 동안 측정된 fMRI에서는 해마의 활성화가 있었던 결과를 근거로 작업기억도 해마와 관련된다고 주장하였다. 그렇지만 이렇게 주장하는 데에는 몇 종류의 문제점이 있다. 첫 번째 문제점은 지연시기 동안 측정된 fMRI에서는 해마의 활성화가 없었다는 사실이다. 작업기억을 반영하는 시기는 학습시기나 검사시기가 아니고 지연시기 동안이다. 그런데 정작 작업기억을 반영하는 지연시기에는 해마의 활성화가 보이지 않는 것이 결정적인 문제점이다. 두 번째는 학습시기와 검사시기에 처음 보는 자극들이 제시되었는데 이들이 해마의 활성화를 일으켰을 가능성이 있다는 것이다. 기존의 결과를 보면 새로운 자극을 보는 것만으로도 해마가 활성화되기 때문이다. 세 번째 문제점은 자극과 사용된 과제가 매우 심하게 공간기억을 요구한다는 것인데, 공간기억은 해마와 깊은 관련이 있다. 네 번째 문제점은 실험 설계가 작업기억을 조사하기 위해 진행되었지만 실제로는 학습시기와 검사시기에 장기기억의 약호화가 진행되었을 가능성이 매우 높다. 어느 것이든 주의가 집중되면 해마의 활성화가 동반된다(5장 참고). 따라서 이 연구에서 보고된 해마 활성화는 장기기억 때문인지 아니면 연구자들이 주장하는 것처럼 작업기억에 의한 것인지를 결정할 수가 없다. Bergmann et al.(2012)는 매우 창의적인 설계를 통해 작업기억 부분과 장기기억 부분을 떼어내려고 fMRI 연구를 진행하였다. 학습시기 동안 4개의 얼굴-집 사진 쌍을 순차적으로 제시하였다. 그리고는 아무런 일도 요구하지 않고 기다리는 10초간의 지연시기가 있었다. 그리고 마지막으로 작업기억 검사시기가 있었는데, 이때에는 3개의 얼굴-집 사진 쌍이 제시되었으며, 이 쌍들은 학습시기 때의 쌍을 기준으로 생각할 때 어떤 경우에는 옳게 혹은 틀리게 조합된 것이었다. 실험참가자는 얼굴-집 사진 쌍이 학습시기 때에 제시되었던 것과 같은 것인지를 판단하였다. 그런데 특이한 점은 모든 작업기억과 관련된 절차를 마치고 얼마가 지난 후에 갑자기 장기기억 재인 과제Recognition Test를 실시하였다. 학습시기 동안 측정된 fMRI만을 대상으로 해마의 활성화 여부를 조사하였다. 작업기억 약호화와 관련된 뇌 활동을 얻기 위해서, 장기기억 재인검사에서 틀리게 반응한 시행들 중에 그래서 장기기억을 반영하지 않는 시행들 중에서, 작업기억 검사시기에 옳게 "예"로 반응한 때의 fMRI와 틀리게 "아니요"로 반응한 때의 fMRI를 비교하였다. 또한 장기기억 약호화와 관련된 뇌 활동을 얻기 위해서, 작업기억 검사에서 옳게 반응한 시행들 중에서(장기기억으로 정보가 옮겨지려면 작업기억을 성공적으로 거쳐야 하기 때문에, 작업기억에서 옳게 반응한 시행만을 분석 대상으로 삼은 것이다.), 장기기억 재인 검사시기에 옳게 "예"로 반응한 때의 fMRI와 틀리게 "아니요"로 반응한 때의 fMRI를 비교하였다. 작업기억 검사에서 옳게 반응한 시행들만을 장기기억 분석에 사용한 이유는 다음과 같다. 장기기억 재인 검사에서 옳게 반응한 조건과 틀리게 반응한 조건에 동일하게 작업기억 성분이 포함되어 있기 때문에, 즉 동등하게 두 조건에 영향을 주고 있기 때문에, 두 조건의 차이를 해석하는 과정에서 어떤 편파적인 작업기업의 영향도 배제시킬 수 있기 때문이다. 연구 결과, 작업기억 약호화는 해마의 활성화를 동반하지 않았고, 장기기억 약호화는 해마의 활성화를 동반하였다. 이 결과는 Hannula & Ranganath(2008)에서 보고된 해마의 활성화가 장기기억 약호화 때문일 가능성을 강하게 시사한다. 최근에 Libby et al.(2014)는 다중 복셀 패턴 분석 기법으로 Hannula & Ranganath(2008)의 자료를 재분석하였다. 역시 학습시기 fMRI를 분석하면 앞의 결과처럼 장기기억 약호화 영향 때문에 해마의 활성화가 있었지만, 작업기억을 반영하는 지연시기의 fMRI를 분석하면 해마의 활성화가 나타나지 않았다. 따라서 잠정적으로 얻을 수 있는 결론은 작업기억이 해마의 활동을 동반한다는 확실한 결과는 아직 없다는 것이다.

최근에 뇌손상 환자를 대상으로 작업기억과 해마의 관련성을 찾으려고 하는 연구가 진행되었다. Finke et al.(2008)은 3명의 간질 환자를 대상으로 해마와 작업기억의 관련성을 조사하였다. 3명의 간질 환자는 치료를 목적으로 오른쪽 반구의 해마가 포함된 내측 측두엽 절제술을 받았다. 그림 6.3A에 이들 환자에게 실시한 작업기업 검사 절차가 예시되어 있다. 색, 위치, 연합 조건이 예시되어 있다. 모든 조건은 학습시기, 900에서 5000 Millisecond 동안의 지연시기, 그리고 검사시기로 구성되었다. 색 조건에서는 학습시기에 색을 입힌 사각형이 제시되었고, 검사시기에는 학습시기와 동일한 색의 사각형 혹은 다른 색의 사각형이 제시되었고 실험참가자는 그 색이 학습시기에 제시되었던 것인지 아닌지를 판단해야 했다. 위치 조건에서는 학습시기에 사각형이 무선적으로 임의의 위치 제시되었고, 검사시기에는 학습시기와 동일한 위치에 사각형이 제시되었는 지를 판단해야 했다. 연합 조건에서는 학습시기에 특정 색의 사각형이 임의의 위치에 제시되었고, 검사시기에는 특정 색의 사각형이 그 위치에 있었는지를 판단해야 했다. 환자들은 한 조건에서만 손상이 있었고 모든 조건에서 정상인의 수행과 유사했다. 다만 연합 조건의 5000 Millisecond 동안의 지연시기에서만 기억 수행이 정상인보다 저조했다. 연구자들은 연합 조건에서의 기억 수행 저조를 이유로 들어 해마가 작업기억과 관련이 있다고 주장하였다. 그렇지만 연합 조건의 기억 장애는 특정 색의 사각형과 위치 정보를 묶는 데에서의 장애로 볼 수도 있다. 3장에서 논의하였던 것처럼 해마는 여러 내용 정보를 묶는 역할도 담당한다. Finke et al.(2008)의 주장에는 여러 종류의 문제점이 있어서 연구자들의 주장을 있는 그대로 수긍하기가 어렵다. 첫 번째 문제점은 5000 Millisecond 지연 조건에서만 문제가 있고 더 짧은 900 Millisecond 등의 다른 지연 조건에서는 장애가 없었다는 점이다. 만일에 해마가 작업기억에 관여한다면 짧은 지연 조건과 긴 지연 조건 모두에서 장애가 있어야 한다. 5000 Millisecond 지연 조건에서만 문제가 있고 더 짧은 900 Millisecond 등의 다른 지연 조건에서는 장애가 없었다는 점은 오히려 해마가 작용하지 못해서 장기기억으로 정보를 보내지 못해서라고 해석하는 것이 더 타당하다. 환자들은 해마 손상이 있기 때문에 작업기억에 있는 정보를 해마를 거쳐서 장기기억으로 전이시키는 정보처리에서 어려움이 있는 것이 당연하다. 즉, 5000 Millisecond 지연 조건에서의 장애는 오히려 장기기억으로 정보가 전이되지 못한 장애로 해석하는 것이 더 타당하다. 장기기억 장애의 입장으로 위의 결과를 해석해 보면, 지연 기간이 짧을 경우에는 작업기억의 문제니까 장애가 보이지 않을 것이고 지연 기간이 긴 경우에는 작업기억에서는 정보가 손실되어 없어 지고 그리고 장기기억으로는 넘어가지 못해서 장애가 있다는 것이다. 두 번째 문제점은 위치와 색 사각형 정보를 연합해서 기억해야 하는 어려운 과제에서만 장애가 있었다는 점과 관련된 것이다. 해마는 위치 혹은 공간 기억에 관여하는 것으로 알려져 있다. 위치 조건과 연합 조건 모두에서 해마의 공간 기억 정보처리가 필요하다. 환자들은 오른 쪽 반구의 해마는 제거 수술만 받았다. 따라서 왼쪽 반구의 해마는 손상을 입지 않아서 작동은 하지만 정상적이지 않고 전체적으로 해마의 기능이 약화되었을 것이라고 생각해 볼 수 있다. 따라서 해마의 공간 기억 능력이 부족하고, 그래서 더 어려운 연합 조건에서는 실패하고 쉬운 과제에서는 정상적인 수행이 있었을 수 있다. 세 번째로 오른쪽 반구의 내측 측두엽 제거는 해마 뿐만 아니라 우측의 편도체 Amygdala, 내후각피질Entorhinal Cortex, 주변내후각피질Perirhinal Cortex 등도 제거 되었다. 환자들이 보인 위의 결과가 반드시 해마만의 문제가 아니라 제거된 다른 영역들의 문제일 수도 있다.

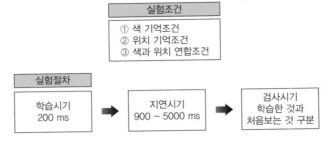

(A) 실험 패러다임

실험조건

① 색 기억조건
② 위치 기억조건
③ 색과 위치 연합조건

실험절차

| 학습시기 200 ms | ➡ | 지연시기 900 – 5000 ms | ➡ | 검사시기 학습한 것과 처음보는 것 구분 |

(B) 실험 결과

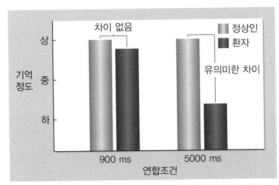

[그림 6.3] 색과 위치에 대한 작업기억 연구 패러다임과 오른쪽 내측 측두엽 손상 결과.
(A) 색, 위치, 연합 조건이 예시되어 있다. 모든 조건은 학습시기, 900에서 5000 Millisecond 동안의 지연시기, 그리고 검사시기로 구성되었다. 색 조건에서는(가장 위 열) 학습시기에 색을 입힌 사각형이 제시되었고, 검사시기에는 학습시기와 동일한 색의 사각형 혹은 다른 색의 사각형이 제시되었고 실험참가자는 그 색이 학습시기에 제시되었던 것인지 아닌지를 판단해야 했다. 위치 조건에서는(가운데 열) 학습시기에 사각형이 무선적으로 임의의 위치 제시되었고, 검사시기에는 학습시기와 동일한 위치에 사각형이 제시되었는 지를 판단해야 했다. 연합 조건에서는 9맨 아래 열) 학습시기에 특정 색의 사각형이 임의의 위치에 제시되었고, 검사시기에는 특정 색의 사각형이 그 위치에 있었는지를 판단해야 했다.
(B) y축은 기억율을 표시하고 있고, x축은 지연 기간을 표시하고 있다. 색이 칠해진 그래프는 환자의 결과이고 색이 채워지지 않은 그래프는 정상인의 그래프이다.

Baddley et al.(2010)은 위에서 지적된 여러 문제점들을 피해서 해마에만 손상을 입은 환자를 대상으로 작업기억의 수행을 연구하였다. 연구에 참여한 환자는 양반구의 해마 제거술을 받았는데, 대략 50% 이상의 해마를 제거받았다. 작업기억 검사는 색−모양의 쌍을 유지해야 하는 것과 단어1−단어2 쌍을 작업기억 속에 유지해야 하는 과제였다. 환자는 두 종류의 작업기억 과제 모두에서 장애가 없었다. 이어지는 연구에서 Allen et al.(2014)는 위의 동일한 환자를 대상으로 색, 위치, 색−위치 연합, 혹은 사물−위치 연합 등의 작업기억 과제 검사를 실시하였다. 작업기억 검사를 실시한 이후에, 즉 지연시간을 길게 하여 장기기억을 사용해야하는 지연 간격을 둔 이후에 사물–위치 연합에 대한 장기기억 회상 검사를 실시하였다. 장기기억 회상 검사에서는 사물이 제시되고 그 사물이 어디에 있었는지를 회상해내야 하는 과제였다. 연구 결과, 정상인과 비교했을 때, 모든 작업기억 검사에서는 유의미한 차이가 없었고 장기기억 회상 과제에서는 유의미하게 수행이 저조하였다(대조군인 정상인 참가자는 작업기억 과제와 장기기억 회상 과제 모두에서 잘 했다). 이런 결과는 해마가 장기기억에 관련되어 있고 작업기억과는 관련이 없는 것을 의미한다. 위에서 논란이 되었던 Finke et al.(2008)의 결과는 해마가 아닌 다른 부위의 손상 때문에 나타난 것이다. 아마도 이후의 연구에서도 해마 손상 환자는 작업기억 장애를 보이지 않을 것으로 예상된다.

  위의 연구 결과들을 종합해 보고, 또한 수백 편의 연구 논문들을 살펴봐도 작업기억은 해마와 관련된다는 아주 확실한 결과는 지금까지 없다. 물론 이런 결론이 작업기억과 해마의 관련성에 대한 연구가 가치가 없다는 의미는 아니다.

6.3 작업기억과 뇌 활동 주파수(Working Memory and Brain Frequencies)

장기기억처럼, 작업기억도 Theta 파형(4에서 8 Hertz 구간 파형), Alpha 파형(8에서 12 Hertz 구간 파형), Gamma 파형(30 Hertz 이상 구간의 파형; 4장 참고) 등과 관련이 있다. Alpha 파형은 억제Inhibition와 관련되고, Gamma 파형은 정보를 묶는 정보처리와 관련이 있다. 그러나 아래에서 논의할 것이지만, Theta 파형은 어느 정보처리와 관련이 있는지에 대해서 논란이 있다.

  Sauseng et al.(2009)는 작업기억이 Theta 파형, Alpha 파형, Gamma 파형 등과 어떤 관련이 있는지를 조사하였다. 연구 방법이 6.4A에 예시되어 있다. 실험은 단서 제시 시기, 학습시기, 지연 유지 시기, 검사시기로 구성되었다. 단서 제시 시기에는 화살표로 왼쪽 혹은 오른쪽 어느 시야의 자극을 학습해야 하고 다른 시야의 자극은 무시해야 하는지를 알려주었다. 학습시기에는 색이 칠해진 사각형이 2개에서 6개까지의 범위 내에서 제시되었다. 실험참가자들은 이들 사각형 중에 왼쪽이나 오른쪽의 한쪽 시야에 제시된 것은 학습하고 다른 쪽 시야의 자극은 무시해야만 했다. 지연 유지 시기는 900 Millisecond였다. 검사시기에는 주의를 기울였던 자극 중에 색이 바뀐 것이 있는지를 판단하여 반응해야만 했다. 그림 6.4B에 연구 결과가 제시되어 있다. 왼쪽 그래프는 Theta–Gamma coupling

을, 즉 Theta 파형과 Gamma 파형이 함께 증가하거나 감소하는 시점을 기준으로 그림 그래프를 보여 주고 있다(4장 참고). 후두엽과 두정엽에서 측정된 파형이다. 옅은 선 그래프는 주의를 기울인 시야와 반대 방향에 있는 반구에서의 파형 Contralateral EEG Activity을 그리고 진한 선은 동일한 방향의 반구에서의 파형 Ipsilateral EEG Activity을 나타내고 있다. y축은 Theta–Gamma coupling의 크기를 나타내고 x축은 기억해야 했던 자극의 수를 나타내고 있다. 그래프에서 볼 수 있는 결과는 주의를 기울인 시야와 반대 방향에 있는 반구에서의 Theta–Gamma coupling이 기억해야 하는 자극 수가 증가할수록 증가하다가 6개의 자극일 때에는 감소하는 보여 주고 있다. 자극의 수가 4개일 때까지는 이 파형이 확실히 증가한다. 즉, 작업기억에 부하가 커질수록 이 파형은 증가한다. 그러나 작업기억 부하가 가장 큰 6개의 자극 조건에서는 오히려 감소하였다. 아마도 6개를 작업기억 속에 유지하는 것이 너무 어려워서 작업기억 속에 유지하는 것을 포기했기 때문으로 추정된다. 지금 설명한 Theta 파형의 활동은 후두엽과 두정엽에 측정된 것으로 전두엽과 해마의 상호작용으로 나타나는 Theta파와 혼돈하면 안 된다. 전두엽과 해마의 상호작용으로 나타나는 Theta파는 장기기억과 관련된 것이다. 오른쪽 그래프는 Alpha 파형의 활동을 보여 주고 있다. 지연시기 동안 측정된 Alpha 파형은 학습시기에 주의를 기울인 시야와 동일한 방향에 있는 반구에서 증가하는 것을 나타내고 있다. 앞에서 언급한 것처럼, Alpha 파형은 정보처리의 억제와 관련이 있다. 학습시기에 주의를 기울인 시야와 반대 방향에 있는 반구에서의 활동이 왕성하려면 동일 방향 반구에서의 활동을 억제해야 한다. 이후에 Roux et al. (2012)는 뇌자도 Magnetoencephalogram, MEG를 이용해서 작업기억관련 뇌파의 활동을 조사하였다. 작업기억 과제는 정해진 위치에 제시되었던 색을 기억해내는 것이었다. Sauseng et al. (2009) 결과처럼, 작업기억의 부하가 증가할수록 Gamma와 Alpha 파형이 증가하였다. 다른 점은 작업기억의 부하가 증가해도 Theta 파형의 증가는 없었다는 것이다.

(A) 실험 패러다임

실험변인: 기억항목수(4), 주의여부(2)

실험설계

	기억 항목수				
	2	3	4	5	6
주의를 기울인 시야					
주의를 주지 않은 시야					

실험절차

단서제시
200 ms
→
기억항목
좌우시야 제시
100 ms
→
지연시기
900 ms
→
검사시기
2000 ms

(B) 실험 결과

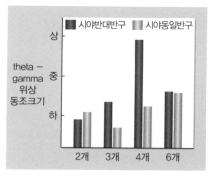
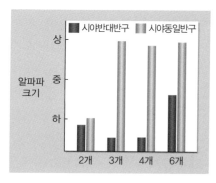

[그림 6.4] 색 작업기억 연구 패러다임과 EEG 결과.

(A) 단서 제시 시기에는 화살표로 왼쪽 혹은 오른쪽 어느 시야의 자극을 학습해야 하고 다른 시야의 자극은 무시해야 하는지를 알려 주었다. 학습시기에는 색이 칠해진 사각형이 2개에서 6개까지의 범위 내에서 제시되었다. 실험참가자들은 이들 사각형 중에 왼쪽이나 오른쪽의 한쪽 시야에 제시된 것은 학습하고 다른 쪽 시야의 자극은 무시해야만 했다. 지연 유지 시기는 900 Millisecond였다. 검사시기에는 주의를 기울였던 자극 중에 색이 바뀐 것이 있는지를 판단하여 반응해야만 했다.

(B) 왼쪽 그래프는 Theta–Gamma coupling을, 즉 Theta 파형과 Gamma 파형이 함께 증가하거나 감소하는 시점을 기준으로 그린 그래프를 보여 주고 있다. 후두엽과 두정엽에서 측정된 파형이다. 옅은 선 그래프는 주의를 기울인 시야와 반대 방향에 있는 반구에서의 파형(Contralateral EEG Activity)을 그리고 진한 선은 동일한 방향의 반구에서의 파형(Ipsilateral EEG Activity)을 나타내고 있다. y축은 Theta–Gamma coupling의 크기를 나타내고 x축은 기억해야 했던 자극의 수를 나타내고 있다. 오른쪽 그래프는 Alpha 파형의 활동을 보여 주고 있다. 지연시기 동안 측정된 Alpha 파형은 학습시기에 주의를 기울인 시야와 동일한 방향에 있는 반구에서 증가하는 것을 나타내고 있다.

Hsieh et al.(2011)은 항목에 대한 작업기억과 순서에 대한 작업기억을 EEG를 이용하여 조사하였다. 다른 작업기억 연구처럼 지시 시기, 학습시기, 4초 동안의 지연시기, 그리고 검사시기로 구성되었다. EEG는 지연시기 동안 기록되었다. 학습시기 동안 4개의 눈 꽃송이 모양의 시각 자극이 한 번에 하나씩 제시되었다. 지시 시기에 단서를 미리 제시하여 학습시기 동안 4개의 항목을 작업기억에 유지해야 하는지 아니면 4개의 자극의 제시 순서를 유지해야 하는지를 알려주었다. 검사시기에는 항목에 대한 기억 검사로 학습시기에 제시되었던 자극 1개와 새로운 자극 1개를 제시한 후에 2개 중에 어느 것이 학습시기에 제시되었던 것인지를 판단하게 하였으며, 순서에 대한 작업기억 검사에서는 학습시기에 제시되었던 2개의 자극을 제시하고 어느 것이 순서에서 먼저 제시되었는지를 판단하게 하였다. 연구자들은 지연시기 동안 측정된 EEG를 분석하였다. 연구 결과, 후두엽 부위의 전극에서 측정된 Alpha 파형은 순서를 유지해야 하는 조건에서보다 항목을 유지해야 하는 조건에서 더 크게 나타났다. 반면에 전두엽 부위의 전극에서 측정된 Theta 파형은 항목을 유지해야 하는 조건에서 보다 순서를 유지해야 하는 조건에서 더 크게 나타났다. 연구자들은 Gamma 파형은 분석하지 않았다. 항목을 유지해야 하는 조건에서 크게 나타난 후두엽 부위 전극의 Alpha 파형은 위에서 설명된 연구와 유사한 결과이며, 이는 아마도 시각 영역에서 항목 자극의 모양을 과하게 저장하고 있지 않도록 억제하는 과정에서 나타난 것 같다. 순서를 유지해야 하는 조건에서 크게 나타난 전두엽 부위 전극의 Theta 파형은 아마도 전두엽과 해마 간의 상호작용을 반영하는 뇌파일 가능성이 크다. 이러한 가능성을 지지하는 연구를 Chaieb et al.(2015)이 심부전극기록법 Depth Electrode Recording 으로 수행하였다. 학습시기 동안 얼굴 자극을 한 번에 하나씩 제시하고 이를 지연시기 동안 유지하도록 하였다. 전극을 해마에 위치해서 EEG를 기록하였다. 연구 결과, Theta-Gamma coupling 파형이 나타났다. Hsieh et al.(2011)과 Chaieb et al.(2015)의 공통점은 학습시기에 자극을 한 번에 하나씩 제시하여 순서 정보를 작업기억에 유지해야 한다는 공통점이 있다. 10장에서 논의할 것이지만 해마는 순서 정보를 기억하는데 관여하는 것으로 알려져 있다. 그래서 Hsieh et al.(2011)과 Chaieb et al.(2015)이 보고한 Theta 파형은 작업기억을 반영하기 보다는 해마에서 순서 정보를 정보처리 과정에서 나타났을 가능성이 매우 높다.

앞에서 살펴본 연구 결과를 종합해보면, 후두부에서의 Gamma 파형은 시각 자극의 내용을 시각 감각 영역에서 정보를 유지하는 과정에서 나타나는 것 같고 Alpha 파형은 시각 영역에서 관련 없는 내용이 활성화되는 것을 억제하는 과정에서 나타난 것 같다. 이제까지 수행된 작업기억 연구는 주로 작업기억에 어떤 내용을 유지하고 있는지를 연구했다. 그렇지만 살펴본 것처럼 작업기억에서 정보를 처리하는 동안 Alpha 파형이 강하게 나타나는 것으로 보아서, 즉 억제하는 기능이 활성화되는 것으로 보아서, 작업기억이 관련 없는 정보를 활성화되지 않도록 억제하는 과정에 대해서도 더 많은 연구가 이루어져야 할 것 같다. Theta 파형은 작업기억 과제를 수행하는 동안 항상 일관성 있게 발견되지 않고 특정한 종류의 작업기억 과제를 수행하는 동안만 나타났다(예를 들어, Roux et al., 2012; Roux & Uhlhaas, 2014(이 분야의 진행된 연구를 총체적으로 살펴보는데 도움이 된다)). 이런 사실은 Theta 파형은 작업기억을 반영하기보다는 특정한 종류의 과제를 수행하는데 관련된다는 것을 의미한다. Box 6.2에서 지적하였듯이, 작업기억은 해마와 관련이 없는 것 같다.

Box 6.2 작업기기억은 해마의 활동과 관련이 없다.

어떤 종류의 가설도 가능하다. 마찬가지로 해마가 작업기억과 직접 관련되어 있다는 가설도 가능하다. 그렇지만 이 가설을 지지하는 확실한 연구 결과가 이제까지 발표된 사례가 없다. 작업기억이 해마의 활성화를 일으키거나 해마 손상 환자가 작업기억 과제 수행에 장애가 있다는 것을 확실하게 제시한 연구 결과가 없다. 해마는 장기기억, 공간 정보처리, 시간 순서 정보처리, 새로운 자극을 학습하는 정보처리 등과 깊이 관련되어 있는 것으로 알려져 있다. 작업기억이 해마와 관련된다고 발표한 연구들은 모두 지금 언급한 장기기억, 공간 정보처리, 시간 순서 정보처리, 새로운 자극을 학습하는 정보처리 등의 영향을 효과적으로 분리해 내지 못했으며, 그래서 작업기억만의 활동을 인과적으로 측정하지 못했다. 이처럼 작업기억과 해마가 관련된 연구 결과가 없는 것을 기반으로 해서 해마가 작업기억에 관여하지 않는다고 주장하는 것은 마치 가설검증 과정에서 영가설Null Hypothesis을 받아들여서 주장을 펴는 것과 같은 논리이다. 혹자는 작업기억과 해마의 관련성을 연구하려고 도입한 연구 방법이 덜 민감해서 찾아내지 못했거나 아니면 해마 손상 환자의 작업기억 결손을 측정할 수 있는 도구가 없어서라고 주장할 수도 있을지 모르겠다. 이론적으로는 이런 주장이 가능할지 모르겠지만, 수천 편의 연구 결과들 중에 작업기억과 해마가 관련된다는 확실한 증거를 제시한 연구가 없다. 따라서, 현재 내릴 수 있는 결론은 작업기억은 해마와 아무런 관련이 없다는 것이다.

6.4 뇌 가소성과 작업기억훈련(Brain Plasticity and Working Memory Training)

일련의 작업기억 연구자들은 작업기억 과제를 훈련하는 것이 뇌 변화를 일으키는지, 즉 뇌 가소성Brain Plasticity을 조사하였다. Jaeggi et al.(2008)은 작업기억 과제를 가지고 열심히 훈련하면 이 과제 수행이 좋아질 뿐만 아니라 전반적인 지능도 상승한다는 결과를 발표하였다.

(A) 행동실험결과

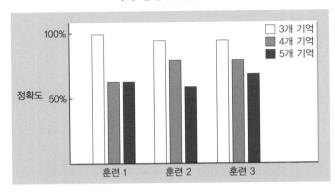

(B) fMRI 결과

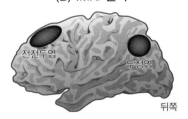

훈련후에 면화된 영역

[그림 6.5] 작업기억에 따른 행동 수행의 증가와 뇌의 변화.(A) y축은 작업기억 정확율을 표시하고 있고, x축은 훈련 전, 훈련 후, 훈련 후 6개월 지났을 때를 표시하고 있다.(B) 훈련 전과 훈련 후의 뇌 변화

Jolles et al.(2010)은 fMRI를 이용해서 작업기억 과제를 가지고 열심히 훈련하면 뇌 영역이 실제로 변화하는지 여부를 조사하였다. 다른 작업기억 연구 패러다임처럼, 실험은 학습시기, 지연시기, 검사시기로 구성되었다. 학습시기에 3개에서 5개까지의 사물 자극이 순차적으로 제시되고 실험참가자는 이들 자극들을 언어화하여 기억하였다. 지연시기에는 학습시기에 제시되었던 순서대로 사물들의 순서를 작업기억 속에 유지하거나(유지 조건) 아니면 제시된 순서를 거꾸로 유지하도록(순서 변

화 조건) 실험참가자는 지시를 받았다. 검사시기에는 학습시기에 제시되었던 사물을 제시하고 나서 지연시기에 유지했던 순서를 기준으로 그것이 몇 번째인지를 해당 버튼을 눌러서 반응하도록 하였다. 실험참가자는 이런 실험을 하루에 25분씩, 일주일에 3회, 그리고 6주 동안 지속하였다. fMRI 측정은 지연시기 동안 이루어졌다. 처음 fMRI 측정은 첫 지연시기에 이루어졌고(훈련 전, 시점1 측정), 6주 훈련 후의 마지막 지연시기에 다시 한 번 측정되었으며(훈련 후, 시점2 측정), 그리고 마지막으로 모든 훈련이 끝나고 6개월이 지난 후에 일부 참가자를 대상으로 fMRI 측정이 이루어 졌다(훈련 효과 지속, 시점3 측정). 그림 6.5A는 작업기억 정확도가 훈련이 진행됨에 따라 증가하는 것을 볼 수 있다. 특히 4개와 5개를 유지해야 하는 어려운 조건에서의 향상이 두드러졌으며, 이와 같은 작업기억 능력의 향상은 6개월 후에도 지속되었다. 그림 6.5B는 작업기억 훈련으로 인해서 전전두엽의 앞쪽 부분과 두정엽에서의 활동 증가를 제시하고 있다. Olesen et al.(2004)도 이전에 공간적 위치를 5주간 훈련한 작업기억 훈련 연구에서 훈련의 효과가 배외측 전전두엽과 두정엽의 활동 증가를 그리고 배외측 전전두엽의 다른 영역에서는 활동 감소를 보고한 적이 있었다. 작업기억 훈련으로 인해서 전전두엽의 어느 부분의 활성화는 증가하고 다른 부분은 감소하는 것이 이상하게 보이지만, 사실은 전전두엽은 매우 크고 다양한 인지 처리에 관여하기 때문에 이러한 엇갈리는 것처럼 보이는 결과도 충분히 있을 수 있다. 전전두엽 어느 부분에서의 훈련에 따른 활동 감소는 7장에서 논의할 반복점화(암묵기억의 일종 임) 때문으로 추정되며, 반복에 의해 관련된 작업기억 정보처리의 효율성이 증가되고 능숙해지기 때문으로 해석할 수 있다(7장 참고). 뇌 영역의 활동 증가는 어려운 과제를 손쉽게 처리할 수 있도록 책략을 사용하는 과정에서, 예를 들면 청킹(여러 개의 항목을 묶어서 하나의 항목처럼 만드는 것) 혹은 작업기억 속에 유지하고 있는 항목에 더 많은 주의를 기울이는 것과 같은 정보처리 과정 때문에 나타난 것으로 이해할 수 있다(8장 참고).

작업기억 훈련은 배외측 전전두엽과 두정엽의 활동 증가와 감소와 관련된다. 특히 작업기억 훈련의 지속 시간이 몇 주에 걸쳐서 행해지는 것처럼 장기간인 경우에 이런 일이 일어난다(Klingberg, 2010; Li et al., 2015). 한 시간보다 짧은 기간의 작업기억 훈련은 이들 영역과 시각 감각 영역에서의 활동 감소로 이어지는데, 이런 활동 감소는 7장에서 논할 반복점화 때문이다. 배외측 전전두엽과 두정엽의 활동 증가를 일으키려면 상당한 정도의 작업기억 훈련이 요구된다. 상당한 정도로 긴 시간 동안 열심히 작업기억을 훈련하면, 훈련했던 과제와 관련된 것은 물론이고 관련이 없는 다른 과제 수행에도 상당한 증진이 나타난다(Jaeggi et al., 2008; Li et al., 2010). 이런 이유는 배외측 전전두엽과 두정엽은 작업기억, 장기기억, 심상, 그리고 주의 등 수많은 인지정보처리와 관련되기 때문이다(8장 참고). Box 6.3에서 논의한 것처럼 작업기억의 다른 이름은 심상이다. 비록 많은 연구들이 훈련 받지 않은 과제에서도 수행 증가를 초래한다고 전이 효과를 발표하지만, 그 결과가 얼마나 믿을 수 있는 것인지 약간 의심스럽다. 좀 더 많은 연구가 이루어진 후에나 훈련받지 않은 과제로도 훈련의 효과가 전이되는지를 확실하게 말할 수 있을 것 같다.

Box 6.3 작업기억은 존재하는가?

작업기억의 연구 영역이 심상 연구 영역 보다 훨씬 크다. 검색 엔진 "PubMed.gov"에 "working memory" and "fMRI"를 입력해서 논문을 검색해 보면, "imagery" and "fMRI" 검색어를 입력했을 때보다 무려 3배 이상의 논문이 검색된다. 그렇지만 8장에서 보듯이, 작업기억과 심상 관련 뇌 영역이 거의 유사하다. 어떤 종류의 인지과정이든 하부 세부 과정으로 분해될 수 있어야 한다. 지각은 인지과정의 가장 기초가 되는 부분이고 감각 영역의 활동과 관련이 있다. 심상은 일종의 약한 지각과 유사해서 감각 영역의 활성화와 이 정보를 붙잡고 있기에 필요한 전전두엽과 두정엽의 활성화를 동반한다. 작업기억이라는 이름은 방금 전에 경험했던 정보를 어딘가에 유지 지속하고 있는 것이라서이다. 그렇지만 작업기억을 이렇게 정의한 것은 너무 간단하게 생각해서인 것 같다. 방금 전에 제시되었던 정보를 기억하는 것은 진짜기억이 아니다(최소한 이름처럼은 아니다). 작업기억은 조금 전에 보았던 내용에 대한 심상일 뿐 다른 무엇이 아니다라고 주장할 수도 있다. 반면에 장기기억은 이전에 학습했던 내용을 인출하는 것이 필요하고 해마의 역할이 필요하며, 그래서 조금 전에 경험한 이미지와는 다르다. 작업기억관련 뇌 영역이 조금 전에 경험한 이미지를 다루고 있는 뇌 영역과 거의 동일하고, 작업기억에만 특별히 관여하는 뇌 영역이 없기 때문에 작업기억은 다른 인지과정과 구분되는 다른 기억이라고 보기가 어렵다. 작업기억을 연구하는 과학자들은 그래도 여전히 작업기억과 관련된 주제를 연구할 것이다. 그렇지만 적어도 기억을 연구하는 과학자들은 분명하게 실체가 있는 장기기억에 관심을 가질 뿐 심상이나 작업기억에는 관심을 갖지 않는다.

- 작업기억 속에 정보를 유지할 때 배외측 전전두엽이 관여한다. 오래전부터 배외측 전전두엽이 작업기억 정보를 유지하고 있다고 생각해 왔다.
- 다중 복셀 활동 패턴 분석과 패턴 분류 알고리즘으로 작업기억의 정보가 초기 시각 정보처리 영역인 V1에 유지·지속되고 있는 것을 조사할 수 있었다.
- 작업기억이 해마의 활동과 관련된다는 주장은 믿기 어렵다. 작업기억과 해마의 활동 간의 상관성을 보고한 연구들은 분석하는 대상을 지연시기만으로 한정하지도 않았고 또한 장기기억 관여 가능성 등의 혼입 변인을 통제하지 못했다. 작업기억과 해마 활동 간의 상관성을 확실하게 보인 연구는 없다.
- Alpha 파형과 Gamma 파형이 시각 작업기억과 관련이 있다.
- 작업기억 연구에서 보고된 Theta 파형은 작업기억의 문제라기 보다는 공간 정보처리 혹은 시간 순서 정보 처리 등의 과정과 관련된 것으로 보아야 한다.
- 작업기억 과제로 장시간 동안 열심히 훈련하면 배외측 전전두엽과 두정엽의 활동 증가와 감소를 함께 일으킨다. 활동 증가는 새로운 책략을 사용하기 때문이고 감소는 반복점화 때문이다.
- 작업기억 과제로 장시간 동안 열심히 훈련하면 작업기억 과제뿐만 아니라 작업기억과 관련되지 않은 과제 수행에서도 향상을 가져올 수 있다.

- 작업기억 정보 유지 영역에 대해 현재와 10년 전의 생각은 어떻게 다른가?
- 작업기억과 시각 영역 V1 간의 상관성을 조사한 연구 방법은 무엇인가?
- 작업기억이 해마 활동과 관련된다고 보고한 연구들의 주장을 의심하는 이유는 무엇인가?
- 작업기억과 일관성 있게 연관된 것으로 보고된 뇌파는 무엇인가?
- 작업기억 과제로 훈련을 하면 훈련하는 시간 정도에 따라, 즉 한 시간 정도 했을 때와 6개월 했을 때의 차이는 무엇인가?

- Sala, J. B., Rämä, P. & Courtney, S. M. (2003). Functional topography of a distributed neural system for spatial and nonspatial information maintenance in working memory. *Neuropsychologia, 41*, 341 – 356.
  fMRI 연구로 작업기억의 내용이 배외측 전전두엽에 저장되어 있고 감각 영역에 저장되어 있지 않다고 주장한 논문이다.

- Harrison, S. A. & Tong, F. (2009). Decoding reveals the contents of visual working memory in early visual areas. *Nature, 458*, 632 – 635.
  다중 복셀 활동 패턴 분석과 패턴 분류 알고리즘으로 작업기억의 정보가 초기 시각 정보처리 영역인 V1에 유지 지속되고 있는 것을 처음 보인 연구이다.

- Hannula, D. E. & Ranganath, C. (2008). Medial temporal lobe activity predicts successful relational memory binding. *The Journal of Neuroscience, 28*, 116 – 124.
  작업기억과 해마의 활동 간의 상관성을 보고한 연구이다. 분석하는 대상을 지연시기만으로 한정하지도 않았고 또한 공간 정보처리 관여 가능성 등의 혼입 변인을 통제하지 못했다.

- Sauseng, P., Klimesch, W., Heise, K. F., Gruber, W. R., Holz, E., Karim, A. A., Glennon, M., Gerloff, C., Birbaumer, N. & Hummel, F. C. (2009). Brain oscillatory substrates of visual short–term memory capacity. *Current Biology, 19*, 1846 – 1852.
  Alpha 파형과 Gamma 파형이 시각 작업기억과 관련이 있다는 것을 보고하였으며, TMS로 Alpha 파형과 Gamma 파형을 발생시키는 후두엽과 두정엽을 교란시켰을 때 이들 파형도 나타나지 않고 작업기억도 문제가 발생하는 것을 보인 훌륭한 연구이다.

- Olesen, P. J., Westerberg, H. & Klingberg, T. (2004). Increased prefrontal and parietal activity after training of working memory. *Nature Neuroscience, 7*, 75 – 79.
  작업기억 과제로 장시간 동안 열심히 훈련하면 배외측 전전두엽과 두정엽의 활동 증가를 일으킨다는 사실을 fMRI로 처음 보고한 연구이다.

7 / 장

암묵기억

7 Implicit Memory
암묵기억

- 암묵기억(Implicit Memory) 동안 나타나는 행동 특성과 뇌 활동 이해하기
- 암묵기억과 관련된 뇌 영역 이해하기
- 암묵기억과 관련된 뇌파 특성 이해하기
- 뇌 활동으로 암묵기억을 설명하는 모델 간의 차이 이해하기
- 암묵기억이 해마와 관련되어 있는 결정적인 증거가 있는지를 본문 내용을 통해 이해하고 결정해보기
- 기술학습(Skill Learning) 동안 일어나는 2종류의 뇌 활동 이해하기

일상 생활에서 기억이라는 용어는 보통 과거에 일어났던 사건을 의식선상에서 아는 것 혹은 경험하는 것을 의미한다. 그러나 이 사건 혹은 항목을 여러 번 반복하여 경험하면 의식선상에서 아는 것 말고도 무의식선상에서 나타나는 행동과 뇌의 변화도 있다. 암묵기억이라는 용어는 특별히 의식선상에는 떠오르지 않지만 무의식선상에서는 여전히 알고 있는 상태의 기억을 의미한다. 어떤 경험을 반복적으로 여러 번 하게 되어 암묵기억화 된다는 것은 정보처리의 효율성과 능숙도가 높아지는 것을 의미하며(이런 상태를 반복점화Repetition Priming라고 한다), 기술획득Skill Learning의 경우에 그 기술에 더 능숙해져서 매우 효율적으로 그 일을 해낼 수 있다는 것을 의미한다(1장 참고). 7.1절에서는 암묵기억과 관련된 뇌 영역을 설명할 것이다. 암묵기억과 관련된 뇌 영역은 배외측 전전두엽과 감각 영역이다. 7.2절에서는 암묵기억과 연관된 뇌파에 대해 다룰 것이다. 대개 Gamma파와 Alpha파가 관련된다(4장 참고). 이들 파형은 장기기억과 관련된 파형으로 알려져 있다. 장기기억과 암묵기억이 뇌 영역과 뇌파에서 상당히 중복되지만 차이가 나는 부분도 상당히 많다. 예를 들면, 장기기억 때에는 어느 피질의 활동이 증가하지만, 암묵기억 때에는 그 영역의 활동이 오히려 감

소한다. 7.3절에서는 암묵기억을 설명하는 뇌신경 모델들을 설명할 것이고, 어느 모델이 옳은지를 구분해 낼 수 있는 방법에 대해 논의할 것이다. 7.4절에서는 해마가 암묵기억과 관련되어 있다고 주장하는 증거를 살펴볼 것이다. 이런 주장이 사실이라면 해마는 장기기억하고만 관련되어 있다는 주장에 정면으로 반박하는 것이다. 마지막 절인 7.5절에서는 기술학습에 대해 논의할 것이다. 초기에는 장기기억에 의존하다가 여러 번 반복하여 훈련하면 후에는 암묵기억의 종류로 변해가는 과정과 뇌의 변화를 살펴 볼 것이다. 기존의 기술 학습 연구는 너무 간단한 기술을 배우는 과제를 대상으로 시행되었으며, 또한 너무 짧은 단기간에 일어나는 기술학습을 조사하였다. 조금 더 실생활에 가까운 복잡한 기술을 배우는 상황과 또한 여러 해에 걸쳐서 반복적으로 학습되는 상황에서의 기술학습 연구가 필요하다.

7.1 암묵기억 관련 뇌 영역(Brain Region Associated with Implicit Memory)

어떤 사건을 처음으로 경험할 때, 뇌 여러 부분이 활성화된다. 예를 들어, South Dakota의 Badlands에서 풀을 뜯고 있는 들소 사진을 처음으로 보고 있다면, 시각 영역과 배외측 전전두엽 등 여러 영역이 동시에 활성화된다(1장과 8장 참고). 처음 경험했던 사건을 또다시 경험하게 되면, 그 사건을 인지하는 속도가 빨라지고 또한 그 사건을 정보처리하던 뇌 영역의 활동도 감소한다. 반복 노출 때문에 정보처리도 더 효율적으로 변하는 현상을 반복점화라고 한다. 반복 경험으로 인해 정보처리의 속도 등 효율성의 증가는 그 일을 담당하는 뇌 영역의 활성화가 감소하는 형태로 나타난다. 관련된 뇌 영역의 활동이 증가할지 아니면 감소할지는 그 사건을 의식선상에서 주의를 기울여서 정보처리하고 있는지(처음으로 사건을 경험할 때, 뇌 활동 증가) 아니면 거의 무의식 수준에서 처리하고 있는지에(반복적으로 사건을 경험할 때, 뇌 활동 감소) 따라 결정된다.

    암묵기억과 뇌 영역의 관련성을 연구하기 위해 대부분의 연구는 반복점화 연구 패러다임을 사용했다. 반복점화 연구 패러다임은 학습시기와 검사시기로 구성된다. 학습시기에는 사물과 같은 항목이 제시되고 실험참가자는 이 항목에 대해 지각 혹은 개념적인 분류 판단을 가능한 빠르게 반응한다. 도형이 균형적인지 아닌지, 혹은 기준 자극보다 큰지 아니면 작은지, 혹은 생물인지 비생물인지를 가능한 빨리 판단해서 반응해야 한다. 검사시기에도 학습시기처럼 지각 혹은 개념적 분류 판단을 가능한 빠르게 분류 판단해야 한다. 학습시기와 다른 점은 제시되는 자극이 학습시기에도 제시되었던 그래서 반복되는 자극과 처음 제시되는 자극, 그래서 두 종류의 자극이 제시된다는 것이다. 반복되는 항목에 대한 분류 판단이 정확하고 빠를 것으로 예측되며, 이런 정보처리의 효율성 증가는 곧 반복점화를 반영하는 것이다. 반복점화 연구 패러다임에서 눈 여겨 보아야 할 두 가지 측면이 있다. 첫째, 장기기억 회상 과제처럼 경험한 내용을 직접 인출해내야 하는 과제Direct Task와는 다르게(이렇게 직접 인출하는 과정이 주의와 의식을 요구하며, 그래서 직접 인출 방법으로 인출해낸 기억은 외현기억Explicit Memory성분을 반영한다), 지각적 혹은 개념적 분류 판단을 통해서 간접적으로 기억 인출을 측정하는 반복점화 연구 패러다임은 명시적이고 주의가 필요한 의식선상의 정보처리를 요구하지 않는다. 두 번째 중요한 측면은 실험참가자로 하여금 지각적 분류 판단 혹은 개념적 분류 판단을 가능한 빨리 실행하도록 요구해서 가능하면 장기기억의 영향을 받지 않도록 설계되었다는 것이다. 반복점화 연구 패러다임은 대체적으로 무의식선상의 정보처리를 측정하는 것 같다. 왜냐하면, 반복점화 연구 패러다임에서의 반응 시간은 대개 1초 미만으로 의식선상의 정보처리를 요구하는 장기기억 과제의 반응시간(보통 2초 이상 걸린다)보다 짧기 때문이다. 또한 반복점화 연구 패러다임이나 암묵기억 과제는 내측 측두엽의 정보처리를 필요로 하지 않는다(Squire, 1992; Squire, Dobbins & Schnyer, 2004).

　　반복점화는 특징적으로 관련된 뇌 영역의 활성화의 감소로 표현되며, 이런 뇌 활동의 감소를 반복유발—감소Repetition Suppression 혹은 반복유발—적응Repetition Adaptation이라고도 부른다. 반복점화, 반복유발—감소 혹은 반복유발—적응은 인지 신경과학에서 자주 발견되는 매우 보편적인 현상이다. Koutsaal et al.(2001)은 그림 7.1에 예시되어 있는 것과 같은 반복점화 연구 패러다임을 이용하여 fMRI 연구를 진행하였다. 학습시기에 여러 개의 사물들이 제시되었다. 실험참가자는 제시되는 사물이 13인치 크기의 사각형 박스보다 큰지 혹은 작은 지를 가능한 빨리 판단하고 반응하도록 하였다. 사물의 전체 리스트를 대상으로 동일한 판단 반응 과정을 4번 반복하였다. 검사시기에도 3종류의 자극에 대해 학습시기에 행했던 판단과 반응 절차를 실행하였다. 한 종류는 학습시기에 경험했던 것이었고(same/old items), 두 번째는 학습시기에 경험했던 것과 동일한 이름을 가지지만 크기가 다른 자극이었고(그래서 same/different items), 세 번째 종류는 처음 보는 것이었다(novel/new items). 학습시기에 그 자극을 경험 했는지를 묻는 것이 아니고 단지 제시되는 자극이 기준 자극보다 사이즈에서 큰지 혹은 작은 지를 판단하게 하여 간접적인 인출을 유도하고 있다는 사실에 주목해야 한다. 연구 결과, 학습시기에 경험했던 자극에 대한 반응 시간이 처음 보는 자극에 대한 반응 시간 보다 빨라서 반복점화를 나타냈다. 학습시기에 경험했던 것과 동일한 이름을 가지지만 크기가 다른 자극에 대한 반응 시간은 중간 정도의 속도를 보여서 이름이 중복되는 반복점화 효과를 어느 정도 나타냈다. 반복점화와 관련된 뇌 영역을 찾기 위해서 처음 보는 자극에 대한 fMRI에서 학습시기에 경험했던 자극에 대한 fMRI를 제외시키고 비교하는 분석을 실시하였다. 이렇게 기존의 방법과는 다르게 거꾸로 비교하는 이유는 처음 보는 자극에 대한 뇌 활동이 여러 번 경험했던 자극에 대한 뇌 활동보다 월등하게 크기 때문이다. fMRI 분석 결과, 오른쪽과 왼쪽 반구의 배외측 전전두엽(7.1B, 위에 매우 크게 활성화되어 표시된 부분)과 방추이랑Fusiform Gyrus의 일부 영역(7.1B, 아래로 매우 크게 활성화되어 표시된 부분)에서 반복점화를 반영하는 뇌 활동 감소가 보였다. 또한 양반구의 외측 측두엽 부분에서도 반복점화를 반영하는 뇌 활동이 보였다(사진에서는 보이지 않는다). 아마도 전전두엽과 측두엽의 반복점화 효과는 개념적 혹은 언어정보처리와 관련되어서 나타난 것 같고(특히 왼쪽 뇌의 이 영역들), 후두엽의 효과는 반복 제시로 인해서 시각 자극을 더 효율적으로 처리할 수 있게 되었기 때문으로 추정된다. 그림 7.1C는 양반구의 방추이랑에서 보이는 뇌 활동을 사건 관련 활성화의 시간에 따른 변화Event-related Activation Timecourse로 나타낸 것이다. 왼쪽 반구의 방추이랑은 학습시기에 경험했던 자극에 대한 조건과 학습시기에 경험했던 것과 동일한 이름을 가지지만 크기가 다른 자극이었던 조건에서 반복점화를 보이고 있다(즉, 처음 보는 조건에 비해 이 부위의 뇌 활동이 감소되었다). 특이할 만한 사항은 학습시기에 경험했던 것과 동일한 이름을 가지지만 크기가 다른 자극이었던 조건에서의 반복점화이다. 이 조건은 비록 학습 했던 것과 지각적인 측면에서는 다르지만(즉, 크기는 다르지만) 동일한 이름을 가지고 있었기 때문에 반복점화가 있었다. 왼쪽 뇌가 언어 정보처리를 주도하기 때문으로 추정된다. 반면에 오른쪽 방추이랑은 학습시기에 경험했던 자극에 대한 조건에서만 반복점화가 나타났다. 즉, 우반구는 시각적 지각적 특성에 근거해서 반복점화가 일어난다.

(A) 실험 패러다임

실험조건
① 학습시기와 검사시기의 자극이 동일
② 학습시기와 검사시기의 자극이 이름만 동일
③ 학습시기와 검사시기의 자극이 다른 조건

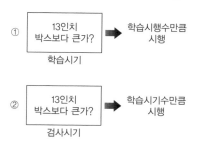

(B)

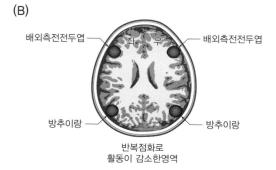

(C)

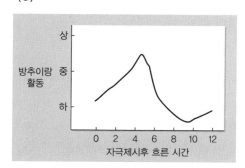

[그림 7.1] 반복점화 연구 패러다임과 fMRI 결과.
   (A) 학습시기. 학습시기에 여러 개의 사물들이 제시되었다. 실험참가자는 제시되는 사물이 13인치 크기의 사각형 박스보다 큰지 혹은 작은지를 가능한 빨리 판단하고 반응하도록 하였다. 사물의 전체 리스트를 대상으로 동일한 판단 반응 과정을 4번 반복하였다.
   (B) 검사시기에도 3종류의 자극에 대해 학습시기에 행했던 판단과 반응 절차를 실행하였다. 한 종류는 학습시기에 경험했던 것이었고, 두 번째는 학습시기에 경험했던 것과 동일한 이름을 가지지만 크기가 다른 자극이었고, 세 번째 종류는 처음 보는 것이었다.
   (C) y축은 방추이랑의 활동을 나타내고 x축은 자극 제시 후의 시간 흐름을 나타내고 있다.

Vuilleumier et al.(2002)도 fMRI 연구를 통해 위의 결과와 유사한 결과를 보고하였다. 동일한 사물이 반복되어 제시된 경우와 이름은 동일하지만 모양이 다른 조건은 모두 왼쪽 뇌의 배외측 전전두엽의 아래쪽 부분에서의 활동 감소가 나타났다. 이 부분은 언어정보처리와 관련이 있는데 아마도 이름 혹은 의미가 반복되었기 때문에 이 부분에서 반복점화를 나타내는 활동 감소가 보였던 것 같다. 검사시기에 학습했던 자극들 중 절반은 학습할 때와는 시야 각도가 다르게 보이도록, 예를 들어 오른쪽으로 30도 기울어진 모양으로 제시하였다. 왼쪽 뇌의 방추이랑Fusiform Gyrus은 학습시기에 제시된 것과 동일한 자극 조건 그리고 학습할 때와는 시야 각도가 다르게 보이도록 제시한 자극 조건 모두에서 한 번도 본 적이 없는 새로운 자극 조건에 비해서 반복점화를 보이는 활동 감소를 보였다. 반면에 오른쪽 뇌의 방추이랑Fusiform Gyrus은 학습시기에 제시된 것과 동일한 자극 조건에서만 새로운 자극 조건에 비해 반복점화의 활동 감소를 보였다. 학습할 때와는 시야 각도가 다르게 보이도록 제시한 자극 조건에서는 이 영역의 활동 감소가 나타나지 않았다. 이같은 결과는 앞에서 논의한 다른 연구처럼, 왼쪽 뇌의 방추이랑Fusiform Gyrus은 동일한 이름을 혹은 의미를 지니고 있으면 반복점화의 활동 감소를 보이고, 반면에 오른쪽 뇌의 방추이랑Fusiform Gyrus은 이름도 동일하고 모양도 동일한 경우에만 반복점화의 활동 감소를 보인다.

Wig et al.(2005)는 fMRI로 자극할 위치를 찾고 그 영역을 TMS로 자극하여 활동을 교란시키는 방법fMRI guided TMS으로 왼쪽 뇌의 배외측 전전두엽의 아래 부분이 반복점화에 필수적인지를 조사하였다. 학습시기와 검사시기에 실험참가자들은 제시된 사물이 생물인지 아니면 무생물인지를 판단하고 반응하였다. 연구는 3 세션으로 구성되었다. 첫 번째 세션에서는 반복점화로 인한 뇌 활동 감소가 배외측 전전두엽의 아래 부분과 후두엽에서 나타나는 것을 fMRI를 통해 찾았다. 두 번째 세션에서는 fMRI로 찾은 배외측 전전두엽의 아래 부분을 TMS로 자극해서 그 영역의 활동을 교란시키고, 그리고 제시된 사물이 생물인지 아니면 무생물인지를 판단하고 반응할 때 나타났던 반복점화가 여전히 일어나는지를 관찰했다. 배외측 전전두엽의 아래 부분을 TMS로 자극하는 조건은 실험 조건이었고, 그리고 새로운 자극에 대해 동일한 판단을 하는 동안 운동 통제 영역을 자극하는 것은 기저선 조건Baseline Condition이었다. 세 번째 세션에서는 fMRI로 새로운 자극과 이전에 학습했던 자극에 대해 생물 혹은 무생물인지를 판단하는 동안 나타나는 행동 측면에서의 반복점화효과와 뇌 활동 측면에서의 반복점화유발 뇌 활동 감소를 조사하였다. TMS로 배외측 전전두엽의 아래 부분을 자극하였을 때, 행동과 뇌 활동 모두에서 반복점화가 사라졌다. 즉, 기저선 조건에 비해 반응 시간이 빠르지도 않았고 배외측 전전두엽의 아래 부분의 반복점화유발 뇌 활동 감소도 없었다. 그렇지만 후두엽 부위에서 보였던 반복점화는 TMS로 배외측 전전두엽의 아래 부분을 자극해도 여전히 반복점화유발 활동 감소를 보였다. 자극으로 사용된 사물들의 시각적 특성의 반복 때문에 후두엽에서의 반복점화유발 뇌 활동 감소가 나타난 것이다.

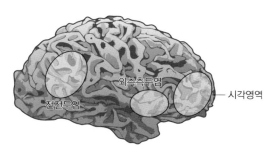

왼쪽뇌 측면모습

[그림 7.2] 반복점화유발 뇌 활동 감소 영역. 반복점화유발 뇌 활동 감소가 배외측 전전두엽, 외측 측두엽, 그리고 시각 영역인 후두엽의 뒤 부분과 측두엽과 겹치는 아래쪽 부분에서 일관성 있게 여러 연구에서 보고되었다. 시각 영역 내에서도 뒤 쪽 부분은 시각 자극의 물리적 특성에 가장 민감하고 앞 쪽에 위치하는 방추이랑과 같은 영역은 시각의 물리적 특성에는 덜 민감하지만 자극의 개체 혹은 의미 특성 등에는 더 민감하다.

지금까지 연구된 결과들을 리뷰한 결과가 그림 7.2에 제시되어 있다(Schacter, Wig & Stevens, 2007). 배외측 전전두엽, 외측 측두엽, 그리고 시각 영역인 후두엽의 뒤 부분과 측두엽과 겹치는 아래쪽 부분에서 반복점화유발 뇌 활동 감소가 보인다. 특히 왼쪽 뇌의 배외측 전전두엽과 외측 측두엽의 반복점화유발 뇌 활동 감소는 개념과 언어정보처리와 관련되어서 나타나는 것 같다(8장 참고). 시각 자극에 대한 지각 반복점화Perceptual Repetition Priming는 후두엽의 시각 영역에서 일어난다. 시각 자극의 물리적 특성과 관련된 지각 반복점화유발 뇌 활동 감소는 후두엽의 조금 더 뒤쪽에서 일어나고 자극의 개체 혹은 의미 특성과 관련된 반복점화유발 뇌 활동 감소는 시각 영역과 측두엽이 만나는 앞쪽에서 나타난다. 이런 식의 지각 반복점화유발 뇌 활동 감소는 특히 오른쪽 반구에서 더 특성적으로 나타난다.

암묵기억의 특성을 이해하기 위해 사용하는 반복점화 연구 패러다임에서는 거의 모든 연구가 친숙한 시각 자극을 사용해서 학습시기와 검사시기에 반복 제시의 효과를 조사하였다. 자극 제시의 반복은 그 자극에 대한 정보처리 속도를 빠르게 하고 또한 실수율도 감소시키는 반복점화를 유발한다. 그리고 이런 반복점화는 위에서 살펴본 여러 뇌 영역의 활동 감소와 관련된다. 드문 경우이기는 하지만, 친숙하지 않은 추상적인 도형같은 자극을 반복적으로 제시하면 행동 측면에서는 그 자극에 대한 정보처리 속도가 빠르고 실수율은 감소된 반복점화가 나타나지만 뇌 활동에서는 오히려 증가하는 경우도 있다(Henson, Schallice & Dolan, 2000; Slotnick & Schacter, 2006). 반복점화에 따른 뇌 활동 감소를 나타내기 위해 사용해온 반복유발–감소 Repetition Suppression라는 용어가 친숙하지 않은 자극에서는 뇌 활동 증가로 나타나는 현상을 표현하기에는 부적절해 보인다. 반복유발–감소 Repetition Suppression라는 용어를 재정의할 필요가 있다. Thakral et al. (출판 예정)에 따르면, 친숙하지 않은 추상적인 도형같은 자극을 반복적으로 제시하면 행동 측면에서는 그 자극에 대한 정보처리 속도가 빠르고 실수율은 감소된 반복점화가 나타나지만 뇌 활동에서는 오히려 증가하는 현상은 자극이 친숙하지 않아서 주의를 많이 할당하기 때문이다. 아직 완전한 결론에 이른 것 같지는 않고, 조금 더 많은 연구를 통해 자극이 친숙한 경우와 친숙하지 않은 경우의 반복점화에 대한 근본 원리 설명이 있어야겠다.

7.2 암묵기억과 관련된 뇌파(Brain Timing Associated with Implicit Memory)

시간 해상도가 매우 높은 측정 방법을 사용한 암묵기억 연구도 반복점화 연구 패러다임을 사용한다. 명심해야 할 점은 친숙한 항목에 대한 반복점화는 fMRI측정치와 ERP같은 전기생리학적 측정치의 크기 감소와 관련된다는 것이다. 암묵기억을 다룬 연구를 제외한, 이 책에서 다룬 모든 기억 연구는 기억이 fMRI측정치와 ERP같은 전기생리학적 측정치의 크기 증가와 관련된다는 사실을 보고했다. 여러분은 이미 암묵기억을 대변하는 반복점화를 이해하고 있다. 여러분이 알고 있는 지식을 근거로 해서 여러분은 아마도 반복점화는 ERP/ERF 같은 전기생리학적 신호의 크기 감소와 관련될 것으로 예측할 것이다. 그러나 실제로 보고된 많은 연구 결과는 서로 엇갈린다. 어떤 연구에서는 반복점화가 ERP/ERF 같은 전기생리학적 신호의 크기 감소와 관련된다고 보고하였고, 다른 연구는 감소한다고 보고하였으며, 심지어 다른 연구들은 아무런 변화가 없다고 보고하기도 하였다.

반복점화와 ERP/ERF의 관련성은 다소 불분명하지만, EEG와 MEG의 Gamma 파형과 Alpha 파형은 반복점화와 관련된다. Fiebach et al. (2005)는 단어(e.g. 'hug')와 유사 단어(e.g. 'wug')를 제시하고 단어인지 아닌지를 판단하는 어휘 판단 과제를 실험참가자에게 두 번 시켰다. 처음으로 어휘 판단 과제를 수행하는 동안 Gamma 파형(25Hz – 80Hz)의 증가가 후두엽과 두정엽에서 자극 제시 후 200 Millisecond에서 350 Millisecond 사이에 나타났다. 그림 7.3A는 후반부 영역의 Gamma 파형은 처음으로 어휘 판단을 할 때가 두 번째 어휘 판단할 때보다 크기도 더 크고 또 위상도 더 잘 일치하는 것을 보여 주고 있다. 다르게 표현해서 반복점화 위주로 표현하면, 자극이 반복해서 제시되고 반복해서 어휘 판단을 수행하게 되면 반복점화 때문에 Gamma 파형의 감소와 위상의 불일치가 후두엽과 두정엽에서 나타난다는 의미이다. 사물을 사용한 반복점화 연구에서도 유사한 결과가 보고되었다(Gruber & Muller, 2005). Gilbert et al.(2010)은 MEG로 사용해서 반복점화유발 뇌파를 측정하였다. 자극으로는 사물이 사용되었으며, 사물 자극은 한 번 혹은 두 번 제시되었다. 실험참가자는 이들 자극의 이름을 마음속으로 말해야 했고 또한 인식하자마자 가장 빠르게 반응 키를 눌러야 했다. 처음 자극 조건과 비교했을 때, 반복된 자극에 대한 조건에서의 Alpha 파형(12Hz를 중심으로 분포)이 증가하는 현상이 나타났다. 그림 7.3B에서 보듯이, 자극 제시 후 200 Millisecond이 지난 후에 오른쪽 뇌의 방추이랑(2장에서 설명한 것처럼 Alpha 파형의 출원지를 추적하는 분석법을 사용하였다)에서 반복 조건의 경우 Alpha 파형이 증가하였다. 반복점화유발 Alpha 파형의 증가는 또한 배외측 전전두엽에서도 나타났다. 유사하게 Ghuman et al.(2008)도 MEG를 사용한 연구에서 배외측 전전두엽과 측두엽의 하부 영역에서 자극 제시 후 190에서 270 Millisecond 사이에 반복점화유발 Alpha 파형 증가를 보고하였다. 또한 반복점화유발 Alpha 파형 증가는 측두엽의 하부 영역에서 보다 30 Millisecond 먼저 배외측 전전두엽에서 나타나는 위상 지연Phase Lag도 나타났다(4장 참고). 이 결과는 배외측 전전두엽이 하향처리 방식Top-down Processing으로 측두엽의 하부 영역을 조절한다는 것을 의미한다. 간질 환자의 치료를 위해 수술 전에 뇌에 삽입한 전극을 통해서 측정한 EEG 반복점화 연구에서도 위의 결과와 유사한 결과가 보고 되었다(Engell & McCarthy, 2014). 반복 제시된 얼굴 조건과 처음 보는 얼굴 조건에 대한 반복점화유발 Gamma 파형의 감소와 반복점화유발 Alpha 파형의 증가가 자극 제시 후 100에서 300 Millisecond 사이에 방추이랑에서 나타났다.

(A) Gamma 파형의 크기와 위상 지연

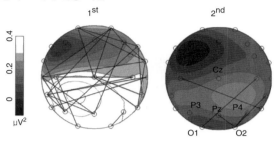

(B) 오른쪽 뇌의 방추이랑 활동

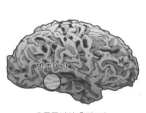

오른쪽뇌의 측면모습

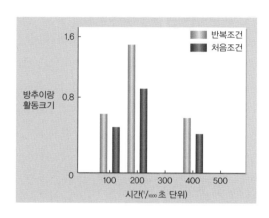

[그림 7.3] 반복점화와 EEG/MEG 관련성.
(A) 후두엽 부위에서 측정된 EEG Gamma파형의 크기와 자극을 처음 제시했을 때와 두 번 제시했을 때 발생하는 위상 지연.
(B) 왼쪽 그림. 오른쪽 방추이랑에서 측정된 Alpha 파형. 단어를 처음 볼 때에 비해서 두 번째 볼 때에 오른쪽 방추이랑에서 Alpha 파형 증가가 보인다(즉, 반복점화유발 Alpha 파형 증가). (B) 오른쪽 그림. 단어를 처음 볼 때와 두 번째 볼 때에 오른쪽 방추이랑에서 측정된 Alpha 파형 크기의 차이. Y축은 신호의 크기를 나타내고 x축은 자극 제시 후 뇌파가 측정된 시점을 나타내고 있다.

지금까지 논의한 내용을 정리해 보자. 시각 자극을 반복제시하게 되면 반복점화효과 나타나며, 반복점화와 관련된 뇌 파의 패턴은 Gamma 파형 감소와 Alpha 파형 증가이다. 반복점화유발 Gamma 파형의 감소는 시각 영역에서 자극 제시 후약 200 Millisecond에서 나타나기 시작하고, 반복점화유발 Alpha 파형의 증가는 배외측 전전두엽과 시각 영역에서 자극 제시 후 약 200 Millisecond에서 나타나기 시작한다. 4장에서 설명한 것처럼 Gamma 파형은 시각 정보처리와 관련된 것인데, 시각 영역의 반복점화유발 Gamma 파형의 감소는 자극 반복으로 인하여 정보처리가 쉬워졌기 때문에 시각 영역의 활동이 감소하는 것을 의미한다. Alpha 파형은 정보처리의 억제와 관련된 파형이다. 배외측 전전두엽에서의 하향식 정보처리 조절이 시각 영역으로 내려 가게 되고, 시각 영역은 이에 따라 시각 영역의 활동을 감소시키는 과정에서 반복점화유발 Alpha 파형의 증가가 나타난 것으로 추정된다. EEG와 MEG로 측정된 반복점화로 인한 피질 영역의 활동 감소는 앞 절에서 논의한 fMRI 결과에서의 활동 감소 와도 일맥상통하는 것이다.

EEG와 MEG의 Gamma 파형과 Alpha 파형은 반복점화와 관련된 파형의 패턴은 왜 ERP와 ERF 연구에서 결과들이 서로 다른지에 대한 설명 단서를 제공한다. ERP와 ERF는 모든 주파수대의 활동을 평균한 것이다. 반복점화를 수행하는 동안 Gamma 주파수 파형은 감소하는 패턴을 지니고 Alpha 파형은 증가하는 패턴을 지닌다면, 두 종류 파형의 증가와 감소는 서로 상쇄하여 아무런 변화가 없는 것처럼 평균에서는 나타날 것이다. 특별히 반복점화유발 Gamma 파형의 감소를 강하게 일으키는 자극 혹은 과제 혹은 실험참가자가 있을 수 있다. 이런 경우 여러 파형의 크기를 평균한 ERP는 아마도 반복에 따른 감소를 보일 것이다. Gruber & Muller(2005)는 이런 가능성을 조사하였다. 반복점화유발 Gamma 파형의 감소가 강하게 나타나고 Alpha 파형 증가는 나타나지 않는 반복점화 조건에서 ERP도 감소를 보였다. 반면에 반복점화를 수행하는 동안 Gamma 주파수 파형은 감소하고 Alpha 파형은 증가하는 조건에서는 ERP에서 아무런 변화가 나타나지 않았다(Engell & McCarthy, 2014). 반복점화와 ERP/ERF의 관련성은 아직까지 분명하지 않아서 더 많은 연구가 이루어질 때까지 결론을 잠시 보류해야 할 것 같다.

7.3 암묵기억모형(Models of Implicit Memory)

지금까지 살펴본 연구 결과는 친숙한 항목에 대한 반복점화는 해당되는 피질 영역에서의 활동 감소로 인한 fMRI 활성화 감소와 Gamma 파형 감소로 나타났다. 전통적인 설명은 반복점화때문에 항목에 대한 정보처리가 빨라지고 더 능숙해진다는 것인데 이 설명은 너무 간단하고 무엇을 의미하는 것인지 애매하다. 반복점화가 일어나는 동안 뇌 신경계에서는 무슨 일이 일어나고 있는지에 대한 세 종류의 설명 모델이 있다(Grill-Spector et al., 2006). 이 모델들은 반복점화 외에도 다른 종류의 암묵기억에 그대로 적용된다.

그림 7.4A는 처음에 어떤 항목을 경험할 때 반응하는 개개 뉴런들의 활동 패턴을 예시하고 있다. 뉴런들은 선으로 표시된 것처럼 상호 연결되어 있다. 뉴런들의

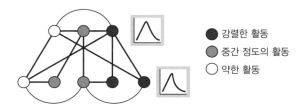

(A) 첫 번째 제시 때의 활성화 패턴

● 강렬한 활동
● 중간 정도의 활동
○ 약한 활동

(B) 2번, 3번 반복해서 제시 때의 활성화 패턴

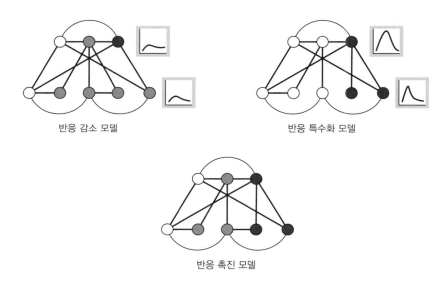

반응 감소 모델

반응 특수화 모델

반응 촉진 모델

[그림 7.4] 반복점화 설명 모델.
(A) 처음에 어떤 항목을 경험할 때 반응하는 개개 뉴런들의 활동 패턴을 예시하고 있다. 뉴런들은 선으로 표시된 것처럼 상호 연결되어 있다. 오른쪽 그림은 시간이 지남에 따라 변화하는 뉴런의 반응을 표시하고 있다.
(B) 자극 반복에 따른 반복점화를 설명하는 모델들. 왼쪽에 제시된 모델은 반응 감소 모델(Fatigue Model)이고, 가운데에는 반응 특수화 모델(Sharpening Model)이며, 오른쪽에는 반응 촉진 모델(Facilitation Model)이다.

상호 연결은 얼굴 재인 담당 영역과 건물 담당 영역의 연결처럼 다른 기능을 하는 피질 간의 연결일 수도 있고(약 몇 센티 미터 떨어져 있는 뉴런 간의 연결) 아니면 동일한 기능을 담당하는 영역내에서의 연결일 수도 있다. 처음 제시되는 자극에 대해 여러 뉴런들이 반응할 수 있다. 어떤 뉴런은 느린 속도로 반응하고(그림 7.4A에서 옅은 회색으로 표시) 다른 뉴런은 빠르게 반응한다(그림 7.4A에서 검은색 동그라미들로 표시). 오른쪽에는 두 개의 뉴론을 예를 들어 시간이 지나감에 따라 뉴론의 반응이 증가하고 감소하는 양상을 보여 주는 프로파일이 제시되어 있다. 뇌에서는 이런 방법으로, 즉 연결된 뉴론들의 활성화 패턴으로 정보를 표상하는 것이다. 그림 7.4B에는 반복점화를 설명하는 세 종류의 모델이 제시되어 있다. 왼쪽에 제시된 모델은 반응 감소 모델Fatigue Model이다. 이 모델에서는 기억 항목이 반복해서 제시되면 처음 제시 때 반응했던 뉴론들의 반응 정도가 줄어들어서, 처음에 옅은 회색 정도로 반응하던 뉴론은 더 이상 반응하지 않게 변하고 강하게 반응했던 뉴론의 반응은 약한 정도의 반응으로 회색으로 변한다는 것이다. 7.4B, 가운데에는 반응 특수화 모델Sharpening Model이 소개되었다. 기억 항목이 반복해서 제시되면, 처음에 중간 정도로 반응했던 뉴론들은 반응하지 않는 상태로 변하고, 반면에 처음 제시 때에 최대 속도로 반응하던 뉴론들의 반응은 그대로 유지된다(자극이 반복되면, 처음에 옅은 회색으로 표시된 뉴론들의 반응은 검은색으로 변하고, 반면에 흰색 뉴론들의 반응은 처음 상태 그대로 유지된다). 자극 반복에 따라 처음에 활동하던 뉴론들 중에 일부만 반응을 유지하고 있어서 결과적으로 몇몇의 뉴론들이 그 자극을 표상하는 형태로 특수화 된다. 7.4B, 오른쪽에는 반응 촉진 모델Facilitation Model이 소개되었다. 처음에 반응했던 뉴론들의 반응이 반복 제시 때에도 그대로 유지된다. 다만 반복으로 인해 변하는 것은 처음에 반응했던 뉴론들 모두의 반응이 더 빠르게 그러니까 정해진 시간 안에 발화하는 횟수가 더 많아 지는 방법으로 반응이 강화된다. Gotts et al.(2012)는 반복점화 때에 Alpha 파형과 다른 파형의 동기화가 증가하는 것에 착안해서 다른 모델을 제안하였다. 그렇지만 7.2절에서 논의했던 것처럼 Alpha 파형과 다른 파형의 동기화는 Alpha 파형이 피질 영역의 활동을 억제하는 과정에서 나타나는 것이라서 동기화자체를 반복점화의 원리로 삼기에는 어려운 점이 있는 것 같다.

연구 결과를 통해 위의 세 모형을 평가해 보자. 반응 촉진 모델을 지지하는 연구 증거는 없다. 예를 들면, 반복점화에 따른 ERP/ERF 활동을 살펴보면, 자극이 처음 제시되었을 때와 반복 제시 때의 ERP/ERF 활동 속도는 거의 비슷하고 더 빨라지지 않는다. 반응 촉진 모델을 제거하고 나면 남는 모델은 반응 감소 모델과 반응 특수화 모델이 남는다. 다행스럽게도 두 모델은 반복점화관련 뇌 활동에 대한 다른 종류의 예언을 해서 구분이 가능하다. 먼저 반응 감소 모델의 예언을 살펴보자. 처음에 약하게 반응했던 뉴런과 강하게 반응했던 뉴론이 반복 제시 때에 반응 감소가 나타나는 정도를 생각해 보자. 자극이 반복되면 처음에 약하게 반응했던 것과 강하게 반응했던 것 모두에서 동일한 비율로 반응 감소가 나타난다. 예를 들어 약하게 반응했던 뉴런의 활동은 6이었다고 가정하고 강하게 반응했던 뉴런의 활동은 10이었다고 가정해보자. 자극 반복으로 뉴런 반응이 반감된다고 할 때, 약하게 반응했던 뉴런의 활동 6은 3으로 감소할 것이고, 강하게 반응했던 뉴런의 활동 10은 5로 감소할 것이다. 감소하는 뉴런 반응의 절대량으로 비교해 보면, 강하게 반응했던 뉴런의 활동 감소는 5인 반면에 약하게 반응했던 뉴런의 활동 감소는 3으로 강하게 반응했던 뉴런의 활동 감소가 더 크다. 즉, fMRI로 측정해 보면 반복 제시로 인한 뇌 영역의 활성화 감소는 처음에 강하게 활동하던 영역의 감소가 더 심해야 한다는 것이다. 이번에는 반응 특수화 모델의 예언을 살펴보자. 위에서처럼 약하게 반응했던 뉴런의 처음 활동은 6이었다고 가정하고 강하게 반응했던 뉴런의 처음 활동은 10이었다고 가정해 보자. 이 모델에서는 자극이 반복되면, 처음에 약하게 반응했던 뉴런의 활동은 많이 감소되어 거의 없어지고 그래서 6이었던 반응 강도가 절반인 3으로 감소하고, 반면에 처음에 거의 최대 속도로 반응했던 뉴런의 활동은 거의 감소되지 않기 때문에 10이었던 반응 강도가 같은 정도인 10을 유지한다. 위에서처럼 감소하는 뉴런 반응의 절대량으로 비교해 보면, 강하게 반응했던 뉴런의 활동 감소는 거의 0인 반면에 약하게 반응했던 뉴런의 활동 감소는 3으로 약하게 반응했던 뉴런의 활동 감소가 더 크다. 즉, fMRI로 측정해 보면 반복 제시로 인한 뇌 영역의 활성화 감소는 처음에 강하게 활동하던 영역의 감소는 거의 없어야 하고 약하게 활동하던 영역의 감소는 매우 커야 한다. Weiner et al.(2010)은 fMRI로 얼굴과 집 같은 시각 자극을 이용하여 후두엽과 측두엽의 만나는 지점 안쪽에서의 반복점화유발 활성화 감소를 조사하여 반응 감소 모델과 반응 특수화 모델의 타당성을 조사하였다. 연구 결과, 반응 감소 모델이 예언하듯이 후두엽과 측두엽의 만나는 지점 안쪽에서의 일부분 영역에서의 반복점화유발 활성화 감소는 유사한 비율로 일어났고, 인근 영역 다른 부분에서는 반응 특수화 모델이 예언하듯이 초기에 활성화가 작았던 영역에서의 활동 감소가 더 컸다. 이같은 결과는 반응 감소 모델과 반응 특수화 모델이 적용되는 영역이 구분됨을 의미한다. 두 모델의 타당성을 조사한 연구는 지금 소개한 연구뿐이라서 더 확고한 결론을 위해서는 추후 연구가 요구되는 상황이다.

7.4 암묵기억과 해마(Implicit Memory and the Hippocampus)

해마가 장기기억과는 깊이 관련되어 있으나 암묵기억과는 관련이 없다는 수많은 연구가 보고되었다(3장 참고). 해마를 포함한 내측 측두엽에 손상을 입은 환자는 장기기억에는 심각한 장애를 지니지만 암묵기억에는 거의 영향을 주지 않는다는 여러 편의 논문이 발표되었다. 또한 유사한 결과가 fMRI연구에서도 보고되었다(Slotnick, 2013b).

극소수의 연구에서 조금은 특이한 연구과제와 분석 방법을 통해 해마가 암묵기억과 관련되어 있다는 보고가 있었다. 만일 이런 결과가 사실이라면 해마는 장기기억하고만 관련되어 있다는 기존의 입장을 뒤엎는 결과이다. 이들 연구에서는 연합 점화 과제Associative Priming Task를 사용하였으며 연구 절차는 아래와 같다. 학습시기에 'cloud-flower', 'cave-reason', 'table-plane'같은 단어 쌍이 제시되었다. 검사시기에는 'cloud-flo___'처럼 첫 단어와 두 번째 단어의 앞 부분을 제시하고 마음속에 떠오르는 단어로 가능한 빨리 두 번째 단어를 완성하거나 아니면 'cave-pla__'처럼 단어 쌍을 재배열한 다음에 두번째 단어의 앞 부분을 제시하고 마음속에 떠오르는 단어로 가능한 한 빨리 두 번째 단어를 완성하였다. 연합 점화 효과는 학습시기에 제시되었던 대로('cloud-flower'처럼)의 조건에서의 두 번째 단어를 완성하는 정도가 단어 쌍을 재배열한('cave-pla__'처럼) 조건에서의 두 번째 단어를 완성하는 정도의 차이로 측정되었다. 이 과제는 기억 인출을 직접적으로 요구하지 않고 또한 빨리 반응해야 하는 것이기 때문에 암묵기억을 측정하는 것으로 볼 수도 있다. 그렇지만 Box 7.1에서 논의했듯이 기억 인출을 직접적으로 요구하지 않는다는 것이 암묵기억을 반드시 측정하는 것이라 생각할 수는 없다. 왜냐하면 첫 단어와 두 번째 단어의 앞 부분을 제시하고 마음속에 떠오르는 단어로 가능한 한 빨리 두 번째 단어를 완성하는 과정이 장기기억의 인출을 요구하는 것일 수도 있다. 연합 점화 과제가 장기기억의 인출을 필요로 한다는 증거들이 있다. 우선 연합 점화 과제의 수행과 장기기억의 다른 측정치들과 상관이 매우 높다는 증거가 보고되었고, 또한 해마의 손상을 입은 환자 그래서 장기기억 장애 환자가 연합 점화 과제를 잘 수행하지 못한다는 증거가 있다(Schacter, 2004). Badgaiyan et al.(2003)은 연합 점화 과제를 수행할 때 내측 측두엽의 활동 증가를 보고하였으며, 이런 결과는 연합 점화 과제가 장기기억을 필요로 한다는 것을 의미한다.

많은 연구자들은 특정 인지과정을 탐구하기 위해 개발한 과제가 의도한 인지과정만을 반영하기를 희망한다. 기억 연구에서, 암묵기억만을 조사하기 위한 과제가 전반적으로는 암묵기억을 반영한다고는 볼 수 있지만 전적으로 암묵기억만을 반영한다고 보기에는 어려운 경우가 종종 있다. 마찬가지로 명료기억을 측정하기 위한 과제가 매번 명료기억만을 측정하지는 않는다. 실험참가자가 연구자가 의도한데로만 반응하지는 않기 때문이다. 실험참가자에게 제시되는 내용을 기억하지 말라고 부탁을 해도 그들은 자신들도 모르게 혹은 의도적으로 기억하는 경우가 흔하다. 다시 말하면, 어느 특정 인지과정만을 측정하는 과제는 없다. 그래서 과제에서 의도한 것 말고도 다른 종류의 책략을 실험참가자가 사용했을 가능성을 고려해야 한다. 예를 들어, 암묵기억을 측정하는 과제의 반응 시간은 자극이 여러 번 반복되니까 한 번 제시되는 경우에 비해서 반응 시간이 빨라야 하고 실험참가자들은 제시되었던 내용에 대한 장기기억이 없어야 한다.

Chun et al.(1998)은 암묵기억이 해마와 연관되어 있다는 주장을 Contextual Cueing Task를 이용한 연구를 통해 제시하였다. 이들은 장기기억 인출이 필요한 과제들과는 다르게 문맥단서 제공 과제Contextual Cueing Task는 순수 암묵기억을 반영한다고 강하게 주장하였다. 그림 7.5에 제시된 것처럼, 여러 개의 'ㄱ' 속에 숨어 있는 'ㅏ'가 있는 시각 화면 자극이 제시된다. 실험참가자가 해야 하는 과제는 'ㅏ'가 왼쪽을 가리키는지 아니면 오른쪽을 가리키고 있는지를 재빠르게 판단하여 해당되는 반응 키를 누르는 것이었다. 이 실험에서 'ㄱ'은 여러 모양으로 그리고 여러 다른 위치에 배치되어 나타나며, 이들의 모양과 배치에 따라 'ㅏ'를 찾는 어려움 정도가 달라진다. 그래서 'ㄱ'의 모양과 배치가 고유한 환경을 제공하게 된다. 12종류의 고유한 'ㄱ'의 모양과 배치 화면을 만든 후에 각 화면이 30번씩 반복되도록 그래서 전체적으로 360번의 시행이 있었다. 각 시각 화면이 30회씩 반복되니까 몇 번 시행을 거치고 나면 'ㅏ'가 각 시각 화면마다 어느 위치에 제시되는 것을 알려 주는 단서 제공 효과가 발생한다. 여기에서 중요한 부분은 이 문맥단서를 의식선상에서는 알지 못해야 한다는 것이다. 이 문맥단서를 의식선상에서 안다는 것은 곧 명료기억, 장기기억이 개

입된다는 것을 의미하기 때문이다.

실험 패러다임

12종류의 자극 Display가
30번씩 제시되어 총 360번의 시행

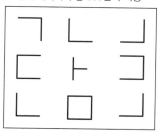

"ㅏ" 자극이
왼쪽을 가리키는지 아니면
오른쪽을 가리키는지 판단

[그림 7.5] 문맥단서 제공 과제(Contextual Cueing Task)에 사용된 자극. 여러 개의 'L' 속에(문맥으로 작용) 숨어 있는 'T'가(목표 자극) 있는 시각 화면 자극이 제시된다. 실험참가자가 해야 하는 과제는 'ㅏ'가 왼쪽을 가리키는지 아니면 오른쪽을 가리키고 있는지를 재빠르게 판단하여 해당되는 반응 키를 누르는 것이었다.

또 다른 조건에서는 시행 때마다 매번 다른 'ㄱ'의 모양과 배치를 가진 시각 화면이 제시되고 동일한 판단 과제를 시행하도록 하였다. 연구 결과, 반복되는 조건에서 'ㅏ'의 방향을 결정하는 반응 시간이 반복되지 않은 조건에서 보다 빨랐다. 즉, 반복점화 효과가 나타났다. 이어지는 연구, Chun et al(1999)에서는 해마를 포함한 내측 측두엽에 손상을 입은 환자를 대상으로 문맥단서 제공 과제(Contextual Cueing Task)를 시행하였다. 해마를 포함한 내측 측두엽 손상 환자는 이 과제 수행에서 심한 장애를 보였다. 이 결과를 기반으로 해서 연구자들은 암묵기억이 해마의 활동을 포함한다고 주장하였다. 그렇지만 이런 주장을 다르게 해석할 수도 있다. Chun et al.(1998)에 발표된 문맥단서 제공 과제를 수행한 후에 실험참가자에게 어떤 시행에서는 동일한 위치에 'ㅏ'가 나타날 것이라는 것을 알았는가를 물었을 때, 참가자의 절반 정도는 알았다고 답하였다. 즉, 장기기억이 개입되었다는 것을 의미한다. 또한 Preston & Gabrieli(2008)은 문맥단서 제공 과제를 수행하는 동안 fMRI를 측정하였는데, 분석 결과에서 이 과제를 수행하는 동안 참가자가 단서의 위치를 의식선상에서 알고 있다는 증거를 찾았다. Chun et al.(1998)이 사용했던 자극과 방법을 동일하게 차용하였으며, 약간의 변화를 준 것은 12개의 시각 화면을 30번씩 수행하지 않고 12번씩으로 줄인 것과 모든 과정을 마친 후에 장기기억 재인검사를 시행한 부분이다. 장기기억 재인 검사 결과, 반복 조건에 대한 재인기억율이 58%로 우연 수준 50%를 넘었고 이런 결과는 실험참가자들이 의식을 요하는 장기기억 인출을 사용하였다는 것을 의미한다. 또한 fMRI 영역 분석에서 문맥단서 조건은 주변후 피질(Perirhinal Cortex)의 반복점화유발 활동 감소를 일으켰다. Chun et al(1999)에서 해마를 포함한 내측 측두엽에 손상을 입은 환자가 문맥단서 제공 과제에서 장애를 보인 이유는 바로 주변후 피질 Perirhinal Cortex의 손상이지 해마의 손상 때문이 아닐 가능성이 매우 높다. 위의 결과들의 문제점을 생각해 볼 때, 현재까지 발표된 연구 중에 암묵기억이 해마와 관련되어 있다는 확실한 증거를 보인 연구는 없다고 볼 수 있겠다.

Hannula & Rangnath(2009)는 fMRI와 눈동자 고정 시간을 측정치로 이용해서 암묵기억이 해마와 관련된다는 증거를 제시하려 하였다. 실험은 학습시기와 검사시기로 구성되었다. 학습시기에 얼굴−장면 쌍을 제시하고, 실험참가자는 얼굴이 장면 속에 있는지를 판단하였다. 검사시기에서의 각 시행은 다음과 같은 순서로 이루어졌다. 학습시기에 제시되었던 장면 중의 하나가 1초 동안 제시되고, 그 다음에 7초 간의 지연이 있고 이 시기 동안 제시된 장면과 짝지어졌던 얼굴을 생각해내도록 지시하였다. 제시된 장면이 단서로 작용하여 얼굴 자극을 인출하게 하는 시도로 이 시기에는 명백하게 해마가 동원된다. 이후에 3개의 얼굴이 제시되고 그 중에 어느 것이 단서로 제시된 장면과 짝지어졌던 것인지를 판단하여 반응하도록 하였다. 얼굴 재인 기억을 검사하는 동안 눈동자 고정 시간도 측정이 되었다. 연구자들의 암묵기억만을 찾고자 하는 논리는 다음과 같다. 얼굴 재인기억, 즉 장기기억과 해마를 요구하는 상황에서는 실패를 하고 그러니까 장면과 짝지어졌던 얼굴을 찾아 내지 못하고 틀린 얼굴을 선택한 시행의 경우에, 눈동자 고정 시간이 다른 조건에 비해 원래 학습시기에 짝지어졌던 얼굴을 쳐다보는 시간이 길면 이 길어진 시간은 바로 암묵기억 때문이라는 논리이다. 검사시기에 측정된 fMRI에서는 해마의 활동이 있다. 그러나 3종류의 얼굴이 제시되고 암묵기억이 일어났을 것이라 예측되는 시행 시기에서는 해마의 활성화가 없었다. 오히려 틀린 얼굴 재인기억 시행에 해당되는 장면 자극만 제시되었을 때에는, 얼굴 자극이 제시되기 전에는 해마의 활성화가 있었다. 그렇지만 이 기간에 활성화된 해마가 암묵기억 때문이라고 믿을 수 있는 근거가 없다는 것이 문제이다. 장면이 제시되고 세 개의 얼굴 중에 틀린 얼굴을 선택한 것은 가짜기억에 해당하는 것이다. 5장에서 논의한 것처럼 가짜기억은 해마 활성화를 동반한다. 따라서 연구자들이 주장한 것처럼, 틀린 얼굴 재인기억 시행에 해당되는 장면을 검사시기에 제시했을 때 활성화된 해마는 암묵기억 때문이기 보다는 가짜기억에 의한 것일 가능성이 훨씬 높다. 따라서 이 연구도 암묵기억이 해마와 직접 연결되어 있다는 확실한 증거를 제시하지 못하였다.

이제까지 논의한 내용을 정리해 보자. 장기기억이 해마와 직접 관련되어 있다는 증거는 수없이 많으나, 암묵기억이 해마와 관련되어 있다는 확실한 증거를 보인 연구는 현재까지 없다. 암묵기억이 해마와 관련되어 있다는 확실한 증거를 보여서 연구자로서의 명성을 얻고 싶은 열망이 있을 수도 있겠다. 조금 어려울 것이라고 예측되지만, 암묵기억이 해마와 관련되어 있다는 확실한 증거를 보이려면 거의 완벽하게 암묵기억만을 측정해내는 연구 방법을 찾아 내야 할 것이다.

Box 7.2 과학자로서 성공으로 가는 한 가지 방법.

많은 연구자들이 유명한 과학자가 되기를 희망한다. 유명한 과학자가 되는 길은 몇 년이 걸릴 수도 아니면 수십 년이 소용될 수도 있다. 유명한 과학자가 되면 지금 보다 더 나은 직장을 얻을 수도 있고, 연구비도 많이 받을 수 있으며, 똑똑한 학생을 받을 수도 있고 또한 이름 높은 저널에 논문도 게재할 수 있는 등 많은 혜택이 있다. 연구자로서 이름을 빨리 얻는 방법 중의 하나는 현재 학계에서 뜨거운 논쟁이 벌어지고 있는 주제에 대해 명쾌한 답을 내놓는 경우이다. 또는 당연시되는 이론이나 연구 입장을 뒤엎는 연구 결과를 발표하는 경우이다. 그러나 이런 도전을 해오는 연구의 품질이 약간 의심되는 경우가 상당히 많다. 다행히도, 이미 능력 있는 연구자들로 구성된 학문 커뮤니티가 있어서 믿을 수 없는 방법과 결과로 쉽게 명성을 얻으려는 연구들을 걸러낼 수가 있다.

7.5 기술 학습(Skill Learning)

악기, 무술, 체스를 두는 기술 학습Skill Learning은 여러 해에 걸친 연습을 필요로 한다. 기술 학습은 여러 단계를 거친다. 처음에는 장기기억에 의존하는 단계가 있고 나중에는 주로 암묵기억에 의존하는 단계가 있다.

기술 학습을 연구하는 과학적인 연구는 보통 간단한 과제를 반복해서 연습해서 능숙해지는 동안 나타나는 행동의 변화와 뇌 활동 변화를 추적한다. Ma et al.(2010)은 fMRI를 이용해서 왼손 다섯 손가락으로 운동 순서 열을 두드리는 과제 Finger Tapping Sequence Task를 하루에 15분씩 4주간 훈련하는 동안 일어나는 뇌 활동의 변화를 추적하였다. 왼손의 검지를 1번으로 하고, 그 다음 손가락을 2번, 그 다음을 3

(A)

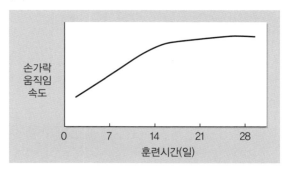

(B)

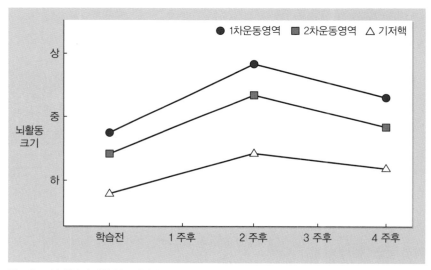

[그림 7.6] 기술 학습에 대한 행동 결과와 fMRI 결과.
　　　　　Y축은 손가락 두드리기의 속도를 표시하고 있고, x축은 연습한 날 수를 나타내고 있다.
　　　　　(B) 1차 운동 영역(Primary Motor Cortex; M1), 보조 운동 영역(Supplementary Motor Cortex; SMA), 그리고 피
　　　　　질하 영역인 기저핵(Basal Ganglia)의 fMRI활동 변화. 훈련 전에는 세 영역 모두에서 활동이 많지 않다가 2주
　　　　　가 지난 후에는 활동이 대폭 증가하고 그리고 4주 후에는 다시 감소하는 경향성을 나타내고 있다.

번, 4번을 배정해서 마지막 손가락인 새끼손가락을 5번으로 정한 다음에, 예를 들면
5, 2, 4, 3, 5의 손가락 두드리기 열을 연습하도록 했다. fMRI는 처음 훈련을 시작
할 때 측정하고(연습 전 조건), 2주 훈련 후와 4주 모든 훈련이 끝난 다음에 측정하였
다. fMRI 비교는 연습한 손가락 조합을 수행할 때와 쉬고 있을 때의 차이로 이루어
졌다. 7.6A는 행동 변화를 보여 주고 있다. 연습 첫째날에서 14일째까지는 손가락

을 움직이는 속도가 거의 두 배로 증가하다가 15일째부터 28일째까지는 속도 증가가 감소하다가 후에는 어떤 일정 속도에 머무는 양상으로 손가락 운동 학습이 이루어졌다. 2주째부터 4주째까지 속도가 많이 증가하지 않는다는 것은 손가락 운동 학습이 거의 정점에 이르렀다는 것을 의미하고 이 부분에서는 주로 암묵기억이 큰 역할을 한다고 여겨진다. 7.6B는 운동을 주로 담당하는 것으로 알려진, 1차 운동 영역Primary Motor Cortex; M1, 보조 운동 영역Supplementary Motor Cortex; SMA, 그리고 피질하 영역인 기저핵Basal Ganglia의 활동 변화를 보여 주고 있다. 훈련 전에는 세 영역 모두에서 활동이 많지 않다가 2주가 지난 후에는 활동이 대폭 증가하고 그리고 4주 후에는 다시 감소하는 경향성을 나타내고 있다. 또한 7.6B에는 제시하지 않았지만 훈련 시간이 많아지면서 배외측 전전두엽과 소뇌(여러 운동을 조화롭게 조절하는데 관여하는 것으로 알려져 있다)의 활동도 점차적으로 감소하였다. 이전의 연구에서도 운동 훈련이 증가함에 따라 배외측 전전두엽의 활동이 감소하며(Floyer_Lea & Matthews, 2005), 소뇌의 활동도 감소한다고 보고되었다(Ungerleider, Doyon, & Karni, 2002). 관련된 내용으로, 연습 초기에는 해마의 활동이 왕성하다가 연습 시간이 증가해서 익숙해지면 해마의 활동이 거의 없어진다는 보고도 있었다(Penhune & Doyon, 2002; Steele & Penhune, 2010).

순서 학습Sequence Learning과 연관된 많은 영역들이 있지만, 위 연구에서 발견된 영역들의 활동 변화가 의미하는 것은 명백하다. 순서 학습 시간이 증가함에 따라 해마와 배외측 전전두엽의 활동이 감소하는 현상은 학습 초기에는 이들이 관여하는 장기기억의 역할이 컸지만 훈련이 진전됨에 따라 장기기억에 의존하는 정도가 감소한다는 것을 의미한다(3장 참고). 유사하게 소뇌의 활동 감소도 훈련 시간이 늘어남에 따라 소뇌가 여러 운동을 조화롭게 조절하는 기능을 덜 해도 되는 상태로 기술의 발전이 있었다는 것을 의미한다. 2주간의 훈련 이후에 운동을 담당하는 영역에서의 활동 증가는 훈련 초기에 해마와 전전두엽이 많이 관여하는 장기기억에 의존하는 상태에 있다가 습관처럼 큰 주의를 기울이지 않고도 손가락을 두드리는 순서를 자연스럽게 행할 수 있는 상태로 전이되고 있는 것을 의미한다(Diedrichsen & Kornysheva, 2015). 이후에 2주부터 4주 사이에 운동 영역에서의 활동 감소는, 마치 반복점화가 일어나면 관련된 영역의 활동이 감소하는 것처럼, 반복 훈련으로 인한 손가락 순서 운동이 거의 자동화되어 매우 효율적이고 능숙한 상태로 전이된 것을 의미한다.

기술 학습에 대한 연구가 이루어지고 있지만 여전히 여러 부분에서 보충되어야 할 부분들이 많다. 첫째 문제는 실생활에서 일어나는 기술 학습에 비해 너무 간단한 순서 학습 과제를 사용한다는 것이다. 실제 생활에서 필요한 기술 학습은 무술을 배우는 것처럼 훨씬 복잡하다. 두 번째 문제점은 기술 학습은 오랜 시간에 걸쳐서 일어난다. 적게는 몇 달에서 길게는 수십년에 걸쳐서 일어난다. 반면에 실험실 연구는 길어야 몇 주 정도이고 짧은 경우에는 몇 시간 정도의 훈련 후에 그 결과를 분석한다. 몇 시간 정도의 훈련은 당연히 장기기억 인출을 요하는 것이고 그래서 암묵기억이라고 보기가 어렵다. 그래서 이 책에서는 이렇게 매우 짧은 시간 훈련을 통해 얻은 결과에 대한 연구는 논의에서 제외하였다. 마지막 문제점은 기술 학습 연구가 주로 운동 순서 학습에 치중되어 있고 인지 학습(체스의 고수가 되는 과정이나 컴퓨터 게임에 익숙해 지는 것과 같은 종류)에 대한 연구는 많지가 않다는 것이다. 예를 들어, Kiesel et al.(2009)는 체스 전문가는 말들이 놓인 위치를 거의 무의식으로 파악하며, 그 다음에 어느 위치로 말을 움직일 수 있는지에 대해서도 자동적으로 정보처리한다는 사실을 행동 연구로 보고하였다. 기술 학습과 관련된 더 많은 연구가 실제 생활에서 나타나는 복잡한 기술을 대상으로 보다 장기간에 걸쳐서 이루어져야겠다.

- 암묵기억 연구는 반복점화 패러다임을 이용해서 흔히 이루어진다. 반복점화 패러다임에서는 직접적으로 장기기억을 요구하지 않는 간접적인 과제를 반복하도록 하여 암묵기억의 특성을 조사한다.
- 반복점화로 인한 행동 변화는 반복된 과제에 대한 반응 속도가 빨라진다는 것이며, 이런 현상이 곧 반복점화를 의미한다.
- 반복점화로 인한 뇌활동 감소는 배외측 전전두엽, 측두엽의 후두부 측면(특히 왼쪽 반구에서), 지각 정보처리 영역에서 나타난다. 이처럼 반복점화유발 뇌 활동 감소Repetition Priming-induced decrease in Brain Activity는 친숙한 정보에 대해서만 나타난다.
- 반응 감소 모델Fatigue Model과 반응 특수화 모델Sharpening Model이 반복점화 현상을 설명할 수 있다.
- 암묵기억이 해마와 관련된다는 확실한 실험 증거는 없다.
- 기술 학습은 초기에는 해마와 전전두엽이 관여하는 장기기억에 의존하다가 그래서 이 영역들의 활성화가 크다가 기술 훈련 시간이 2주를 넘으면 해마와 전전두엽의 활동은 감소하고 대신 운동 정보처리 영역에서의 활동이 증가한다. 운동 정보처리 영역의 활동 증가는 장기기억에서 암묵기억으로 기술 정보처리가 전이되었다는 것을 의미한다. 마지막으로는 4주 정도의 시간 동안 훈련을 지속하면, 다시 운동 정보처리 영역에서의 활성화가 감소하며, 이런 현상은 반복점화유발 뇌 영역 활동 감소와 유사한 것으로 기술에 대한 정보처리 속도가 빨라지고 효과적으로 일어나는 단계로 전이되었음을 의미한다.

- 친숙한 자극을 반복적으로 경험하여 나타나는 반복점화는 비친숙한 자극에 대한 반복점화와 뇌 활동에서 어떤 차이가 있는가?
- 암묵기억과 관련된 뇌 영역을 설명하라.
- 반복점화유발 fMRI와 EEG는 상호 어떤 방식으로 연계되어 있는가?
- 반복점화 현상을 설명할 수 있는 뇌 신경 모델을 설명하라.
- 암묵기억과 해마가 관련되어 있다고 주장하는 연구의 예를 들어 보고, 이 연구의 문제점을 지적하라.

189

• 기존의 기술 학습 연구가 지니는 한계점을 지적하고 개선점을 논하라.

Further Reading
더 읽을거리

• Koutstaal, W., Wagner, A. D., Rotte, M., Maril, A., Buckner, R. L. & Schacter, D. L. (2001). Perceptual specificity in visual object priming: Functional magnetic resonance imaging evidence for a laterality difference in fusiform cortex. *Neuropsychologia, 39*, 184 – 199.
  이 논문은 반복점화로 인한 관련된 뇌 영역에서의 활동 감소를 보고하였다.

• Engell, A. D. & McCarthy, G. (2014). Repetition suppression of face-selective evoked and induced EEG recorded from human cortex. *Human Brain Mapping, 35*, 4155 – 4162.
  간질 환자의 치료를 위해 수술 전에 뇌에 삽입한 전극을 통해서 측정한 EEG에서, 반복 제시된 얼굴 조건이 처음 보는 얼굴 조건에 비해 Gamma 파형의 감소와 반복점화유발 Alpha 파형의 증가가 자극 제시 후 100에서 300 Millisecond 사이에 방추이랑에서 나타나는 것을 보고하였다.

• Grill-Spector, K., Henson, R. & Martin, A. (2006). Repetition and the brain: Neural models of stimulus-specific effects. *Trends in Cognitive Sciences, 10*, 14 – 23.
  반복점화를 설명할 수 있는 뇌 활동에 기반한 이론적 모델을 개관하였다

• Hannula, D. E. & Ranganath, C. (2009). The eyes have it: Hippocampal activity predicts expression of memory in eye movements. *Neuron, 63*, 592 – 599.
  암묵기억이 해마와 관련된다는 증거를 제시하였으나, 이 결과는 가짜기억(False Memory) 때문에 나타난 것일 수도 있다.

• Ma, L., Wang, B., Narayana, S., Hazeltine, E., Chen, X., Robin, D. A., Fox, P. T. & Xiong, J. (2010). Changes in regional activity are accompanied with changes in inter-regional connectivity during 4 weeks motor learning. *Brain Research, 1318*, 64 – 76.
  4주간 손가락으로 운동 순서 열을 두드리는 과제를 연습하는 동안 나타나는 행동과 뇌 활동의 변화를 보고하고 있다.

8 / 장

Memory and Other Cognitive Processes

기억과 다른 인지과정들과의 관련성

8 Memory and Other Cognitive Processes
기억과 다른 인지과정들과의 관련성

- 주의와 관련된 인지 정보처리와 뇌 영역 이해하기
- 시각 주의 영역과 작업기억 그리고 장기기억 영역을 비교해서 이해하기
- 시각 심상과 관련된 인지 정보처리와 뇌 영역 이해하기
- 언어정보처리와 관련된 뇌 영역 이해하고 언어정보처리가 기억과 관련되는 2가지 방법 이해하기
- 정서관련 기억 향상을 위해 상호작용하는 두 영역 이해하기

모든 외현기억Explicit Memory에는 주의가 집중된다. 자세하게 회상된 정보는 생생한 이미지와 유사하다. 8장에서는 기억관련 정보처리/뇌 영역이 주의, 심상, 언어, 그리고 정서관련 인지 정보처리/뇌 영역과 연계되어 있는지를 다룬다. 8.1절에서는 주의와 관련된 뇌 영역을 다룬다. 주의 관련 뇌 영역은 배외측 전전두엽과 두정엽의 주의 조절 영역뿐만 아니라 감각 영역 등이다. 이들 영역은 작업기억과 장기기억 관련 영역이기도 하다(3장과 6장 참고). 다만 장기기억은 이들 영역 외에 해마를 포함한 내측 측두엽과 관련되어 있다. 8.2절에서는 심상과 관련된 뇌 영역을 설명할 것이다. 심상과 관련된 뇌 영역은 감각 영역, 전전두엽, 두정엽 등이다. 심상 영역과 작업기억/장기기억 영역과 비교해서 공통점과 차이점을 설명할 것이다. 8.3절은 언어관련 영역을 설명할 것이다. 왼쪽 뇌의 배외측 전전두엽의 아래 부분, 왼쪽 뇌의 측두엽의 외측 후두 방향 부분이 언어정보처리와 관련이 있다. 이들 영역은 단어나 의미 있는 사물을 자극으로 사용한 뇌 영역이기도 하다. 마지막으로 8.4절에서는 감정 관련 뇌 영역을 설명할 것이다. 해마의 앞에 위치하는 편도체, 배외측 전전두엽이 감정과 관련이 있다. 정서 관련 정보를 기억하는 경우에 편도체는 정서관련 정보를 확대해서 해마가 약호화Encoding하고 응고화Consolidation하도록 유도한다. 또한 배외측 전전두엽의 역할이 대단한데, 이 영역은 기억, 주의, 심상, 언어, 정서 등 거의 모든 인지

정보처리에 관여하기 때문이다. 즉, 배외측 전전두엽은 특별한 한정된 인지 정보처리에만 관여하지 않는다.

8.1 주의와 기억(Attention and Memory)

선생님이 강의실 앞 부분에서, 머리 바로 위에 걸려있는 시계 밑에서 강의를 하고 있는 광경을 상상해 보자. 강의가 지겹지만 선생님에게 못되게 굴면 안 되겠어서 한 번은 강의에 집중하는 척 선생님 얼굴을 쳐다보고, 그 다음에는 강의가 끝나려면 얼마나 더 기다려야 하는 지를 보려고 시계를 쳐다 보고, 아직 10여분 더 강의가 진행되어야 하는 것을 알고 다시 선생님의 얼굴을 응시하는 광경을 상상해 보자. 이 장면이 수시로 주의를 여러 곳으로 이동시키는 예이다. 다른 사람은 위치보다는 다른 것, 예를 들어 공을 잡을 때처럼 운동에 주의를 둘 수도 있고, 옷을 살 때에는 색에 더 주의를 기울일 수 있다. 일반적으로 주의를 기울이면 정확성과 속도가 빨라져서 수행 향상을 가져온다. 예를 들면, Posner(1980)은 주의Attention 연구 분야에서 자주 사용되는 실험 패러다임을 이용하여 주의 이동과 행동 반응의 변화를 조사하였다. 화면 중앙에 응시점을 바라보고 있으면 잠시 후에 목표 자극이 왼쪽 시야 혹은 오른쪽 시야에 제시될지를 알려주는 화살표가 제시된다. 화살표가 가리키는 방향, 즉 주의를 기울이고 있는 시야에 자극이 제시된 경우에서의 반응 시간이 주의를 기울이지 않은 시야에 제시된 자극을 탐지하는 것보다 훨씬 빨랐다. 주의를 기울이면 항목이 더 특출 나게 보이고 밝게 보이도록 변하는 것 같다.

주의에 관한 인지신경과학 연구와 기억의 인지신경과학 연구는 서로 독립적으로 이루어져왔다. 주의 효과는 항목 혹은 위치에 주의를 기울일 때와 그렇지 않을 때의 행동 변화를 비교하고 또한 두 조건 간의 뇌 활동의 차이를 찾는 방법으로 연구되어왔다. 주의 효과Attention Effect는 감각 영역과 인지 정보처리 조절 영역의 활동과 관련되어 있다(1장 참고). 감각 영역의 정보에 주의를 기울이면, 주의에 따른 효율성 증가 모델Gain Model of Attention이 설명하듯이 감각 정보처리의 효율성이 높아진다. 이런 현상이 나타나는 이유는 주의가 감각 정보처리 영역의 활동을 증가시키기 때문이다. 그리고 이런 감각 정보처리 영역의 활동 증가는 행동 반응의 효율성으로 나타난다. 주의 집중으로 인한 감각 정보처리 현상을 연구하는 실험 패러다임으로 앞에서 설명했던 Posner(1980)와 유사한 방법을 자주 사용한다. 두개의 자극을 왼쪽과 오른쪽 시야에 동시에 제시한다. 실험참가자는 항상 화면의 중앙에 위치한 응시점을 집중해서 쳐다 보고 있어야 한다. 응시점 위치에 어느 방향에 주의를 기울여야 하는지를 단서를 통해 목표 자극 제시 전에 미리 알려 준다. 그림 8.1A는 이런 실험 패러다임을 예시하고 있다. 응시점에 양방향을 가리키는 화살표가 제시된다. 오른쪽 혹은 왼쪽을 가리키는 화살표에 빨간색 불이 잠시 동안 켜진다. 그러면 실험참가자는 눈동자는 고정한 체로 주의를 색깔 단서가 가리키는 시야로 이동해야 하고, 다른 시야는 무시해야 한다. 양쪽 시야에는 동일한 크로스체커 자극이 제시된다. 그러면 실험참가자는 주의를 기울여야하는 시야의 크로스체커로 주의를 이동해서 유지해야 한다. 실험참가자가 해야 할 반응은 크로스체커 중에 조그만 빨간색 사각형이 있으면 반응 키를 가능한 빨리 누르는 것이다. 이 목표 자극은 어느 때에는 있고 다른 때에는 없어서 실험참가자는 주의 깊게 목표 자극을 찾아서 반응해야 한다. 다음 번 시행에서는 다른 시야를 가리키는 단서가 주어질 수 있고 그러면 실험참가자는 그 시야로 주의를 이동해야 한다. 이런 식으로 주의를 주었던 시야에 주의를 계속 줄 수도 있고 아니면 다른 시야로 주의를 이동해야 하기도 한다. 양쪽 시야에 제시되는 자극은 동일하다. 그래서 주의를 기울인 시야와 기울이지 않은 시야에서의 반응 시간 차이는 주의 때문이지 지각적 차이 때문일 수는 없다. 주의를 기울인 시야가 실험 조건이고 무시한 시야가 기저선 조건이다. Hopfinger et al.(2001)은 위와 같은 연구 패러다임을 이용해서 주의 효과를 fMRI로 측정하였다. 그림 8.1A에 실험 패러다임이 예시되어 있다. 목표 자극을 제시하기 전에 어느 시야에 주의를 주어야 하는지를 알려 주는 단서가 제시된다. 그리고는 양쪽 시야에 동일한 크로스체커 자극이 제시된다. 실험참가자는 크로스체커 중에 빨간색 사각형이 있으면 반응을 하고 없으면 반응을 하지 않는다. 8.2(B)에 연구 결과가 제시되어 있다. 결과에서 볼 수 있듯이, 왼쪽 시야에 주의를 기울인 경우에 반대 방향인 오른쪽 뇌의 시각 영역인 외선조피질Extrastriate Cortex에서의 활성화가 주의를 주지 않은 오른쪽 시야 그래서 왼쪽 뇌의 외선조피질에서의 활성화보다 크다. 마찬가지로 오른쪽 시야에 주의를 둔 경우에는 왼쪽 뇌의 외선조피질의 활성화가 주의를 기울이지 않은 오른쪽 외선조피질에서의 활성화보다 더 컸다.

(A) 실험 패러다임

① 실험변인: 주의(주의 시야 or 무주의 시야)
　　　　　　 반응(yes go 반응 or 무시 no – go 반응)
　　　　　　 시야(좌시야 or 우시야)

② 실험절차

| 단서 ←
 혹은 →
 제시 | → | 고정점 *
 제시 | → | 체커자극
 제시 | → | go / no go
 반응 |

(B) 실험결과

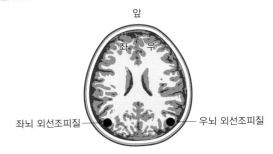

(C) 좌뇌 측면

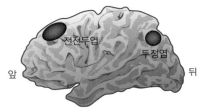

전전두엽과 두정엽이 주의통제를 담당

[그림 8.1] 공간 주의 실험 패러다임과 fMRI 결과.
　(A) 응시점에 양방향을 가리키는 화살표가 제시된다. 오른쪽 혹은 왼쪽을 가리키는 화살표에 빨간색 불이 잠시 동안 켜진다. 그러면 실험참가자는 눈동자는 고정한 체로 주의를 색깔 단서가 가리키는 시야로 이동해야 하고, 다른 시야는 무시해야 한다. 양쪽 시야에는 동일한 크로스체커 자극이 제시된다. 그러면 실험참가자는 주의를 기울여야 하는 시야의 크로스체커로 주의를 이동해서 유지해야 한다. 실험참가자가 해야 할 반응은 크로스체커 중에 조그만 빨간색 사각형이 있으면 반응 키를 가능한 빨리 누르는 것이다.
　(B) 왼쪽 시야에 주의를 기울인 경우에 반대 방향인 오른쪽 뇌의 시각 영역인 외선조피질(Extrastriate Cortex)에서의 활성화가 주의를 주지 않은 오른쪽 시야 그래서 왼쪽 뇌의 외선조피질에서의 활성화보다 크다. 마찬가지로 오른쪽 시야에 주의를 둔 경우에는 왼쪽 뇌의 외선조피질의 활성화가 주의를 기울이지 않은 오른쪽 외선조피질에서의 활성화보다 더 컸다.
　(C) 주의 통제 영역인 오른쪽 뇌의 배외측 전전두엽(왼쪽 부분)과 두정엽(왼쪽 부분)(옆에서 본 오른쪽 뇌 모습).

fMRI로 위와 유사한 실험 패러다임을 이용한 후속연구에서도 주의를 기울인 시야와 반대 방향 뇌의 초기 시각 정보처리 영역, V1, V2, V3에서의 대측성 시야 주의 효과Contralateral Visual-field Attention Effect를 반영하는 활성화를 보고하였다(Slotnick et al., 2003). 대측성 시야 주의 효과는 주로 공간 주의Spatial Attention와 관련된 연구에서 보고된다. 다른 종류의 시각 특성에 주의를 기울이면 그 시각 특성을 담당하는 뇌 영역에서의 활성화가 나타난다. 예를 들어, 색깔에 주의를 기울이면 복내측 시각 정보처리 영역의 색 담당 영역이 활성화된다(1장 참고; Liu et al., 2003). Thakral & Slotnick(2009)는 fMRI로 움직이는 점들로 구성된 자극을 이용하여 움직임 지각 영역에서의 주의 효과를 보고하였다. 응시점을 바라보고 있을 때, 여러 개의 점들이 응시점을 향해 이동하는 운동을 보인다. 주의 조건에서는 여러 개의 점들의 이동 속도에 주의를 기울이고 있다가 속도가 느려지면 반응을 해야 한다. 반면에 그저 바라만 보는 지각 조건에서는 움직이는 자극들의 속도가 변하는지에 대해 주의를 기울이지 않고 다만 그런 점들을 수동적으로 지각만 한다. 주의를 준 조건과 지각 조건 간의 차이는 시각 영역 중 운동인식 영역에서의 활성화 차이로 나타났다(1장 참고). 그림 8.1C에서 제시하였듯이, 이런 주의 효과는 감각 영역뿐만 아니라 주의를 통제하는 영역인 배외측 전전두엽과 두정엽의 활성화도 항상 동반된다(Corbetta & Shulman, 2002). 작업기억 실험 패러다임은 학습시기, 학습한 정보를 작업기억 속에 유지하고 있어야 하는 지연시기, 검사시기 등으로 구성된다(6장 참고). 작업기억의 정보처리는 지연시기 동안 일어난다. 작업기억은 자극의 속성을 지각하는 감각 영역의 활동 그리고 주의 통제를 담당하는 배외측 전전두엽과 두정엽의 활동과 관련되어 있다. 즉, 주의 효과가 나타나는 영역과 동일하다. 작업기억 실험 패러다임으로 공간 위치에 대한 작업기억을 조사하면, 자극이 제시된 시야와 반대 방향에 있는 뇌의 공간 지각을 담당하는 영역이 활성화된다. 이 영역은 공간 주의 효과를 나타내는 영역과 동일한 곳이다.

작업기억과 주의가 동일한 배외측 전전두엽과 두정엽과 관련된다는 사실은 이들이 인지정보처리 어디에선가 연결되어 있다는 것을 의미한다(Awh et al., 2006; Gazzaley et al., 2012). Ikkai & Curtis(2011)은 fMRI로 위치에 대한 작업기억과 주의 과정을 비교하였다. 작업기억 연구 패러다임에서 지연시기 동안 왼쪽 시야나 오른쪽 시야의 어느 위치를 7.5초에서 13.5초 동안 유지하도록 하고 fMRI를 측정하였다. 주의 연구 패러다임에서는 목표 자극이 왼쪽 시야나 오른쪽 시야의 어느 위치에 나타날지를 알려주는 단서를 7.5초에서 13.5초 동안 제시한 후에 목표 자극이 왼쪽 시야나 오른쪽 시야의 어느 위치에 제시되었다. 주의 연구에서는 단서가 유지되고 있는 동안 fMRI를 측정하였다. 공간 작업기억과 공간 주의는 배외측 전전두엽과 두정엽에서 유사하게 활성화가 나타났다. 이런 결과는 어쩌면 당연할 수도 있는데 왜냐하면 작업기억과 주의 연구에서 유사한 방법을 사용하였기 때문이다. 보통 작업기억에서는 다수의 기억 항목 혹은 여러 공간적 배열을 몇 초 정도로 상대적으로 긴 시간 동안 유지하도록 하며 사용되는 자극도 얼굴 혹은 집처럼 복잡하다. 반면에 주의 연구에서는 단서가 제시되고 목표 자극이 제시될 때까지의 시간이 수백 Millisecond로 짧고 사용되는 자극도 체커보드처럼 간단하다. 그렇지만 위의 연구에서 작업기억과 주의가 유사하게 정보처리 통제 영역인 배외측 전전두엽과 두정엽의 활성화를 일으킨다는 사실은 작업기억과 주의가 비슷한 인지 정보처리라는 것을 의미한다.

작업기억과 주의의 관련성을 조사하는 추후의 연구는 동일한 실험참가자를 대상으로 작업기억과 주의 연구에서 사용되는 대표적인 연구 패러다임을 사용하여야 한다. 중요한 점은, 작업기억 연구 패러다임에서 지연시기 동안 다수의 공간 정보를 가지고 있는 정보 혹은 복잡한 자극들을 가지고 있는 정보를 유지하고 있는 것을 이들 정보에 일정 시간 동안 주의를 유지하고 있는 것으로도 생각해볼 수 있다는 것이다. 그래서 어쩌면 작업기억은 주의를 일정 기간 동안 유지하는 것과 동일한 과정인지도 모른다.

장기기억 연구 패러다임은 학습시기, 지연시기, 검사시기로 구성된다. 검사시기에는 제시된 정보가 학습시기에 있었던 것인지 아닌지를 판단하는 재인검사를 하거나 정보가 제시되었던 상황 정보가 옳은지를 판단한다(1장과 3장 참고). 일화기억과 항목기억은 배외측 전전두엽, 두정엽, 감각 영역, 그리고 해마를 포함한 내측 측두엽과 관련이 있다. 주의 과정과 비교해볼 때, 내측 측두엽만 차이가 있고 나머지 영역들은 장기기억과 주의 과정이 동일하다. 장기기억 인출 시에 기억 정보를 이끌어 내고 유지하는 과정에 주의가 관여한다는 보고가 있었다(Wagner et al., 2005; Cabeza et al., 2008). 예를 들어 집을 나가기 전에 어디에 자동차 키, 현관문 키 등 여러 개의 키를 어느 곳에 두었는지를 회상해 낼 때, 각각의 키를 둔 곳에 선택적으로 주의를 기울인다. 이 예는 어느 정도는 장기기억도 주의 과정에 의존한다는 것을 보여 주고 있다.

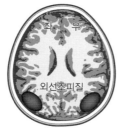

(A) fMRI 결과

제시 시야와 반응 좌우뇌의 대측성 효과

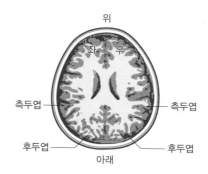

(B) ERP 뇌활동 지형도

제시 시야와 반응 좌우뇌의 대측성 ERP 효과

[그림 8.2]　공간 기억과 관련된 fMRI와 ERP.
(A) 초기 시각 정보처리 영역에서의 대측성 기억 fMRI(뒤에서 본 뇌 모양). 학습시기에 왼쪽에 제시되었던 자극에 대해서 옳게 반응했을 때의 fMRI가 학습시기에 오른쪽에 제시되었던 자극에 대해서 옳게 반응했을 때의 fMRI보다 더 많이 활성화된 영역은 오른쪽 뇌의 시각 영역, 외선조피질이었다. 반면에 학습시기에 오른쪽에 제시되었던 자극에 대해서 옳게 반응했을 때의 fMRI가 학습시기에 왼쪽에 제시되었던 자극에 대해서 옳게 반응했을 때의 fMRI보다 더 많이 활성화된 영역은 왼쪽 뇌의 시각 영역, 외선조피질이었다.
(B) 후두엽과 측두엽에서 보이는 대측성 기억 ERP 활동 학습시기에 오른쪽에 제시되었던 자극에 대해서 옳게 반응했을 때의 ERP가 학습시기에 왼쪽에 제시되었던 자극에 대해서 옳게 반응했을 때의 ERP보다 더 많이 활성화된 영역은 왼쪽 뇌의 측두엽과 후두엽이었다. 학습시기에 왼쪽에 제시되었던 자극에 대해서 옳게 반응했을 때의 ERP가 학습시기에 오른쪽에 제시되었던 자극에 대해서 옳게 반응했을 때의 ERP보다 더 많이 활성화된 영역은 오른쪽 뇌의 측두엽과 후두엽이었다).

　　장기기억과 주의가 동일한 감각 영역과 관련되어 있다는 증거가 있다. Slotnick(2009b)는 fMRI−ERP로 추상적인 모양 자극으로 사용한 장기기억 연구를 보고하였다. 학습시기에 응시점의 왼쪽이나 오른쪽에 추상적인 모양을 제시하였다. 검사시기에 실험참가자는 제시된 자극이 학습시기에 제시되었던 것인지 그리고 그 자극이 왼쪽에 제시되었는지 아니면 오른쪽에 제시되었는지 아니면 처음 보는 것인지를 판단하였다. 실험참가자에게 이들 정보를 기억하고 이끌어 내올 때 시각적인 책략(응시점의 왼쪽이나 오른쪽에 나타난 자극을 심상으로 생각하라고 지시)을 사용하고 언어적인 책략(말로 '왼쪽' 혹은 '오른쪽'으로 분류하여 기억하는 것)을 사용하지 말라고 권고하였다. 그림 8.2A에 제시된 것처럼, 학습시기에 왼쪽에 제시되었던 자극에 대해서 옳게 반응했을 때의 fMRI가 학습시기에 오른쪽에 제시되었던 자극에 대해서 옳게 반응했을 때의 fMRI보다 더 많이 활성화된 영역은 오른쪽 뇌의 시각 영역, 외선조피질이었다. 반면에 학습시기에 오른쪽에 제시되었던 자극에 대해서 옳게 반응했을 때의 fMRI가 학습시기에 왼쪽에 제시되었던 자극에 대해서 옳게 반응했을 때의 fMRI보다 더 많이 활성화된 영역은 왼쪽 뇌의 시각 영역, 외선조피질이었다. 그림 8.2B는 자극 조건에 따른 ERP를 제시하고 있다. 검사시기에 자극 제시 후 100에서 200 Millisecond 사이에 fMRI 결과와 유사하게 대측성 시각 활동Contralateral Visual Activity(학습시기에 오른쪽에 제시되었던 자극에 대해서 옳게 반응했을 때 반대 방향의 외쪽 뇌의 시각 영역에서 활동이 나타나는 활동. 학습시기에 왼쪽에 제시되었던 자극에 대해서 오른쪽 뇌의 시각 영역 활동)이 관찰되었다(뇌 활동 지형도Topographic Map와 전극 위치로 시각 영역을 확인할

(A) 주의

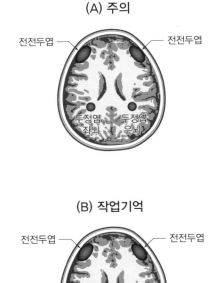

(B) 작업기억

(C) 일화기억 인출

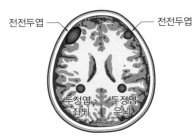

[그림 8.3] 주의, 작업기억, 일화기억 인출 모두가 좌우반구의 전전두엽과 두정엽의 활동을 수반한다.

수 있다). 이같은 기억과 관련된 ERP 패턴은 공간 주의 연구에서 반복되어 보고된 대측성 P1 효과Contralateral P1 Effect와 흡사하다(Hopfinger et al., 2001). 이어지는 연구에서 Thakral & Slotnick(2013)은 fMRI로 동일한 연구 패러다임을 사용해서 장기기억 약호화 때에도 대측성 시각 활동이 나타나는 것을 보고하였다. 이같은 장기기억의 대측성 시각 활동은 공간 주의의 그것과 너무나도 유사하다.

Naghavi & Nyberg(2005)가 36편의 연구를 모아서 공통점을 분석한 메타분석 결과가 그림 8.3에 제시되어 있다. 주의, 작업기억, 일화기억/장기기억 인출은 모두 동일한 배외측 전전두엽, 두정엽의 정보처리 통제 영역과 관련이 있다. Uncapher & Wagner(2009)가 93편을 대상으로 한 메타분석 결과에서도 동일한 두정엽이 주의와 장기기억 약호화에 관련되어 있다. Huchingson et al.(2014)는 좀 더 구체적으로 주의와 장기기억이 두정엽에서 얼마나 겹치는지를 조사하였다. 연구자들은 개인 단위로 장기기억과 주의의 영역이 겹치는지를 조사하였다. 여러 사람의 자료를 평균해서 결과를 분석하면 개인차에 의해서 일부 영역이 확대되기도 하고 사라지기도 한다. 그러나 개인별로 주의와 장기기억을 분석하면 이런 평균화에 의한 문제점을 피해갈 수 있다. 연구 결과, 정확하게 주의 관련 두정엽 영역과 장기기억 관련 두정엽 영역이 일치하였다.

주의가 장기기억에 영향을 주는 것은 틀림없지만, 장기기억은 주의가 관련되지 않은 내측 측두엽과도 관련이 있다. 즉, 장기기억과 주의는 다른 인지 정보처리 과정이다. 주의를 받으면 장기기억의 정보처리가 향상된다. 주의와 장기기억 정보처리가 어떻게 관련되는지를 알려면 위에서 예시한 것처럼 집단 자료를 평균화하지 말고 개인별로 주의와 장기기억 정보처리를 비교해서 어느 영역이 공통되는지 또한 독특한 지를 구분해내야 한다.

8.2 심상과 기억(Imagery and Memory)

심상Mental Image을 연구해온 유명한 인지 신경과학자 Stephen Kosslyn은 사람들에게 "독일 Shepherd의 귀가 어떻게 생겼는가?"라고 질문했을 때 사람들이 어떻게 답하는가에 관심이 있었다. 대부분의 사람들은 다음과 같이 보고한다. 먼저 독일 Shepherd의 시각 심상을 떠올리고 그리고는 그 심상에서 귀가 생긴 모습을 유심히 관찰했다고 보고한다. 시각 심상은 시각 지각 때 활동하는 뇌 영역과 동일한 영역들의 활성화를, 즉 일차 시각 피질 V1, 외선조피질, 그리고 인지 정보처리 통제 영역인 배외측 전전두엽과 두정엽의 활성화를 일으킨다(Kosslyn, Ganis & Thomson, 2001; Pearson, Naselaris, Holms & Kosslyn, 2015). Slotnick et al.(2005)는 fMRI로 시각 지각 영역, 시각 심상 영역, 시각 주의 영역을 비교하였다. 그림 8.4A 왼쪽 그림에서처럼, 시각 지각 조건에서는 V자 모양의 체커보드가 빛을 발하면서 응시점을 기준으로 돌고 있는데, 시각 자극이 제시되면 실험참가자는 가끔 번쩍하고 빛을 내는 작은 사각형이 V자 모양의 체커보드 안에 있는지 아니면 바깥이 있는지를 판단해야 했다. 이 V자 모양의 체커보드 자극은 초기 시각 정보처리 영역을 활성화시키는 것으로 알려져 있다. 그림 8.4A 오른쪽 그림에서처럼, 시각 심상 조건에서는 V자 모양의 체커보드의 바깥 끝 부분만 제시되고 나머지 부분을 최대한 자세하게 시각 심상을 구성하라고 지시한 다음에, 가끔 번쩍하고 빛을 내는 작은 사각형이 V자 모양의 체커보드 심상 안에 있는지 아니면 바깥이 있는지를 판단해야 했다. 시각 주의 조건에서는 시각 심상 조건에서처럼 V자 모양의 체커보드의 바깥 끝 부분만 제시되었지만 나머지 부분을 심상으로 구성하라고 지시하지 않았고, 단지 빛을 내는 작은 사각형이 왼쪽 시야에 제시되었는지 아니면 오른쪽 시야에 제시되었는지를 판단해야 했다. 그림 8.4B 왼쪽에는 시각 지각 조건을, 오른쪽에는 시각 심상 조건을 나타내고 있다. 초기 시각 영역에서의 활성화 영역은 시각 장Visual Field에 주어진 자극들 사이의 공간적 관계를 보존하는 형태로 나타나고 있다(시각 장의 자극들 간의 공간적 위치와 시각 피질에서의 공간적 위치가 일치하는 것을 시각 장과 시각 피질의 공간적 표상 일치Retinotopic Mapping이라고 부른다). 시각 심상의 활성화되는 영역은 시각 지각의 활성화되는 영역과 거의 동일하고 반면에 시각 주의 조건과는 유사하지만 약간의 차이가 있다. 심상 때에 활성화되지만 시각 주의 조건에서는 활성화되지 않는 영역이 있다. 시각 심상의 활성화되는 영역과 시각 지각의 활성화되는 영역이 겹쳐지는 현상은 모든 실험참가자들에게서 발견되었다. 시각 심상과 시각 지각의 활성화되는 영역은 동일하지만 시각 심상에서의 활성화 강도가 시각 지각에서 보다 약간 약하다. 그래서 시각 심상은 시각 지각의 약한 상태라고 표현되기도 한다(Pearson et al., 2015). 그림 8.4C에는 시각 심상과 시각 지각이 겹쳐지는 곳을, 즉 시각 정보처리 영역을 흰색으로 표시하고 있으며, 시각 심상과 시각 주의에서 겹쳐지는 영역을, 즉 배외측 전전두엽과 두정엽을 짙은 회색으로 표시하고 있다. 결론적으로, 시각 심상은 시각 지각 영역뿐만 아니라 주의 통제 영역과도 관련되어 있다.

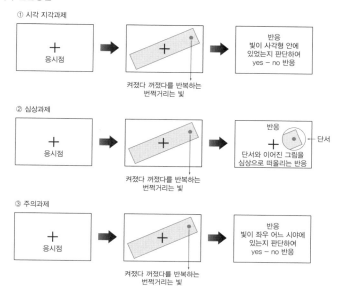

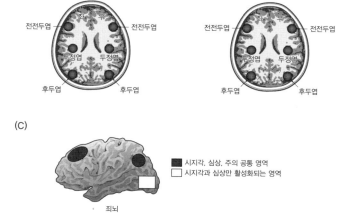

(C)

■ 시지각, 심상, 주의 공통 영역
□ 시지각과 심상만 활성화되는 영역

좌뇌

[그림 8.4] 시각 지각, 시각 심상, 시각 주의 연구 패러다임과 fMRI 결과.
　　(A) 왼쪽, 시각 지각 자극. V자 모양의 체커보드가 빛을 발하면서 응시점을 기준으로 돌고 있다. (A) 오른쪽, 시각 심상 자극과 시각 주의 자극. V자 모양의 체커보드의 바깥 끝 부분만 제시되고 이 부분이 응시점을 기준으로 돌고 있다. 시각 자극이 제시되면, 시각 지각 조건과 시각 심상 조건에서는 실험참가자들이 가끔 번쩍하고 빛을 내는 작은 사각형이 V자 모양의 체커보드 안에 있는지 아니면 바깥이 있는지를 판단해야 했다. 반면에 시각 주의 조건에서는, 작은 사각형이 왼쪽 시야 혹은 오른쪽 시야에 제시되었는지를 판단해야 했다.
　　(B) 시지각 영역과 심상의 영역.
　　(C) 시각 심상과 시각 지각이 겹쳐지는 곳을, 즉 시각 정보처리 영역을 흰색으로 표시하고 있으며, 시각 심상과 시각 주의에서 겹쳐지는 영역을, 즉 배외측 전전두엽과 두정엽을 짙은 회색으로 표시하고 있다.

시각 심상과 시각 작업기억은 거의 구분이 안 된다. 시각 작업기억 연구 패러다임에서는 학습시기에 제시된 자극을 지연시기 동안 유지하고 있어야 하고(6장 참고), 시각 심상 연구 패러다임에서는 시각 자극을 본 후에 사라진 시각 자극을 마음속으로 재구성해서 유지하고 있어야 한다. 연구 패러다임도 거의 동일하다. 시각 심상과 시각 작업기억은 모두 시각 지각 감각 영역 V1의 활동과 정보처리 통제 영역인 배외측 전전두엽과 두정엽의 활동과 연관되어 있다. 둘 간에 구분이 되지 않는다. 그렇지만 시각 심상과 시각 작업기억은 내측 측두엽의 활동은 없다. 이런 점에서 시각 심상과 시각 작업기억은 장기기억과 구분된다. 시각 심상과 시각 작업기억이 이처럼 유사함에도 불구하고 연구 문헌들은 마치 다른 분야인 것처럼 이들 두 인지 과정을 다루고 있다. 시각 심상과 시각 작업기억의 유일한 차이는 지연 기간 동안 작업기억 문헌에서는 정보가 "유지"되고 있다고 표현하는 반면에 시각 심상 연구에서는 "시각화"라고 표현하는 것뿐이다. 이처럼 시각 심상과 시각 작업기억이 사용하는 연구 패러다임 측면에서, 인지 정보처리 과정에서, 그리고 관여하는 뇌 영역에서 동일하다는 사실은 작업기억은 시각 심상의 다른 이름일 뿐이라는 것을 의미한다(6장 참고). 시각 심상과 시각 작업기억이 다른 인지 과정인 것을 보이려면, 시각 심상 혹은 시각 작업기억 연구 패러다임을 사용해서 시각 심상과 시각 작업기억 관련 뇌 영역이 구분되는 것을 증명해야 한다. 이들이 구분되는 것을 찾기는 어려워 보이지만 앞으로 더 조사해보아야 할 연구 주제이다.

장기기억은 처음에 정보를 약호화할 때에만 그 정보를 마음속에 유지하는 것이 필요하고, 약호화하여 그 정보를 뇌 어느 영역에 저장하고 나면 더이상 그 정보를 마음속에 가지고 있지 않으며, 저장되어 있는 정보를 이용하려면 기억 속에 있는 정보를 인출하여 마음속으로 가져와야 한다. 반면에 시각 심상은 방금 전에 보았던 정보를 마음속에 계속 유지하고 있어야 한다. 장기기억과 시각 심상은 동일하지 않은 인지 과정이며, 관여하는 뇌 영역도 중복되는 것도 있지만 다른 영역도 있다. 장기기억만이 내측 측두엽의 활동을 필요로 한다. 시각 심상과 시각 장기기억은 공통적으로 시각 정보 영역, 배외측 전전두엽, 그리고 두정엽의 활동과 공통적으로 관련되어 있다(3장 참고).

Slotnick et al.(2012)는 시각 장기기억 인출과 시각 이미지를 조사하여 두 과정 간에 공통되는 영역과 구분되는 영역을 fMRI로 조사하였다. 친숙 시기Familiarization Phase에 얼룩말과 같은 대상을 선으로 그린 자극이 제시하였다. 모두 자세히 보았으면 버튼을 누르라고 지시하였으며, 버튼을 누르고 나면 좀 전에 제시되었던 자극이 사라졌다. 이번에는 조금 전에 보았던 시각 자극을 자세하게 떠올려 보라고 지시하였다. 그런 다음 버튼을 다시 누르면 전에 보았던 시각 자극이 다시 제시되고, 떠올린 심상과 비교하여 차이가 있으면 심상을 수정하라고 지시하였다. 이런 방법으로 한 자극에 대해 3번 연속해서 반복하였다. 이런 과정은 시각 심상 연구에서 자주 사용되는 절차이며, 이런 방법을 통해 자세하고 정확한 시각 심상을 형성하도록 유도한다. 친숙 시기를 마친 이후에 장기기억 연구 패러다임에서 사용하는 학습시기와 검사시기를 시행하였다. 학습시기에 친숙 시기 때에 제시되었던 시각 자극이 제시되었다. 기억 검사시기Memory Test Phase에는 단어가 3가지 조건으로, 즉 전에 보았던 것, 새로운 단어, 그리고 통제 조건 반응을 위한 단어 "left" 혹은 "right" 등이, 제시되고, 실험참가자는 그 단어를 학습시기에 보았던 것으로 기억하는지, 아는 단어인지, 그리고 처음 보는 것인지를 판단하여 해당 버튼을 누르고 또한 단어 "left" 혹은 "right"의 통제 조건이 제시되면 그에 상응하는 버튼을 눌렀다. 심상 검사시기Imagery Test Phase에도 단어가 제시되고(학습시기에 있었던 것도 있고 새로운 것도 있다) 그 단어 들에 해당되는 심상을 자세하게 형성하라고 지시하였으며, 만들어 낸 심상이 얼마나 또렷한지를 "매우 생생하다", "중간 정도로 생생하다", "생생하지 않다"로 판단하여 해당되는 반응 버튼을 눌렀다. 또한 단어 "left" 혹은 "right"의 통제 조건이 제시되면 그에 상응하는 버튼을 눌렀다. 기억 검사에서 옳게 "기억한다"로 판단한 조건과 심상 검사에서 학습시기에 보았던 단어에 대한 심상을 "매우 생생하다"로 판단한 조건에서의 fMRI는 거의 동일한 영역들, 즉 배외측 전전두엽, 두정엽, 시각 감각 영역 V1에서의, 활성화를 보였다(통제 조건Control Condition fMRI와 중첩되는 부분을 제거한 경우에 이런 결과가 나타났다. 통제 조건은 단어 정보처리와 운동 영역을 포함하고 있는 것이며, 실험 목적과는 관계가 없는 것이라서 제거한 것이다). 특이할 만한 점은 기억 검사에서 옳게 "기억한다"로 판단한 조건과 심상 검사에서 학습시기에 보았던 단어에 대한 심상을 "매우 생생하다"로 판단한 조건 모두가 시각 감각 영역의 강한 활성화를 유발하였는데, 이런 사실은 장기기억도 상당한 정도로 시각 감각 영역의 활동을 요한다는 사실이다. 결론적으로, 장기기억과 시각 심상은 많은 부분을 공유하지만, 두 과정이 동일하지는 않다는 것이다.

심상이 해마를 포함한 내측 측두엽의 활동과 관련되는지를 조사하려고, Addis et al.(2007)는 fMRI로 과거에 일어났던 자신과 관련된 자서전 기억 내용을 떠올릴 때와 5년 후에 나에게 무슨 일이 일어날 지를 상상하는 그래서 자서전 기억의 성격을 갖지만 심상을 형성할 때의 차이를 비교하였다. 미래를 상상하는 조건에서는 먼저 "dress"같은 단서 단어가 제시되고, 미래를 상상하는 동안 아래와 같은 내용이 동시에 제시되었다. "My sister will be finishing… her undergraduate graduation, I imagine some neat place, Ivy league private school… it would be a nice spring day and my mom and dad will be there…"(모든 내용을 보려면 Addis et al.(2007) 참고). 과거를 회상해낸 조건과 미래를 상상한 조건은 모두 시각 영역, 배외측 전전두엽, 두정엽, 그리고 해마를 포함한 내측 측두엽의 활성화를 보였다. 즉, 심상을 형성하는 것이 해마를 포함한 내측 측두엽의 활성화를, 장기기억하고만 관련된 영역의 활성화를 불러 일으켰다. 그렇지만 이 결과를 가지고 심상이 해마를 포함한 내측 측두엽과 관련된다고 주장하기에는 여러 문제점이 있다. 우선 미래를 상상하는 과제가 표준적인 심상 형성 과제가 아니다. 미래의 자서전적 사건을 상상하는 것은 과거의 사실들을 인출해내는 것이 필요하고(예를 들면, 위의 예에서 부모를 인출하는 것), 저자들이 수긍했듯이, 상상하는 과정은 정보 약호화가 필요하다. 이들 장기기억 인출과 약호화는 해마를 포함한 내측 측두엽의 활동을 필요로 한다. 그래서 위의 결과는 심상 형성에 의해 해마를 포함한 내측 측두엽이 활성화된 것이 아니고 장기기억 인출과 약호화 때문에 나타난 것이다.

8.3 언어와 기억(Language and Memory)

19세기 말에, 왼쪽 뇌의 배외측 전전두엽의 아래쪽에 손상을 입은 환자는 말해야 되는 단어를 말하지 못하는 장애가 발견되고(말은 이해하는데 본인의 말을 못하는 증상), 왼쪽 뇌의 측두엽의 상부이면서 약간 뒤쪽에 손상을 입은 환자는 말을 이해하지 못하는 증상(말은 하는데 남의 말을 이해하지 못하는 증상)이 발견되었다. 처음 발견한 연구자들의 이름을 따서 오늘날에는 이 영역들을 브로카 영역Broca Area과 베르니케 영역Wernicke Area으로 부른다. 그림 8.5에 이들 브로카 영역과 베르니케 영역 포함한 언어 정보처리 관련 영역이 표시되어 있다(Price, 2000). 단어산출Word Production은 브로카 영역과 관련되고, 시각 단어재인Visual Word Recognition은 시각 영역, 두정엽에 위치한 각회Angular Gyrus, 그리고 베르니케 영역과 관련되어 있다. 브로카 영역은 언어산출Language Production과 관련되고 베르니케 영역은 언어이해Language Comprehension과 관련되며 이들 영역은 모서리위이랑Supramarginal Gyrus을 통해 서로 연결되어 있다는 모델이 언어 정보처리의 최초 모델인 베르니케−리히엔하임−게슈빈트 모델Wernicke-Geschwind Model이다. 그러나 최근의 연구들을 살펴보면, 언어산출Language Production과 언어이해Language Comprehension는 브로카 영역과 베르네케 영역 모두에 관련된다. 특별히 기억 연구와 관련된 언어 연구는 단어 의미 정보처리와 관련된 것으로, 언어 정보처리를 연구하는 분야에서는 의미 정보처리Semantic Processing로 부르는 것인데, 이 정보처리는 브로카 영역, 베르니케 영역, 각회, 상 측두엽의 앞 부분Anterior Superior Temporal Cortex을 활성화시킨다(Price, 2000; Vigneau et al., 2006; Friederich & Gierhan, 2013).

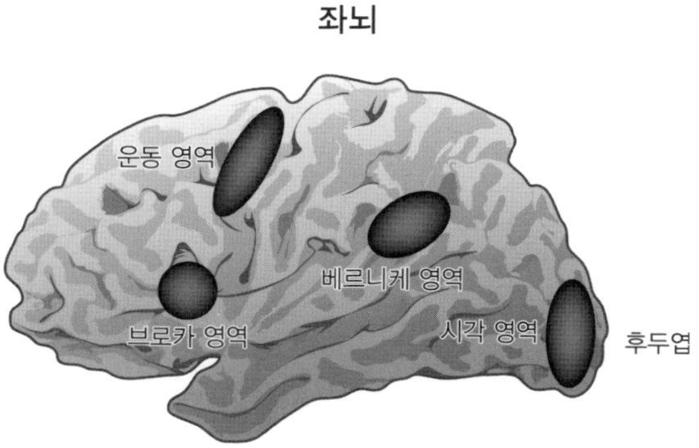

좌뇌

[그림 8.5]　언어 정보처리 영역(왼쪽 뇌의 측면 모양; 오른쪽 방향이 후두엽이다). 영역들의 이름이 적혀 있다. 브로카 영역은 언어 산출에 주로 관여하고 베르니케 영역은 언어 이해에 관여한다.

　　언어정보처리의 단어 부분은 기억 연구와 밀접하게 연결되어 있다. 기억 연구에서 흔히 사용되는 단어 자극 또는 "의자" 사진처럼 의미 있는 사물 자극은 언어 정보처리와 긴밀하게 연결되어 있다. 예를 들어, 양의 사진을 보고 있으면, 양의 시각적인 모양뿐만 아니라 "bah"라는 양의 울음 소리, 양을 농장에서 발견할 수 있다는 지식, 양털을 깎아서 울Wool을 만들 수 있다는 지식 등 여러 종류의 정보처리가 수반된다. 이런 종류의 의미 혹은 개념 정보처리는 브로카 영역, 베르니케 영역, 각회, 상 측두엽의 앞 부분, 배외측 전전두엽 등의 여러 영역과 관련이 있다. 특별히 의미 기억이 언어정보처리와 밀접하게 연결되어 있다. 의미 기억은 위에서 말한 단어 의미 정보처리 영역과 관련되어 있다. 가짜기억False Memory은 진짜기억True Memory과 동일한 이름을 가진 사실에 대해서 빈번히 일어나며, 즉 언어화하는 과정에서 발생하며, 가짜기억은 배외측 전전두엽뿐만 아니라 언어 영역과도 관련이 있다(5장 참고). 개념 점화 효과Conceptual Priming Effect도 왼쪽 배외측 전전두엽과 상 측두엽의 뒤 부분

등 언어 영역과 연관되어 있다(7장 참고). 기억 연구에서 사용되는 자극과 방법이 의미 혹은 개념 정보처리와 관련되어 있으면, 연구 결과는 틀림없이 언어 정보처리 영역의 활동을 제시한다.

장기기억 과제에서 관찰된 배외측 전전두엽의 활동이 언어 정보처리와 흔히 관련되지만 그렇지 않은 경우도 있다. 인출–유도 망각Retrieval-induced Forgetting은 우측 배외측 전전두엽의 활동과 관련되는데, 이 영역의활동은 언어정보처리보다는 억제 과정을 반영하는 것으로 생각된다(5장 참고). 의미기억이 왼쪽 배외측 전전두엽의 활동과 관련되는데 이 영역은 브로카 영역과 구분된다(Gabrieli et al., 1998). Box 8.1에서 논의한 것처럼, 기억 연구에서 보고된 영역과 다른 인지 정보처리에서 보고된 영역이 유사한 경우에, 좀 더 자세한 비교를 통해 공통되는 것과 다른 부분을 찾아내는 작업은 결국 기억 과정을 이해하는 데 도움이 된다.

Box 8.1 다른 인지 정보처리를 이해하는 것이 기억 연구에 도움이 된다

기억 인지신경과학자가 다른 인지정보처리를 이해하면 기억 연구에 큰 도움이 된다. 주의는 기억 약호화 과정을 향상시키며, 심상은 기억을 구성하는 과정의 감각 정보처리에 해당되는 것이고, 언어는 언어화된 약호화와 인출에 해당된다. 주의, 심상, 언어 연구는 그 자체가 방대하고 많은 연구가 이루어진 분야들이다. 이들 분야에서 발견된 현상이나 뇌 활동을 이해하는 것은 기억 연구에서 새로운 아이디어를 개발해 내거나 기억 연구 결과를 해석하는 데 큰 도움이 된다. 예를 들어, 여러 인지 과정이 공통으로 특정 뇌 영역의 활동과 관련이 있다면, 여러 인지 과정은 서로 공통이 되는 과정을 포함하고 있다는 것을 의미한다. 추후에 연구해야 할 주제는 기억이 다른 연구들과 구분되는 것은 무엇이고 공통되는 것은 무엇인지를 분별해 내는 일이다.

8.4 정서와 기억(Emotion and Memory)

정서 신경과학Affective Neuroscience은 감정과 관련된 뇌 활동을 연구하며, 인지 신경과학Cognitive Neuroscience과는 다루는 주제, 연구 패러다임, 관련된 뇌 활동 등에서 차이가 있는 나름의 독자적인 분야이다. 정서 신경과학과 인지 신경과학이 만나는 지점은 정서가(예를 들면, 공포, 역겨움, 혹은 행복)를 가지고 있는 얼굴과 같은 자극을 사용하여 인지 신경과학에서 사용하는 방법으로 연구를 진행하는 경우이다. 독거미 사진, 해골 사진, 총 사진 등은 높은 정서가를 지니고 있고 피아노 사진, 책상 사진 등은 정서가가 중립적이다. 정서가가 높은 자극을 처리하는 경우와 중립적 정서가를 지니고 있는 사진 자극을 정보처리 할 때 차이가 나는 영역은 편도체Amygdala, 안와전두피질Orbitofrontal Cortex(눈 바로 위 위치에 있는 전두엽), 배외측 전전두엽이다(Lindquist et al., 2012). 그림 8.6은 편도체를 보여 주고 있다. 편도체는 해마 바로 앞에 위치하는 영역으로 감정 정보처리의 핵심 부위이다. 편도체는 감정 정보처리를 위해 필요한 여러 다른 영역들과 연결을 맺고 있다(Pessona & Adolphs, 2010; Lindquist et al., 2012). Box 8.2에서는 다른 인지 정보처리와 비교해서 감정 정보처리가 배외측 전전두엽에서 어떻게 다르게 정보처리되는지를 설명한다.

좌뇌

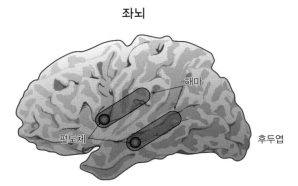

[그림 8.6] 편도체와 해마. 편도체와 해마는 좌우 뇌에 모두 존재한다(측면에서 본 모양이고 편도체와 해마는 뇌 안쪽에 있어서 피질에서는 볼 수 없다. 투명한 사진을 가정했을 때의 모습이다). 편도체는 정서기억과 정서 관련 정보처리에 관여한다. 편도체는 해마 옆에 위치한다.

감정 정보처리는 정보처리와 뇌 활동을 증가시키는 것이 보통이라서 정서가가 높은 자극이 그렇지 않은 것 보다 기억이 우월한 현상은 당연한 것처럼 보인다(예외적으로 강도를 만난 것처럼 사건 자체가 매우 극적인 경우에는 오히려 기억에 방해를 일으킨다). 감정가가 높은 자극을 더 높게 기억하는 이유는 편도체와 해마의 상호작용 때문으로 추정된다(Pelps, 2004). 편도체와 해마의 상호작용은 자연스러워 보인다. 두 조직은 해부학적으로 붙어 있어서 물리적으로 가깝다(사실은 두 조직이 함께 붙어 있어서 고해상도 MRI로도 구분이 쉽지가 않다). 편도체는 정서 자극을 해마가 약호화Encoding와 응고화 Consolidation할 때 해마의 기능을 항진시키는 것 같다. Mickley Steinmetz et al.(2012)는 fMRI로 부정적 정서를 지닌 시각 자극(예: 산불 사진), 긍정적 정서를 지닌 시각 자극(예: 예쁜 아기 고양이 사진), 정서 중립적 시각 자극을 이용하여 정서가 기억과 뇌 활동에 영향을 주는 방법을 연구하였다. 학습시기에 방금 기술한 세 종류의 시각 자극이 제시되었다. 검사시기에는 시각 자극을 제시하고 이 자극이 학습시기에 제시되었던 것인지를 판단하였다. 학습시기에 제시되었던 것에 대해 옳게 "예"로 반응한 조건(old-hit)의 fMRI와 학습시기에 제시되었던 것에 대해 틀리게 "아니요"로 반응한 조건(old-miss)의 fMRI를 비교 분석하였다. 연구 결과, 정서 자극은 정서 중립적 자극에 비해 해마, 편도체, 안와전두피질, 그리고 배외측 전전두엽에서 더 큰 활성화를 보였다. 이 결과는 정서 기억은 중립적인 것에 비해서 정서와 관련된 여러 영역의 활동을 항진 시키기 때문이라는 입장을 지지한다.

Box 8.2 배외측 전전두엽은 여러 종류의 인지 정보처리와 관련되어 있다

배외측 전전두엽은 기억, 심상, 주의, 언어, 정서 등의 여러 인지 정보처리와 관련되어 있다. 대부분의 연구자들은 본인이 조사하고 있는 연구 주제와 관련해서 배외측 전전두엽이 거의 항상 관여할 것이라고 생각한다. 배외측 전전두엽은 상당히 커서 브로카 영역처럼 특정 종류의 정보처리에만 국한된 부분도 있지만 인지 통제처럼 거의 모든 인지 정보처리에 공통적으로 포함되어 과정을 다루는 영역도 있다. 배외측 전전두엽은 어떤 기능을 수행하는가? 한 가능성은 여러 과제에서 공통으로 필요로 하고 있는 기능을 매개하는 역할이다. 예를 들면, 배외측 전전두엽은 여러 다른 영역에서 처리되고 있는 정보를 선택하는 과정들(기억해 낸 항목 중에서 택하는 작업, 주의를 주고 자극 중에서 한 자극을 선택하는 일, 상상해 낸 자극들 중에서 하나를 선택하는 작업, 말해야 하는 단어들 중에 하나는 선택하는 처리, 여러 종류의 감정 중에 하나에 몰두하는 작업 등)에 관여할 수 있다. 또한 배외측 전전두엽은 다른 영역에서 정보처리되고 있는 것들 중에 현재의 과제와 관련이 없는 것을 억제하는 작업을 수행할 수도 있다. 현재 수행하고 있는 과제의 목표를 달성하기 위해서는 관련된 정보를 선택해내야 하고 또한 관련 없는 방해가 되는 정보가 활성화되는 것을 억제해야 한다. 이런 측면에서 선택과 억제는 상호 연결되어 있다고 볼 수 있고 이런 기능을 배외측 전전두엽이 담당한다. 선택과 억제는 주의의 기본 역할이다. 따라서 배외측 전전두엽이 주의 통제 기능을 수행하고, 주의는 거의 모든 인지 정보처리에서 중요한 역할을 하기 때문에 모든 인지 정보처리가 배외측 전전두엽의 활동과 관련된다고 볼 수 있다. 또 다른 배외측 전전두엽의 기능은 과제 마다 조금씩 다른 측면을 처리할 수 있도록 이미 굳어져 있는 규칙을 일부 수정해서 현 상황에 적용하는 것이다(Miller et al., 2002). 배외측 전전두엽은 아주 예외적인 경우를 제외하고는 대부분 폭 넓게 전반적인 인지과정에 선택과 억제 또는 규칙 수정 등으로 관여한다.

- 주의가 감각 정보처리 영역의 활동을 증가시키고, 이런 감각 정보처리 영역의 활동 증가는 행동 반응의 효율성으로 나타난다. 주의는 또한 통제 영역인 배외측 전전두엽과 두정엽의 활동과도 관련된다.
- 시각 작업기억Visual Working Memory은 시각 주의Visual Attention와 동일하게 감각 영역과 통제 영역의 활동과 관련이 있다.
- 시각 장기기억Visual Long-Term Memory은 시각 주의Visual Attention와 동일하게 감각 영역과 통제 영역의 활동과 관련이 있다. 그렇지만 시각 장기기억은 해마를 포함한 내측 측두엽과 관련되기 때문에 시각 주의와는 구분되는 인지이다.
- 시각 작업기억과 시각 심상은 담당하는 뇌 영역에서 동일하다(감각 영역, 배외측 전전두엽, 그리고 두정엽). 이런 사실은 시각 작업기억과 시각 심상은 동일한 인지라는 것을 의미한다.
- 의미기억, 가짜기억, 개념 반복 점화Conceptual Repetition Priming는 왼쪽 뇌의 언어정보처리 영역인 브로카 영역과 베르니케 영역의 활동과 관련되어 있다.
- 정서 정보에 대한 기억은 정서 정보처리의 핵심 영역인 편도체가 해마의 약호화와 응고화 활동을 항진시켜서 다른 기억 보다 우수하다.

- 시각 주의와 시각 작업기억에 관여하는 뇌 영역은 어디인가?
- 시각 주의와 시각 장기기억의 관련된 뇌 영역은 어디에서 상이한가?
- 심상과 작업기억은 서로 구분되는 인지인가?
- 언어정보처리와 일차적으로 관련된 두 영역은 어디인가?
- 해마가 정서 정보에 대한 기억을 형성하는데 적극적으로 상호작용하는 뇌의 영역은 어디인가?

- Ikkai, A. & Curtis, C. E. (2011). Common neural mechanisms supporting spatial working memory, attention and motor intention. *Neuropsychologia, 49,* 1428 – 1434.

  fMRI 연구로 공간 작업기억(Spatial Working Memory)과 공간 주의(Spatial Attention)가 배외측 전전두엽과 두정엽에서 유사한 활동이 있는 것을 보고한다.

- Slotnick, S. D., Thompson, W. L. & Kosslyn, S. M. (2012). Visual memory and visual mental imagery recruit common control and sensory regions of the brain. *Cognitive Neuroscience, 3,* 14 – 20.

  시각 장기기억(Visual Long Term Memory)과 시각 주의가 동일하게 시각 감각 영역, 배외측 전전두엽, 두정엽에서 유사한 활동이 있는 것을 보고한 fMRI연구이다

- Friederici, A. D. & Gierhan, S. M. (2013). The language network. *Current Opinion in Neurobiology, 23,* 250 – 254

  언어정보처리 관련 뇌 영역을 개관한 논문이다. 의미 기억/개념 기억 연구에서 보고된 영역은 언어정보처리 관련 뇌 영역의 일부분이다.

- Mickley Steinmetz, K. R., Schmidt, K., Zucker, H. R. & Kensinger, E. A. (2012). The effect of emotional arousal and retention delay on subsequent−memory effects. *Cognitive Neuroscience, 3,* 150 – 159.

  정서 자극을 기억하는 동안 편도체와 해마의 상호작용을 보고한 fMRI 논문이다.

9 / 장

외현기억과 질병

9 Explicit Memory and Disease
외현기억과 질병

학습목표

- 정상인 대조군과 비교했을 때, 기억상실성 경도성 인지장애(Amnesic Mild Cognitive Impairment) 환자의 뇌 영역 변화와 fMRI 활동 이해하기
- 초기 알츠하이머성 질환(Alzheimer's Disease)으로 인해 축소되는 뇌 영역과 이들 영역에 축적되는 단백질이 어떤 기능을 하는 것인지 학습하기
- 정상인 대조군과 비교했을 때, 경도성 뇌진탕(Mild Traumatic Brain Injury) 환자의 작업기억 수행과 fMRI 활동 차이 이해하기
- 왼쪽 뇌의 내측 측두엽성 간질(Medial Temporal Lobe Epilepsy) 수술 후에 나타나는 언어성 장기기억 장애(Verbal Long Term Memory Disorder)와 오른쪽 뇌의 내측 측두엽성 간질(Medial Temporal Lobe Epilepsy) 수술 후에 나타나는 시각성 장기기억 장애(Verbal Long Term Memory Disorder) 의 차이 이해하기
- 일시성 전역적 기억상실증(Transient Global Amnesia)을 유발하는 해마 영역 이해하기

8장까지는 건강한 사람들의 기억 수행과 기억 관련 뇌 영역에 대해 논의하였다. 9장에서는 이들 기억과 관련된 뇌 영역에 장애가 발생하여 나타나는 기억장애Memory Disorder에 대해 논의할 것이다. 9.1절에서는 기억상실성 경도성 인지장애Amnesic Mild Cognitive Impairment에 대해 설명할 것이다. 기억상실성 경도성 인지장애 환자는 장기기억 장애를 보이는데, 그 이유는 해마를 포함한 내측 측두엽 영역들의 위축 때문이다. 기억상실성 경도성 인지장애 환자는 수년 내에 약 50%가 알츠하이머성 질환Alzheimer's Disease으로 전이된다. 9.2절은 알츠하이머성 질환에 대해 설명한다. 초기 알츠하이머성 환자는 심각한 장기기억 장애를 보이며, 또한 장기기억과 관련된 내측 측두엽과 두정엽에 위축을 보인다(3장 참고). 알츠하이머성 환자의 내측 측두엽과 두정엽에는 특정 단백질이 축적되어 있으며, 이 단백질이 알츠하이머성 질환을 더 심각하게 변하게 한다. 9.3절에서는 경도성 뇌진탕Mild Traumatic Brain Injury 환자들에 대

해 논한다. 이 환자들의 작업기억 수행은 정상인 대조군과 유사하다. 그렇지만 정상인 대조군과는 다르게 작업기억 과제를 수행하는 동안 배외측 전전두엽과 두정엽의 활성화가 과대하게 나타난다. 배외측 전전두엽과 두정엽의 활성화가 과대하게 나타나는 현상은 보충 활동Compensation 때문이다. 9.4절에서는 내측 측두엽성 간질Medial Temporal Lobe Epilepsy에 대해 설명할 것이다. 간질 발작의 횟수를 줄이기 위해서 내측 측두엽을 제거한다. 왼쪽 내측 측두엽 제거는 언어성 장기기억 장애를 야기하며, 오른쪽 내측 측두엽 제거는 시각성 장기기억 장애를 야기한다. 마지막 절인 9.5절에서는 3장에서 간단하게 논의했던 일시성 전역적 기억상실증Transient Global Amnesia을 설명할 것이다. 전역적 기억상실증은 갑자기 나타나며, 24시간 정도 지속되고, 이 질환이 발생하는 이유는 해마의 세부 영역에 일시적인 미세한 손상이 있기 때문이다. 일시성 전역적 기억상실증은 감정적으로나 아니면 육체적으로 지나치게 흥분해 있는 경우에 발병하는 것으로 보고되었으나 그 확실한 원인은 아직까지 불분명하다.

9.1 기억상실성 경도성 인지장애(Amnesic Mild Cognitive Impairment; MCI)

기억상실성 경도성 인지장애는 60세 이상의 노년 인구에서 상당한 정도로 나타나며, 나이가 높아질수록 기억상실성 경도성 인지장애 비율은 더 증가한다. MCI 환자는 정상인 대조군에 비해 장기기억 장애를 보이지만, 다른 인지 과정에서는, 주의나 언어같은 다른 영역에서는, 장애를 보이지 않는다. MCI 환자는 일화기억Episodic Memory에만 장애가 있다고 흔히 보고되지만, 항목기억Item Memory(언제 어디서 같은 상황 정보를 제외한 내용 정보에 대한 기억; 3장 참고)에도 장애를 보이는 경우가 있다(예를 들면, MCI 환자는 최근에 만든 약속을 잘 잊는다). MCI 환자의 장기기억 장애는 내측 측두엽의 하부 영역에서의 위축 때문인데, 조금 이상한 현상은 내측 측두엽의 하부 영역에서의 fMRI 활성화가 정상인 대조군에 비해 크다는 것이다(Dickerson & Sperling, 2008; Leal & Yassa, 2013; 일종의 보충 반응Compensation이다).

Stoub et al., (2006)은 MRI를 이용하여 MCI 환자와 정상인 대조군의 해마와 내후각피질Entorhinal Cortex의 부피를 비교하였다. 내후각피질은 내측 측두엽의 하부 구조이며, 내측 측두엽의 하부 구조인 주변내후각피질Perirhinal Cortex과 해마를 연결하고 있다. 이상하게도, 내후각피질과 주변내후각피질은 다른 구조물인데도 불구하고, 대부분의 인지신경과학 fMRI연구에서는 내후각피질도 주변내후각피질이라고 말한다는 것이다. 3장과 10장에서 논의한 것처럼, 주변내후각피질은 항목기억/친숙성에 관여한다. 그림 9.1A에 관상면Coronal View의 해마(왼쪽 반구)와 내후각피질(오른쪽 반구)을 예시했다. 그림 9.1B 정상인 대조군과 MCI 환자의 해마와 내후각피질의 부피 차이를 나타내고 있다. MCI 환자의 해마와 내후각피질의 부피가 정상인 대조군에 비해 작으며, 이는 이 영역들의 위축을 의미한다. 또한 내후각피질과 해마를 연결하는 신경섬유 백질(해마의 관통로Perforant Path라고도 부른다)의 부피 비교에서도 차이가 난다. MCI 환자의 신경섬유 백질의 부피가 정상인 대조군의 것보다 작다. 뇌의 다른 영역의 신경섬유 백질White Matter에서는 이런 차이가 보이지 않는다. 이런 결과는 MCI 환자의 장기기억 장애는 내측 측두엽의 하부 영역에서의 위축 때문이라는 사실을 암시한다.

(A) 해마와 내후각피질

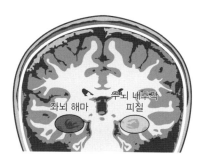

(B) 정상인과 MCI환자의 해마와 내후각피질의 부피 차이

해마		내후각피질	
정상인 대조군 >	MCI 환자군	정상인 대조군 >	MCI 환자군
우반구 해마 >	좌반구 해마	우반구 내후각피질 >	좌반구 내후각피질

[그림 9.1] 해마와 내후각피질(Entorhinal Cortex)의 구분. 정상인 대조군과 MCI 환자의 해마와 내후각피질의 부피 차이.
(A) 해마(왼쪽 반구)와 내후각피질(오른쪽 반구)의 구분(관상면(Coronal View)).
(B) 정상인 대조군과 MCI 환자의 해마와 내후각피질의 부피 차이. 정상인의 해마와 내후각피질의 부피가 MCI 환자보다 크다. MCI 환자는 이들 부위에서의 부피 위축을 보인다.

내측 측두엽의 위축은 그 영역에서의 정보처리의 감소를 초래할 것이고, 그래서 fMRI로 그 영역의 활동을 측정하면, 활성화 감소가 나타날 것으로 예측된다. 그렇지만 실제로는 MCI 환자의 내측 측두엽에서 측정된 fMRI 활성화는 정상인 대조군보다 훨씬 왕성하다. Yassa et al.(2010)은 fMRI로 장기기억 과제를 수행하는 동안 MCI 환자와 정상 대조군의 내측 측두엽에서의 활성화를 비교하였다. 그림 9.2A에 연구 패러다임을 예시하였다. 실험은 사물 자극이 한 번에 하나씩 일정한 시간 간격으로 연달아서 제시되는 것으로 시작되는데, 어떤 자극은 처음 제시되는 것이고, 어

(A) 실험 패러다임

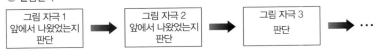

(B)

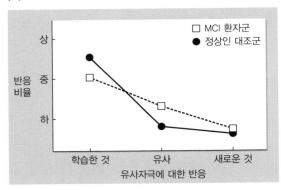

(C)

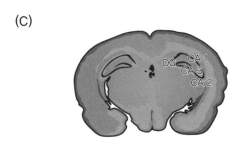

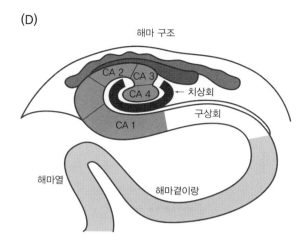

(D)

해마 구조

CA 2 CA 3

CA 4 ← 치상회

CA 1

구상회

해마열

해마곁이랑

(E)

좌뇌 CA 3 / DG	좌뇌 CAI	좌뇌 SUB	좌뇌 ERC
MCI 환자 > 정상인	MCI 환자와 정상인 차이없음	환자와 차이없음	정상인의 활성화가 MCI 환자의 것보다 더 크다.

[그림 9.2] 패턴 분리 연구 패러다임, 행동 결과, 그리고 fMRI 결과.
　　(A) 실험 패러다임 예시. "처음 보는 것", "반복되는 것", "유사한 것"의 3 조건이 예시되어 있다.
　　(B) 유사한 것에 대해, MCI 환자와 정상인 대조군이 "처음 보는 것", "반복 되는 것", "유사한 것"으로 분류한 비율.
　　(C) 측정된 내측 측두엽의 하부 영역들은 해마의 일부분인CA1, CA3/치상이랑(Dentate gyrus; DG)과 구상회
　　(Subiculum; SUB), 내후각피질(Entorhinal Cortex; ERC), 주변내후각피질(Perirhinal Cortex; PRC)였다(왼쪽 뇌
　　의 일부분. 관상면 사진).
　　(D) 패턴 분리와 패턴 범주화 조건에 해당하는 fMRI을 MCI 환자와 정상인 대조군 간의 비교에서, 왼쪽 CA3/
　　DG에서 MCI 환자가 정상인 대조군보다 더 큰 활성화를 보였고, 왼쪽 내후각피질(ERC)에서는 더 낮은 활성화
　　를 보였다.
　　(E) MCI 환자와 정상인 대조군 비교. 패턴 분리 조건 fMRI에서 패턴 범주화를 제거한 후에 패턴 분리 조건의
　　남은 활성화(왼쪽 CA1, CA3/ 치상이랑(Dentate gyrus; DG)와 구상회(Subiculum; SUB), 내후각피질(ERC), 주
　　변내후각피질(PRC)).

떤 자극은 앞에서 제시되었던 그래서 반복 제시되는 것이고, 어떤 자극은 앞에 제시
되었던 것과 유사하지만 다른 것일 수 있다. MCI 환자와 정상인 대조군은 연속으로
제시되는 이들 자극에 대해 "처음 보는 것", "나왔던 것", "나왔던 것과 유사한 것"으
로 분류하는 과제를 수행하였으며, 이 과제를 수행하는 동안 fMRI를 기록하였다.
그림 9.2A에서 첫 번째 '클로버' 자극에 대해서는 "처음 보는 것"으로 반응해야 하

고, 다섯 번째 나오는 '오리'에 대해서는 "나왔던 것"으로 반응해야 하며, 그리고 여섯 번째로 제시되는 '나뭇잎'에 대해서는 "나왔던 것과 유사한 것"으로 분류해야 한다. 연구자가 관심을 갖고 분석한 조건은 "나왔던 것과 유사한 것"으로 분류한 경우(앞에서 제시되었던 자극과 유사한 것에 대해 "나왔던 것과 유사한 것"으로 옳게 분류한 했던 조건, 그래서 패턴 분리 조건으로 명명)와 '나뭇잎'처럼 유사한 자극인데 잘못 판단해서 "나왔던 것"으로 반응한 경우(나왔던 것과 유사한 것을 동일한 범주로 분류했던 조건, 그래서 패턴 범주화 조건으로 명명)이다. 패턴 분리 조건으로 반응한 것은 옳은 것이고, 패턴 범주화 조건으로 반응한 것은 틀린 것이다. 패턴 범주화 조건으로 반응한 것은 일종의 가짜 기억이다(5장 참고). MCI 환자와 정상인 대조군의 과제 수행 정도는 "처음 보는 것"과 "나왔던 것"에서는 유사했는데, "나왔던 것과 유사한 것"에서는 MCI 환자의 수행이 저조하였다. 그림 9.2B에 제시된 결과를 보면, MCI 환자는 "나왔던 것과 유사한 것"을 "나왔던 것"로 잘못 판단하는 비율이 정상인 대조군보다 높았으며, "나왔던 것과 유사한 것"에 대해 옳게 유사한 것으로 반응한 정도는 정상인 대조군보다 낮았다("나왔던 것과 유사한 것"에 대해 "처음 보는 것"으로 반응한 정도에서는 차이가 없었다). 이런 결과는 MCI 환자는 패턴 분리에서 패턴 범주화로 이동한 것을 의미한다. 실세계로 대응해서 결과를 해석하면, MCI 환자는 유사한 것을 진짜로 잘 착각한다는 것이다(비슷해 보이는 타인을 아는 사람으로 잘못 착각하는 것과 같은 현상). 그림 9.2B에 fMRI 결과가 제시되어 있다. 측정된 내측 측두엽의 하부 영역들은 해마의 일부분인 CA1/CA3/ 치상이랑Dentate gyrus; DG, 구상회Subiculum; SUB, 내후각피질Entorhinal Cortex; ERC, 주변 내후각피질Perirhinal Cortex; PRC였다. 10장에서 논의하는 것처럼 이들 영역이 기억에 기여하는 역할은 모두 다르다. 그림 9.2D, 9.2E에는 패턴 분리("나왔던 것"과 "유사한 것"으로 분류한 경우, 나왔던 것과 아닌 것을 분리했다는 의미, 그래서 패턴 분리 조건으로 명명)와 패턴 범주화(나뭇잎처럼 유사한 자극인데 잘못 판단해서 "나왔던 것"으로 반응한 경우로, 나왔던 것과 유사한 것을 동일한 범주로 분류했다는 의미, 그래서 패턴 범주화 조건으로 명명)에 대한 fMRI 결과가 있다. 패턴 분리와 패턴 범주화 조건에 해당하는 fMRI을 MCI 환자와 정상인 대조군 간의 비교에서, 왼쪽 CA3/DG에서 MCI 환자가 정상인 대조군보다 더 큰 활성화를 보였고, 왼쪽 내후각피질ERC에서는 더 낮은 활성화를 보였다. MCI 환자가 왼쪽 내후각피질ERC에서 더 낮은 활성화를 보인 것은 이 영역이 위축되었기 때문이다. 그렇지만 MCI 환자의 해마도 정상인 대조군보다 위축되어 있는데, 해마의 하부 영역인 CA3/DG에서 MCI 환자가 정상인 대조군보다 더 큰 활성화를 보인 것은 예상하지 못한 결과이다.

위의 결과를 설명하기 위해 두 종류의 가설이 제안되었다. 첫 번째 가설은 MCI 환자의 해마가 위축되어 있고, 그래서 정보처리 능력이 부족하니까 보충 반응Compensation으로 활성화가 크다는 설명이다. MCI 환자의 CA3/ 치상이랑Dentate gyrus; DG 활동 증가는 주어진 과제를 성공적으로 수행하기 위해서, 즉 기능성을 높이기 위해서, 과하게 나타난 것이다. 두 번째 가설은 MCI 환자의 CA3/ 치상이랑 Dentate gyrus; DG 활동 증가는 이 영역의 활동을 억제하는 기능에 문제가 있어서, CA3/ 치상이랑의 활동이 억제되지 않고, 즉 탈억제Disinhibition된 것이고, 그 결과로 지나치게 큰 활동이 나타난다는 설명이다(Gallagher & Koh, 2011). CA3/ 치상이랑 Dentate gyrus; DG 활동 증가는 기능적이지도 않고, 일종의 오작동이며, 활동 증가는 이들 영역에서 처리해야 하는 작업을 오히려 방해한다는 것이다. 어느 가설이 옳은 것일까? Bakker et al.(2015)는 levetiracetam이라는 간질 발작 억제제와 fMRI로 어느 가설이 타당한지를 조사하였다. Levetiracetam이라는 간질 발작 억제제는 CA3/ 치상이랑의 활동을 감소시키는 역할을 한다. 실험 패러다임은 위에서 설명한 방법을 그대로 사용하였다. 패턴 분리 조건에 해당하는 fMRI을 MCI 환자와 정상인 대조군 간 비교했을 때, MCI 환자의 CA3/DG활성화가 더 컸고, 과제 수행도 정상인 대조군보다 낮았다. Levetiracetam, 간질 발작 억제제를 MCI 환자에게 투여한 후에, CA3/DG에서의 활동이 감소하여 정상인 대조군과 차이가 없어졌고, 또한 패턴 분리 기능은 향상되어 정상인 대조군과 차이가 없었다. 결국 MCI 환자가 CA3/DG에서 더 큰 활성화를 보인 것이 기억 장애의 원인이었던 것이다. 이런 결과는 MCI 환자의 CA3/DG에서 더 큰 활성화는 억제되지 않아서 나타난 것이고, 따라서 두 번째 가설이 옳다는 것을 의미한다.

9.2 알츠하이머성 질환(Alzheimer's Disease; AD)

알츠하이머성 질환AD은 노인들이 보이는 인지 장애Cognitive Deficit의 가장 흔한 원인이다. 초기 알츠하이머성 환자의 장애는 장기기억 장애이다. MCI 환자의 약 50%가 수년 내에 알츠하이머성 질환으로 변한다(Tromp et al., 2015). MCI 환자는 9.1절에서 설명한 것처럼 해마 영역이 위축되고 이 부분이 과하게 활동하여 장기기억 장애를 보인다. 알츠하이머성 질환 초기에는 내측 측두엽의 위축이 있다가 후기로 진전되면 다른 영역들, 두정엽과 전두엽 영역 등에서도 위축이 나타난다(Reiman & Jagust,

2012; Tromp et al., 2015). 따라서 알츠하이머성 질환 초기에는 장기기억 장애를 주로 보이다가 후기로 갈수록 주의와 언어 등의 다른 인지에서도 장애가 나타나기 시작한다. 주의와 언어도 두정엽과 전두엽 활동과 관련되어 있기 때문이다(8장 참고).

MCI 환자는 9.1절에서 설명한 것처럼 해마를 포함한 내측 측두엽 영역의 위축을 보이고, fMRI 결과에서 위축된 부분들이 과하게 활동하여 장기기억 장애를 보인다. 그러나 MCI에서 알츠하이머성 질환으로 진전되어 다른 영역들의 위축이 일어나기 시작하면 MCI 때에 과하게 활동을 보였던 영역들이 이제는 활동의 감소로 변한다(Dickerson & Sperling, 2008; Leal & Yassa, 2013). 알츠하이머성 질환 초기에 두정엽과 전두엽의 위축이 시작되면, 다른 피질 영역들에서의 활동 증가가 보인다. 이같은 피질 영역에서의 활동 증가가 보충 반응Compensation 때문이지 아니면 이들 영역의 오작동 때문에 탈억제Disinhibition되어 나타나는 것인지는 아직까지 불확실하다.

알츠하이머성 질환AD이 여러 영역의 위축을 가져올 뿐만 아니라, 몇몇 뇌 영역에 특정 단백질이 지나치게 높게 축적되는 현상이 있다. 내측 측두엽에는 타우 단백질Tau Protein이 축적되며 그래서 신경섬유다발Neurofibrillary Tangles; NFT로 이어진다. 또한 두정엽과 같은 다른 피질 영역에는 아밀로이드 베타 단백질Amyloid-Beta Protein이 축적되어 아밀로이드 신경반Amyloid Plaque으로 진전된다. 신경섬유다발Neurofibrillary Tangles; NFT과 아밀로이드 신경반Amyloid Plaque은 신경계의 활동을 방해하는 것으로 추정된다. 아밀로이드 베타 단백질Amyloid-Beta Protein이 디폴트 모드 네트워크Default Mode Network에 축적되면, 그 영역들에서의 위축이 나타나고 그래서 그 영역들의 신진대사가 감소하고, 이런 이유로 결국에는 장기기억에 장애가 발생한다는 가설이 제기되었다(Buckner et al., 2005). 5장에서 자세하게 다루었듯이, 디폴트 모드 네트워크는 특별한 과제에 몰입하지 않고 수동적으로 별 생각없이 있을 때 활동하며, 전전두엽, 두정엽, 내측 측두엽 등을 포함한다. 아밀로이드 베타 단백질이 위의 영역들에 과하게 집적되는 이유는 아직까지 확실하지 않은데, 몇 가지 가능성이 제기되었다. 하나는 디폴트 모드 상태의 지속, 즉 적극적으로 인지활동을 하지 않아서, 아밀로이드 베타 단백질의 생성 양이 지나치게 많고 그래서 사용하고 남은 잔량이 축적된다는 것이다. 두 번째 가능성은 아밀로이드 베타 단백질을 대사하고 분해하는 과정이 알츠하이머성 질환 환자에게서는 부족해서 분해되지 않은 잔량이 축적되기 때문이라는 생각이다. 아밀로이드 베타 단백질의 축적이 영역의 위축을 초래하는지에 대해서도 아직까지 확실하지 않다. 왜냐하면, 초기 알츠하이머성 질환AD 환자의 내측 측두엽 혹은 전두엽에서의 위축 정도와 아밀로이드 베타 단백질의 축적 간에 큰 상관이 없

(A)

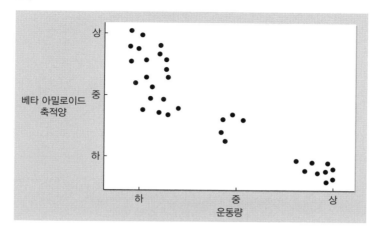

(B)

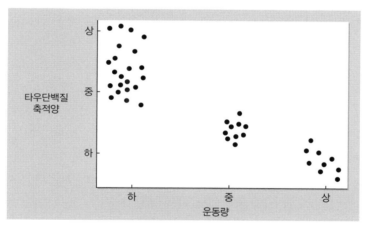

[그림 9.3] 운동 양과 아밀로이드 베타 단백질/타우 단백질 축적 정도.
(A) y축은 운동 양을 표시하고 있고, x축은 아밀로이드 베타 단백질 양을 표시하고 있다. 수평선은 American Heart Association이 추천하는 운동 양을 나타내고 수직선은 정상 수준의 최대치를 나타내고 있다.
(B) y축은 운동 양을 표시하고 있고, x축은 뇌척수액(CSF)에 들어 있는 타우 단백질의 양을 표시하고 있다.

기 때문이다.

알츠하이머성 질환AD 환자의 두정엽과 전두엽에 아밀로이드 베타 단백질이 축적되어 있다는 사실은 아밀로이드 베타 단백질이 이들 영역에서의 신진대사를 방해하고 그래서 장기기억 장애가 나타나는 것이라고 추정해 볼 수 있는 단서를 제공한다. 흥미로운 사실은 건강한 노년 인구는 아밀로이드 베타 단백질 축적 정도에서 개인별 차이가 심하다는 것이다. 만일에 아밀로이드 베타 단백질이 알츠하이머성 질환을 유발하는 원인 요인이라면, 이 단백질의 축적 정도가 높은 사람은 알츠하이머성 질환 발병율이 높을 것이고, 이 단백질의 축적 정도가 낮은 사람은 알츠하이머성 질환 발병율이 낮을 것이다. 일생에 걸쳐서 인지 과제(예를 들면, 책 읽기, 암기 훈련 등)와 운동을 열심히 실행해온 노년층이 더 적은 수치의 아밀로이드 베타 단백질을 피질 영역에 가지고 있다는 연구 결과가 있다. Landau et al.(2012)는 일생에 걸쳐 인지 과제에 몰입해온 정도와 아밀로이드 베타 단백질이 피질에 축적되어 있는 수준 간의 관계성을 조사하였다. 비교 대상은 알츠하이머성 질환 환자와 젊고 건강한 성인이었다. 아밀로이드 베타 단백질의 축적 정도는 Pittsburg Compound B(PiB) 방사성물질(아밀로이드 베타 단백질에 잘 달라붙는 물질로 일정 시간이 지나면 PET으로 촬영할 수 있는 빛을 내고 소멸한다)을 주사한 이후에 PET으로 특정 영역에서의 PiB/아밀로이드 축적 정도를 측정하는 방법을 사용하였다. 참가자들은 인지 과제를(예: 책 읽기, 글쓰기, 도서관에 가기, 어려운 게임하기 등) 얼마나 자주 했는지를 지금 현재 나이 때를 비롯해서, 6세, 12세, 18세, 40세 등 5종류의 나이 때를 기준으로 평가하였다. 당연히 예전 나이 때의 평가는 추정에 근거할 수 밖에 없었다. 연구 결과, 일생을 통해 인지 과제에 열심히 몰입해온 노인은 디폴트 모드 네트워크 영역들에 축적되어 있는 아밀로이드 베타 단백질 양이 적었다. 인지 과제에 몰입한 정도가 하위 1/3 지점에 있는 정상 노인의 아밀로이드 베타 단백질 양은 알츠하이머성 질환 환자의 것과 거의 유사한 정도였다. 반면에 인지 과제에 몰입한 정도가 상위 1/3 지점에 있는 정상 노인의 아밀로이드 베타 단백질 양은 젊고 건강한 성인의 양과 같은 정도였다. 또다른 연구에서는 운동을 실천해온 정도와 아밀로이드 베타 단백질 양 간의 관계성을 조사하였다. Liang et al.(2010)은 피질에서의 아밀로이드 베타 단백질 양을 위에서처럼 PiB/PET을 이용하여 측정하였고, 타우 단백질 양은 척추 천자Spinal Tap로 추출한 뇌척수액Cerebrospinal Fluid을 이용하여 측정하였다. 참가자들은 지난 10년 동안 실천해온 운동(예: 걷기, 조깅, 달리기 등)의 횟수와 기간을 평가하였다. 운동 양 측정은 American Heart Association이 사용하는 1주일간의 신진대사 시간 단위로 이루어졌다. 그림 9.3A와 그림 9.3B에 연구 결과가 제시되어 있다. 운동 양이 많은 노인은 낮은 수준의 아밀로이드 베타 단백질과 타우 단백질을 가지고 있었다. 놀라운 결과는 American Heart Association이 추천하는 운동 양(그림 9.3A와 그림 9.3B에서 점선으로 표시한 수평선; y축의 운동 양을 나타내는 축에 있는 수평선은 American Heart Association이 추천하는 최소한의 운동 양을 표시한다)보다 더 많은 정도의 운동을 실천해 온 노인들은 단 한 명도 정상 수준을 넘어가는 정도의 아밀로이드 베타 단백질과 타우 단백질을 가지고 있지 않았다는 것이다. 위의 연구 결과는 일생에 걸쳐서 책 읽기와 같은 인지 과제를 일정 시간 이상 실천하는 것과 운동을 실천하는 것이 아밀로이드 베타 단백 질과 타우 단백질의 축적을 예방하는 훌륭한 방법임을 말하고 있다.

9.3 경도성 뇌진탕(Mild Traumatic Brain Injury; mTBI)

경도성 뇌진탕Mild Traumatic Brain Injury; mTBI은 모든 사람에게 흔하게 일어난다(McDonald, Saykin & McAllister, 2012; Mayer, Bellgowan & Hanlon, 2015). 경도성 뇌진탕은 자동차 사고, 운동하다가 다치는 사고, 그리고 전쟁 중의 사고 등의 다양한 원인 때문에 일어난다. 경도성 뇌진탕 환자는 MRI로 찍은 해부학적 뇌 사진에서는 이상이 없는 것처럼 보인다. 경도성 뇌진탕은 30분 정도 동안 의식불명이 나타나고, 24시간 정도의 기억상실 증상을 보인다. 경도성 뇌진탕 환자는 주의와 기억 장애를 보일 수 있으나 보통은 수주 이내에 정상 수준으로 회복된다. 지난 10여 년 동안, 경도성 뇌진탕 환자와 정상 대조군의 작업기억을 fMRI로 조사한 많은 연구 결과가 보고되었다. 아래에서 살펴보겠지만, fMRI 연구에 영향을 줄 수 있는 요인들이 많다. 뇌를 다친 정도, 이전에도 뇌를 다친 적이 있는지 등의 과거 병력, 뇌진탕 발생 시기와 검사시기 간의 지연 기간, 뇌진탕으로 인한 증상들, 예를 들어 두통, 어지러움증, 구역질, 불면증 등의 증상 지속 정도 등의 여러 요인들이 있다.

　　작업기억은 6장에서 설명했던 것처럼, 배외측 전전두엽 그리고 두정엽과 관련되어 있다. 작업기억 과제를 수행할 때, 경도성 뇌진탕 환자의 fMRI는 정상인 대조군에 비해 이들 영역에서의 더 큰 활성화를 보인다. McAllister et al.(2001)은 경도성 뇌진탕 환자의 작업기억 과제 수행과 관련된 뇌 영역의 활동을 조사하였다. 경도성 뇌진탕의 원인은 자동차 사고, 낙상 사고, 스포츠와 레크리에이션 사고 등 다양했다. 작업기억 과제 검사는 사고 후 1달 이전에 이루어졌으며, 뇌진탕의 병력을 가진 환자는 연구에서 제외되었다. 그림 9.4A, 위에 1-back 작업기억 과제가 소개되어 있다. 자음 열Consonants String을 연구 참여자에게 3초 간격으로 들려준다. 참여자는 바로 앞에 들었던 자음이 지금 들은 것과 동일한지를 판단해야 한다. 반응을 하려면 바로 이전에 들었던 자음을 작업기억 속에 유지하고 있어야 한다. 그림 9.4A, 아

(A) 실험방법

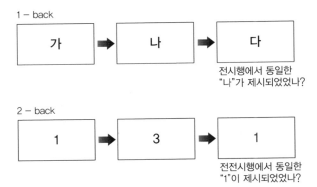

1 – back

가	➡	나	➡	다

전시행에서 동일한
"나"가 제시되었었나?

2 – back

1	➡	3	➡	1

전전시행에서 동일한
"1"이 제시되었었나?

(B) 행동실험결과

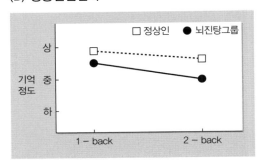

(C)

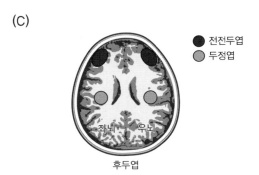

뇌진탕 환자와 정상인 집단의 차이 영역

[그림 9.4] N–back 패러다임. 그리고 경도성 뇌진탕 환자와 정상인 대조군의 행동 결과와 fMRI 결과.
   (A) 위, 1–back 과제. (A) 아래, 2–back 과제. 화살표는 정답을 가리킨다.
   (B) 경도성 뇌진탕 환자와 정상인 대조군의 1–back 과제와 2–back 과제의 결과.
   (C) 2–back fMRI와 1–back fMRI 차이 비교. 경도성 뇌진탕 환자가 정상인 대조군보다 더 큰 활성화 차이를 보인다.

래 부분에는 2-back 작업기억 과제가 소개되어 있다. 이번에는 전전에 들은 자음과 지금 들은 자음과 동일한 것인지를 판단해야 한다. 즉, 2개의 자음을 작업기억 속에 기억하고 있어야 이 과제를 성공적으로 수행할 수 있다. 2-back이 1-back보다 어렵고 그래서 작업기억을 더 많이 사용할 것이라고 예측된다. 이런 종류의 작업기억 과제를 n-back 과제라고 부른다. N개의 항목을 작업기억에 유지하고 있어야 하기 때문이다. 일반적으로 n이 커질수록 어렵다. 그림 9.4B에서 볼 수 있듯이, 1-back과 2-back 작업기억 과제에서의 행동 결과에서는 경도성 뇌진탕 환자와 정상인 대조군 간에 차이가 없었다. 9.4C에 1-back과 2-back을 수행할 때, fMRI로 경도성 뇌진탕환자와 정상인 대조군을 비교 결과를 제시하였다. 2-back fMRI와 1-back fMRI 차이 비교에서, 경도성 뇌진탕환자가 정상인 대조군보다 배외측 전전두엽과 두정엽에서 더 큰 활성화 차이를 보였다. Detwiller et al(2014)는 위에서 사용한 n-back 과제를 이용하여 경도성 뇌진탕 환자와 정상인 대조군 간의 작업기억 수행을 비교하였다. 참가자 환자는 모두 스포츠 도중 사고를 당한 사람들이었고, 그리고 사고 2일 후, 2주 후, 2개월 후 등 세 번에 걸쳐서 fMRI 검사를 받았다. 15명의 환자 중에 1명만이 2개월 후에도 뇌진탕의 후유증을 가지고 있었다. 이전의 결과처럼 환자 집단과 정상인 대조군 집단은 행동 평가에서 차이가 없었다. 2-back fMRI와 1-back fMRI 차이 비교에서, 경도성 뇌진탕환자가 정상인 대조군보다 배외측 전전두엽에서 3시점 모두에서 그리고 두정엽에서는 첫 번째와 두 번째 시점에서 더 큰 활성화 차이를 보였다. 특별히 유심히 보아야 할 결과는 2개월 후에도 배외측 전전두엽에서 뇌진탕 환자 집단이 더 큰 활성화 차이를 보인다는 것이다. 뇌진탕의 다른 증상들이 모두 사라지고 다 회복된 것처럼 보이지만, 뇌 활동 정도로 조사하면 배외측 전전두엽에는 여전히 손상이 있다는 것을 의미하기 때문이다. 외견상으로 뇌진탕에서 회복되어 보이는 것만으로 다시 운동 경기에 복귀하는 것은 옳지 않고, fMRI결과에서 모두 회복된 것이 확인된 이후에나 복귀하는 것이 더 나은 결정인 것 같다. 이후의 연구에서는 뇌진탕 발생후 6개월 혹은 1년이 지난 다음에도, 즉 더 오랜 시간 후에도, fMRI상에서 덜 회복된 징후가 나타나는지를 조사해야 할 것 같다.

또 다른 fMRI 연구는 가상현실 속에서 네비게이션하는 과제를 사용하여 뇌진탕 환자의 공간 장기기억을 조사하였다. 검사는 뇌진탕 발생 후 30일 이내에 이루어졌다(Slobounov et al., 2010). 모든 사고는 스포츠 중에 발생했고, 상대적으로 경미한 사고를 당한 환자들을 대상으로 이루어졌다. 환자들은 뇌진탕 병력이 없었고, 의식 상실도 없었고, 30분 이내로 지속되는 기억장애도 없는 환자들이었다. 연구 결과는 이전에 수행된 것들과 유사했다. 행동 수행에서는 환자 집단과 정상인 대조군 간에 차이가 없었으며, 환자의 fMRI는 배외측 전전두엽과 두정엽에서의 활성화가 정상인 대조군보다 더 컸다. 이 연구의 가치는 뇌 진탕이 매우 경미한 경우에도 여전히 전전두엽과 두정엽에서의 이상이 있다는 것을 보고한 것이다.

좀 더 심각한 뇌진탕이거나 여러 번에 걸쳐서 뇌진탕을 겪은 경우에는 경미한 뇌진탕과는 다른 결과를 보인다. 작업기억 수행 동안 경도성 뇌진탕은 배외측 전전두엽과 두정엽의 활동 증가를 초래하지만, 뇌진탕이 심한 경우에는 이들 영역에서 오히려 활동의 감소가 나타난다. Chen et al.(2004)는 스포츠를 하다가 좀 더 심하게 다친 뇌진탕 환자를 대상으로 작업기억 과제를 수행하는 동안 배외측 전전두엽과 두정엽의 fMRI 활동 양상을 조사하였다. 16명의 뇌진탕 환자들은 유사한 뇌진탕 사고를 전에도 당한 적이 있고, 가장 최근에 당한 사고 후에 1개월에서 14개월 지난 시점에서 검사를 받았으며, 16명 중에 15명은 여전히 뇌진탕의 후유증을 앓고 있는 상태였다. 보통의 작업기억 연구처럼, 학습시기, 1초간의 지연시기, 그리고 검사시기로 구성되었다. 학습시기에는 기억해야 하는 4개의 항목이 순차적으로 제시되었으며, 검사시기에는 제시된 항목이 학습시기에 있었던 것인지 아니면 처음 보는 것인지를 판단하였다. 시각성 작업기억Visual Working Memory과 언어성 작업기억Verbal Working Memory 을 조사하려고 추상적인 시각 모양과 추상 단어를 실험 자극으로 사용하였다.

Box 9.1   경도성 뇌진탕 이후에 배외측 전전두엽과 두정엽에서의 fMRI 활동 증가

작업기억의 행동 수행은 뇌진탕 환자와 정상인 대조군 간에 차이가 없지만, 배외측 전전두엽과 두정엽에서의 fMRI 활동에서는 환자 집단이 활동 증가를 보인다. 경도성 뇌진탕 이후에 배외측 전전두엽과 두정엽에서의 fMRI 활동 증가는 보충 반응 때문일 수도 있고 아니면 이들 영역의 오작동 때문에 신경정보처리가 원활하게 일어나지 않아서 일어나는 것일 수도 있다(마치 경도성 인지 장애 환자들이 해마의 하부 영역인 CA3/치상이랑DG에서의 현상과 원인 설명이 비슷하다; 9.1 절 참고). 경도성 뇌진탕 환자와 경도성 인지 장애 환자의 차이점은 행동 수행에서이다. 뇌진탕 환자는 정상인 대조군과 작업기억 수행에서 차이가 없지만, 경도성 인지 장애 환자는 장기기억에서 장애를 보인다. 뇌진탕 환자가 작업기억 수행에는 문제가 없는 점을 고려하면, 경도성 뇌진탕 이후의 배외측 전전두엽과 두정엽에서의 fMRI 활동 증가는 보충 반응으로 보는 것이 더 옳아 보인다. 경도성 인지 장애의 경우처럼 이들 영역의 활동을 감소시켰을 때, 즉 간질 발작 억제제Levetiracetam 투여 혹은 rTMS로 문제가 되는 영역의 활동을 감소시켰을 때, 작업기억 수행의 정도를 평가하면 어느 설명이 더 타당한지를 검증할 수 있을 것이다. 이들 영역의 활동 감소가 행동 수행을 감소시킨다면, 보충 반응 설명이 옳은 것이고, 활동 감소가 행동 수행에 변화를 일으키지 않는다면, 오작동 혹은 비보충 반응 설명이 옳은 것이다.

기저선 조건Baseline Condition에서는 4개의 동일한 항목이 실험 조건처럼 순차적으로 제시되고, 4번째 제시된 항목은 참여자가 어느 버튼을 눌러야 하는지를 알려 주는 것이었다. 동일한 4개의 항목이 제시되니까 작업기억에 정보를 유지하는 것이 최소화되고 또한 마지막 4번째 숫자가 반응 버튼을 알려 주어서 작업기억을 사용하지 않아도 되도록 패러다임을 구성한 것이다. 작업기억 관련 fMRI 활동은 실험 조건 때의 fMRI에서 기저선 조건 fMRI를 제거하는 방법을 통해 분석된다. 행동 수행에서는, 즉 시각성 작업기억과 언어성 작업기억수행에서는 뇌진탕 환자 집단과 정상인 대조군 간에 차이가 없었다. 작업기억 관련 배외측 전전두엽과 두정엽의 fMRI 활동은 정상인 대조군 집단에서가 뇌진탕 환자 집단보다 더 컸다. 경도성 뇌진탕 환자의 경우와는 정반대의 결과이다. 또한 뇌진탕의 후유증이 심한 환자는 시각 작업기억관련 배외측 전전두엽의 fMRI 활동이 매우 작았다. 유사한 과제와 유사한 정도로 심각한 뇌진탕 환자를 대상의 후속 연구에서도 유사한 결과가 보고되었다(Gosselin et al., 2011). 주의해서 보아야 할 점은 복싱 선수 혹은 미식 축구 선수처럼 반복적으로 뇌진탕을 겪는 환자들은 만성 외상성 뇌질환Chronic Traumatic Encephalopathy; CTE(반복적인 뇌 외상으로 오게 되는 뇌의 퇴화)을 겪을 수도 있다는 것이다. 만성 외상성 뇌질환CTE은 뇌 여러 영역의 손상을 초래하는데, 특히 전두엽과 내측 측두엽의 손상은 기억, 주의, 언어 등의 인지 장애를 일으킬 수 있다.

뇌진탕 연구를 종합해 보면, 전두엽과 두정엽의 작업기억관련 fMRI활동에서, 경도성 뇌진탕은 증가를 보이는 반면에 심각 뇌진탕은 감소를 보인다는 것이다. 마치 경도성 인지 장애(위의 영역에서의 fMRI 활동이 증가)에서 알츠하이머성 질환(위의 영역에서의 fMRI 활동이 감소)으로 변해가는 것의 fMRI활동과 유사하다. 추후 연구에서는 이들 영역에서의 fMRI 활동 증가와 감소가 보충 반응으로 인한 것인지 아니면 그 영역들의 활동에 오작동이 있어서 혹은 탈억제되어 그런지를 더 조사해야 할 것이다.

fMRI로 뇌진탕 환자의 뇌 활동을 측정한 연구들은 두가지 정도의 문제점을 가지고 있다. 첫 번째 문제점은 연구에 참여한 뇌진탕 환자들이 여러 측면에서, 즉 머리 부상 원인, 머리 부상이 심한 정도, 손상을 입은 영역 차이, 뇌진탕 발생 시점과 검사시기 간의 환자간 차이, 뇌진탕 후 증상이 심한 정도, 과거 뇌진탕의 병력과 심한 정도 등에서 다르다. 연구에 참여한 뇌진탕 환자의 개인차가 너무 다양하다는 것이다. 여러 fMRI연구에서 뇌진탕 환자의 비정상적인 뇌 활동이 많이 보고되지 않았는데, 이런 이유가 환자들 간의 개인차 때문일 가능성이 매우 높다. 추후의 연구에서는 이런 환자간 개인차 문제를 고려해서 연구 패러다임을 설계하는 것이 좋겠다. 두 번째 문제점은, Box 9.2에서 논의하였듯이, 작업기억 혹은 장기기억의 정보처리 과정을 분리해낼 수 있는 연구 패러다임이나 분석 방법을 사용하지 않았다는 것이다. 조금 더 정교한 인지신경과학 연구 패러다임과 분석 방법을 도입해서 뇌진탕 환자의 뇌 활동 특성을 조사하는 것이 좋겠다.

Box 9.2   일반적으로 흔히 사용하는 연구 패러다임을 사용해야 하는가? 아니면 해당 주제를 가장 잘 조사할 수 있는 연구패러다임을 사용해야하는가?

fMRI로 뇌진탕 환자의 작업기억 특성을 조사한 연구들은 흔히 n-back 과제를 사용했다. 그렇지만 n-back 과제는 작업기억뿐만 아니라 주의 이동도 포함한다. n-back 과제를 수행하기 위해서는 이전에 제시된 항목을 유지하는 데에 주의를 집중하다가 지금 제시되고 있는 항목으로 주의가 이동되어야 한다(8장 참고). 그래야 지금 제시된 것과 동일한 자극이 과거에 있었는지를 판단할 수 있다. 그래서 최근에는 작업기억의 정보처리를 측정하기 위해서 n-back 과제를 즐겨 사용하지를 않는다. fMRI로 뇌진탕 환자의 작업기억 특성을 조사한 연구들의 또 다른 경향성은 작업기억이나 장기기억을 약호화, 유지, 인출 등의 세부 인지과정들을 분리하려는 노력을 하지 않았다는 것이다. 그래서 작업기억에만 문제가 있다는 것을 알뿐 그 문제가 어느 과정에서 출원한 것인지를 알 수가 없다. 병원 진료 상황에서는 일관성이 매우 중요하다. 지난 번에 조사한 결과와 이 번의 결과를 비교하여 어떤 종류의 질병이 나아졌는지 아니면 더 악화되었는지를 판단한다. 병원 진료 상황의 반복 검사를 통해 일관성을 유지하는 것은 충분히 이해가 가지만(뇌진탕 환자의 작업기억 특성을 조사한 연구들은 보통 병원에서 진료의 일환으로 진행되었다), 이런 일관성 유지는 그 방법이 진료하고자 하는 세부 정보처리 과정을 정확히 분리해내고 나서야 의미가 있다. 추후에 행해지는 뇌진탕 연구는 가장 발전된 인지신경과학의 연구 패러다임과 분석 방법을 사용하여 작업기억 혹은 장기기억의 세부 과정들을 분리해내야 할 것이다(예를 들면, fMRI 설계에서 block design 대신에 event-related design을 사용하면 세부 과정들을 분리해 낼 수 있다; 6장 참고). 이런 방법으로 기초 연구와 실용 연구가 함께 연결될 수 있다.

9.4 내측 측두엽성 간질(Medial Temporal Lobe Epilepsy)

간질 환자는 반복되는 발작을 경험하는데, 이 발작은 해마와 인근 영역을 포함한 내측 측두엽에서 일어나는 비정상적인 활동에 의할 때가 많다(Willment & Golby, 2013). 내측 측두엽 간질Medial Temporal Lobe Epilepsy 환자는 전측두엽 간질Anterior Temporal Lobe Epilepsy; mTLE라고도 불리는데, 때때로 간질 치료제를 복용한 후에도 발작이 계속된다. 이런 종류의 환자들 중에 일부를 대상으로 발작을 일으키는 병소를 제거하는 수술을 시행해서 발작을 감소시킨다. 1940대와 1950년대에, 약물로도 통제가 잘 안 되는 내측 측두엽 간질 환자를 대상으로 양반구의 내측 측두엽을 제거하는 수술Bilateral Removal을 시행했으며, 잘 알려진 사례가 H.M. 환자이다(1장 참고). 이같은 내측 측두엽을 제거하는 수술은 선행성 기억상실증Anterograde Amnesia(수술 이후에 경험 사건을 기억하지 못하는 기억상실증)을 일으킨다. 양반구 내측 측두엽을 제거하는 수술은 심각한 선행성 기억상실증을 유발하기 때문에, 이후에는 한쪽 반구의 병소만을 제거하는 수술Unilateral Removal로 바뀌었다.

지난 반세기 동안, 내측 측두엽 간질 환자를 대상으로 한쪽 반구의 내측 측두엽을 제거하는 수술을 시행해 왔으며, 이 환자들을 대상으로 기억 연구가 수차례 이루어져 왔다(Milner, 1968). 왼쪽 내측 측두엽 제거는 언어성 장기기억 장애를 일으키고, 오른쪽 내측 측두엽 제거는 시각성 장기기억 장애를 일으킨다. Blakemore & Falconer(1967)는 오른손잡이이고 왼쪽 내측 측두엽 제거 수술을 받은 간질 환자가 언어성 장기기억 장애를 일으키는 결과를 보고하였다. 이들은 54명의 왼쪽 내측 측두엽 제거 수술을 받은 간질 환자와 32명의 오른쪽 내측 측두엽 제거 수술을 받은 간질 환자를 대상으로 언어성 장기기억 검사를 시행하였다. 환자들은 수술 후 1년 뒤에 검사를 받았다. 환자들은 말소리로 들려주는 8쌍의 단어를 학습하고, 일정한 시간이 지난 후에 학습한 내용에 대해 기억 검사를 받았다. 학습은 단어 쌍들을 들려주고, 기억 검사를 받고 틀린 것에 대해 지적을 받고, 다시 들려 주고 그리고 검사 받고 식의 반복되는 듣기와 검사의 조합으로 이루어졌다. 학습 기간은 단어 8쌍을 틀리지 않고 연속해서 3번 정확하게 기억해낼 때까지 였다. 왼쪽 내측 측두엽 제거 수술을 받은 간질 환자는 수술전과 비교해서 이들을 학습하는데 3배 정도의 많은 실수를 범하였고, 반면에 오른쪽 내측 측두엽 제거 수술을 받은 간질 환자는 수술 전과 수술 후 간에 차이가 없었다. Jones-Gotman(1986)은 오른쪽 내측 측두엽을 제거하면 시각성 장기기억Visual Long Term Memory 장애가 나타나는 연구 사례를 보고하였다. 33명의 환자는 왼쪽 측두엽 제거 수술을 받은 참가자였고, 다른 34명의 환자는 오른쪽 측두엽 제거 수술을 받은 참가자였다. 2명을 제외한 모든 참가자는 오른손잡이로 왼쪽 뇌에 언어 기능이 대부분 편재되어 있는 참가자였다. 제거된 측두엽의 크기에 따라 두 집단으로 분류하였다. 한 집단은 해마와 해마곁이랑의 아주 적은 부분만 제거된 집단이고(소문자 h집단으로 표시) 다른 집단은 이들 영역의 넓은 부분을 제거한 집단이다(대문자 H집단으로 표시). 참가자들은 13개의 추상적인 모양의 시각 그림을 보고 따라 그리면서 암기하는 것이었다. 학습은 보고 따라 그리기Copying 그리고 안보고 기억에 의존해서 그리기Recall, 틀렸으면 다시 보고 따라 그리면서 암기하고 다시 안 보고 그리기 식의 절차로 이루어졌으며, 따라-그리기/안 보고-그리기를 반복하는 횟수는 최대 10번으로 제한했다. 13개 중에 12개 이상을 안보고-그리기를 2회 연속 정확하게 할 수 있을 때까지 학습하였다. 그림 9.5A에 사용했던 시각 자극의 예가 제시되어 있다. 시각성 장기기억 회상 점수는 학습을 마치고 24시간이 지난 후에 안보고-그리기에서의 실수를 학습시기에 마지막으로 회상한 때의 실수와 비교하여 실수율로 환산한 점수이다. 그림 9.5B에 결과가 제시되어 있다. 오른쪽 측두엽 제거술을 받은 환자 집단, 특히 넓은 영역을 제거한 집단에서의 실수율은 비교 집단 정상인 대조군에서의 실수율 보다 매우 크다. 반면에 왼쪽 측두엽 제거술을 받은 환자 집단은 제거된 영역이 넓든 작든 간에 관계없이 실수율에서 비교 집단 정상인 대조군과 차이가 없다. Glosser et al.(1998)도 단어와 그림 자극으로 위와 유사한 학습 절차를 이용하여 측두엽 제거술을 받은 간질환자 연구에서 유사한 결과를 보고 하였다. 왼쪽 측두엽 제거술을 받은 환자 집단에서는 그림 자극에서 보다는 단어 자극에서 장기기억장애(자극을 제시하고 학습시기에 보았던 것인지를 판단하는 재인기억 검사Recognition Test 사용)가 심하게 나타나며, 오른쪽 측두엽 제거술을 받은 환자 집단에서는 단어 자극에서 보다는 그림 자극에서 장기기억장애가 심하게 나타난다. 그러나 Willment & Golby(2013)이 지적하였듯이, 왼쪽 측두엽 제거술을 받은 환자 집단에서는 언어성 장기기억 장애가 일관성있게 거의 모든 연구에서 보고되고 있는데 반해서, 오른쪽 측두엽 제거술을 받은 환자 집단에서는 시각성 장기기억 장애가 일관성있게 보고되지 않는다. 이런 결과는 시각 대부분의 자극을 학습할 때 언어로 전화하여 기억하기 때문으로 추정된다. 9.5A의 추상적인 시각 자극에도 환자들은 이름을 붙이고 그 이름과 모양을 연합하여 기억할 수 있다. 따라서 오른쪽 측두엽 제거술을 받은 환자 집단도 시각 자극을 언어로 전환하여 학습하는 경우가 빈번하여 시각 자극에 대한 기억 장애가 나타나지 않을 수 있다. 이런 이유로 오른쪽 측두엽 제거술을 받은 환자 집단에서 시각성 장기기억 장애가 일관성있게 보고되지 않을 수 있다. 추후 연구를 통해 더 검증해야 할 가설이다. 위의 결과를 종합해 보면, 오른손잡이로 언어 기능이 왼쪽 뇌에 편재되어 있는 경우에, 왼쪽 내측 측두엽은 언어성 장기기억과 관련되고, 오른쪽 내측 측두엽은 시각성 장기기억과 관련된다.

(A)

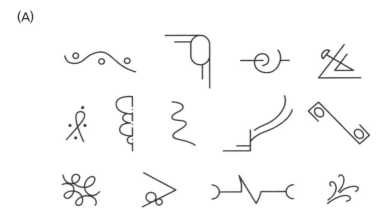

(B)

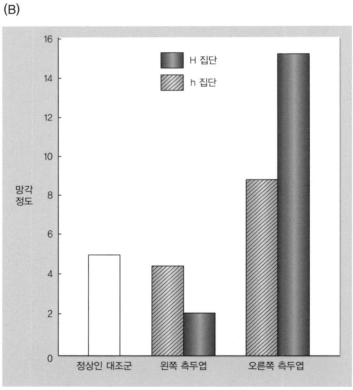

[그림 9.5] 측두엽 제거 간질 환자에게 사용된 시각 자극. 왼쪽 내측 측두엽 제거술 혹은 오른쪽 내측 측두엽 제거
술을 받은 간질 환자와 정상인 대조군의 시각성 장기기억 결과.
(A) 사용된 시각 자극의 예.
(B) 해마와 해마곁이랑의 아주 적은 부분만 제거된 집단(소문자 h집단으로 표시), 넓은 부분을 제거한 집단(대
문자 H집단으로 표시), 정상인 대조군 결과.

왼쪽 내측 측두엽과 오른쪽 내측 측두엽이 각기 다른 종류의 장기기억을 담당한다는 사실은 내측 측두엽 간질Medial Temporal Lobe Epilepsy 환자의 병소를 제거하는 수술을 어떻게 진행해야 하는지를 결정하는데 길잡이 역할을 해왔다. 경동맥 내 아미탈 검사Intracarotid Amobarbital Test(Wada Test로 명명하기도 한다)를 이용해서 내측 측두엽 간질 환자의 뇌 어느 부분이 장기기억과 관련되는지 혹은 언어 이해와 산출과 관련되는지를 조사하고, 검사 결과를 토대로 어느 부분의 간질 병소를 어떻게 제거할 것인지를 결정한다. 뇌 혈관에 약물을 주사하면, 이 약물은 뇌 혈관을 따라가서 해당되는 반구의 앞쪽 2/3를 마비시킨다(Glosser et al., 1998). 뇌 부위를 마비시킨 후에 인지 검사를 진행하여 결손이 있는지 여부를 확인한다. 예를 들어 오른쪽 내측 측두엽에 간질의 병소가 있는 경우에 오른쪽 반구의 앞쪽 2/3를 약물로 마비시킨 이후에, 언어 이해와 산출 혹은 장기기억 검사 등에서 장애를 보이지 않는다면, 간질 발작을 크게 줄이기 위해서 내측 측두엽의 넓은 영역을 제거해도 언어와 기억에 큰 영향을 주지않을 것이라고 예측할 수 있다. 반면에 약물이 중요한 인지 활동에 장애를 일으킨다면, 제거하는 영역을 작게 잡을 것이다. 작은 영역을 제거하면 인지 기능을 잃어 버릴 가능성은 낮아져서 좋지만 대신 간질 발작의 횟수를 대폭 줄이기는 어렵다. 예전에는 경동맥 내 아미탈 검사를 자주 사용했으나 여러 문제점이 있어서 근래에는 예전만큼 자주 사용하지는 않는다. 첫 번째 문제점은 혈관에 직접 약물을 주사해서 해단 되는 반구의 일부를 마비시키는 것은 매우 위험한 일이다. 약물과 마비가 심각한 후유증을 낳을 수도 있다. 두 번째 문제점은 위의 약물이 마비시키는 뇌 영역이 매우 넓기 때문에 마비로 인한 언어나 기억 장애가 정확하게 어는 영역 때문인지를 알 수가 없다는 것이다. 약물 주사 대신에 공간 해상도가 뛰어나면서도 안전한 fMRI를 사용하려는 시도들이 있었다. 언어 혹은 언어성 장기기억이 반구에 편재되어 있을 가능성은 해당되는 과제를 수행할 때 관심있는 반구의 내측 측두엽에서의 활성화 정도와 다른 쪽 반구의 대응되는 영역에서의 활성화 정도를 비교하여 결정한다. 여러 연구 결과를 리뷰한 논문을 살펴보면, 약물을 주사하여 반구의 언어 혹은 장기기억 편재성을 조사한 결과와 fMRI를 이용하여 편재성을 결정한 결과 간의 일치율이 80%에 불과하다(Binder, 2011). 아직 fMRI 결과가 약물을 이용한 조사 결과보다 정확하지 않다는 것을 의미한다. 측두엽 간질 환자의 특정 인지 기능의 반구 편재성을 fMRI로 좀 더 정확하게 알아내려면 지금 방법보다 더 나은 연구 패러다임과 분석 방법이 개발되어야 할 것 같다.

9.5 일시성 전역적 기억상실증(Transient Global Amnesia; TGA)

일시성 전역적 기억상실증Transient Global Amnesia; TGA은 반세기 전에 그 증상이 보고되었지만, 근래까지도 왜 이 질환이 생기는지에 대해서는 잘 모른다. 일시성 전역적 기억상실증이려면 아래와 같은 특징을 가지고 있어야 한다. (1) 선행성 기억상실증이다. (2) 기억상실증이 24시간 이내에만 있다가 그 후에는 정상적인 상태로 돌아 와야한다. (3) 의식이 불분명하지 않아서 본인이 누구인지를 안다. (4) 이런 기억상실증 증상은 다른 사람이 목격한 것이어야 한다. 즉, 환자가 주장하는 것만으로는 결정하기가 어려워서 다른 사람이 보기에도 그런 증상이 있어야 한다. (5) 일시성 전역적 기억상실증 동안 혹은 후에 다른 종류의 신경학적 장애가 없어야 한다. (6) 근래에 머리 부상 혹은 간질 등이 없었어야 한다(Hodges & Warlow, 1990; Quinette et al., 2006). 일시성 전역적 기억상실증 환자는 사고 발생 몇 시간 전에 일어났던 사건을 기억하지 못하는 역행성 기억상실증Retrograde Amnesia을 보이는 경우도 있다. 흔히 사고 발생 후 몇 시간 동안 발생했던 사건에 대한 기억이 없는 선행성 기억상실증Anterograde Amnesia을 보인다. "내가 지금 어디에 있는 것인가요?", "내가 왜 여기에 있지요?"와 같은 질문을 반복한다. 조금 전에 질문했고 대답을 들었던 것을 기억하지 못하기 때문에 이런 질문을 반복하는 것이다. 일시성 전역적 기억상실증은 감정적인 스트레스가 매우 심하거나, 매우 격하게 육체 노동을 했거나, 뜨겁거나 차가운 물에 갑자기 들어가는 것과 같은 상황에서 잘 발생한다. 중년 혹은 노년에 자주 발생하며, 동반 증상은 어지럼증, 구역질, 두통 등이다. 특별한 치료법은 없고, 정상으로 돌아 올 때까지 안정을 취하고 기다리는 것이 현재까지 알려진 치료 방법이다.

거의 10년 전까지만 해도 일시성 전역적 기억상실증 환자의 뇌가 정상인 대조군과 무엇이 다른지를 fMRI로 찾지 못했다. 이 환자들이 해마의 CA1 영역에 미세한 손상을 가지고 있는 것이 최근에서야 밝혀졌다. Yang et al.(2008)은 20명의 일시성 전역적 기억상실증 환자를 대상으로 확산강조MRIDiffusion-Weighted Imaging; DWI을 사용하여 해마의 CA1 영역에 미세한 손상이 있는 것을 보고하였다. 확산강조MRI를 증상이 시작되고 5시간에서 23시간 사이에 측정하였다. 그림 9.6은 해마의 CA1 영역에 미세한 손상을 보이는 대표적인 환자 6명의 뇌 사진을 보여 주고 있다(하얀색 화살표로 표시된 부분). 20명 모든 환자는 1 밀리미터에서 3 밀리미터 크기의 손상을 해마의 하부 영역인 CA1 영역에 가지고 있었다. Nakada et al.(2005)는 전통적인 MRI 방법으로 15명의 일시성 전역적 기억상실증 환자의 뇌를 해부학적으로 조사하였다.

연구결과, 환자들은 CA1에 3 밀리미터 보다도 더 큰 손상 영역을 가지고 있었다. 이런 크기는 정상인 대조군들이 가지고 있는 손상 크기(2 밀리미터 보다 더 작은 크기)보다 훨씬 큰 손상이다. Dohring et al.(2014)은 108명의 일시성 전역적 기억상실증 환자를 대상으로 전통적인 MRI기반 뇌 해부학적 분석을 사용하여 이 환자들이 해마의 CA1 영역에 미세한 손상이 가지고 있는 것을 발견하였다. MRI 측정은 증상이 시작되고 24시간에서 72시간 사이에 이루어졌다. 이런 모든 결과들은 일시성 전역적 기억상실증이 해마의 하부 영역인 CA1의 미세한 손상 때문이라는 사실을 말한다.

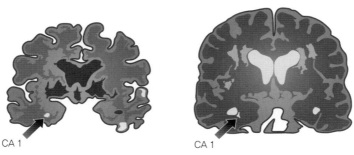

[그림 9.6] 일시성 전역적 기억상실증 환자의 뇌 사진. 검은색 화살표로 표시된 해마의 하부 영역 CA1(각 사례의 사진은 수직으로 자른 모양이다).

일시성 전역적 기억상실증 환자는 장기기억 장애를 보인다. Bartsch et al.(2010)은 14명의 일시성 전역적 기억상실증 환자를 대상으로 확산강조 MRI측정을 사용하여 이 환자들이 해마의 CA1 영역에 1에서 7 밀리미터의 미세한 손상을 가지고 있는 것을 발견하였다. 해마말고 다른 영역에서는 손상이 없었다. 증상이 시작되고 몇시간이 지난 후에 가상공간에서 미로 찾기를 하는 공간 장기기억 검사를 시행하였다. 학습시기에 출발점을 달리하여 목적지까지 찾아가는 훈련을 받았다. 학습 과정을 통해 미로의 공간적 배치에 대한 이해와 기억이 생긴다. 검사시기에는 출발점을 다른 곳으로 하는 3번의 미로 찾기 검사를 시행하였다. 환자들은 미로 찾기를 거의 처음 보는 것처럼 무선적으로 행했으며, 미로 문제를 해결하는 데 있어서 정상인 대조군에 비해 거의 3배 정도의 긴 시간을 소비했다. 이런 결과는 환자들이 공간 장기기억에 장애가 있는 것을 의미한다. 또한 Bartsch et al.(2011)은 CA1에 손상이 있는 환자들이 자서전 기억에도 장애가 있는 것을 보고 하였다(3장에서 연구 사례로 소개하였다). 신기한 현상은 일시성 전역적 기억상실증 발병 후 수일 내에까지도 보이던 해마 손상이 4개월에서 6개월이 지나면 사라진다는 것이다(Bartsch et al., 2010).

이제까지 이루어진 연구결과들을 종합해 보면, 일시성 전역적 기억상실증은 해마의 CA1 영역의 일시적인 미세한 손상 때문에 발병한다. 이런 사실은 해마가 새로운 기억을 생성하고 기존의 기억을 인출하는 데에 핵심적인 역할을 담당한다는 연구 결과와 일치되는 현상이다(3장 참고). 그렇지만 아직까지도 왜 해마의 CA1에 미세한 손상을 입으면 위에서 설명한 기억장애가 나타나는지를 모른다. 한 가지 가능성은 CA1으로 가는 혈관이 일시적으로 막혀서 그 영역의 활동이 원활하지 않기 때문이라는 것이다. Quinette et al.(2006)에 따르면, 일시성 전역적 기억상실증 환자들이 정상인 대조군에 비해서 더 높은 혈압과 콜레스테롤을 가지고 있지 않으며 또한 당뇨에서도 더 높지 않았다. 차이점 하나는 환자들이 심한 두통을 가지고 있는 경우가 많다는 것이다. 이런 결과는 CA1으로의 혈류 감소가 일시성 전역적 기억상실증의 직접적인 원인이라는 가설의 타당성을 의심스럽게 한다. 그렇지만 분명한 것은 감정적 혹은 육체적 스트레스가 일시성 전역적 기억상실증을 일으키며, 이런 스트레스는 CA1으로의 혈류를 방해할 수 있다는 것이다. CA1은 혈류 감소에 민감하게 반응할 수도 있는데, 왜냐하면 해마의 다른 영역들은 굵은 혈관과 작은 혈관 등 여러 곳으로부터 혈류를 공급받지만, CA1은 큰 혈관 하나로부터 혈류를 공급받기 때문이다(Yang et al., 2008). 즉, CA1은 혈류를 공급해주는 큰 혈관에 문제가 발생하면 바로 영향을 받을 수밖에 없고, CA1으로의 혈류 감소나 차단은 CA1이 적절한 기능을 할 수 없도록 만든다. 아직까지 CA1이 장기기억에 어떤 역할을 담당하는지 정확하게 모른다. 아마도 일시성 전역적 기억상실증 환자들을 대상으로 인지신경과학자와 신경과 의사가 협동 연구를 진행하면 이 문제를 풀 수 있지 않을까 기대해 본다.

- 기억상실성 경도성 인지장애Amnesic Mild Cognitive Impairment 환자는 장기기억 장애를 가지며, 이런 장기기억 장애는 내측 측두엽의 일부분인 해마와 내후각피질 위축 때문이다.

- 기억상실성 경도성 인지장애 환자는 장기기억 과제를 수행하는 동안 내측 측두엽에서, 특히 해마에서 증가된 fMRI 활동을 보인다.

- 알츠하이머성 질환 초기에는 내측 측두엽의 위축이 있다가 후기로 진전되면 다른 영역들, 두정엽과 전두엽 영역 등에서도 위축이 나타난다. 따라서 알츠하이머성 질환 초기에는 장기기억 장애를 주로 보이다가 후기로 갈수록 주의와 언어 등의 다른 인지에서도 장애가 나타나기 시작한다.

- 알츠하이머성 질환AD 환자는 몇몇 뇌 영역에 특정 단백질을 지나치게 높게 축적하고 있다. 내측 측두엽에는 타우 단백질Tau Protein이 축적되며 그래서 신경섬유다발Neurofibrillary Tangles; NFT로 이어진다. 또한 두정엽과 같은 다른 피질 영역에는 아밀로이드 베타 단백질Amyloid-Beta Protein이 축적되어 아밀로이드 신경반Amyloid Plaque으로 진전된다.

- 경도성 뇌진탕Mild Traumatic Brain Injury 환자는 작업기억 수행에서는 정상인 대조군과 유사하지만 배외측 전전두엽의 fMRI로 측정된 뇌 활동은 정상인 대조군보다 크다.

- 내측 측두엽성 간질Medial Temporal Lobe Epilepsy 환자의 왼쪽 내측 측두엽 제거는 언어성 장기기억 장애Verbal Long Term Memory Disorder를 보이고, 오른쪽 내측 측두엽 제거는 시각성 장기기억 장애Visual Long Term Memory Disorder를 보인다.

- 일시성 전역적 기억상실증Transient Global Amnesia 환자는 발병 후 24시간 이내에 일어난 사건에 대해서 선행성 기억상실증을 보이며, 감정 스트레스 혹은 육체적 스트레스에 의해 촉발된다.

- 일시성 전역적 기억상실증은 해마의 하부 영역 CA1의 일시적인 미세한 손상 때문에 나타난다. 이런 손상이 왜 발생되는지에 대해서는 아직 확실히 모른다.

- 기억상실성 경도성 인지장애Amnesic Mild Cognitive Impairment 환자의 뇌 구조와 활동은 정상인 대조군의 그것과는 어떻게 다른가?

- 초기 알츠하이머성 질환 환자의 뇌 어느 부분에서 위축이 있으며, 또한 어떤 종류의 단백질이 그 영역에 축적되는가?
- 과거에 뇌진탕을 앓은 적도 없고 후유증도 없는 경도성 뇌진탕 환자는 작업기억을 수행하는 동안 정상인 대조군보다 어느 영역에서 증가된 혹은 감소된 fMRI 활동을 보이는가?
- 내측 측두엽성 간질 환자의 어느 쪽 내측 측두엽을 제거하면 언어성 장기기억 장애가 나타나는가?
- 일시성 전역적 기억상실증 환자의 손상된 뇌 영역은 어디인가?

Further Reading
더 읽을거리

- Yassa, M. A., Stark, S. M., Bakker, A., Albert, M. S., Gallagher, M. & Stark, C. E. (2010). High-resolution structural and functional MRI of hippocampal CA3 and dentate gyrus in patients with amnestic Mild Cognitive Impairment. *NeuroImage, 51,* 1242 – 1252.
  기억상실성 경도성 인지장애 환자는 정상인 대조군과 비교했을 때 장기기억 장애와 해마의 하위 영역인 CA3/DG에서의 fMRI 활동이 증가된 것을 보고한 연구이다.

- Buckner, R. L., Snyder, A. Z., Shannon, B. J., LaRossa, G., Sachs, R., Fotenos, A. F., Sheline, Y. I., Klunk, W. E., Mathis, C. A., Morris, J. C. & Mintun, M. A. (2005). Molecular, structural, and functional characterization of Alzheimer's disease: Evidence for a relationship between default activity, amyloid, and memory. *The Journal of Neuroscience, 25,* 7709 – 7717.
  알츠하이머성 질환 환자의 피질 영역 위축과 특정 단백질 축적이 디폴트 모드 네트워크의 활동 때문이라는 가설을 주장하는 매우 중요한 연구이다.

- McAllister, T. W., Sparling, M. B., Flashman, L. A., Guerin, S. J., Mamourian, A. C. & Saykin, A. J. (2001). Differential working memory load effects after mild traumatic brain injury. *NeuroImage, 14,* 1004 – 1012.
  정상인 대조군과 비교했을 때, 경도성 뇌진탕 환자는 작업기억 수행에서는 유사하지만 배외측 전전두엽과 두정엽의 fMRI 활동은 더 크다는 사실을 보고한 연구이다.

- Jones-Gotman, M. (1986). Right hippocampal excision impairs learning and

recall of a list of abstract designs. *Neuropsychologia, 24*, 659 – 670.
내측 측두엽성 간질 환자의 오른쪽 내측 측두엽 제거는 시각성 장기기억 장애를 발생시킨다는
사실을 보고한 연구이다.

- Bartsch, T., Schönfeld, R., Müller, F. J., Alfke, K., Leplow, B., Aldenhoff, J.,Deuschl, G. & Koch, J. M. (2010). Focal lesions of human hippocampal CA1 neurons in transient global amnesia impair place memory. *Science, 328*, 1412 – 1415.
정상인 대조군과 비교했을 때, 일시성 전역적 기억상실증 환자는 해마의 하부 영역 CA1의 일
시적인 미세한 손상 때문이며, 이 영역의 손상으로 미로 찾기 과제, 즉 공간 장기기억에 장애가
있다는 사실을 보고한 연구이다.

10 / 장

Long-Term Memory in Animals

동물의 장기기억

10 Long-Term Memory in Animals
동물의 장기기억

학습목표

- 항목기억(Item Memory), 문맥기억(Context Memory), 이들을 묶는 과정과 관련된 쥐, 고양이, 원숭이의 내측 측두엽 영역 이해하기
- 장기증강(Long–Term Potentiation)이 피질 영역과 해마를 연결하는 방법 이해하기
- 쥐의 기억 재연(Memory Replay) 영역과 인간의 일화기억 영역을 비교해서 이해하기
- 쥐와 원숭이의 해마에 있는 시간 세포(Time Cell)의 기능을 밝히는 연구 패러다임 자세하게 숙지하기
- 포유류가 일화기억을 가지고 있는 행동 증거와 뇌 활동 증거 설명하기

이 책은 인간의 기억을 인지신경과학적으로 설명하는 것인데 왜 동물 기억에 대한 내용을 설명하는지에 대해 의아해 할 수도 있을 것이다. 한 이유는 동물의 기억 과정을 담당하는 뇌 정보처리가 인간의 뇌 정보처리와 연관이 있기 때문이다. 여러 종이 공통적으로 보이는 뇌 정보처리야말로 핵심 중의 핵심이라고 볼 수 있다. 두 번째 이유는 단일 세포 기록Single Cell Recording이라든지 특정 뇌 영역을 손상해서 그 효과를 관찰하는 것과 같이 인간에게는 사용할 수 없는 방법이 동물에게는 가능하기 때문이다. 이런 방법을 통해 기억의 정보처리과정에 대한 더욱더 상세한 정보를 얻을 수 있다. 10장에서는 동물의 장기기억을 논할 것이다. 동물의 장기기억은 인간에게 행해진 장기기억 연구와 밀접하게 관련되어 있다. 10.1절에서는 쥐, 고양이, 원숭이 등 동물의 내측 측두엽이 인간의 그것과 동일한 구조를 가지고 있는 것을 보여 줄 것이다. 주변내후각피질Perirhinal Cortex은 항목기억과 관련되고, 해마곁이랑Parahippocampal Gyrus; LTP은 문맥기억과 관련되고, 해마는 항목과 문맥 정보를 엮는 작업과 관련된다. 10.2절에서는 해마에서의 장기증강Long-Term Potentiation에 대해 설명할 것이다. 장기증강은 해마와 다른 피질 영역들을 연결하는 주된 원리이다. 10.3절은 쥐의 기억 재연

Memory Replay 증거를 리뷰할 것이다. 기억 재연은 처음으로 어떤 사건을 경험할 때 활성화 되었던 영역을 재활성화시키는 것을 혹은 기억 영역의 활성화를 통해 경험했던 내용을 떠올려내는 과정을 의미한다. 기억 재연은 해마, 배외측 전전두엽, 두정엽, 그리고 시각 감각 영역과 관련되어 있다. 3장에서 학습했듯이 이 영역들은 인간의 일화기억과 연관된 영역들이다. 10.4절에서는 쥐의 해마에서 발견되는 시간 세포Time Cells을 살펴볼 것이다. 시간 세포는 어떤 사건이 시작된 이후에 특정한 시점에 활동하기 시작한다. 마지막 절인 10.5절에서는 동물이 일화기억을 가지고 있다는 것을 증거하는 행동과 뇌 활동 결과를 제시할 것이다. 동물의 일화기억 여부는 논쟁의 대상이다. 동물은 특정 일화를 기억하고 있다는 것을 직접 우리에게 말해 줄 수가 없다. 쥐의 행동을 관찰하고 이를 근거로 추론해서 일화기억이 있다고 주장해야 하는데 이런 주장에 대해 모든 연구자들이 동의하지 않기 때문이다. 그렇지만 동물들, 특히 포유류 동물들은 일화기억을 가지고 있다는 증거들이 속속 보고되고 있다.

10.1 내측 측두엽(Medial Temporal Lobe)

경험했던 것이고 혹은 아니고를 판단하는 것이 가장 기본적인 기억이라고 볼 수 있고, 이런 기억을 항목기억이라고 부른다(1장 참고). 인간을 대상으로 하는 항목기억 실험 패러다임은 학습시기와 검사시기로 구성된다. 학습시기에는 기억해야 할 항목들이 제시되고 참가자는 이들 항목을 학습해야한다. 검사시기에는 학습했던 항목과 학습하지 않은 새로운 항목이 제시되고, 참가자로 하여금 지금 제시된 항목이 학습했던 것인지 아닌지를 판단하는 재인기억검사Recognition Memory Test를 수행하도록 한다. 동물과 인간은 언어를 사용해서 직접적으로 의사소통할 수가 없어서 인간 참가자에게 실행했던 연구 패러다임을 그대로 적용할 수가 없다. 그래서 동물의 항목기억을 측정할 수 있는 다른 특별한 연구 패러다임을 개발할 수 밖에 없었다.

　　자발적 사물재인 과제Spontaneous Object Recognition Task는 동물의 항목기억을 연구하기 위해서 비교적 최근에 개발되었다(Winters, Saksida & Bussey, 2008). 이 과제는 3종류의 시기로 구성된다;(1) 샘플/학습시기Sample/Study Phase, (2) 유지/지연시기Retention/Delay Phase, (3) 자발적 사물재인 검사시기Spontaneous Object Recognition Test Phase. 그림 10.1 왼쪽에서처럼, 샘플/학습시기Sample/Study Phase에는 2개의 축구공 같은 2개의 동일한 사물이 제시되어 있고 쥐는 2개의 축구공을 번갈아 가면서 탐색하고 학습한다. 얼마간의 탐색과 학습이 있은 후에, 외쪽 쥐장Rat Chamber 문을 열어서 다른 쥐장으로 쥐가 옮겨가도록 유도하고 옮긴 쥐장에서 몇 분 정도의 유지/지연시기Retention/Delay Phase를 보낸다. 인간 학습 실험 패러다임에서 지연시기에 해당하는 기간이다. 긴 기간의 지연은 나중에 검사시기에서의 기억이 작업기억이 아니고 장기기억에서 인출된 것을 확실히 하기 위해서이다. 물론 작업기억을 측정하려면 유지/지연시기를 몇 초 정도로 짧게 하면 된다. 유지/지연시기를 보내고 나면 이 번에는 그 쥐장의 문을 열어서 처음의 쥐장으로 옮겨 오도록 한다. 유지/지연시기 동안 처음 쥐장에 있었던 축구공 1개를 업어진 컵으로 바꾸어 놓는다. 그래서 처음 쥐장에는 원래 있었던 축구공 1개와 새로운 사물, 엎어진 컵 1개가 있게 된다. 자발적 사물재인 검사시기 Spontaneous Object Recognition Test Phase에는 처음 쥐장으로 옮겨온 쥐가 새로운 사물인 업어진 컵을 얼마나 오래동안 탐색하는지 그리고 처음부터 있었던 축구공은 얼마나 오래동안 탐색하는지를 측정한다. 축구공은 학습했던 항목이 되는 것이고, 업어진 컵은 새로 주어진 학습하지 않은 항목에 해당된다. 이런 종류의 기억검사는 항목기억을 측정하는 것이다. 내측 측두엽 영역의 일부분인 주변내후각피질Perirhinal Cortex이 손상된 쥐는 자발적 사물재인 검사 수행에 장애를 보이나, 해마에 손상이 있는 쥐는 이 과제에서 결손을 보이지 않는다(Winters et al., 2008; Eichenbaum, Sauvage, Fortin, Komorowsi & Lipton, 2012). 이런 연구 결과는 주변내후각피질이 항목기억과 관련됨을 의미한다.

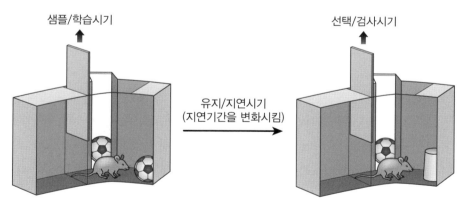

[그림 10.1] 자발적 사물재인 과제(Spontaneous Object Recognition Task). 왼쪽 그림, 샘플/학습시기(Sample/ Study Phase). 가운데 그림, 유지/지연시기(Retention/Delay Phase). 쥐를 다른 방으로 옮겨서 처음의 쥐장에서 보았던 사물들을 더 이상 학습하지 않도록 처치한다. 오른쪽 그림, 자발적 사물재인 검사시기 (Spontaneous Object Recognition Test Phase). 처음의 쥐장으로 되돌아온 후에 학습시기에 있던 사물과 처음 보는 사물 중에 어느 것을 더 선호해서 탐색하는지를 측정한다.

지연된 비학습-자극-찾기 과제Delayed Nonmatching-to-Sample Task는 자발적 사물재인 과제와 유사하지만 조금 더 복잡하며, 이 검사 또한 동물의 항목기억을 조사하기 위해서 개발된 연구 패러다임이다. 지연된 비학습-자극-찾기 과제도 (1) 샘플/학습시기Sample/Study Phase, (2) 유지/지연시기Retention/Delay Phase, (3) 자발적 사물재인 검사시기Spontaneous Object Recognition Test Phase로 구성된다. 이 과제에 추가된 내용은 검사시기에 학습하지 않았던 항목을 찾아내는 것이다. 다른 표준적인 기억검사에서는 학습했던 것을 찾아야 한다. 학습하지 않았던 항목을 찾아내도록 설계한 이유는 반복점화Repetition Priming을 피하기 위해서이다. 학습했던 것을 찾는 것은 장기기억에서 나온 것일 수도 있고, 학습시기에 경험했던 것을 반복해서 경험하기 때문에 나타난 것일 수도, 즉 암묵기억의 일종인 반복점화에 의한 것일 수도 있다. 이런 반복점화의 혼입Confounding을 방지하기 위해서 학습하지 않았던 항목을 찾는 것으로 수정한 것이다. 예를 들어 보자. 샘플/학습시기에 "+" 표시가 있는 카드를 경험하고 학습한다. 그리고는 얼마간의, 대개 몇 분 정도의, 유지/지연시기를 갖는다. 검사시기에는 학습시기에 보았던 카드로 덮인 사발과 '사각형' 표시가 그려진 카드로 덮인 사발, 즉 처음 보는 자극으로 덮인 사발이 제시된다. 처음 보는 자극으로 덮인 사발에는 음식물이 안에 있고, 학습시기에 보았던 카드로 덮인 사발에는 음식물이 없다. 배고픈 쥐는 학습했던 것과 아닌 것을 잘 구분해야 음식물 보상을 얻을 수 있다. 학습했던 것과 아닌 것을 구분할 수 있는 것은 장기기억에서 학습했던 것을 성공적으로 인출할 때에만 가능하다. 그리고 이런 구분은 새로운 자극을 찾아내는 것이라서 암묵기억의 영향을 배제시킨 명료기억의 일부인 장기기억만의 효과이다. 1장과 7장에서 논의한 것처럼, 기억은 명료기억Explicit Memory과 암묵기억Implicit Memory으로 대분되고, 다시 명료기억은 장기기억과 작업기억으로 분화된다. 유사하게 암묵기억은 기술 습득과 반복점화로 분화된다. 지연된 비학습-자극-찾기 과제의 단점은 동물이 이 과제를 수행하기 위해서는, 처음 보는 자극으로 덮인 사발에는 음식물이 안에 있고, 학습시기에 보았던 카드로 덮인 사발에는 음식물이 없다는 사실을 알 때까지 어쩌면 수백 번의 훈련을 필요로 한다는 것이다. 이런 훈련 때문에 이 과제가 순수하게 장기기억만을 반영하는 것인지에 대해 비판이 있다. 수백 번의 훈련은 암묵기억의 일종인 기술 습득Skill Learning을 발생시킬 것이고, 동물이 학습했던 것과 아닌 것을 구분할 수 있는 것은 일부 기술 습득에 의한, 즉 장기기억이 아닌 암묵기억의 효과일 수도 있기 때문이다. 이런 비판에 대한 것은 차후에 더 자세히 논의하고 일단 지연된 비학습–자극–찾기 과제의 연구 결과를 살펴보자. 주변내후각피질Perirhinal Cortex이 손상된 쥐와 원숭이는 비학습–자극–찾기 과제 수행에 장애를 보이나, 해마 혹은 해마곁이랑Parahippocampal Gyrus에 손상이 있는 쥐와 원숭이는 이 과제에서 결손을 보이지 않는다(Eichenbaum, Yonelinas & Ranganath, 2007; Eichenbaum et al., 2012; Winters et al., 2008). 이런 연구 결과는 자발적 사물재인 검사 결과와 유사한 결과로 다시 한 번 주변내후각피질이 항목기억과 관련됨을 강하게 시사한다.

위에서 설명한 동물의 손상 뇌 연구로 주변내후각피질이 항목기억과 관련된다는 결과는 인간의 fMRI 결과에서 주변내후각피질은 항목기억과 관련되고, 해마곁이랑은 문맥기억과 연관되며 해마는 항목과 문맥을 묶는 일에 관여한다는 사실과 일치한다(3장 참고). 쥐, 고양이, 원숭이의 내측 측두엽의 해부학적 구조는 모든 포유 동물에서 일치한다(Manns & Eichenbaum, 2006). 그림 10.2A는 쥐, 고양이, 원숭이의 내측 측두엽의 해부학적 구조를 예시하고 있다. 비공간적/사물(항목)의 정보처리를 담당하는 피질 영역은 정보처리된 사물 정보를 주변내후각피질Perirhinal Cortex; PER로 입력하고, 이 정보는 다시 외측 내후각피질Lateral Entorhinal area/cortex; LEA로 입력

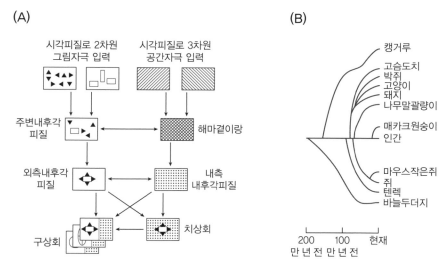

[그림 10.2] 내측 측두엽의 구조와 포유동물의 계통수.
(A) 쥐, 고양이, 원숭이 등에서 발견되는 내측 측두엽의 구성도. (A) 왼쪽, 비공간적/사물(항목)의 정보처리를 담당하는 피질 영역에서 주변내후각피질(Perirhinal Cortex; PER)과 외측 내후각피질(Lateral Entorhinal area/cortex; LEA)로 입력되고, 그 다음에는 해마의 하부 영역인 CA1과 구상회(Subiculum; SUB)로의 통로(A) 오른쪽, 공간적/문맥 정보처리를 담당하는 피질 영역에서 사후 피질(Postrhinal Cortex)/해마곁이랑 (Parahippocampal Cortex; POR), 내측 내후각피질(Medial Entorhinal area/cortex; MEA)로 입력되고, 그리고 해마의 하부 영역인 CA3과 치상회(Dentate Gyrus; DG)로 입력되는 통로.
(B) 몇몇 포유류의 계통수(Phylogenic Tree).

되고, 그 다음에는 해마의 하부 영역인 CA1과 구상회Subiculum; SUB로 차례대로 입력되고 정보처리 된다. 공간적/문맥의 정보처리를 담당하는 피질 영역에서 정보처리된 상황 정보는 사후 피질Postrhinal Cortex/해마곁이랑Parahippocampal Cortex(POR)으로 입력되고, 이 정보는 다시 내측 내후각피질Medial Entorhinal area/cortex; MEA로 입력되고, 그 다음에는 해마의 하부 영역인 CA3과 치상회Dentate Gyrus; DG로 차례대로 입력된다. 지금 설명한 2개의 통로는 시각에서의 무엇–통로What-Pathway와 어디–통로Where-Pathway의 연장선이고 종착점이 해마이다(1장 참고). 그림 10.2B는 몇몇 포유동물에 대한 계통수Phylogenic/Evolutionary Tree를 나타내고 있다. 쥐, 고양이, 인간은 동일한 조상에서 갈라졌으며, 분화된 시기는 100 Million 전으로 아주 오래전이었다. 신비로운 것은 이렇게 오래전에 다른 종으로 분화되었음에도 불구하고 내측 측두엽의 구조가 유사하다는 것이다. 인간과 매우 가깝게 위치한 원숭이는 거의 동일한 내측 측두엽의 구조를 가지고 있으며, 즉 영장류의 뇌는 동일하다. 이번 절을 정리해 보면, 주변내후각피질Perirhinal Cortex; PER은 항목기억과 관련되고, 해마곁 피질은 문맥기억과 관련되며, 해마는 항목과 문맥을 묶어서 하나의 완전한 에피소드를 구성한다는 것이다.

10.2 장기증강(Long-Term Potentiation)

10.1절에서 기술했듯이, 해마는 항목 정보와 문맥 정보를 묶어서 완전한 에피소드를 만드는 작업을 수행한다. 예를 들어, 축하 파티를 하느라고 식당에 여러 사람이 모여 있는 경우를 생각해 보자. 참석자들의 얼굴, 목소리, 음식 냄새, 주위 환경 등의 정보는 뇌 여러 영역을 활성화시킬 것이다. 이런 다양한 영역에서의 활동을 엮고 연결해서 하나의 내용 있는 개체로 만드는 작업을 해마가 수행한다. 몇 달 후에 그 식당에 다시 가면, 문을 열고 들어 갈 때 풍겨오는 냄새는 후각 피질 영역을 활성화시킬 것이고, 해마와 연결된 고리를 통해서 시각이나 청각 피질 등의 영역들을 재활성화시킬 것이며 그래서 몇달 전에 이곳에서 여러 사람들이 함께 축하했던 에피소드가 떠오를 것이다. 일련의 연구들은 이처럼 해마를 통해서 여러 영역이 연결되는 원리를 밝히려는 노력을 기울여 왔다. 해마가 여러 영역을 연결하는 원리가 바로 장기증강Long-Term Potentiation이다.

　　장기증강Long-Term Potentiation을 자세하게 다루기 전에 뉴런들이 의사소통하는 방법을 다시 한 번 상기시켜 보자. 뉴런Neuron은 수상돌기Dendrite, 세포체Cell Body, 축색 Axon으로 구성되어 있다. 신호를 전달해 주는 뉴런의 축색 끝 부분과 다음 뉴런의 수상돌기 사이에는 좁은 틈이 있고 이 틈을 시냅스Synapse라 부른다. 여러 개의 수상돌기를 통해 전해진 전류는 세포체에서 종합되며, 종합된 전압이 일정한 역치Threshold보다 크면 활동 전위Action Potential가 세포체와 축색이 맞닿아 있는 부분에서 발생된다. 활동 전위는 축색을 따라 축색의 끝 부분인 터미털 버튼Terminal Button까지 오게 된다. 터미널 버튼에는 신경전달물질Neurotransmitter을 저장하고 있으며, 축색으로부터 활동 전위 신호를 받으면 저장하고 있던 신경전달물질을 시냅스 좁은 틈으로 분비한다. 신경전달물질을 분비하는 뉴런을 시냅스전 뉴런Pre-Synaptic Neuron이라고 부르고, 신경전달물질을 받아들이는 뉴런을 시냅스후 뉴런Post-Synaptic Neuron이라고 부른다. 신경전달물질은 그 다음 뉴런의, 즉 시냅스후 뉴런의 수상돌기에 있는 수용기Receptor에 달라 붙어서 수상돌기의 세포막 투과성 변화를 일으킨다. 그러면 시냅스에 있던 양이온이나 음이온이 이 수용기를 통해서 시냅스 후 뉴런의 수상돌기로 들어가서 그 다음 뉴런의 활동 전위를 일으키는 데에 기여한다. 양이온이 시냅스 후 뉴런의 수상돌기로 들어가도록 작용하는 신경전달물질과 음이온이 들어가도록 작용하는 신경전달물질이 구분되어 있다. 시냅스에는 수많은 시냅스전 뉴런과 시냅스후 뉴런이 맞닿아 있고 이들 각각은 서로 다른 종류의 신경전달물질과 다른 종류의 연결을 맺고 있어서 특정 시냅스후 뉴런이 받아들이는 전류 신호는 수많은 수상돌기에서 받아들인 전기 신호의 조합이다. 글루타메이트Glutaminate는 양이온이 시냅스후 뉴런으로 유입되도록 작용해서 흥분성 시냅스후 전위Excitatory Post-Synaptic Potential를 발생시키는 대표적인 신경전달물질이다(당연히 억제성 시냅스 전위Inhibitory Post-Synaptic Potential도 있다). 아래에서 기술하듯이, 장기증강Long-Term Potentiation은 신경 발화의 크기와 속도를 증가시킨다.

장기증강Long-Term Potentiation은 50년 전 무렵에 Bliss & Lomo(1973)에서 처음 보고되었다. 전극을 토끼의 해마에 부착한 후에 해마에서의 전기 활동을 EEG같은 파형으로 측정하였다. 그림 10.3A에 실험장치를 예시하였다. 해마의 관통로Perforant Path에 전극을 삽입하여 약한 전류로 자극하고, 해마의 하부 영역인 치상회Dentate Gyrus에 부착된 전극을 통하여 전류의 변화를 측정하였다. 해마의 관통로는 내후각피질Entorhinal Cortex과 해마를 연결하는 부위이다(9장 참고). 10 Hz에서 15 Hz 속도로(즉, 1초에 10번에서 15번의 자극을 주었다는 의미) 10초 동안(즉, 10초동안 100번에서 150번의 자극을 주었다는 의미) 30분에서 1시간 간격으로 4번 주었으며(즉, 총합 40초 동안의 자극을 가했다는 의미), 한 실험 회기는 3시간이었다. 해마의 통로 자극으로 발생하는 신경 신

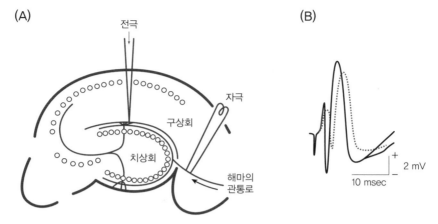

(A)

전극

자극

구상회

치상회

해마의
관통로

(B)

2 mV

10 msec

[그림 10.3] 장기증강(Long-Term Potentiation)을 조사하는 실험 장치와 실험 결과.
(A) 전극을 토끼의 해마에 부착한 후에 해마에서의 전기 활동을 EEG같은 파형으로 측정하였다. 해마의 관
통로(Perforant Path; Stim으로 표시)에 전극을 삽입하여 약한 전류로 자극하고, 해마의 하부 영역인 치상회
(Dentate Gyrus; Rec로 표시)에 부착된 전극을 통하여 전류의 변화를 측정하였다. 해마의 관통로는 내후각피
질(Entorhinal Cortex)와 해마를 연결하는 부위이며, 전기의 흐름을 화살표로 표시하였다.
(B) 실선으로 표시된 그래프는 3시간 동안의 실험 후에, 즉 자극의 효과를 반영하는 것이고, 점선으로 표시된
그래프는 자극 전에 측정된 기저선 반응 결과이다. 자극 후의 신경 신호는 기저선에 비해서 더 크고 더 이른
시간에 발생되었다. 더 크고 더 빠른 신경 신호가 장기증강을 나타내는 것이다.

호를 치상회에서 측정하고 분석하였다. 그림 10.3B에 실험 결과가 제시되어 있다.
실선으로 표시된 그래프는 3시간 동안의 실험 후에, 즉 자극의 효과를 반영하는 것
이고, 점선으로 표시된 그래프는 자극 전에 측정된 기저선 반응 결과이다. 자극 후
의 신경 신호는 기저선에 비해서 더 크고 더 이른 시간에 발생되었다. 더 크고 더 빠
른 신경 신호가 장기증강을 나타내는 것이다. 동일한 연구의 다른 실험에서는 자극
하는 시간을 3초에서 4초 사이로 줄이고 대신 1초에 자극하는 횟수를 100번으로 증
가시켰다. 실험 결과, 위의 실험과 유사한 장기증강을 보였다. 즉, 짧은 시간에 많은
양의 자극도 효과가 있다는 의미이다. Larson, Wong & Lynch(1986)은 쥐를 이용
해서 자극 주기의 간격이 장기증강발생에 영향을 주는지 여부를 조사하였다. 한 회
기는 0.6초 간격의 자극을 4번 연속적으로 자극을 가하는 것으로 구성되었으며, 회
기 간의 간격은 0.1초, 0.2초, 1초 혹은 2초였다. 연구 결과, 0.2초 간격으로 회기를
나눈 경우에 가장 큰 Long Term Potentiation을 보였다. 이 조건에서 약 25%의 증
가를 보였고, 이 정도는 다른 조건에서의 증가 양의 약 2배가 되는 정도이다. 0.2초
간격은 5Hz 주기로 자극을 주었다는 의미인데, 4장에서 논의했던 뇌파와 연관지어
보면, Theta 파형과 일치하는 것이다. Theta 파형 주기로 자극이 오는 경우에 Long
Term Potentiation이 가장 크며, 장기기억을 형성하는 동안 해마와 다른 피질 영역

간의 상호작용이 Theta파 주기, 즉 5 Hz일 때 가장 활발하다는 의미이다. 한 회기에 여러 번의 자극을 가하는 것은 해마와 피질 간의 연결이 얼마나 활성화되는지에 관계되는 것이고, 회기 간의 간격은 한 번 마치고 다음 자극이 올 때까지의 쉬는 간격이 0.2초 정도가 최상이라는 의미이다.

　　장기증강 발생의 분자생물학적 연구의 중요한 주제이다. 장기증강은 이온의 구성, 세포 신진대사, 수용기의 역할 등의 다양한 요인들에 따라 변한다. 흥분성 시냅스후 전위Excitatory Post-Synaptic Potential는 현재 작동하고 있는 수용기를 변화시킬 수 있고, 또 다른 수용기가 만들어지도록 할 수도 있고 그리고 수상돌기의 표면 면적을 증가시킬 수도 있다(Bliss & Collingridge, 1993; Baudry et al., 2015). 시냅스후 수상돌기에서 일어나는 이런 변화는 시냅스전 터미널 버튼에서 분비되는 신경전달물질에 더욱 예민하게 반응하게 한다. 즉, 시냅스전 뉴런과 시냅스후 뉴런이 강하게 연결되는 한 방법이고, 이런 방법이 장기증강을 발생시킨다. 해마에서 LTP만 있는 것이 아니고 해마의 활동이 감소하는 해마 장기억압Long Term Depression; LTD도 있다(Bear & Abraham, 1996; Kemp & Manahan-Vaughan, 2007). 장기증강 혹은 장기억압의 분자생물학적 원리를 설명하는 것은 이 책의 내용 범위를 넘어선다. 그래서 더 깊게 다루지는 않겠다. 인지신경과학자는 EEG 등을 통해 신경계의 반응 속도만을 측정하고 다룬다.

10.3 기억 재연(Memory Replay)

3장에서 설명한 것처럼, 1 Hz보다 느린 뇌파가 발생되는 느린 주파수 수면은 기억 응고화에 매우 중요하다. 이런 느린 주파수의 뇌파는 해마를 포함한 다른 영역에서 발생되는 높은 주파수의 파형을, 예를 들면 해마에서는 200 Hz의 뇌파Sharp-Wave Ripple; SWR파 등을, 동시화Synchronize하는 데에 중요한 역할을 담당한다. 해마의 SRW파는 해마와 피질 간의 상호작용 중에 나타나며, 해마의 SRW파는 경험했던 내용의 기억 강도를 증가시킨다.

　　쥐에서도 해마의 SWR파는 수면 중에 느린 뇌파와의 조합을 보이기도 하고, 깨어 있지만 다른 지역을 탐색하고 있지 않을 때(예를 들면, 먹을 때, 마실 때, 털 고르기, 조용히 깨어 있을 때 등)에도 해마의 SWR파는 기억 재연을 통해 탐색 시에 학습했던 내용의 기억을 강화시킨다(O'Neill, Pleydell-Bouverie, Dupret & Csicsvari, 2010; Girardeau & Zugaro, 2011). 그림 10.4는 쥐의 기억 재연을 예시한다.

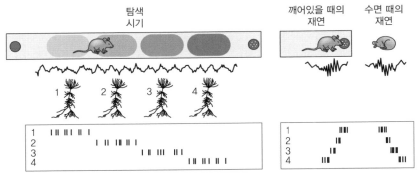

[그림 10.4] 쥐의 기억 재연. (왼쪽). 탐색 시기에 출발점에서, 왼쪽의 동그라미가 있는 부분에서, 통로를 따라 목표 지점까지, 오른 쪽의 점이 있는 동그라미 부분까지 (끝 부분에 음식 보상이 있다). 움직인다. 관련된 뇌파가, 즉 해마에서 출원한 Theta파의 활동이, 바로 밑에 제시되어 있다. 쥐가 특정한 위치에 도달할 때마다 해마에 있는 위치 세포(Place Cell)이 발화한다. 맨 처음 영역관련 위치 세포는 1번으로 그리고 마지막 것은 4번으로 표시되어 있다.(가운데). 쥐가 먹이가 있는 목표 지점에 도달하면, 해마의 SWR파형이 4번 위치 세포에서 시작해서 거꾸로 순서로 1번까지 발생한다. (오른 쪽). 느린 주파수대역 뇌파가 방출되는 수면(Slow Wave Sleep) 동안, 해마의 SWR파형이 이 번에는 배운 순서대로 1번에서부터 4번까지 다시 한 번 나타난다.

그림 10.4(왼쪽), 출발점에서, 왼쪽의 동그라미가 있는 부분에서, 통로를 따라 목표 지점까지, 오른 쪽의 점이 있는 동그라미 부분까지 (끝 부분에 음식 보상이 있다), 탐색 시기를 나타내고 있다. 쥐는 음식을 찾아서 목표 지점으로 움직인다. 뇌파가, 즉 해마에서 출원한 Theta파의 활동이, 바로 밑에 제시되어 있다. 해마에서 출원한 Theta파는, 10.2절과 4장에서 논의한 것처럼, 해마와 다른 피질 영역 간의 상호작용을 반영한다. 쥐가 특정한 위치에 도달할 때마다 해마에 있는 위치 세포^{Place Cell}가 발화한다. 맨 처음 영역관련 위치 세포는 1번으로 그리고 마지막 것은 4번으로 표시되어 있고, 각 위치 세포 하단에 표시된 수직선은 그 위치 세포의 발화를 표시하고 있다. 쥐의 해마에 있는 위치 세포는 특정 장소의 위치를 기억하게 하며, 이들의 활동을 통해서 현재 있는 곳의 공간 지도를 형성하는 것으로 오래 전부터 알려져 있는 사실이다(O'Keefe & Dostrovsky, 1971). 해마에 있는 위치 세포는 원숭이와(Matsumura et al., 1999) 인간(Ekstrom et al., 2003)에서도 보고되었다. 쥐가 먹이가 있는 목표 지점에 도달하면, 해마의 SWR 파형이 4번 위치 세포에서 시작해서 거꾸로 순서로 1번까지 발생한다. 이 시점에서 나타나는 해마의 SWR파형은 두 종류의 흥미로운 특징이 있다. 첫 번째는 위치 세포들의 발화 순서가 처음에 일어났던 순서의 반대로 재발생된다는 것이다(4번 위치 세포가 가장 먼저 발화하고, 그 다음이 3번, 2번, 그리고 마지막으로 1번 위치 세포가 발화한다는 것이다). 두 번째 특징은 기억 재연을 반영하는 뇌파가 시간적으로 매우 함축된 모양으로 나타난다는 것이다. 이처럼 매우 빠르게 재연되는 뇌파는

쥐가 음식을 먹은 지점에서 처음 출발했던 지점까지를 매우 빠르게 재연하는 과정을 반영하며, 이런 재연을 통해 출발 지점에서 목표 지점까지의 공간 지도 기억이 강화된다. 느린 주파수대역 뇌파가 방출되는 수면Slow Wave Sleep 동안, 해마의 SWR파형이 이번에는 배운 순서대로 1번에서부터 4번까지 다시 한 번 나타난다. 처음 위치에 놓이면 그곳에서부터 목표 지점까지의 위치를 재학습하는 과정이다.

쥐의 기억 재연은 해마를 포함한 다른 영역에서도 일어난다. 공간 기억 재연 동안 해마와 전전두엽이 동시에 활동하는 것이 보고되었다(Preston & Eichenbaum, 2013). 해마와 전전두엽의 상호작용은 일화기억의 응고화과정에서 나타난 것이다. 쥐가 통로를 탐색할 때 시각 영역 또한 활성화되는 것이 보고되었으며(Ji & Wilson, 2007), 두정엽이 활동하는 것으로도 보고되었다(Qin, McNaughton, Skagga, & Barnes, 1997). 시각 영역과 두정엽이 활동은 시각 통로의 공간적이고 시각적인 이미지를 재활성화하고 이들 영역 간의 연결을 더 강하게 만드는 기억 응고화과정을 반영한다. 3장에서 논의했던 것처럼, 쥐가 공간 학습을 할 때 활동하는 뇌 영역은 인간이 일화기억을 형성하고 인출할 때 활성화되는 뇌 영역과 동일하다. 즉, 해마, 전전두엽, 두정엽, 그리고 감각 정보를 저장하고 있는 감각 영역 등이 일화기억과 관련된 뇌 영역으로 인간과 쥐에서 동일하게 활성화된다.

해마의 SWR파는 인간과 쥐의 일화기억 응고화에 필수적인 역할을 담당한다. 다른 동물들, 예를 들면 박쥐, 토끼, 고양이, 원숭이 등에서도 유사하다(Buzsaki, 2015). 반면에 수면 동안 나타나는 느린 주파수대역 뇌파와 해마의 SWR 파형 간의 상호작용이 새에게서는 보이지 않는다(Rattenborg, Martinez-Gonzalez, Roth & Pravosudov, 2011). 해마의 SWR파가 일화기억 응고화에 매우 중요한 역할을 담당하고 이런 일이 여러 종류의 종에서 나타나지만 그렇다고 모든 종에게서 나타나지는 않는다.

수면 동안 나타나는 느린 주파수대역 뇌파와 해마의 SWR파형 간의 상호작용이 기억 응고화에 매우 중요한 역할을 한다. 인간에게서도 학습한 후에 깨어 있을 때, 해마의 SWR파형이 학습 순서의 거꾸로 나타나는 것인지 그리고 느린 주파수대역 뇌파 수면 동안에는 해마의 SWR파형이 학습 순서대로 다시 한 번 발생하는 것인지 등 조사해야 할 연구 주제가 많다.

10.4 시간 세포(Time Cell)

Eichenbaum(2014)는 해마의 특정 영역 손상은 과거에 학습했던 사건의 시간적 순서를 기억하는데 장애를 일으키는 것을 인간과 쥐를 통해 보고하였다. 예를 들어, 해마 손상 환자에게 "신발", "그릇", "해머", "사과" 등을 학습시기 동안 제시하고, 검사시기에 항목에 대한 재인 기억 검사를 하면 장애가 없으나 제시된 항목들의 순서를 검사하면 장애가 있다(예를 들면, "신발"이 "해머"보다 앞에 제시되었는가? 같은 질문에 오답을 낸다). 주변내후각피질(Perirhinal Cortex; PER)은 기억의 내용 정보를 정보처리하고 해마는 기억 내용 항목과 문맥을 엮는 작업을 한다. 어떤 기억 내용의 순서 정보는 문맥 정보에 해당된다.

10.3절에서 논의한 것처럼, 해마의 위치 세포에 대한 연구는 40여 년 전에 보고되었다. 매우 최근에 쥐 해마에서 시간 세포Time Cell를 발견하는 놀라운 일이 있었다. 해마의 위치 세포가 특정 위치에 도달했을 때 발화하는 것처럼(예를 들면, 미로 통로의 중간 지점에 오면 발화), 시간 세포도 특정한 시간 때에 활동한다(예를 들면, 사건이 시작되고 5초가 지나면 발화). 시간 세포에 관한 연구는 근래에 시작 되어서 많지가 않다. 이 책을 집필하기 시작할 무렵에 "PubMed.gov"에 "hippocampus"와 "time cell" 검색어를 치면 16편의 논문이 검색된다. 매우 적은 수이다. 16편 중에 8편 정도는 리뷰 논문이고, 그나마 발견된 사실을 보고하는 논문도 모두 근래 5년 이내에 발표된 것들이다. 반면에 "PubMed.gov"에 "hippocampus"와 "place cell" 검색어를 치면 600여편의 논문이 검색된다. 쥐가 트레드밀Treadmill, 런닝머신Running Machine을 달리는 동안 활동하는 해마의 시간 세포 활동을 보고한 논문이 있다(Kraus, Robinson, White, Eichenbaum, & Hasselmo, 2013). 그림 10.5에 연구자들이 사용한 장치가 제시되어 있다. (A)는 런닝머신이(회색으로 보이고 있다) 가운데에 위치한 8자 모양의 미로이다Figure-Eight Maze. (B)는 이 장치의 도면을 나타내고 있으며 과제를 보여 주고 있다. 쥐의 해마에 96개의 전극을 부착하고 쥐가 이 과제를 수행하는 동안 단일 세포 수준에서 신경발화 정도를 측정하였다. 쥐는 런닝머신에서 16초 이상을 달린 이후에 오른쪽의 통로로 갔다가 다시 왼쪽 통로로 갔다가 하는 식의 과제를 수행하였다. 쥐는 매우 목이 마른 상태로 오른쪽이나 왼쪽 통로로 정해진 순서대로 가면 물통에서 물을 보상으로 먹을 수 있었다. (C)는 런닝머신에서 뛸 때 16초간 21개의 해마 전극에서 측정된 결과가 제시되어 있다(검은색은 높은 발화율을 나타낸다). 가장 위의 뉴론이 가장 먼저 반응한 것이고 아래로 갈수록 나중에 반응한 뉴론을 나타내고 있다. 뉴론

의 활동 패턴은 16초간의 시간 흐름에 맞추어져 있다. 즉, 사건의 진행 시간에 맞추어서 발화하고 있다. 다른 결과에서도 유사한 뉴런 활동의 패턴이 보인다. 이런 결과는 해마에 시간 세포가 있다는 것을 지지하는 강력한 증거이다. 어느 때에 어느 뉴런이 발화하는 패턴은 마치 위치 세포가 어디에서는 어느 뉴런이 반응하는 것과 패턴이 매우 유사하다(그림 10.5C와 그림 10.4 왼쪽을 비교해보면 이런 유사성을 쉽게 찾을 수 있다). 그림 10.5C 결과에서 시간이 늦어짐에 따라서 발화하는 패턴이 더 넓게 퍼지는 현상에 주목하라. 아마도 시간이 지나갈수록 시간에 대한 추정이 정확하지 않아서 이런 현상이 나타나는 것으로 추측된다. 그림 10.5C 결과를 시간 세포의 활동으로 해석하였지만 다른 식의 해석, 즉 거리를 탐지하는 세포의 활동으로도 설명할 수 있다. 왜냐하면 쥐는 런닝머신에서 긴 거리를 달렸기 때문이다. 그래서 연구자들은 동일한 16초를 달리는데, 한 조건에서는 더 빠르게 달리게 했고 그래서 결국은 긴 거리를 달리게 했고, 다른 조건에서는 느리게 달리게 해서 짧은 거리를 뛰게 하였다. 또한 동일한 거리를 빨리 뛰게도 하고 느리게 뛰게도 하였다. 연구 결과, 거리에 따라 결과가 변하지 않았고 시간에 따라 변화하였다. 즉, 시간의 흐름을 나타내는 뉴런들의 활동이다.

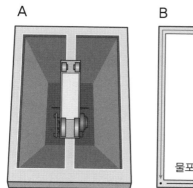 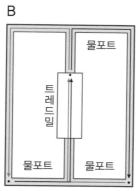 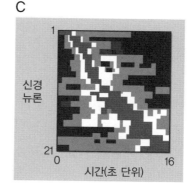

[그림 10.5] 시간 세포 측정 장치와 신경 활동.
(A) 런닝머신이(회색으로 보이고 있다) 가운데에 위치한 8자 모양의 미로(Figure-Eight Maze).
(B) 장치의 도면을 나타내고 있으며 과제를 보여 주고 있다. 쥐의 해마에 96개의 전극을 부착하고 쥐가 이 과제를 수행하는 동안 단일 세포 수준에서 신경발화 정도를 측정하였다. 쥐는 런닝머신에서 16초 이상을 달린 이후에 오른 쪽의 통로로 갔다가 다시 왼쪽 통로로 갔다가 하는 식의 과제를 수행하였다. 쥐는 매우 목이 마른 상태로 오른쪽이나 왼쪽에 통로로 정해진 순서대로 가면 물통에서 물을 보상으로 먹을 수 있도록 하였다.
(C) 런닝머신에서 뛸 때 16초간 21개의 해마 전극에서 측정된 결과(검은색은 높은 발화율을 나타낸다). 가장 위의 뉴런이 가장 먼저 반응한 것이고 아래로 갈수록 나중에 반응한 뉴런을 나타내고 있다. 뉴런의 활동 패턴은 16초간의 시간 흐름에 맞추어져 각 시간 대를 나타내고 있다.

유사한 연구가 이전에 보고되기도 했었다. 런닝머신 대신에 바퀴 모양의 휠에서 10에서 20초간 달리게 한 후에 오른쪽과 왼쪽 미로를 왔다 갔다 교대로 반복하는 과제를 수행하였다(Pastalkova, Itskov, Amarasingham & Buzsaki, 2008). 이 연구에서도 해마의 시간 세포들은 시간에 맞추어서 차례대로 발화하였다. 시간 세포들의 발화 패턴은 위치 세포에서처럼 Theta파의 주기를 가지고 있었다. 연구자들은 또한 물에 떠 있는 휠에서 달리게도 해보고, 미로를 오가는 과정없이 휠에서만 놀도록 하고 이들 신경 세포들의 활동을 측정하였다. 미로를 오가는 활동이 없는 이들 조건에서는 시간 세포의 활동이 관찰되지 않았다. 또한 휠을 달린 이후에 오른쪽 미로를 먼저 가는지 아니면 왼쪽 미로를 먼저 가는지에 따라서도 시간 세포의 발화하는 순서가 다르게 배치되었다. 이런 결과들은 시간 세포가 단순히 시간만을 기록하는 것이 아니고 미래에 어떤 일이 벌어질 것인지에 대한 인지처리과정도 수행한다는 것을 의미한다. 예를 들어, 휠에서 뛰는 동안 쥐는 물을 먹을 수 있는 왼쪽 통로를 과거의 기억에 의존해서 시각화했을 수도 있다. 시간 세포의 활동과 기억기반의 행동간의 연계성을 찾는 것도 이후에 이루어질 중요한 연구 문제이다.

이제까지 논의했던 해마의 시간 세포에 대한 연구에 의문이 제기 되었다. 시간 세포 활동으로 밝혀진 것은 사실은 위치 세포의 활동이라는 주장이다. 쥐가 런닝머신 혹은 휠에서 한 위치로 고정되어 움직이지 못하도록 하였더라도 움직임 방향과 머리의 움직임은 통제할 수가 없다. 또한 런닝머신 혹은 휠의 한 자리에서 움직이는 동안 해마의 시간 세포 활동을 측정했지만, 쥐는 런닝머신 혹은 휠이 8자 모양의 미로로 연결되는 곳 중의 하나로 생각하고 현재의 위치에 해당하는 해마의 위치 세포 활동 활성화시켰을 수도 있다. 이런 이유로 위치 세포의 활동을 시간 세포의 활동으로 오인한 것일 수도 있다는 주장이다. 머리 움직임 혹은 기억 속의 운동 가능성을 배제하기 위해서, MacDonald, Carrow, Place & Eichenbaum(2013)은 쥐를 머리조차 움직일 수 없도록 고정하고, 그리고 움직임에 대한 기억이 아니라 냄새에 대한 기억을 검사하는 지연 냄새-비교하여 찾기 과제를 사용하였다. 지연 냄새-비교하여 찾기 과제는 학습시기에 제시되었던 냄새를 2초에서 5초 정도의 지연 후에 시행되는 검사시기에 여러 냄새 중에 학습시기의 냄새와 동일한 것을 찾는 과제이다. 연구 결과, 지연시기에 시간 세포가 Theta 파 리듬으로 활동하는 것이 측정되었다. 이전의 다른 연구에서처럼, 나중에 발화하는 시간 세포의 활동은 좀 더 확산되어 긴 시간대를 거쳐 나타났다. 또한 학습시기에 다른 냄새를 사용하여 실험하면 시간 세포의 발화 순서가 재배치된 상태로 나타났다. 이런 연구 결과는 시간 세포의 활동으로 보고되었던 결과가 위치 세포의 활동에 의한 것이 아님을 확실하게 증거한다.

　　Naya & Suzuki (2011)는 쥐에게서 발견된 해마 CA1 영역의 시간 세포가 원숭이에게서도 나타나는지를 조사하였다. 학습시기에 두 종류의 사물이, 예를 들면 해바라기와 나비 넥타이같은 것이, 하나씩 순서지어져서 제시되었다. 검사시기에는 학습시기에 제시되었던 두 사물과 새로운 사물 하나가 삼각형 모양으로 제시되었다 (예를 들어, 해바라기, 나비 넥타이, 그리고 호박이 제시되었다). 원숭이는 학습시기에 먼저 제시되었던 사물을 선택하도록 미리 훈련되어 있었다. 원숭이가 첫째로 제시되었던 사물을 선택하고 나면(즉, 해바라기) 그 사물이 사라지도록 하였고 이어서 원숭이로 하여금 두 번째 사물을 선택하도록 미리 훈련하였다(즉, 나비 넥타이). 연구에서 시간 세포의 활동은 학습시기에 첫 번째 사물이 제시되는 시기와 두 번째 사물이 제시되는 시기를 구분짓는 때에 발화하는 세포로 정의하였다(즉, 1번 사물을 제시하는 동안 발화하고 또한 2번 사물을 제시하는 동안 발화하는 세포. 두 사물을 제시하는 시기 모두에서 발화하지 않는 세포). 항목 기억을 담당하는 세포는 학습시기 동안의 사물을 구분하는 데 발화하는 것으로, 즉 시간 간격에 반응하지 않는 것으로, 정의하였다. 연구자들은 시간 세포는 해마에서 그 활동이 나타나고, 사물 개개 항목에 대한 세포 활동은 주변내후각피질에서 나타나는 것을 발견하였다. 이 결과는 쥐뿐만 아니라 원숭이도 해마에 시간 세포가 있다는 것을 증거한다.

　　10.4절의 연구는 쥐, 원숭이 등의 동물의 해마에 시간 세포가 있다는 것을 알려준다. 이런 연구는 근래에 이루어진 것으로 더 많은 연구가 필요하다. 신기한 것은 시간 세포의 활동 배열이 이후에 이어지는 과제가 무엇인지에 따라 재배치되다는 것이다. 이런 연구 결과는 인간의 뇌에서도 유사한 과정이 있을 것이라는 추측하게 한다. 새로운 연구 분야가 열리는 것이다.

Box 10.1　때로는 동물을 대상으로 이루어진 연구가 인간에 대한 연구의 돌파구를 열기도 한다.

　　동물을 대상으로 행하는 연구를 통해 인간을 대상으로 행하기 어려운 실험 연구를 진행한다. 예를 들면, 특정 영역에 전극을 부착하여 그 부위의 전류 신호를 측정하는 연구는 인간에게는 가능하지 않은 것이다. 인간을 대상으로 이런 연구를 진행할 수 있는 상황은 전극을 어느 부위에, 즉 간질의 병소 부위에, 부착

하는 것이 환자에게 도움이 되는 경우 등 특별한 치료의 목적 외에는 사용할 수 없다. 그래서 원하는 뇌 부위에 전극을 마음대로 부착할 수도 없다. 간질 환자의 뇌는 정상적인 뇌와는 애초부터 다르다. 더구나 치료 목적으로 전극을 부착한 환자의 뇌는 당연히 정상적인 뇌와 다르다. 이렇게 다른 뇌에서 얻은 연구 결과가 일반인의 뇌 활동을 반영한다고 어떻게 확신할 수 있겠는가? 반면에 동물 연구에서는, 정상적인 뇌 기능을 지니고 있는 동물을 대상으로 원하는 위치에 정확하게 전극을 심어서 그곳의 활동을 직접 측정 관찰할 수 있다. 이런 식의 동물 연구는 시간 세포를 찾아낸 것처럼 놀라운 사실을 알려주곤 한다. 동물 연구에서 위치 세포와 시간 세포가 해마에서 활동하는 것을 알았기 때문에 과학자들은 인간의 해마에도 이들 세포가 있을 가능성을 열심히 찾고 있다. 유사하게 동물의 해마와 피질 영역에서 기억 재연이 있는 것을 알았기 때문에 인간의 해마와 피질에서도 동일한 종류의 기억 재연이 있을 가능성을 조사하고 있다. 이런 예는 동물 연구가 인간 대상 연구에 실마리를 제공할 수 있음을 보여 준다. 10.5절에서 논의할 것이지만, 이와는 반대로 인간 대상 연구가 동물 대상 연구에 단서를 제공하는 경우도 있다.

10.5 일화기억(Episodic Memory)

일화기억은 어떤 사건의 내용이 무엇이고, 그 사건이 어디에서 언제 일어났는지를 인출해내는 것이다. 사건이 무엇이고 어디에서 언제 발생했는지를 인출하는 것은 마음속에서 과거로의 여행이고 이를 통해 기억을 재탐색하는 과정이다. 이 같은 마음속에서의 시간 여행이 일화기억의 핵심 요소이고, 이처럼 일화기억 정보를 인출해내는 것은 그 내용을 아는 것이, "knowing"이, 아니고 기억해는 것, "remembering"의 주관적인 경험이다(Tulving, 1985; 1장 참고).

인간은 어떤 사건을 기억하는지 아니면 아는지에 대해 말해 줄 수 있고, "기억한다"라는 반응은 일화기억이라고 믿을 수 있다. 그러나 동물은 인간처럼 언어로 반응을 할 수가 없다(Tulving, 2005; Suddendorf & Corballis, 2007). Endel Tulving은 일화기억을 인지심리학 분야에 소개하고 일화기억은 마음속에서의 과거 시간으로의 여행이라는 개념을 들여온 학자이다. 동물은 이같은 마음속에서의 과거로의 시간 여행을 하지 못하기 때문에 일화기억이 없다라고 2005에 발표하였다(Tulving, 2005). 이번 절에서는 Tulving이 말한 일화기억의 준거에 해당되는 증거가 동물에게서 발견되는지를 살펴보려 한다. Tulving이 지적한 동물의 일화기억에 대한 연구의 문제점을 살펴보자. 첫째로, 동물 연구에 사용한 과제들이 항목기억과 문맥기억을 분리해내지 못하며, 더 중요한 사실은 이들 과제는 문맥/시간 기억을 측정하지 못한다는 것이다. 2005년대에 시행되던 연구를 기준으로 보면 대체로 옳은 지적이다. 두 번째로 Tulving은 항목기억과 문맥기억을 담당하는 내측 측두엽 영역들이 분리되어 있다는 증거가 없다라고 지적하였다. 2005년대의 주된 생각은 장기기억이, 항목기억과 문맥기억을 포함해서, 하나의 통일된 시스템이고 내측 측두엽이 관계된다는 생각이 지배적이었다(3장에서 논의한 것처럼, 현재 이 입장은 지배적인 생각이 아니고 두번째로 고려되는 대안일 뿐이다). 정리해 보면, Tulving이 말한 일화기억의 준거는 행동 수행 차원에서는 시간과 문맥에 대한 기억을 가지고 있다는 증거가 있어야 하고, 인지신경과학 차원에서는 항목기억과 문맥기억을 담당하는 뇌 영역이 분리되어 있어야 한다는 것이다.

지난 10년 동안 동물이 일화기억을 가지고 있다는 행동 증거를 보고한 논문이 활발하게 발표되었다(즉, Tulving이 말한 일화기억의 행동 준거). Babb & Crystal(2006)은 쥐들이 어떤 음식을 어디에서 언제 먹었는지를 기억하는지 여부를 조사하였다. 그림 10.6A는 한 번의 시행으로 구성된 첫 번째 시기를 예시하고 있다. 첫 번째 시기에 쥐들은 8개의 통로 중에 4개에 각각 포도 맛 알갱이, 딸기 맛 알갱이, 차우 맛 알갱이가 어디에 있는지를 학습 하였다. 첫 번째 시기 후에 1시간 혹은 6시간의 지연이 있었다. 그림 10.6B는 1시간의 지연 후인 두 번째 시기를 나타내고 있다. 이때에는 첫번째 시기에는 막혀 있었던 통로 4곳에 차우 맛 알갱이를 배치했다. 그림 10.6C는 6시간의 지연 후인 두번째 시기를 나타내고 있다. 이때에는 첫 번째 시기에는 막혀 있었던 통로 4곳에 차우 맛 알갱이를 배치했고, 포도 맛 알갱이와 딸기 맛 알갱이는 첫 번째 시기 때에 배치했던 곳에 두었다. 그림 10.6D에 결과가 제시되어 있다. 1시간의 지연 후에 두번째 시기에서, 쥐들은 첫 번째 시기 때에 포도 맛 알갱이와 딸기 맛 알갱이를 배치했던 곳을 거의 방문하지 않았고(그러니까 차우 맛 알갱이가 배치된 위치가 첫 번째 시기와 다르니까 바뀐 환경이라고 인식했음을 의미), 6시간 지연 후에는 첫 번째 시기 때에 포도 맛 알갱이와 딸기 맛 알갱이를 배치했던 곳을 자주 방문

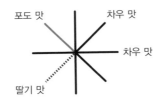

(A) 첫 번째 시기(학습시기)

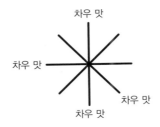

(B) 1시간 지연 후 검사시기

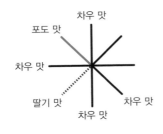

(C) 6시간 지연 후 검사기기

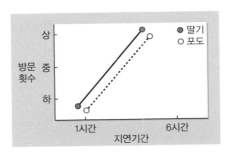

(D) 실험결과

[그림 10.6] 시간 지연 기억 과제와 행동 결과.
(A) 첫 번째 시기에 쥐들은 8개의 통로 중에 4개에 포도**맛 알갱이, 딸기맛 알갱이, 차우 맛 알갱이가 어디에 있는지를 학습하였다.
(B) 첫 번째 시기 후에 1시간 지연이 있는 두 번째 시기를 나타내고 있다. 이때에는 첫 번째 시기에 막혀 있었던 통로 4곳에 차우 맛 알갱이를 배치했다.
(C) 첫 번째 시기 후에 6시간 지연이 있는 두 번째 시기를 나타내고 있다. 이때에는 첫 번째 시기에 막혀 있었던 통로 4곳에 차우 맛 알갱이를 배치했고, 포도 맛 알갱이와 딸기 맛 알갱이는 첫 번째 시기에 배치했던 곳에 두었다.
(D) 실험 결과. 1시간의 짧은 지연과 6시간의 긴 지연 후에 첫째 시기에 배치했던 딸기 맛과 포도 맛 알갱이가 있었던 통로를 얼마나 자주 방문했는지를 다른 통로를 방문했던 횟수로 나눈 비율로 표시하고 있다.

했다. 이런 결과가 의미하는 것은 쥐가 첫 번째 시기와 두 번째 시기 간의 시간 지연을 기억하고 있다는 것을 의미한다. 지연시간에 대한 기억이 행동 변화에 영향을 주었다. 후속 실험에서, 차우 맛이 아닌 다른 맛을 내는 알갱이와 지연시기 동안 배를 아프게 하는 물질과 짝지어서 제시하였다. 두 번째 시기에 배를 아프게 하는 물질과 짝지어진 차우 맛이 아닌 다른 맛을 내는 알갱이가 있는 통로로는 쥐가 전혀 가지를 않았다. 그렇지만 다른 차우 맛이 아닌 다른 맛을 내는 알갱이가 있는 통로로는 예전과 동일한 정도로 가서 그 음식을 먹었다. 이 연구 결과는 쥐가 어떤 맛을 내는 알갱이가 첫번째 시기에 어느 통로에 있었는지를 기억하고 있다는 것을 의미한다. 위의 결과는 결론적으로 쥐가 무엇을, 어디에서, 언제 등의 정보를 기억하고 있고, 즉

Tulving의 주장과는 다르게 동물도 일화기억을 가지고 있다는 것을 의미한다.

Clayton & Dickinson(1998)은 어치 새가 시간적 순서에 대한 기억을 가지고 있는지를 조사하였다. 어치 새는 먹고 남은 음식을 나중에 먹으려고 저장하는 습관이 있다. 첫 번째 시기에 벌레 혹은 땅콩을 어떤 장소에 숨겼다. 두 번째 시기에, 120 시간이 지난 후에, 어치 새는 첫 번째 시기에 숨기지 않았던 것을 숨겼다. 세 번째 시기에, 4시간 후에, 어치 새는 숨겨 놓았던 음식을 찾아서 먹도록 했다. 어치 새는 벌레를 더 좋아 하는데, 첫 번째 시기에 숨겼다면 너무 오랜 시간이 지나서 벌레가 상했을 것이고 그래서 벌레는 두 번째 시기에 숨긴 경우에만 먹을 수 있다. 반면에 땅콩은 언제 숨겼는지에 관계없이 상하지 않기 때문에 언제든지 먹을 수 있다. 어치 새는 두 번째 시기에 벌레를 숨긴 경우에 벌레를 찾아서 먹었다. 그러나 벌레를 첫 번째 시기에 숨긴 경우에는 벌레를 먹지 않고 땅콩을 찾아서 먹었다. 즉, 벌레를 첫 번째 시기에 숨긴 경우에 시간이 너무 많이 지나서 벌레를 먹을 수 없다는 것을 아는 것이다. 이 결과는 어치 새가 무엇을 언제 숨겼는지를 아는 일화기억이 있다는 것을 의미한다. Tulving(2005)도 어치 새가 일화기억을 지니고 있는 것에 대해 동의하였다. 한편으로는 동물도 일화기억이 있다고 수긍하였으나, 그는 이런 증거가 다른 동물에서는 보이지 않는다고 또한 반박하기도 하였다.

설명한 쥐의 결과와 어치 새의 결과는 이들 동물이 인간처럼 일화기억을 가지고 있다는 것을 증거한다. 그런데 이런 결과는 친숙성으로도 설명 가능하다. 그래서 동물의 이런 기억을 일화기억같은 기억Episodic-like Memory이라고 부르는 이유이다. 쥐는 다음과 같은 규칙을 이용할 수도 있다: 차우 맛이 아닌 다른 맛을 내는 알갱이가 있는 통로가 1시간 전에 가보았기 때문에 더 친숙하면 그곳에 가서 알갱이를 찾지 마라. 그러나 만일 차우 맛이 아닌 다른 맛을 내는 알갱이가 있는 통로가 6시간 전에 가보았기 때문에 덜 친숙하면 그곳에 가서 알갱이를 찾아라. 어치 새도 다음과 같은 규칙을 사용했을 수도 있다: 벌레를 숨긴 곳을 4시간 전에 보았기 때문에 더 친숙하면 그곳에 가서 벌레를 찾아라. 그러나 벌레를 숨긴 곳을 124시간 전에 보았기 때문에 덜 친숙하면 다른 곳에 가서 땅콩을 찾아라. 그래서 위의 연구 결과를 동물이 일화기억을 가지고 있다고 결론 내릴 수도 있지만 다른 측면에서는 친숙성에 의한 행동의 결과라고도 볼 수 있다.

그렇지만 다행스럽게도 위와 같은 동물들의 행동 증거가 친숙성이 아닌 일화기억 때문이라는 것을 확실시하는 증거가 제시되었다. Spinka, Duncan & Widowski

(1998)는 돼지를 파란색 줄무늬로 칠한 우리와 빨간색 잎으로 칠한 우리에서 먹이를 먹도록 하고 나서, 파란색 줄무늬로 칠한 우리에서는 30분 동안 가두었고, 빨간색 잎으로 칠한 우리에서는 240분 동안 가두었다. 16일 동안, 매일 아침에 번갈아서 두 종류의 우리에 강제적으로 오가도록 시켰고 오후에는 돼지가 원하는 우리로 들어갈 수 있도록 허용하였다. 첫째 날에는 돼지들의 선택이 반반으로 특정한 선호가 없었다. 그러나 마지막 날에는 75%의 돼지가 더 짧은 시간 동안 갇혀 있었던 파란색 줄무늬로 칠한 우리를 선호하였다. 이런 결과는 돼지가 갇혀 있는 시간이 길고 짧은 것을 구분할 수도 있고 기억할 수도 있다는 것을 의미하며, 어느 우리에 더 짧게 갇혀 있었는지도 기억한다는 것을 의미하는 것이다. 돼지가 시간과 장소에 대한 기억, 즉 일화기억을 가지고 있다는 증거이다.

또 다른 증거는 SeaWorld에서 온갖 곡예를 펼치는 돌고래의 행동에서 찾을 수 있다. 돌고래는 믿기지 않을 정도로 어려운 동작을 펼쳐 보인다. 물론 인간 조련사가 훈련시킨 동작들이고, 이런 동작은 수많은 시행착오를 통해 습득된 기술로 주로 암묵기억에 의한 것이라고 볼 수 있다(7장 참고). Mercado, Murray, Uyeyama, Pack & Herman(1998)은 기발한 연구 방법을 사용해서 돌고래가 과거를 거슬러 올라가서 기억을 더듬어서 보이는 행동 결과를 보고하였다. 돌고래는 둥근 원 속으로 수영하거나, 배를 위로 하여 점프하거나, 지느러미를 흔들거나, 입을 벌리거나 등의 대략 60여 가지의 동작을 조련사가 몸짓으로 보내는 신호에 맞추어서 선보인다. 물론 돌고래는 조련사의 몸짓에 맞도록 동작을 해야 먹이를 먹을 수 있기 때문에 이런 동작을 하는 것이다. 기발하게 고안된, 일화기억을 알아보기 위한, 창의적 명령 Creative Command이라고 부르는 방법을 연구자들은 사용하였다. 창의적 명령은 최근에 행하지 않았던 동작을 하도록 지시하는 것이다. 창의적 명령에 의한 동작은 친숙성에 의한 거이 아니다. 왜냐하면 최근에 수행했던 동작들은 친숙하지만 예전에 했던 것은 친숙하지 않기 때문이다. 최근에 수행하지 않았던 동작들을 수행하는 것은 예전의 기억을 떠올릴 수 있을 때에만 가능하다. 더군다나 예전 동작을 떠올리는 것은 일종의 회상Recall로 재인Recognition보다 훨씬 어려운 장기기억 과제이고, 따라서 창의적 명령에 따른 동작 수행은 일화기억을 반영하는 것이라고 볼 수 있다.

앞에서 논의한 모든 과제는 동물의 일화기억을 조사하기 위해 고안된 복잡한 과제들이다. 시간적 순서를 기억하는지를 조사하는 좀 더 직접적인 과제는 시간 순서 과제Temporal Order Task이다. 10.4절에서 보았듯이 쥐나 원숭이는 제시되었던 냄새 혹은 사물의 순서를 정확하게 보고할 수 있다. 앞으로의 더 진행해야 할 연구는 시간 순서 과제를 이용하여 돼지나 돌고래같은 다른 동물에서도 순서에 대한 기억이 존재하는지를 검사하는 것이다.

지금까지는 Tulving(2005)이 제시한 일화기억에 대한 행동 측면에서의 준거를 충족하는지에 관한 것이었다. 두 번째 준거인 항목기억과 문맥기억을 담당하는 뇌 영역이 분화되어 있는지에 대해서 논의해보자. 동물의 내측 측두엽의 한 영역인 해마가 문맥/시간에 대한 기억을 담당하는 것으로 보고되었다. 쥐와 원숭이를 대상의 연구에서 항목기억은 주변내후각피질Perirhinal Cortex; PER과 관련되고 문맥기억은 해마와 관련된다고 10.1절에서 설명하였다(Eichenbaum et al., 2007). 더구나, 해마의 조직은 쥐, 고양이, 원숭이 등에서 유사하다. 그림 10.7A에서 볼 수 있듯이 다른 포유류 동물들도 치상회와 CA 등의 해마 하부 조직들을 일관되게 가지고 있다(검게 염색된 부분들). 그림 10.7B는 아프리카 코끼리의 해마 구조를 보이고 있다. 코끼리의 해마 구조는 인간의 것과 유사하며 다른 포유류의 것보다 복잡하다. 코끼리의 해마는 치상회에 더 겹 층들이 있고 뉴런의 연결이 훨씬 복잡하다(Patzke et al., 2014). 또한 코끼리는 놀라운 공간기억을 가지고 있다(Hart, Hart & Pinter-Wollman, 2008). 예를 들어, 가뭄이 있어서 물을 발견하기가 어려울 때에, 대장 코끼리는 수백 마리의 코끼리를 수백 마일이나 떨어져 있는 물 있는 곳으로 인도한다. 이런 기억은 수십년 동안 유지돼온 것이다. 이런 증거는 코끼리가 인간처럼 놀라운 일화기억 능력을 소유하고 있음을 증거한다.

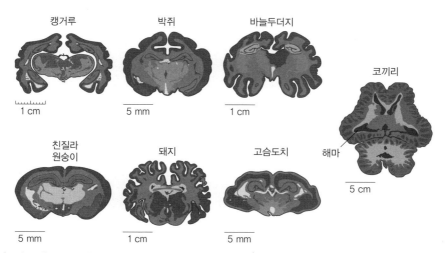

[그림 10.7] 포유류의 해마 구조. 포유류의 뇌. 검게 보이는 부분이 해마의 치상회와 CA 하부 영역들이다(수직으로 자른 모양. 단위는 밑에 표시되어 있다)

쥐와 원숭이에게서 발견된 해마의 시간 세포는, 쥐가 런닝머신에서 달리고 있을 때처럼, 어떤 사건이 일어난 초기부터 얼마간의 시간이 지날 때마다 활성화된다. 그렇지만 아무 때나 발화하지 않고, 어떤 사건이 이어서 따라 올 때에만 발화된다. 즉, '쥐가 휠에서 달리기를 멈추고 내려서 통로가 갈라지는 지점에 도착하면 왼쪽으로 돌아야 한다'식으로 사건이 연이어서 나타나는 경우에 시간 세포가 발화하다. 이런 결과는 쥐가 과거로의 마음속 여행을 통해 사건간의 연쇄를 떠올릴 때에만 가능하며, 이런 정보처리과정은 바로 일화기억이 존재함을 증명하는 결과이다. 시간 세포가 일화기억을 형성하는데 중심 중의 하나이다.

10.3절에서 설명했던 것처럼, 동물이 일화기억을 가지고 있다는 증거는 해마에서의 기억 재연을 통해서도 알 수 있다. 기억 재연은 전에 경험했던 사실을 관련된 뇌 영역에서 경험했던 순서대로 재활성화하는 것을 의미한다. 쥐에게서 주로 발견된 기억 재연은 느린 뇌파 출현 수면 동안이나 깨어 있지만 조용히 쉬고 있을 때 나타나며, 해마의 SWR파가 여러 영역을 조율할 때 나타난다. 병코 돌고래Bottlenose Dolphin는 잠자거나 쉴 때 기억 재연을 보인다 Kremers, Jaramillo, Boye, Lemasson & Hausberger, 2011). 병코 돌고래가 14초동안 5번 혹등 고래Humpback Whale의 울음으로 구성된 소리 열을 8번 들었다. 돌고래 쇼를 시작할 때 듣기 시작해서 하루에 2번 혹은 3번 들었다. 혹등 고래의 울음 소리는 돌고래가 내는 휘파람 소리와는 다르다. 병코 돌고래가 내는 울음 소리를 다음 날과 밤에 녹음을 하였다. 돌고래는 잠자는 동안과 낮에 편안하게 수영할 때 혹등 고래의 울음 같은 소리를 냈다. 이런 소리는 전에 낸 적이 없던 것이었다. 그리고 혹등 고래의 울음 같은 소리는 축약된 것처럼 더 빠른데 이는 마치 쥐가 기억 재연을 할 때 낮에 경험했던 것을 짧은 시간에 재연하는 것과 매우 유사했다. 인간 관찰자들이 혹등 고래의 울음 소리, 정상 속도의 혹등 고래의 울음 같은 소리, 정상 속도보다 더 빠른 혹등 고래의 울음 같은 소리, 돌고래가 내는 휘파람 소리를 서로 다른 것으로 구분할 수 있는지를 조사하였다. 예상대로 돌고래가 원래 내는 소리를 돌고래의 정상적인 소리로 구분하였다. 중요한 사실은 정상 속도보다 더 빠른 혹등 고래의 울음 같은 소리와 혹등 고래의 울음 소리를 정말로 혹등 고래가 내는 소리로 유사한 정도로 분류하였다는 것이다. 이런 결과는 병코 돌고래가 쥐처럼 소리에 대한 일화기억을 가지고 있다는 것을 보여주는 인상적인 증거이다. 놀라운 사실은 쥐를 포함한 다른 동물들이 보이는 기억 재연 증거를 정반대로도, 즉 동물은 일화기억이 없다는 주장의 근거로 사용한다는 것이다.

Suddendorf & Corballis(2007), Corballis(2013, p.5)는 위와 같은 사실이 진화론적 관점에서 인간이 마음속으로 과거로의 여행하는 것과 유사한 행동일 뿐이라고 제시하였다. 같은 증거를 다른 방향으로 해석할 수 있다는 것이 놀라울 따름이다.

모든 동물이 일화기억을 가지고 있는가? 일화기억을 가지고 있다는 것을 증거하는 해마에서의 SWR파의 조율 활동이 모든 동물의 뇌에서 발견되는가? 포유류에서는 위에서 살펴본 것처럼 이런 일화기억의 증거들이 발견되는데 반해서 새에게서는 이런 증거가 보이지 않는다. 새는 기억 재연을 위해 다른 종류의 파형을 사용할 수도 있고 아니면 새는 기억 재연이 없을 수도 있다. 현재로서는 알 수 없고 이후의 연구 결과를 기다려 보아야 할 것 같다.

이번 장에서는 Tulving 교수가 제안한 일화기억의 두 종류의 준거, 즉 행동 준거와 뇌 활동의 준거를 기준으로 동물이 일화기억을 가지고 있는지에 대해 논의하였다. 일화기억은 매우 높은 수준의 인지 과정이다. Box 10.2에서 논의하듯이, 적어도 포유류는 일화기억을 가지고 있는데, 이런 점을 고려해보면 인간이 포유류 동물을 어떻게 대해야 할 지에 대해 깊은 생각을 하게 한다.

Box 10.2   포유류도 일화기억을 가지고 있는 인간같은 고등 인지 동물이다.

일화기억은 마음속의 과거로의 여행으로 매우 높은 인지 과정으로 이전의 경험을 의식적으로 재연할 수 있다는 의미이다. 10장에서 논의한 것처럼 포유류는 일화기억을 가지고 있고, 이런 사실은 지능이 상당히 높으며 인간의 인지 정보처리와 상당한 부분을 공유한다는 것을 의미한다(de Waal, 2016). 비록 인간에게 직접 실현할 수 없는 침습적 연구, 즉 뇌 속에 전극을 부착해서 뇌 활동을 측정하는 연구, 대상으로 동물을 사용하고 다른 방법으로는 찾아 낼 수 없는 현상을 발견하지만, 동물이 높은 지능을 가지고 있다는 점을 깊이 고려하여 연구해야 할 것으로 사려된다.

- 쥐, 고양이, 원숭이의 내측 측두엽의 해부학적 구조는, 즉 모든 포유 동물에서 일치하며, 인간의 그것과도 동일하다. 또한 기능적으로 주변내후각피질은 항목기억과 관련되고, 해마곁이랑은 문맥기억과 연관되며 해마는 항목과 문맥을 묶는 일에 관여한다는 사실이 일치한다.

- 장기증강Long-Term Potentiation; LTP로 반복되는 경험으로 발생되는 뉴론 활동의 증가(크기와 발화 율의 증가)로 기억 응고화의 기본적인 원리이며, 장기증강을 통해서 해마내에서의 연결과 해마와 다른 피질과의 연결을 강화시키는 것을 의미한다.

- 쥐에게서 보이는 기억 재연은 전전두엽, 두정엽, 해마를 포함한 내측 측두엽, 감각영역의 활동 상호작용으로 나며, 이런 활동은 바로 인간의 일화기억에서 보이는 뇌활동 조합이다.

- 쥐와 원숭이에게서 발견된 해마의 시간 세포는, 쥐가 런닝머신에서 달리고 있을 때처럼, 어떤 사건이 일어난 초기부터 얼마간의 시간이 지날 때마다 활성화된다. 그렇지만 아무 때나 발화하지 않고, 어떤 사건이 이어서 따라 올 때에만 발화된다. 즉, '쥐가 휠에서 달리기를 멈추고 내려서 통로가 갈라지는 지점에 도착하면 왼쪽으로 돌아야 한다'식으로 사건이 연이어서 나타나는 경우에 시간 세포가 발화하다. 이런 결과는 쥐가 과거로의 마음속 여행을 통해 사건간의 연쇄를 떠올릴 때에만 가능하며, 이런 정보처리과정은 바로 일화기억이 존재함을 증명하는 결과이다. 시간 세포가 일화기억을 형성하는데 중심 중의 하나이다.

- 해마의 시간 세포는 Theta 파형의 속도로 발화한다.

- 시간 순서 과제와 뇌에서의 기억 재연 현상은 동물이 인간처럼 일화기억을 가지고 있다는 것을 행동과 뇌 활동으로 보여주는 증거이다.

- 포유류 동물의 내측 측두엽의 어떤 영역들의 해부학적 구조가 인간의 그것과 유사한가?

- 장기증강Long-Term Potentiation; LTP은 어떤 방법으로 해마와 다른 피질 영역 간의 연결을 강화시키는가?

- 쥐의 기억 재연과 관련된 뇌의 영역과 인간의 일화기억 영역 간의 공통점과 차이점

은 무엇인가?

- Theta 파와 해마의 SWR은 기억 재연과 어떤 관계가 있는가?
- 해마의 시간 세포 활동을 연구하기 위한 대표적인 연구 방법 2가지는 무엇인가?
- 동물이 일화기억을 가지고 있다는 증거를 3가지 설명하라.

Further Reading
더 읽을거리

- Manns, J. R. & Eichenbaum, H. (2006). Evolution of declarative memory. *Hippocampus, 16,* 795 – 808.
  쥐, 고양이, 원숭이의 내측 측두엽의 해부학적 구조는, 즉 모든 포유 동물에서 일치하며, 인간의 그것과도 동일하다는 것을 보고한 연구이다.

- Girardeau, G. & Zugaro, M. (2011). Hippocampal ripples and memory consolidation. *Current Opinion in Neurobiology, 21,* 452 – 459
  기억 재연 현상, 기억 재연이 해마의 SWR에 의해 조율되고, 기억 재연이 기억 응고화의 핵심이라는 것을 보고한 연구이다.

- Naya, Y. & Suzuki, W. A. (2011). Integrating what and when across the primate medial temporal lobe. *Science, 333,* 773 – 776.
  원숭이의 내측 측두엽의 각기 다른 영역에서 단일 세포 발화율 측정법으로 시간 기억과 항목 기억의 구분을 보고한 연구이다.

- Kremers, D., Jaramillo, M. B., Böye, M., Lemasson, A. & Hausberger, M. (2011). Do dolphins rehearse show–stimuli when at rest? Delayed matching of auditory memory. *Frontiers in Psychology, 2,* 386
  병코 돌고래가 쥐처럼 소리에 대한 일화기억을 가지고 있다는 것을 보고한 연구 논문이다.

11/장

The Future of Memory Research

향후의 기억 연구

11 The Future of Memory Research
향후의 기억 연구

11장

학습목표

- 골상학과 fMRI의 유사점 이해하기
- fMRI에 비해 ERP가 지니는 장점 기술하기
- 뇌 영역의 상호작용을 연구하는 방법
- 인지신경과학이 향후에 어떤 모습으로 변화해갈지 생각해 보기
- 뇌의 정보처리를 시간 흐름에 따라 변화하는 양상으로 연구하는 것이 더 유용할까?

기억 연구는 인지신경과학에서 사용하는 방법을 이용한다. 따라서 기억 연구의 미래는 인지신경과학의 미래와 동일하다고 볼 수도 있다. 마지막 장인 이번 장에서는 지금까지 사용해온 인지신경과학의 방법을 논의해 보고 또한 미래에는 어떤 방법이 사용될 것인지에 대해서 논하려 한다. 11.1절에서는 fMRI 연구와 골상학 연구의 유사점을 논의할 것이다. 골상학은 2세기 전에 두개골의 모양과 행동을 연관시켜서 설명하던 가짜 과학Pseudoscience이다. 11.2절에서는 fMRI와 ERP의 장단점을 직접 비교할 것이다. fMRI는 시간 해상도가 부족하다. 비용과 유용성 분석을 해보면 ERP가 우세하다. 미국 정부의 연구 지원 기관은 이미 ERP 연구에 더 큰 지원을 하기 시작했다. 11.3절은 뇌 영역 간의 상호작용을 논의할 것이며, 이 분야에 대한 연구 지원도 역시 증가하고 있다. 뇌 영역 간의 상호작용 연구는 근래에 시작되기 시작했다. 뇌 활동의 주파수 분석 방법을 사용하거나, 한 영역을 자극하는 것이 다른 영역에서 어떤 변화로 나타나는지를 조사하는 방법으로 이루어진다. 11.4절에서는 인지신경과학의 미래의 모습을 조망할 것이다. fMRI를 이용한 뇌 영역 매핑, EEG를 이용한 주파수 분석, 그리고 이 둘을 합한 것의 장점에 대해 논할 것이다. 인지심리학자들이 뇌 영역 매핑을 수용할 것이며, 인지신경과학연구는 뇌 영역 간의 상호작용에 초점을 둘 것이고, 인지신경과학은 행동신경과학의 한 분야가 될 것이라고 주장할 것이다. 11.5절에서는 시간 축에 따라 변화하는 뇌 활동을 강조할 것이다. 최근까지는 fMRI 연구가 더 우위에 있었으나 가까운 미래에는 시간 축에 따라 변화하는 뇌 활동을 측정하는 EEG 연구가 더 우위에 있을 것이다.

11.1 골상학과 fMRI (Phrenology and fMRI)

이 책에서 강조하려고 했던 것 중의 하나는 높은 시간적 해상도를 지닌 방법으로 연구한 결과들을 설명하는 것이었다. 그렇지만, 인지신경과학 연구에서 사용된 주된 방법이 fMRI라서 처음 생각처럼 높은 시간적 해상도를 지닌 방법으로 연구한 결과들을 많이 설명하지 못했다. fMRI의 커다란 문제점은 2장에서 논의한 것처럼 시간적 해상도가 좋지 않다는 것이다. 관련된 문제인데 또 다른 문제점은 많은 인지신경과학자들이 뇌의 한 영역이 한 종류의 인지를 담당한다고 믿는 것이다. 뇌의 한 영역이 한 종류의 인지를 담당한다고 믿는 것은 2세기 전에 유행했던 가짜 과학인 골상학을 떠올리게 한다.

약 200여 년 전에 Franz Joseph Gall과 그의 동료인 Johann Gaspar Spurzheim은 골상학을 제안하고 골상학의 체계를 구축하였다. Gall은 수많은 두개골을 관찰한 이후에, 두개골이 튀어 나온 모양에 근거한 27가지의 행동 특성을 제안하였다. 즉, 두개골의 어느 부분이 튀어 나왔으면 어떤 행동 특성을, 예를 들면 전투 성향이 있다든지, 희망의 기분이 있다든지, 색에 대한 감성이 특별나다든지 등을, 연결시키는 방법이다.

그림 11.1A에 제시한 것처럼, Spurzheim (1827)은 골상학 지도를 발표하였다. 각 숫자는 다른 종류의 행동 특성을 구분한 것이다. 골상학은 아래와 같은 가정을 바탕으로 이루어졌다 (van Wyhe, 2004, 16–17):

1   동물이나 인간이 지니고 있는 특성이나 경향성은 타고난 것이다.

2   이 특성들은 뇌 안에 일정한 위치를 차지하고 있다.

3 & 4   각 특성은 다르고, 독립적이며, 나누어져 있다. 따라서 각 특성은 뇌에서 차지하는 위치도 다르고, 독립적이다.

5   각 기관들이 차지하고 있는 영역의 크기와 모양이 다르고, 발달한 정도도 다르기 때문에, 뇌 모양도 다르다.

6   어떤 종류의 기관이 있는지와 발달 정도에 따라, 뇌의 특정 부분이 특별

한 모양을 나타낸다.

7 태어날 때부터 그리고 현재까지를 반영해서, 두개골의 모양은 뇌의 모양
에 의해서 결정된다; 그래서 예외없이 두개골의 모양은 인간의 특성과
경향성을 반영한다. 손으로 두개골의 모양과 윤곽을 파악하면, 그 사람
의 특성을 알아낼 수 있다.

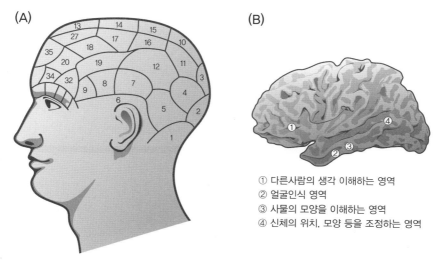

(A)

(B)

① 다른사람의 생각 이해하는 영역
② 얼굴인식 영역
③ 사물의 모양을 이해하는 영역
④ 신체의 위치, 모양 등을 조정하는 영역

[그림 11.1] 과거의 골상학 지도와 현재의 fMRI기반 뇌 영역 지도.
(A) Spurzheim이 1827년에 발표한 골상학 지도 (측면 사진).
(B) Kanwisher가 2010년에 발표한 fMRI기반 뇌 영역 지도 (측면 사진).

행동 특성을 인지로 대체하고, 두개골 모양을 fMRI활동으로 대체하면, fMRI
로 영역−인지 방식의 매핑은 골상학과 매우 흡사하다(Uttal, 2003). 골상학자들은 두
개골의 모양과 윤곽을 행동 특성에 매핑하였고, 많은 인지신경과학자들은 fMRI 활
동을 특정 인지에 매핑했다.

1장에서 지적한 것처럼 방추이랑 얼굴영역Fusiform Face Area: FFA은 얼굴 자극을 처
리하는 것으로 많은 사람들이 생각한다. 오른쪽 뇌의 복내측 표면에 위치하는 방
추이랑Fusiform Gyrus의 일부분인 얼굴인식 영역 FFA는 시각 지각 fMRI연구에서 보
고되었다(Kanwisher, McDermott & Chun, 1997). 이 연구에서 얼굴, 손, 집과 같은 여
러 자극이 제시되었는데, FFA는 유독 얼굴 자극에 대해서만 민감하게 반응하였다.
이 결과를 바탕으로 저자들은 FFA가 얼굴인식 담당 영역이라고 주장하였으며, 심
지어는 논문 제목에서까지 FFA를 얼굴인식 담당 모듈이라고 적었다. 이 연구 이후
로, FFA가 얼굴인식 영역이라는 가정하에 수백 편의 연구 논문들이 발표되었다.

유사하게 뇌의 다른 영역도 장소Parahippocampal Place Area, 신체Extrastriate Body Area, 다른 사람의 생각Right Temporal Parietal Junction, rTPJ을 담당하는 영역으로 발표되었다. Nancy Kanwisher(2010)는 이 연구로 좋은 자리를 갖게 되었으며, 또한 "뇌의 특정 영역은 전적으로는 아닐지 몰라도 특정한 종류의 자극을 선호하여 처리한다"라고 주

(A) FFA를 포함 다른 11개 영역 활성화됨

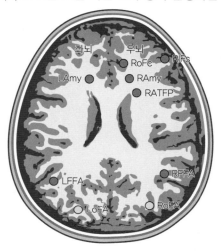

(B)

[그림 11.2] 얼굴과 모양 인식 정보처리관련 fMRI활동.
　　(A) 1. 얼굴을 인식할 때 할 때 FFA말고도 다른 여러 영역들이 활성화된다. 대표적인 11개 영역을 표시하고 있다.
　　(B) FFA는 얼굴 자극에만 반응하지 않고 건물 모양과 같은 다른 자극에도 유사한 정도로 반응한다. L = left, R = right, FFA = fusiform face area, ATFP = anterior temporal face patch, Amy = amygdala, OFC = orbitofrontal cortex, OFA = occipital face area, fSTS = face-selective region in the superior temporal sulcus, IFS = inferior frontal sulcus (B) 얼굴, 왼쪽 시야 제시 사물(shape-LVF), 가운데 제시 사물 (shape-CVF), 오른쪽 시야 제시 사물(shape-RVF) 인식과 관련된 활동 크기 비교(퍼센트 신호 크기로 표시).

장하였다(p.11164). 이 주장은 뇌 영역들이 독자적으로 작용한다는 것이며, 골상학자들이 주장하는 것과 거의 같다 (골상학자들의 가정 3 &4와 일치한다). 그림 11.1B는 Kanwisher가 2010년에 발표한 뇌 영역 지도인데, Spurzheim이 1827년에 발표한 골상학 지도와 매우 유사하다(그림 11.1A와 그림 11.1B를 비교해 보라).

그렇지만 Nancy Kanwisher(2010)의 주장과는 다르게, 오른쪽 FFA가 얼굴 인식에만 특화되어 있지 않고 다른 시각 정보처리에도 관여한다는 많은 연구 결과들이 보고되었다. Slotnick & White (2013)는 그림 11.2A에서 보는 것처럼 얼굴 인식 때에 사물 인식 때보다 더 많이 활성화되는 11개 영역을 지적하였다. Slotnick & White(2013)는 FFA가 일반적인 모양 인식 정보처리Shape Processing의 영역일 뿐 얼굴 정보처리에 국한된 것이 아니라고 생각했다. 연구 결과, 11.2B에 제시된 것처럼, 왼쪽 시야에 제시된 얼굴과 일반 모양을 인식할 때의 오른쪽 뇌 FFA 활성화정도를 비교했을 때 차이가 없었고, 오른쪽 시야/왼쪽 뇌 FFA(오른쪽 뇌 FFA에 상응하는 왼쪽 뇌의 동일 영역)를 비교했을 때에도 차이가 없었다. 이 같은 결과는 FFA는 얼굴뿐만 아니라 일반적인 시각 모양을 인식할 때 활동하는 뇌 영역이라는 것을 의미한다. 얼굴은 다른 시각 자극에 비해 내부에 코, 입, 귀 등 여러 다른 모양들을 지니고 있고 더 복잡해서 FFA가 다른 자극에 비해 더 많이 활성화되었을 가능성이 있다.

다른 연구 결과를 살펴보면, FFA는 얼굴에 특화되어 있는 것이 아니라 자극 유형에 반응한다. Haxby et al.(2001)은 실험참가자들에게 얼굴, 집, 샴푸 병, 가위, 신발, 의자 등 여러 시각 자극을 제시하였다. 각 자극 유형은 한 영역에 국한된 뇌 활성화를 보이지 않고 복내측 측두엽 여러 영역에 걸쳐 활성화와 비활성화의 뇌 활동 패턴을 보였다. 다중 복셀 활성화 패턴 분석Multiple Voxel Pattern Analysis과 패턴 분류 알고리즘Pattern Classification Algorithm이 사용되었다. 예전에 설명한 것처럼, 실험에서 수행된 절반의 시행 자료를 가지고 특정 범주, 예를 들면 얼굴, 집, 샴푸병 등과 같은 범주를 대표하는 다중 복셀 활성화 패턴을 결정하고, 나머지 절반의 시행에서 각 자극에 해당되는 다중 복셀 활성화 패턴이 어떤 범주에 해당되는 것인지를 예측한 후에 예측한 결과와 실제 제시된 자극의 범주를 비교하여 예측 정확율을 결정한다. 예측 정확율이 50%보다 높다는 의미는 초반 절반 시행으로 결정된 다중 복셀 활동 패턴이 각 자극의 범주를 잘 나타내는 것이라고 결론지을 수 있다. 얼굴 자극에 가장 민감하게 반응하는 FFA 같은 영역을 제외한 나머지 영역들에서 추출된 얼굴 범주를 대표하는 다중 복셀 활동 패턴의 예측 정확율은 100%였다. 즉, 얼굴 자극에 더 민감하게 반응하는 뇌 영역, FFA같은 영역 말고도 다른 영역들의 활동이 얼굴 인식에 매우 깊이 관여한다는 것을 의미한다. 반대로 얼굴 자극에 매우 민감하게 반응하는 FFA와 같은 영역들에서 추출된 얼굴이 아닌 다른 범주, 예를 들면 집, 손, 샴푸병같은 범주를 대표하는 다중 복셀 활동 패턴의 예측 정확율은 70% 이상이었다. 즉, FFA는 얼굴 자극 말고도 다른 자극에 매우 민감하게 반응한다는 것을 의미한다. FFA가 얼굴 말고도 다른 시각 자극에 관여한다는 주장을 뒷받침하기 위해, Slotnick(2013a)는 기존 발표된 연구 결과를 메타분석하여 FFA가 얼굴 자극에는 2.4 퍼센트의 신호 변화가 있었고, 다른 범주의 시각 자극에 대해서는 1.0 퍼센트의 신호 변화가 있다는 결과를 발표하였다. 이와 같은 결과는 FFA가 얼굴 인식에만 특화되어 있다는 주장에 반대되는 결과이고, 오히려 얼굴 인식은 FFA를 포함한 다른 여러 영역의 상호작용적 활동에 의해 이루어진다는 주장을 지지하는 것이다.

위의 연구 예들은 fMRI 결과를 너무나도 간단하게 해석하려는 몇몇 인지신경 과학자들의 경향성이 빚어낸 오류의 예이다. A영역이 얼굴인식 영역이라고 뉴스 미디어가 발표하거나(Beck, 2010), 사랑과 같은 높은 추상적인 정신 활동을 담당하는 물리적이고 생물학적인 뇌 영역이 존재한다라는 식의 설명을 선호하는 경향성 때문에 이런 오류를 범한다(Bartels & Zeki, 2000). 사실 인지신경과학자와 인지심리학자도 이런 유혹 때문에 fMRI 연구를 선호하는 경향성이 있다.

이번 절에서 fMRI만 사용하면 범할 수 있는 오류와 특정 인지 과정이 한정된 뇌 영역 어느 곳에서 일어난다는 식의 설명이 가지는 맹점에 대해 논의하였다. 이 책 전반에 걸쳐서 설명하였듯이, 인지 과정은 뇌 여러 영역의 상호작용을 통해 발현된다. 미래에는 뇌 영역 간의 상호작용 방법을, 즉 어느 부분들이 함께 활동하고, 어느 영역의 활동이 다른 부분보다 먼저 활동하기 시작하여 다른 영역들의 활성화에 영향을 주는지 또한 영향을 주는 방법이 촉진적인지 아니면 억제적인지 등을 연구해야 한다. 이런 연구를 수행하려면 무엇보다도 뇌 정보처리 속도를 따라 갈 수 있는 시간 해상도가 높은 연구 방법이 반드시 필요하다.

11.2 fMRI와 ERP의 비교

그림 11.3에 1995년부터 2015년까지 인지신경과학 분야의 저널들 중에 Impact Factor가 가장 높은 3개에, 즉 Nature Neuroscience, Neuron, The Journal of Neuroscience에 발표되었던 fMRI와 ERP 논문의 양을 제시하고 있다. fMRI논문

이 ERP 논문의 양보다 조사한 모든 기간에 걸쳐서 늘 10배 정도 많았다. fMRI는 공간 해상도에서는 좋지만 시간 해상도에서는 좋지 않다(2장 참고). fMRI는 2초 정도의 단위로 현재 활동하고 있는 뇌 영역 모두를 촬영한다. 뇌 활동은 Millisecond 단위 (1/1000초 단위)로 변화하는데, fMRI는 2초 정도의 시간적 해상도로 뇌 활동을 측정하니까 약 1000배보다도 느린 속도로 뇌 활동을 측정하고 있는 것이다.

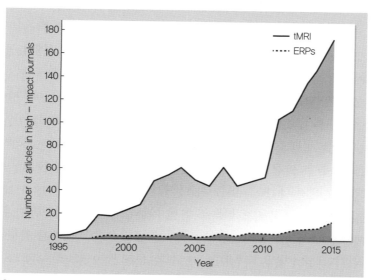

[그림 11.3] 1995년부터 2015년까지 인지신경과학 분야의 저널들 중에 Impact Factor가 가장 높은 3개에, 즉 Nature Neuroscience, Neuron, The Journal of Neuroscience에 발표되었던 fMRI와 ERP 논문의 양.

이렇게 빠른 뇌 활동을 측정할 수 있는 방법은 ERP뿐인데, 인지신경과학 분야에서 fMRI와 비교해볼 때, ERP는 상대적으로 자주 사용되지 않았다. 이처럼 ERP가 많이 사용되지 않은 데에는 여러 이유가 있는 것 같다. 많은 인지신경과학자들이 ERP는 무언가 인지신경과학의 정통 방법이 아니라고 생각하는 경향이 있는 것 같다. 또한 ERP를 설치한 연구실이 많지 않고, 그래서 연구원들이 이 장비에 대해 배울 기회가 적은 것이 또 다른 이유인 것 같기도 하다. ERP분석법은 비교적 복잡하고, 또한 자료를 수집하는 과정도 복잡하다. 많은 사람이 쉽게 이용할 수 있는 분석 방법과 소프트웨어 등이 개발되어 있으면 좋겠지만 현재는 이런 상황도 아니다.

다행스럽게도 조만간 ERP를 더 많이 사용하게 할 조짐이 보이고 있다. 첫 번째 움직임은 미국 정부의 연구비 지원이 뇌 활동의 변화를 정밀한 시간 단위로 추적하는 연구에 쏠리고 있다는 것이다. 예를 들어, National Institute of Health Brain Initiative에는 "혁신적인 연구 방법 개발과 적용 연구를 활발하게 지원하여, 연구자들이 뇌 세포와 뇌 회로가 언제 어디에서 어떤 방법의 역동적인 상호작용으로 기능하는지를 발견해 내도록 도와준다"라고 명시하고 있다. 유사하게 National Science Foundation에 인지신경과학 연구 제안서 작성 요령을 설명하는 내용 중에도 "여러 방법을 이용하여, 다양한 공간 해상도와 시간 해상도의 자료를 통합하고 해석해야 인지신경과학 연구의 새로운 지평을 마련할 수 있다"라고 적고 있다. ERP가 fMRI보다 우수한 점이 많다. 첫 번째는 ERP 시스템은 fMRI에 비해 월등히 싸다. 128 채널 ERP시스템은 대략 미화로 $100,000정도로 비싸고 유지 보수하는 데에도 거의 비용이 들지 않는다. 반면에 3 Tesla fMRI는 구입하고 유지하는데 대략 $6 Million 정도가 필요하다(처음 구입비와 10년 정도 유지한다고 가정할 때 필요한 비용). 두 번째로 128 채널 ERP시스템은 부피가 작아서 연구자의 사무실에 둘 수도 있지만, 3 Tesla fMRI를 설치하려면 큰 건물 등의 넓은 공간을 필요로 한다. 세 번째 요인은 근래에 들어서, 4장과 6장에서 논의 했듯이, EEG 주파수 분석 연구가 급증하고 있다는 것이다. EEG 주파수 분석 연구는 기존의 ERP 시스템을 그대로 사용할 수 있다. 실험 설계와 분석 방법에서 약간의 차이가 있을 뿐이다. EEG 주파수 분석으로 뇌 영역들 간의 위상에서의 동조화를 조사할 수 있고, 이런 주파수 동조화는 결국 뇌 영역들 간의 상호작용을 보여 주는 것으로 미래 연구의 방향이다. 미국 정부 연구비 지원도 이처럼 여러 뇌 영역이 어떤 방법으로 상호작용하여 기능하는지를 밝히는 연구에, ERP와 fMRI-ERP 복합 연구에 초점을 맞추고 있다.

Box 11.1 ERP 연구 펀딩이 증가하고 있다

fMRI 연구는 비용이 비싸다. 구입, 설치, 유지 등에 많은 비용이 필요하고 그래서 fMRI를 시간 단위로 사용하는 비용이 매우 비싸다. 반면에 ERP 연구는 fMRI연구의 1/10보다도 적은 양의 연구 비용을 필요로 한다. 정부 입장에서 보면, fMRI 연구 하나를 지원할 돈이면 ERP 연구 10개를 지원할 수 있다는 의미이다. 지난 20년동안 인지신경과학이 태동하고 발전하는 동안 fMRI를 이용한 연구에 연구비가 집중되어 fMRI 연구 논문의 폭증을 이루었다. 그렇지만 정보는 이제 전략을 바꾸어서 fMRI만 사용하는 연구에는 연구비를 많이 지원하지 않고, ERP 혹은 fMRI-ERP 복합 연구를 지원하는 방향으로 전략을 수정하였다.

11.3 뇌 영역 간의 상호작용(Brain Region Interactions)

한 종류의 간단한 인지도 여러 뇌 영역의 상호작용으로 이루어진다. 11.1절에서 다루었 듯이, 얼굴인식처럼 간단한 인지 과정도 최소한 11개의 뇌 영역이 관여한다. 조금 더 넓게 보면, 시각 영역은 30개도 넘는 영역들로 구성되어 있고, 각 영역은 매우 복잡한 연결을 맺고 있다(Felleman & Van Essen, 1991). 예를 들어, 30개 영역이 쌍으로 연결된 경우만 고려해보아도 약 40%가 넘는 두 영역이 연결되어 있고, 3개 영역이 연결된 경우, 4개 영역이 연결된 경우 등 다른 종류의 연결을 생각해보면 훨씬 더 복잡하다. 상대적으로 간단한 시각 지각 영역도 이렇게 복잡한데 훨씬 더 높은 수준의 기억은 정말로 복잡하게 여러 영역이 동원되고 연결되어 이루어진다. 예를 들어, 장기기억은 전전두엽, 두정엽, 내측 측두엽, 감각 영역 등의 여러 영역이 관여한다(3장 참고).

인지신경과학의 연구가 앞으로 진행되어야 할 방향은 어느 뇌 영역들이 서로 연결되어 있고, 어떤 종류의 상호작용을 어떤 방법으로 언제 하는지를 밝히는 것이다. 뇌 영역들 간의 상호작용을 연구할 수 있는 도구가 EEG 주파수 분석 방법이다(4장과 6장 참고). 다른 방법은 TMS 혹은 tDCS로 한 영역을 자극할 때 다른 영역에서 어떤 변화가 있는지를 측정하여 영역 간의 상호작용을 분석하는 방법이다. 물론 다른 영역의 활동은 fMRI나 ERP/EEG로 측정한다. 이런 식의 연구는 매우 드물다. 이런 연구를 하기 위해서는 여러 종류의 기술을 사용할 수 있는 능력이 되어야 하고, 기술적으로도 두 종류 이상의 기계가 조합될 수 있는 원리를 알아야 하기 때문이다. 예를 들면, TMS 코일을 좁은 MRI 스캐너 속으로 밀어 넣는 것도 어렵지만, TMS 코일이 자성을 띠게 되면 MRI 측정에 오류를 발생시켜서 믿을 수 없는 결과를 얻기 때문에 자성을 가지지 않도록 TMS 코일을 처치하는 것도 매우 어려운 기술이다. 유사한 문제가 TMS와 ERP를 접목하는 경우에도 발생된다. Ruff et al.(2006)은 이런 난관을 극복하고 우반구의 전전두엽과 시각 영역 간의 상호작용을 TMS와 fMRI를 결합하여 조사하였다. 그림 11.4A에 제시된 것처럼, TMS로 기저 조건에 해당되는 Vertex를 자극하고 실험 조건으로는 우반구 전두엽의 가운데 부분을 자극한 후에 fMRI로 시각 영역의 활동을 측정하였다. 우반구 전두엽의 가운데 부분은 눈동자 움직임과 공간 주의 이동과 관련된 것으로 알려져 있다. Vertex는 정수리 부분으로 ERP 전극 위치로는 Cz에 해당되는 부위이다. 이 부위는 양쪽 귀 바퀴의 가장 위쪽의 구부러진 부분에서 두개골 위쪽으로 선을 그었다고 생각하고, 또한 콧등

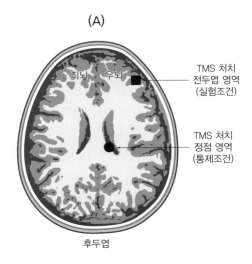

(A)

좌뇌　우뇌

TMS 처치
전두엽 영역
(실험조건)

TMS 처치
정점 영역
(통제조건)

후두엽

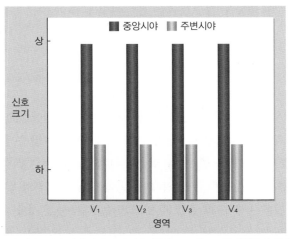

(B)

[그림 11.4]　우반구의 전전두엽과 시각 영역 간의 상호작용을 TMS와 fMRI를 결합하여 시각 지각을 조사한 연구 사례.

(A) TMS로 기저 조건에 해당되는 Vertex를 자극하고 실험 조건으로는 우반구 전두엽의 가운데 부분을 자극한 후에 fMRI로 시각 영역의 활동을 측정하였다.

(B) TMS로 실험 조건에 해당되는 우반구 전두엽의 가운데 부분을 자극한 경우가, 기저 조건에 해당되는 Vertex를 자극한 경우 보다, 중앙 시야에 자극이 제시된 경우에는 시각 영역(V1–V4)의 활동 증가를 보였고, 시각 자극이 주변 시야에 제시되었을 때에는 활동 감소를 보였다.

의 오목한 부분에서 두개골 위로 선을 그었다고 생각할 때 두 선이 만나는 지점의 두개골 표면 영역이다. fMRI동안, 9 Hz의 TMS 자극을 5번 각 영역에 가하였다. 참여자는 이런 자극과 fMRI 동안 움직이면서 색이 변하는 자극을 보거나 아니면 빈 화면을 주시하였다. 9 Hz의 TMS 자극은 시각 영역의 활성화를 일으켰다(1Hz TMS는 오히려 억제를 유발한다). 참여자가 집중하고 있는 중앙 시야의 자극은 주변 시야에 제시된 자극보다 시각 영역의 더 뒤 부분을 활성화 시켰다. 그림 11.4B 결과에서 보듯이, TMS로 실험 조건에 해당되는 우반구 전두엽의 가운데 부분을 자극한 경우가, 기저 조건에 해당되는 Vertex를 자극한 경우 보다, 중앙 시야에 자극이 제시된 경우에는 시각 영역(V1-V4)의 활동 증가를 보였고, 시각 자극이 주변 시야에 제시되었을 때에는 활동 감소를 보였다. 이런 현상은 참여자가 복잡한 자극을 보고 있든 아니면 빈 화면을 응시하고 있든 관계없이 동일한 결과가 나타났으며, 이 결과는 우반구 전두엽의 가운데 부분과 우반구의 초기 시각 정보처리 영역과의 상호작용은 자극의 복잡성에 관계없이 나타난다는 것을 의미한다. 연구의 결론은 전두엽의 활성화는 자극이 주변 시야에 있을 때 에는 초기 시각 영역의 활동을 증가시키지만 자극이 중앙 시야에 있을 때에는 오히려 억제시킨다는 것이다.

Feredoes, Heinen, Weiskopf, Ruff & Driver (2011)은 TMS와 fMRI를 이용하여 작업기억 과제를 수행할 때 나타나는 배외측 전전두엽과 시각 영역과의 상호작용을 조사하였다. 학습시기 동안 3개의 얼굴 자극 혹은 집 그림이 제시되었다. 지연기간 동안, 그림 11.5A에서 보듯이, 우측 전전두엽에 TMS를 가하였고 또한 fMRI로 방추이랑의 얼굴인식 영역과 건물 인식 영역의 활동을 측정하였다. 또한 지연 기간 동안에 방해 자극을 제시한 조건도 있었고 제시하지 않은 조건도 있었다. 검사시기에 얼굴에 관한 자극이 제시되면 집 그림은 지연시기에 제시되는 방해 자극으로 사용되었고, 검사시기에 집 그림이 주어지면 지연시기의 방해 자극은 얼굴 자극이었다. 검사시기에는 학습시기에 보았던 얼굴 자극과 본 적이 없는 얼굴 자극이 제시되고 이에 대해 재인 기억 검사를 시행하거나 아니면 다른 조건에서는 보았던 집과 본 적이 없는 집 그림을 대상으로 재인 검사를 실시하였다. 그림 11.5B에 TMS를 가한 후에 fMRI로 측정한 방추이랑 영역을 제시하였다. 그림 11.5C에는 자극 범주(얼굴 vs. 집) × 방해 자극 유무(지연시기에 방해 자극이 있는 경우와 없는 경우)에 따른 4조건의 결과가 제시되어 있다. 연구 결과 지연시기 동안 방해 자극이 제시되는 경우에만 전전두엽에 TMS를 가하면 목표 자극 범주관련 영역이, 즉 얼굴인식 영역 혹은 건

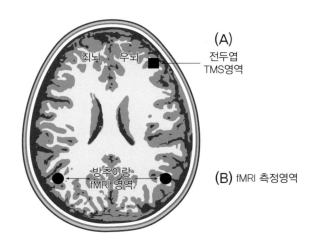

(A) 전두엽 TMS영역

좌뇌   우뇌

방추이랑 fMRI 영역

(B) fMRI 측정영역

(C) FFA 영역 활성화

자극 반응	얼굴		건물	
	방해자극 있음	방해자극 없음	방해자극 있음	방해자극 없음
반응 크기	매우 높음	낮음	낮음	낮음

(C) PPA 영역 활성화

자극 반응	얼굴		건물	
	방해자극 있음	방해자극 없음	방해자극 있음	방해자극 없음
반응 크기	낮음	낮음	매우 높음	낮음

[그림 11.5] TMS와 fMRI 조합을 이용해서 작업기억 과제를 수행하는 동안 나타나는 배외측 전전두엽과 시각 영역이 상호작용.

(A) 우측 전전두엽에 TMS를 가하였다.

(B) TMS를 가한 후에 fMRI로 측정한 방추이랑 영역을 제시하였다. 얼굴인식 영역.

(C) 자극 범주 (얼굴 vs. 집) x 방해 자극 유무 (지연시기에 방해 자극이 있는 경우와 없는 경우)에 따른 4조건의 결과가 제시되어 있다. 연구 결과, 지연시기 동안 방해 자극이 제시되는 경우에만 전전두엽에 TMS를 가하면 목표 자극 범주관련 영역이, 즉 얼굴인식 영역 혹은 건물 영역이 활동 증가를 보였다. 방해 자극이 지연시기 동안 제시되지 않았을 때에는 TMS를 전전두엽에 가하는 것이 효과를 나타내지 않았다.

물 영역이 활동 증가를 보였다. 방해 자극이 지연시기 동안 제시되지 않았을 때에는 TMS를 전전두엽에 가하는 것이 효과를 나타내지 않았다. 연구 결과의 함의점은 배외측 전전두엽이 작업기억의 내용 정보를 감각 영역이 유지하고 있도록 감각 영역을 활성화시킨다는 것이다. 배외측 전전두엽은 기억 통제 영역이고 감각 영역은 기억 내용 저장 영역이다.

　　위의 연구는 특정 인지과제를 수행하는데 관련된 뇌 영역들을 밝혔을 뿐만 아니라 이들 영역들이 상호작용하는 방법도 밝혔다. 이전의 다른 연구처럼 어떤 인지 처리에는 어떤 영역이 관련된다고 보고했던 연구와는 차원이 다른 연구이다. 앞으로 이런 종류의 연구가 급속하게 증가할 것이다. 정부의 연구 펀드도 이런 상호작용 연구에 집중되고 있고, 여러 연구실이 또한 이런 여러 다양한 방법을 사용하기 시작했기 때문이다.

　　여러 측정 방법을 조합하여 뇌 영역 간의 상호작용을 연구하는 방법만 시도된 것은 아니다. fMRI를 이용하여 뇌 영역 간의 상호작용을 조사하려는 시도도 있다. 구조방정식 모델링Structural Equation Modeling; SEM 혹은 역동적 인과성 모델링Dynamic Causal Modelling; DCM을 이용한다. 이들 방법은 몇몇 영역들의 활성화의 시간대별Timecourse 차이를 이용한다. 두 영역 간의 시간대별 활성화의 상관이 높다면 두 영역은 서로 연결되어 있다고 볼 수 있다. 두 영역 간의 시간대별 활성화 비교에서 활성화 패턴의 위상 Phase 차이가 보인다면, 먼저 활성화된 영역이 다른 영역의 활성화를 조절하는 것으로 해석할 수 있다. fMRI가 1/1000초 단위로 발생되는 뇌 활동을 측정할 수 있을 정도로 시간적 해상도가 좋다면 위의 수학적인 모델링 방법이 매우 타당하다고 생각할 수도 있으나, 2장에서 논의했던 것처럼 fMRI는 시간 해상도가 좋지 않다. 그래서 아래와 같은 문제점을 가질 수 밖에 없다. (1) 뇌 영역마다의 생리학적인 특징 때문에 시간대별 활성화의 차이가 나타날 수 있다. 전전두엽의 시간대별 활성화 변화는 다른 영역보다 느리다. 이런 차이가 위의 모델링에 직접적으로 영향을 줄 수 있다. (2) 두 영역 간의 관계성을 계산할 때 다른 영역이 모델링에 포함되는지 아닌지에 따라 관계성이 변한다. 즉, 통계학적인 차이일 뿐이지 실제 현상이 아닐 가능성이 높다는 것이다. (3) 설정한 모델이 실측 자료를, 통계학적인 관점으로 볼 때, 만족할 만큼 충분하게 설명하는 경우가 거의 없다는 것이다. fMRI로 연구하는 인지신경과학자들이 구조방정식 등을 사용하여 뇌 영역 간의 상호작용을 탐구하려는 노력이 가상하지만, fMRI가 지니는 시간 해상도의 한계점 때문에, 위의 방법으로 분석된 결과를 정말로 신뢰할 수 있는 것인지에 대해 의구심이 생긴다. 이런 fMRI로 수리 통계학적인 방법을 사용하는 것보다 더 좋은 방법은 공간 해상도와 시간 해상도가 높은 측정 방법을 동시에 사용하여 연구하는 것이고 또한 TMS 등의 직접 자극과 영역의 활동을 측정할 수 있는 fMRI/EEG를 결합하여 영역들 간의 상호작용을 밝히는 것이다.

11.4 인지신경과학의 미래(The Future of Cognitive Neuroscience)

1장에서 인지신경과학을 정의할 때, 인지신경과학은 인지심리학과 행동신경과학의 접점에 있는 분야라고 설명하였다. Michael Gazzaniga는, 인지신경과학 교과서를 처음 집필한 학자(Gazzaniga, Ivry & Mangun, 2014), 본인의 책에서 밝혔듯이, 인지신경과학이라는 용어를 뉴욕의 한 택시 안에서 George Miller와 환담하는 중간에 처음 만들었다고 말한다.

  인지신경과학이라는 이름은 그림 11.6의 위 그림이 표현하는 것처럼 과거에는 인지심리학과 행동신경과학의 합쳐진 영역을 지칭하는 분야로 적절했다고 볼 수 있다. 그러나 인지심리학과 인지신경과학은 변화하였고 그리고 지금도 변화하고 있다. 인지심리학은 처음 태동할 때부터 근래까지 정보처리이론을 받아 들여서 마음에서 일어나는 정보처리과정을 반응의 정확율이나 빠르기 등의 행동 측정방법을 이용해 왔다 (2장 참고). 그러나 근래에는 인지심리학자들이 인지신경과학 연구 방법을 사용하여 마음의 정보처리과정과 뇌 활동 간의 상관성을 조사하는 연구를 시작하였다. 인지심리학자들이 사용하는 인지 과제는 fMRI 혹은 ERP에서도 바로 사용 가능하다. 인지심라학의 학술대회에 가보면 뇌 영역 활동과 인지 과제 간의 상관성을 발표하는 세션이 등장했으며, 인지심리학자들이 저술하는 책의 여러 장에서도 뇌와 관련된 내용들이 소개되기 시작했다. 인지심리학자들이 인지신경과학 연구 방법을 적극적으로 받아 들여서 변화하고 있는 모습니다. 그림 11.6의 아래 그림이 제시하듯이, 미래에는 이런 경향성이 더욱더 강해질 것이다.

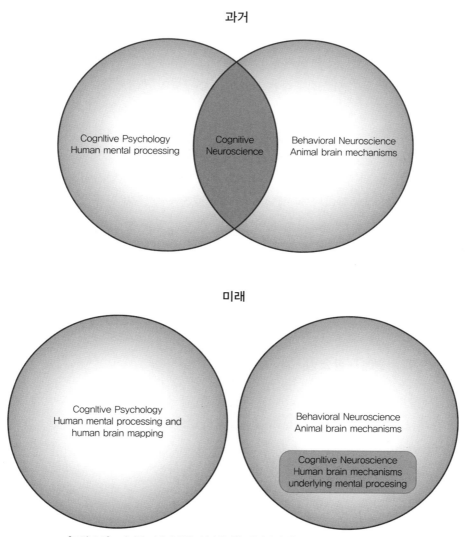

과거

Cognltive Psychology
Human mental processing

Cognitive
Neuroscience

Behavioral Neuroscience
Animal brain mechanisms

미래

Cognltive Psychology
Human mental processing and
human brain mapping

Behavioral Neuroscience
Animal brain mechanisms

Cognltive Neuroscience
Human brain mechanisms
underlying mental procesing

[그림 11.6]   과거와 미래에 있을, 인지심리학, 인지신경과학, 행동신경과학의 관련성.

　인지신경과학에서도 변화가 일어나고 있다. 인지신경과학자들은 EEG 주파수 분석 방법과 여러 측정 방법을 조합해서 시간대에 따라 뇌 영역들이 상호작용하는 방법을 연구하기 시작하였다(그림 11.6의 아래 그림 참고). 이런 방법은 단순히 특정 인지 과정을 특정 부위의 뇌 영역이 담당한다는 식의 연구 방법을 넘어서는 것이고, 실제로 뇌가 작동하는 방법을 추적하는 것이다. 사실 행동신경과학에서는 동물을 대상으로 이런 식의 연구를 진행해왔다. 행동신경과학의 시스템 신경과학에서는 뇌 영역들이 상호작용하는 방법을, 즉 어떤 영역들이 함께 움직이고, 언제 상호작용하며, 어떤 방법으로 상호작용하는지를 (한 영역이 다른 영역을 활성화시키는지 아니면 억제하는지 등) 연구해 왔다. 이제 인지신경과학자들도 여러 측정 방법을 조합해서 시간대에 따라 뇌 영역들이 상호작용하는 방법으로 연구하기 시작하였다.

인지신경과학은 그림 11.6에서 나타냈듯이 변화하고 있다. 시간대에 따라 뇌영역들이 상호작용하는 연구로 연구의 방향이 변하고 있다. 인지심리학자들이 인지과정을 과거의 인지신경과학자들이 사용하던 방법을 그대로 사용하기 시작했다. 인지신경과학은 행동신경과학의 독립적인 한 분야로 우뚝 섰다. 인지신경과학이 변화된 인지심리학과 구분되려면 뇌 영역들 간의 상호작용 연구에 더 몰입해야 한다. 인지심리학과 인지신경과학의 차이는 아마도 구체적인 연구 방법에서는 차이가 없는 것 같고, 궁극적으로 알아내고자 하는 연구 문제에서 일 것이다. 인지심리학자는 마음이 기능적으로 작동하는 방법에 관심이 있고, 인지신경과학자는 뇌 자체의 영역 간 네트워과 이들에서 일어나는 상호작용 활동에 관심이 있다.

11.5 4번째 차원에 대한 조망(A Spotlight on the Fourth Dimension)

보거나 듣거나 배웠던 것을 기억해 낸다는 것은 과거로의 의식 경험이다. 즉, 전과 후에 구분으로 나타나는 것이다(Aristotle, [350 BCE]1941, p.608).

Albert Einstein은 "x, y, z, t 값으로 구성된 시스템은 어떤 사건을 시간과 공간 차원으로 규정할 수 있다"라고 썼다(1905, p. 43; x, y, z공간을 나타내는 값이고 t는 시간을 나타내는 값이다). 즉, 한 사건을 공간 축과 시간 축에 기반하여 정의할 수 있다는 의미이다. 이 책에서 시간 축을 강조해 왔다. 시간 축은 뇌가 활동하는 시간대를 말하는 것이고, 이런 시간대에 따른 뇌 활동은 EEG 주파수로 표현된다. 시간 축은 기억에도 그대로 적용되며, 앞에서 언급했던 것처럼 기억이라는 것은 과거 시간 속으로의 마음 여행이라고 볼 수 있다(10장 참고).

이번 장의 앞 부분에서 언급한 것처럼, 인지신경과학자는 주어진 인지 과정과 연관된 뇌 영역을 찾아내는 데에 관심을 두었었다. 물론 인지 과정과 연관된 영역을 찾아내는 것도 중요하다. 그러나 더 중요한 것은 시간 흐름에 따라 여러 영역들이 어떤 방식으로 상호작용하는지를 찾아 내는 것이다. 과거와 현재에 인지과정-관련 뇌 영역을 찾는데 많은 관심이 있었던 이유는 인지신경과학에서 주로 fMRI가 사용되었던 영향 때문이다.

　Platt(1964)는 어떤 학문 분야가 빠른 속도로 발전하려면, 현상을 설명할 수 있는 다수의 가설이 제안되고 엄격한 연구가 활발하게 이루어져서 옳지 않은 가설을 제거하는 과정을 통해서 이루어진다고 강조하였다. 이런 생각은 Francis Bacon이 발전시킨 현재의 과학적 연구 방법을 강조한 표현이다.

　Bacon (1620)은 옳지 않은 가설을 제거하는 과정이 과학적 연구의 기틀이 된다고 지적하여 아래처럼 적었다.

　　적절한 방법으로 옳지 않은 가설을 제거하다 보면 사실이고 잘 정돈된 설명 구조만 남는다. 불완전하고 가설은 모두 사라지게 된다. (p.127)

　기억에 대한 인지신경과학 연구는 엄밀한 과학적 방법을 따라야 실행할 수 있는 수많은 연구 질문들이 있다. 예를 들어, 장기기억은 배외측 전전두엽, 두정엽, 내측 측두엽, 감각 영역 등이 관여하는 것으로 알려져 있다. 따라 오는 연구 질문은 아래와 같은 것들이다. 배외측 전전두엽이 어떤 방법으로 언제 감각 영역의 정보처리를 조절하는가? 두정엽이 어떤 방법으로 언제 감각 영역의 정보처리를 조절하는가? 배외측 전전두엽과 두정엽은 어떤 방법으로 상호작용하는가? 배외측 전전두엽과 해마는 상호작용을 하는가? 조절하는 방법과 관련된 가설로는 배외측 전전두엽이나 두정엽이 감각 영역의 정보처리를 조정할 때 활성화시키는가? 아니면 억제시키는가? 등이다. 시간적인 선후 관계에서도 유사한 가설이 가능하다. 각 영역이 활성화 되기 전에 영역 간의 상호작용이 일어나는가? 아니면 각 영역의 활성화 후에 상호작용이 일어나는가? 여러 대립되는 가설 가운데 어느 것이 옳은지를 적절한 과학적인 연구 방법을 통해 가려 내야 한다.

　뇌 활동을 적절하게 이해하기 위해서는 좀 더 복잡한 EEG 주파수 분석이나 여러 방법을 조합해서 사용해야 한다. 새로운 분석 방법을 숙지하고 새로운 기자재가 필요해도 복잡한 뇌 활동을 풀어 내기 위해서는 이런 연구 방법이 필요하다. 늘 하던 방법대로는 새로운 연구의 지평을 열 수가 없다. 이런 내용을 Platt(1964, p.351)은 아래처럼 멋있게 적고 있다.

　　실험적이든 이론적이든 한 방법에 매달리지 마라. 연구자는 방법론 중심일 도 있고 문제 중심일 수도 있다. 방법론 중심 연구자는 한 곳에 갇혀 버려서 더 이상의 발전이 없다. 문제 중심 연구자는 가장 중요한 문제로 점진적으로 근접한다. 새로운 가설을 제안하고 검증하는 연구 활동을 통해서 문제 중심 연구를 지향할 수 있다. 문제 중심의 연구는 연구자로 하여금 이전 방법을 제쳐 두고 새로운 방법을 찾도록 유도한다.

Box 11.2에서 논하듯이 미래의 인지신경과학자는 어느 시간대에 뇌 어느 영역들이 어떤 방법으로 상호작용하는지를 조사할 수 있는 새로운 방법을 개발하고 배워야 한다. 시간대에 따라 뇌가 상호작용하는 방법을 찾는 것이 미래 기억 인지신경과학의 연구 과제이다.

Box 11.2 미래의 인지신경과학자는 시간대에 따라 뇌가 상호작용하는 방법을 찾을 수 있는 연구 방법을 배워야 한다.

---

fMRI는 공간적 해상도에서는 훌륭한 연구 방법이지만 시간적 해상도에서는 부족한 방법이다. ERP나 EEG 주파수 분석법은 시간적 해상도에서 매우 뛰어나다. 안타까운 점은 과거에 행해진 인지신경과학 연구에서 시간대에 따라 뇌가 상호작용하는 방법을 찾을 수 있는 ERP나 EEG 주파수 분석법을 사용한 연구가 많지 않다는 것이다. 인간 기억의 원리를 뇌 활동으로 이해하려고 시도하는 미래의 인지신경과학자는 반드시 시간대에 따라 뇌가 상호작용하는 방법을 찾을 수 있는 연구 방법을 개발하고 배워야 한다.

요약

- 행동 특성을 인지로 대체하고, 두개골 모양을 fMRI활동으로 대체하면, fMRI로 영역−인지 식의 매핑은 골상학과 매우 흡사하다. 골상학자들은 두개골의 모양과 윤곽을 행동 특성에 매핑하였고, 많은 인지신경과학자는 fMRI 활동을 특정 인지에 매핑했다.
- ERP는 fMRI보다 시간 해상도에서 뛰어나고, 연구에 소요되는 비용도 적게 필요한 장점이 있다.
- 정부 기관의 연구비도 시간대별로 활동하는 뇌 영역 간의 상호작용 연구에 집중되고 있다.
- 뇌 영역 간의 상호작용을 연구하는 방법은 동시에 여러 영역이 활동하거나 어느 한 영역이 다른 영역을 조절하는 방법, 이런 상호작용의 결과 등을 측정한다.
- 인지심리학자는 마음이 기능적으로 작동하는 방법에 관심이 있고, 인지신경과학자는 뇌 자체의 영역간 네트워크와 이들에서 일어나는 상호작용 활동에 관심이 있다.
- 미래에는 시간대별로 활동하는 뇌 영역 간의 상호작용을 조사하는 연구가 급증할 것이다.

점검 퀴즈

- 골상학과 fMRI 연구의 유사점은 무엇인가?
- fMRI에 비해 ERP가 지니는 장점은 무엇인가?
- 뇌 영역 간의 상호작용을 연구하기 위해 사용되는 방법을 설명하라.
- 인지심리학과 인지신경과학의 차이점은 무엇인가?
- 미래에 시간대별로 활동하는 뇌 영역 간의 상호작용을 조사하는 연구가 증가하겠는가?

- Kanwisher, N., McDermott, J. & Chun, M. M. (1997). The fusiform face area: A module in human extrastriate cortex specialized for face perception. *The Journal of Neuroscience, 17*, 4302 – 4311.
  fMRI 연구로 FFA가 얼굴 인식 영역이라고 주장한 논문이다.

- Slotnick, S. D. & White, R. C. (2013). The fusiform face area responds equivalently to faces and abstract shapes in the left and central visual fields. *NeuroImage, 83*, 408 – 417.
  fMRI로 얼굴 인식은 FFA뿐만 아니라 다른 11개 영역이 관여하며, FFA는 일반 시각 모양을 인식하는 데에도 관여한다는 사실을 발표한 연구이다.

- Feredoes, E., Heinen, K., Weiskopf, N., Ruff, C. & Driver, J. (2011). Causal evidence for frontal involvement in memory target maintenance by posterior brain areas during distracter interference of visual working memory. *Proceedings of the National Academy of Sciences of the United States of America, 108*, 17510 – 17515.
  TMS-fMRI 조합으로 뇌 영역 간의 상호작용을 조사한 연구이다.

- Platt, J. R. (1964). Strong inference. *Science, 146*, 347 – 353.
  가설을 제안하고 엄밀하게 고안된 실험을 통해 가설의 진위를 가리는 과학적 연구 방법을 강조하는 고전 논문이다.

용어(한)	용어(영)	페이지
1차 시각 정보처리 영역	Striate Cortex (V1)	145
FN400 효과	FN400 Effect	103
MEG 뇌자도	Magnetoencephalogram, MEG	45
n-back 과제	N-back Task	229
what 통로	What Pathway	144
where 통로	Where Pathway	144
가짜기억	False Memory	24, 127, 207
가짜기억 검사	Deese-Roediger-McDermott, DRM	127
가쪽고랑	Lateral Sulcus, Sylvian fissure	12
각회	Angular Gyrus	67, 206
감각재활성화가설	Sensory Reactivation Hypothesis	15
감각 피질 영역	Sensory Cortical Areas	70
감산법	Subtraction Method	22
감산법	subtractive logic	23
개념 반복 점화	Conceptual Repetition Priming	103, 212
개념 점화 효과	Conceptual Priming Effect	207
경도성 뇌진탕	Mild Traumatic Brain Injury; mTBI	227
경동맥 내 아미탈 검사	Intracarotid Amobarbital Test	237
경두개 교류 자극	Transcranial Alternating Current Stimulation, tACS	57, 79
경두개 자기 자극	Transcranial Magnetic Stimulation, TMS	32, 54
경두개 직류 자극	Transcranial Direct Current Stimulation, tDCS	56, 124

용어(한)	용어(영)	페이지
기저선 조건	Baseline Condition	123, 172
내성법	Introspection	9
내측 측두엽	Medial Temporal Lobe	10, 19, 66, 83, 101, 135, 150, 181, 183, 204, 248
내측 측두엽성 간질	Medial Temporal Lobe Epilepsy	233
내후각피질	Entorhinal Cortex; ERC	222, 253
뇌 가소성	Brain Plasticity	160
뇌 활동 주파수	Frequency of Brain Activity	155
뇌 활동 지형도	Topographic Map	44, 102
다중 복셀 패턴 분석	Multi−Voxel Pattern Analysis	146
단어산출	Word Production	206
단일 세포 기록	Single Cell Recording	247
대측성 P1 효과	Contralateral P1 Effect	201
대측성 시각 활동	Contralateral Visual Activity(	200
대측성 시야 주의 효과	Contralateral Visual−field Attention Effect	197
두정엽	Parietal Cortex	19
디폴트 모드 네트워크	Default Mode Network	224
렘수면	Rapid Eye Movement (REM) Sleep	77
망각	Forgetting	117
망각된 것	Subsequently Forgotten Item	119
문맥기억	Context Memory	66
문맥단서 제공 과제	Contextual Cueing Task	182
반복 점화	Repetition Priming	6, 100
방추이랑 얼굴영역	Fusiform Face Area	143

용어(한)	용어(영)	페이지
심부전극기록법	Depth Electrode Recording	58
심상	Mental Image	201
쎄타파 대역	Theta frequency band	44
안다	Know	53
안다	Knowing	8
알츠하이머성 질환	Alzheimer's Disease; AD	223
알파파 대역	Alpha frequency band	44
암묵기억	Implicit Memory	6
암묵기억과 관련된 뇌파	Brain Timing Associated with Implicit Memory	174
암묵기억과 해마	Implicit Memory and the Hippocampus	181
암묵기억 관련 뇌 영역	Brain Region Associated with Implicit Memory	168
암묵기억모형	Models of Implicit Memory	177
약호화	Encoding	210
양극 자극	Anode	57
양전자방출단층촬영법	Position Emission Tomography, PET	40
언어이해	Language Comprehension	207
언어 정보처리	Language Processing	207
얼굴영역	Fusiform Face Area: FFA	277
에코 타임	Time Echo, Echo Time, TE	36
역동적 인과성 모델링	Dynamic Causal Modelling; DCM	287
역행성 기억상실증	Retrograde Amnesia	14
연접후 전위	Postsynaptic Potential	42
연합 점화 과제	Associative Priming Task	181
옳게 기억해 낸 것	Subsequently Remembered Item	80

용어(한)	용어(영)	페이지
옳게 기억해냄 분석법	Subsequently Memory Analysis	118
외선조피질	Extrastriate Cortex	16, 39
외현기억	Explicit Memory	6, 193
왼쪽-두정 경험한 것-새로운 것 효과	Left-parietal old-new effect	97
운동 정보처리 영역	Motion Processing Area, MT	189
원천기억	Source Memory	22, 66
위치 세포	Place Cell	256
의도된 망각	Motivated Forgetting	126
의미기억	Semantic Memory	7
의미 정보처리	Semantic Processing	207
인지 신경과학	Cognitive Neuroscience	209
인지심리학	Cognitive Psychology	288
인출-유도 망각	Retrieval-induced Forgetting	121
일과성 전 기억상실증	Transient Global Amnesia; TGA	75
일화기억	Episodic Memory	7, 150, 218, 257, 262
자기공명영상	fMRI	31
자발적 사물재인 과제	Spontaneous Object Recognition Task	248
자서전 기억	Autobiographical Memory	205
작업기억	Working Memory	141
장기기억	Long-Term Memory	80
장기기억 관련 뇌 영역	Brain Regions associated with Long-Term Memory	24
장기기억 약호화	Long-Term Memory Encoding	80
장기증강	Long-Term Potentiation	253

|저|자|소|개|

Scott D. Slotnick

보스턴 대학교의 부교수이고, Cognitive Neuroscience 저널의 편집장이며, Controversies in Cognitive Neuroscience 책을 출간한 기억 연구 전문가이다. Scott D. Slotnick 교수는 기억의 원리를 탐구하려고 fMRI, EEG, TMS와 같은 여러 종류의 융합적이고 수렴적인 연구 방법을 사용하고 있다.

|역|자|소|개|

남기춘

고려대학교 심리학과에서 석사과정까지 졸업한 후에 미국의 The University of Texas at Austin의 심리학과에서 박사학위를 취득하였다.
1998년도부터 현재까지 고려대학교 심리학부에서 교수로 재직하고 있다. 한국어와 외국어인 영어의 뇌 정보처리와 학습 및 기억의 인지신경과학연구를 진행하고 있다.

기억 인지신경과학

초판발행	2021년 6월 25일
중판발행	2024년 4월 15일
지은이	Scott D. Slotnick
옮긴이	남기춘
펴낸이	노 현
편 집	정은희
표지디자인	박현정
제 작	고철민 · 조영환
펴낸곳	(주) 피와이메이트
	서울특별시 금천구 가산디지털2로 53, 210호(가산동, 한라시그마밸리)
	등록 2014.2.12. 제2015-000165호
전 화	02) 733-6771
fax	02) 736-4818
e-mail	pys@pybook.co.kr
homepage	www.pybook.co.kr
ISBN	979-11-6519-147-4 93180

정 가   23,000원

박영스토리는 박영사와 함께하는 브랜드입니다.